高新民 主编

理解与解脱

——智者的佛教解释学与人生解脱论

高新民　沈学君　著

中国社会科学出版社

图书在版编目（CIP）数据

理解与解脱：智者的佛教解释学与人生解脱论／高新民、沈学君著.
—北京：中国社会科学出版社，2011.12
ISBN 978 - 7 - 5004 - 9449 - 2

Ⅰ.①理…　Ⅱ.①高…　Ⅲ.①佛教—解释学—研究②佛教—
人生哲学—研究　Ⅳ.①B948

中国版本图书馆 CIP 数据核字（2010）第 265351 号

策划编辑　　郭沂纹
特约编辑　　严春发
责任校对　　周　昊
封面设计　　四色土图文设计工作室
技术编辑　　张汉林

出版发行　　中国社会科学出版社
社　　址　　北京鼓楼西大街甲 158 号　　　　　邮　编　100720
电　　话　　010—84029450（邮购）
网　　址　　http://www.csspw.cn
经　　销　　新华书店
印　　刷　　新魏印刷厂　　　　　　　　　　　装　订　广增装订厂
版　　次　　2011 年 12 月第 1 版　　　　　　　印　次　2011 年 12 月第 1 次印刷
开　　本　　960×640　1/16
印　　张　　22.25
字　　数　　322 千字
定　　价　　45.00 元

目　　录

前　言

　　解脱无疑是一切宗教和非宗教的人生哲学所追求的最高境界，当然不同的体系所赋予的内涵、所构想的标准和条件是不一样的。理解是现当代使用频率最高的概念之一。一方面，它是心理学、认识论、心灵哲学、认知科学、人工智能尤其是解释学的重要而关键的研究对象；另一方面，由于它在减轻或消除冲突、构建社会和谐等过程中有着举足轻重的作用，因而受到了人们的普遍青睐，"理解万岁"在生活中的回荡就足以证明这一点。然而，把两者放在一起来思考，除了在作为中国佛教宗派之一的天台宗中可以见到以外，在其他地方似不多见。天台宗的创始人智顗或智者（538—597年）不仅把它们关联在了一起，而且把它们看作是目的与手段、事实与条件、体与用的关系，在特定的意义上，甚至把它们看作等同关系，或一体的两面、同一过程或结果的两种显现。笔者认为，把两者统一起来，既是智顗佛教解释学的基本原则，同时也是其世界观、本体论和解脱论乃至全部人生哲学的轴心或拱顶石。不注意到这一点，既不能理解他对佛教"圣意"或"大旨"、佛出世本怀的解释，也不能理解他自己的人生哲学和人生实践。关键在于：这里的"理解"有特定的含义。因为"理"指的是万事万物的本来面目或体性或实际或实相，即谛理。而谛理是"诸佛所师"，是诸佛要开示悟入的知见，因此是诸佛出世的唯一的"大事因缘"，或出世的本怀。佛之所以为佛，就是因为他们彻底解了、证得了这谛理，故智者说：

"相尽解极，即是为佛。"① 这种解是诸种理解中的最高的理解，即"顺理"之解。故智者常说："顺理为解"。反之，乖宗为惑，迷理即痴，即无明。做到了顺理而解，甚至达到了"解极"是体，其用是"累尽苦灭、寂然永乐"，② 是彻底、究竟的解脱，亦即超凡入圣而成佛。反之，"邪心观理"必迷理，而迷理必"倒想纷然"，③ 执虚幻我法为实际，远离自己本具的谛理，"离家出走"，生起见爱等种种烦恼，直至轮回六道，苦不堪言。可见，理解与解脱密不可分。这一思想贯穿在智顗的所有一切论著之中，如《法华文句》云："从惑，因缘生生死，从解，因缘生涅槃"④，等等。学界关于智顗及天台宗的研究性论著已够多的了，似没有必要再在这个对象上浪费精力和财力。但鉴于智者一家解释诸佛"大旨"的"大旨"并未被抓住，故觉得有再作解释的必要，同时笔者又自认为有说一点新的心得的空间。

　　由于特殊的因缘，智顗大师常被称作"智者"。在古今中外，这都是一个很神圣的字眼。当"智者"一词映入眼帘时，人们心中大概会浮现出三种不同的心像，一是见多识广、足智多谋、能言善辩、聪明干练、善于处理和解决问题的人格形象；二是古希腊那些崇尚语言力量、收费授徒、以传授修辞学和论辩术为职业的哲人或"批发、零售精神食粮的商人"⑤。三是中国古代佛学巨擘、天台宗的实际创始人、曾为陈隋二朝"国师"的智顗大师。本书所讲的智者就是后者。"智者"这一名称是隋晋王杨广（后为隋炀帝）为答谢智顗授菩萨戒之恩、鉴于智顗传法的功德、智慧的深广而赐给他的德名。智顗享有这一称号是当之无愧的。因为他无疑是人类文明发展史上最有智慧的人之一。不过，智顗的智慧与一般人

----

① 《金刚般若经疏》，《大正藏》第 33 册，第 80 页。

② 同上书，第 77 页。

③ 《法界次第初门》卷上之上，《大正藏》第 46 册，第 667 页。

④ 《妙法莲华经》（经疏论合一本），上海古籍出版社 1990 年版，第 334 页。以下只注"《法华文句》（合）"。

⑤ 柏拉图：《普罗泰戈拉篇》，313A。

所理解的智慧还不完全相同。要理解这一点，我们必须了解佛教对于智慧的看法。

我们知道，如果在从俗的意义上说佛教是一种宗教的话，那么它是一种非常特殊的宗教。作为宗教，它当然关心人的现实苦难及其解脱，当然有一种允诺：如果你如此这般去做，你将进入一种美妙的境界，乃至得到彻底的解脱。但是由于佛教不承认或者说根本否认有救世主，因此主张人只能"自救"而不能"他救"。人的现实是自作自受，人的命运是自己一手造成的，将来是什么样子完全取决于现在的所作所为，简言之"命由己立"。将来要得拯救、解脱，最重要的条件是有智慧这一资粮，最根本的途径就是从当下做起，努力去证得智慧。因此佛教指明的解脱或超度是慧解脱或慧超度。没有智慧的人是不配谈解脱的。理由很简单，众生之所以受苦受难、累缚缠身而无解脱，是因为迷失了本具的谛理。而此谛理幽隐难辨，且为妄念尘埃厚厚、死死地隐覆了，非经特殊的智慧不能发明。可见，智慧是众生得以顺理生解的桥梁，是回家的路。

对于智慧，佛教作了多种多样的分类。不管智慧的种类有多少，但大致可将一切智慧分为"有漏智"和"无漏智"两大类。所谓有漏智就是以分别或分析为特征的世俗智慧，在此意义上也可称之为分别智。这种智慧尽管也能认识事物的结构和性质，也能运用知识经验去解决问题，发明创造，给人以一定的利乐，但是由于它以分别为特征，而在分别的基础上必然产生利害、好坏、得失、是非等的计较，进而产生对能引起感官愉悦、能满足贪欲的东西的执著、穷追不舍。伴随而来的必然是：欲望满足就一时快乐，反之则愁眉苦脸、忧悲苦恼甚至绝望轻生。因此这种智慧是有漏的，即有烦恼的，因为"漏"的意思就是漏泄，即烦恼痛苦随六种感官漏泄，"流注不绝，犹如疮漏"，进而漏落入地狱、饿鬼和畜生三恶途，受更严重的苦。这种智慧尽管能带来科技的进步，物质文明的发展，尽管不应否弃而应保护和发展，但仅有这种智慧对于人类来说是不够的，因为它不仅不能从根本上消除人的痛苦烦恼，帮助人类进入无忧无虑、无烦无恼、常乐我净的美妙境界，而且单纯片面地利用这种智慧还会加剧人类的生存危机。事实也正是这样，现今的科学技术、驾驭自然的能力、物质财富比远古增加了无数倍，现代人的消费、享受的质和量是以前的人想都想不到的，但是另一方面，人类的痛苦烦恼不见得比过去少了多少。"活着真难"、"活着真没意思"这类古人用来表达自己心声的话语并没有从享受现代文明的人嘴上消失，反倒是更经常更响亮地回荡在人们的耳边，而且增加了新的内涵。简言之，以前所有的痛苦烦恼非但没有消失，而且新形式、新花样的烦恼和焦虑还与日俱增。而这些东西的存在正好是包括佛教在内的许多宗教所想要解决的问题，同时也正好是佛教所倡导的无漏智所要对治、破除的顽疾。

所谓无漏智就是离烦恼、断染污之清净智，断惑证实理的高级的生存智慧。其特点首先在于：此智既大又平等。所谓大，指此智无不涵摄、无不照了，所谓平等指此智观照到的一切不外中道之理，众生平等不二。因此此智可称作"平等大慧"。① 其次，从认知上说，这种智慧对任何对象没有分别，甚至也没有主体（能）与客体（所）的分别，而倡导能所双亡，因而是无分别智，是人类的一种非常奇特的、直接把握宇宙人生真理或实相的能力，是人类如实把握、回归宇宙人生之本来面目（实相），证得万事万物之真理的必经之路。因此，此智可称作实智。从心理相状上说，得到了无漏智的一个重要标志就是心灵清净、纯洁、安详、平和、宽广、寂灭。从作用和结果上看，有此智就有无碍解，即对一切不疑自解，对一切有清楚明晰的悟解或了知一切；相应地有无碍辩，因为智发于说即辩，因而辩才无碍，若说法能不说自说，乐说无穷。智顗在弘法过程中正是如此，所说内容之深、之广，所引经典之多、之准确，是世俗智慧所难以理喻的。最后，从功能上说，无漏智是一种生存智慧。因此证得这种智慧就有高质量的生存，就能断除烦恼、了生脱死；在各种环境如逆顺、利衰、毁誉、讥称、贫富、贵贱、荣辱等情境之下不生烦恼，不起焦虑，没有忧愁，直至

---

① 《法华文句》（合），第312页。

进入常乐我净的涅槃妙境。这也就是所谓的"智断"和"智证"。在此意义上，此智被称为无漏即无烦恼智。在最高的层次上，这种智慧还伴有智力即正智之神通力用的开发和显现，如能知他心、知三世因缘、随意所欲而无不满足等。智颛大师认为，有这种智慧的人才可称作智者。他说："一切诸法，空无所有，无有常住，亦无起灭，是名智者"，即能与诸法毕竟空寂本性相应、于诸法不起心动念者，或能顺理而解、顺理而行者，即智者。

不难看出，佛教把智慧与人的生存状况和质量以及与烦恼、幸福、解脱等紧紧地连在一起了。没有或不懂得无漏智的人是不可能真正理解什么是幸福、什么是解脱的，因而也不可能断除烦恼、获得幸福和解脱，即使你拥有无与伦比的分别智、有权有势、有钱有财，也是如此。由此说来，无漏智和有漏的世俗智慧之间没有根本的冲突，更不是水火不相容的，而可以相互补充、相谐并进。如果能重视无漏智的作用，那么个人及全人类在科技、物质文明不断发展、物质精神消费与享受不断提高的同时，将拥有一颗没有烦恼甚至在面对不可避免的死亡时也能如此的、常乐我净的心灵。明白了这一点，大概也不难解释这样一些常常不好理解的现象，即许多知识渊博、才能智慧超群、成就卓著的科学家、思想家为什么也加入到信佛的行列。

尽管我们不敢对智者是否达到了最高佛智妄加判断，但有一点可以肯定，即他有一般人所不可企及的智慧。第一，仅就他讲经说法时对浩如烟海的佛教典籍如数家珍、旁征博引，对博大精深、千头万绪的各家各派的理论学说了如指掌、融会贯通而言，就不是一般的智慧所能做得到的。第二，在当时那么多的弘法大师中，他一人独领风骚，被尊为陈隋"两朝国师"，也可见其智慧之一斑。第三，尽管他生活在动荡不安的年代，个人生活极为坎坷，但从来没有放松对真理的追求，没有对弘法事业的丝毫懈怠，走到哪里就把智慧的火种播种在哪里，把利乐、甘露洒在哪里，不仅自己常保一种乐观、平和、安详、高质量的心态，而且也让所有接触他的人像他那样生活，真是自利利他、自觉觉他、自匠匠他。这些说明他的精神境界达到了相当的高度，而这正是拥有无漏智的一个重要标志。第四，他对生死的超然、豁达态度（详见第一部分）也说明他的智慧是无漏的，即是一种断除了烦恼的高级生存智慧。因为尽管他有生死关怀，但并没有常人那种对死的畏惧、对生的迷恋，而是远远超越于生死之上。

与这种智慧打交道，在这种智慧所实践和建构的人生哲学中漫游，沿着这种智慧留下的足迹作一番跋涉，哪怕是走马观花，也是极其难得、值得快慰的事情。作者正是带着这样的动机、心情渡过了阅读智者的论著、思考他思考过的问题、体味品赏他的独到人生体验与见解直至把他对人生的悟解、所阐发的关于解脱至圣的思想写出来这样漫长、艰苦而充满着极稀有难得的快乐的时光。比较而言之，从这一过程中所得到的愉悦是物质、金钱、权势、色声香味触等所引起的快感绝对没法比拟的。不仅如此，从这一过程中作者受到了高级生存智慧的熏陶，尝到了无漏智的甜头。如果读者在阅读本书时，能得到一点或一些在有形可见的东西里得不到的"形而上"的收获，感受到作者创作时的愉悦喜乐和思想流程，那么这正是作者所企盼的。

此外，作者在写作过程中碰到的解释学上的问题以及对之所作的一些初步思考似乎有必要在此也说上几句。因为解释学问题是人文社会科学以及佛学研究中必然要碰到、且应予以高度重视的问题，带有普遍的方法论意义。对之作出思考或结合具体的对象作认真的探讨可避免无谓的争论、澄清许多理论上的混乱。我们知道，解释学或释义学（hermeneutics）是西方哲学中一颇有影响的流派，关心和研究的主要是意义、理解、解释这样一些极常见的现象，其目的之一是要揭示客观理解、解释的标准和可能性及其条件。在这里，我们的任务是要理解智者及其著作（文本），并把我们的理解阐发出来，当然也就无法回避解释学问题。其他类似的研究都是如此。

在阅读和理解智者的著作时，我们必然会碰到智者在解释佛教和一般读者在解释所面对的文本时所碰到的问题：智者说法、造论几十年，所留下的文本中有没有自在的、不以读者意义为转移的意义？鉴于读者必然带着理解前结构去解读文本、因而必然把先入之见或前见加入到文本的理解之中而强调：文本的客观意义是没有的，有的只是读者与文本互动而生成的、主客兼有的意义。笔者认为，作者一经说了、写了，随着符号的诞生，其后便有一种新的抽象实在即意义发生或突现出来，这是一个层面的本体论实事。同样不可否认的是，读者阅读文本时，由于前结构、前见的不可排除的作用，文本又会向读者显现出一种与作者意义不同的读者意义，这是另一层面的本体论事实。这两个事实都是解释学必然要解答的。问题在于：能否因为第二个事实而否认第一个事实呢？能否因为作者意义会受阅读的改变而否认有作者意义呢？笔者的回答是否定的。因为这里的问题是本体论问题，而非认识论问题。如果事实上经作者的言说活动而派生了新的实在（意义），尽管它不能被原封不动地被认识或通过理解会受到改变（这是认识论问题），那么就应承认有客观的作者意义。包括智者文本在内的佛教文本更是如此，智者和佛是因为有"大旨"、"大意"或"圣意"要传递才出现于世的。这圣意在说前、说中和说后都是客观的。

如果智者的文本有大意，那么这大意究竟是什么？概述智者思想所用的文字如"圆融三谛说"、"一念三千说"、"互具论"和"五时八教说"等究竟该作何理解？文字后的真实意义究竟是什么？怎样看待智者对小乘的贬斥，智者倡导圆教是否意味着他对藏教、通教、别教、秘密教、顿教、不定教以及法华涅槃时以外的四时教的否定？对这些问题，已有的解释众说纷纭。"众说"与文本中的大意究竟是什么关系？它们是否有契合，或契合了多少？这里的麻烦在于：一当我们触及契合问题时，我们便一头扎进了下述解释学的元问题的泥潭之中：智者的著述洋洋几百万言，博大精深，有时对同一问题发表了不同乃至相互冲突的看法，这样一来，究竟有没有对智者思想的客观理解与解释？如果有，它们会是什么？其标准是什么？

由于包括智者言说在内的佛教文本是一种极为独特的文本，例如它的名实界线十分分明，但对它所要宣示的实，光借助文字知解还不够，非经心性的体验不能接近。这个实既幽隐又不幽隐，一经证得，便一通百通，万事大吉，因此要想找到判断解读是否契合文本大意的标准，说难比登天还难，如只停留于文字层次，永远不能如愿，但一当进到心性体验或"印心"的层面便再简单也不过了。由于佛祖说的八万四千种法以及智者等佛学大师对佛之教化所作的无穷无尽的阐释只是围绕一个中心展开的，或只说了"一实"，即把万事万物的唯一的谛理说清楚，因此判断对佛教文本是否作出了真实的理解的标准只能是看在文本中所把握到的意义与那"一实"是否相契、或契合了多少，质言之，判断诠释是否正确的标准只能是：是否"契理"（详见本书第 2 章）。

现在的问题是：怎样才能"契理"以准确理解佛教文本？或者说，客观理解智者文本的可能性条件是什么？智者对佛教文本解释的元解释学理论探讨和实践本身就对这些问题作了绝妙的解答。这些对我们正确理解智者也是适用的。

在智者看来，要正确理解佛教文本，首要的、最关键的是要"本迹观心"。这个命题是印光大师在评价智者的解释学理论和实践时提出的，十分中肯。[①] 所谓"本"，即指体，"迹"即指体的表现、作用。要理解佛教文本，必须观心或如禅宗所说的明心，通过观心获得对心的本质的通彻的把握。唯其如此，才能见谛理或实相。而要明心，又必须从本和迹上观心。前者是顿悟之路，后者是渐悟之法，即通过反观任一现前的念头，谛观其本性。果能如此，便由迹达本，由妄心达于真心，一心一切心，一空一切空。用智者的话，这就是"开权显实"的一种形式。因为开权显实有两个维度，一是竖向的，指"即权而实"，即在为诸根机方便说诸乘教法时，将一乘实法贯穿于其中。二是横向的，"即于一心，广解一切心，即以一心，望于余心，名之为横"，换言之，如能于一心，通达一切心、一切法，知一切法皆是佛法，无有障碍，即是开权显

---

① 印光：《法华入疏重刻序》，见《法华文句》（合），第 468 页。

实。到此境界，圆解文本便易如反掌，可做到"无义不显、无机不被"，① 甚至达致"极解"。

正确解释的第二个重要条件是要有"通见"。智者在揭示前此诸解释之问题的原因时指出：其原因在于"不晓"诸佛所说之"大旨"，而造成这种结果的原因又在于"无通见"。而无通见，必"令后学不明宗途"。② 所谓通见是指能作系统全面的理解，能贯通诸言教，直至晓其大旨。

第三，正确的理解不仅离不开通见，还依赖于对体宗的把握。这里的"体"指文本所要宣示的万法之实理、实相，"宗"指文本的旨归、宗旨。宗与体的关系类似于房间内框架与空间、虚空的关系，体就是宗所支撑起的那个空间。文本的体和宗是理解、解释的关键。不能传递体和宗的诠释不是真正的诠释。它们与文字及其具体的意义是体与用的关系，是渔网上的纲与目的关系，只有纲举才能目张。

第四，要理解智者，还必须在对智者及其文本的理解和阐释中不仅展开其文本的活生生的思想、跳动的脉搏、内在的逻辑，而且还应触及作者创作的动机、情感、气质、性格以及他在心中想到要针对的听众或读者的需要、疑问和心态等。当然，要进至这种境界无疑有很多困难，如解释者和被解释者之间的时空隔阂、心理结构和知识结构等上的差异等。而要超越这些困难，最好的办法就是像解释学告诉我们的那样：把理解当作是对原创作过程的创造性重构。当然这里的"创造性"不是任意想象或虚构，不是大胆的、自由的猜想，而是发挥主动性、创造性去努力跨越时间和空间的间隔，"设身处地"，进而在精神的层面努力与文本的作者在思想、感情、气质等方面尽可能保持一致，重新体验作者的创作意图和过程。而要这样，完全站在佛教之外，对佛教信众、对智者的心理完全一无所知，甚至鄙视、憎恨这种心理，这既违反了解释学的有效

----

① 印光：《法华入疏重刻序》，见《法华文句》（合），第 289 页。
② 同上书，第 302 页。

解释的原则，而且事实上也不利于我们接近被解释的对象，将妨碍我们对智者思想生成过程的把握。因此我们不采取也不赞成有些研究者在研究对象面前所表现出的优越感和骄慢心理，当然我们这样说也不是主张唯有信徒才有资格研究佛教，而只是说要尽可能清除妨碍客观理解与解释的心理障碍。

必须承认：理解作为一种特殊的认识活动，或如佛教所说是一种见闻义理而生的心解，无论如何也排除不了理解"前结构"的作用。一方面，人作为特殊的理智动物，不可能没有这样的结构，不可能人为地铲除理解者在理解之前就建构好了的理解结构；另一方面，如果真的没有这种结构，就不可能有理解，而只有背诵或传声筒式的阅读。例如没有相应的佛学知识和一定的能力、一定的解决字词句等方面的技术形态学素养以及动机、价值取向、现实需要与关怀等组合而成的理解前结构，就不能理解佛教典籍包括智者的论著的内容及实质。因此理解的前结构尽管有时会引起错误的理解，或妨碍客观的理解，但是建构适当的前结构并正确地加以利用是会产生积极的作用的。例如正因为有融汇着现实需要、关怀、特定的价值取向等的理解前结构，对智者人生哲学的诠释才有可能具有"契机"即符合现实人生需要与特点的性质，才有可能使古老的佛教理论在现实中发挥它教化人的作用。当然"契机"必须以"契理"即契合被解释对象的精神实质进而契合诸法谛理为前提。因此理解的前结构是排除不了的，也不应排除。关键是建构真正科学的、能作为有效理解之一条件的、契理契机的前结构。正是基于这样的考虑，作者除了努力在精神上向智者时代回归以设身处地，努力掌握必要的技术形态学技能与方法，努力学习相关的知识等以外，也积极亲近"善知识"即能知其心、识其人、自利利他的高僧大德，阅读一些出自他们手笔的论著，以便听闻接触到"正宗"的佛学知识，接近他们的心理世界。另一方面，作者为了接近智者的感情、气质、性格等所构成的心理世界，以便在此基础上去重新体验、重构他的创作过程，也按他所演说的修持方法如止观等去实践，也用他倡导的方法、态度去对待外部世界吹来的利衰、毁誉、称讥、名利、金钱等风，用他所倡导的生活原则如"安贫养道"、无为、重道证道、"病不与身合"、"年不与心合"等去对待生活、理解生命的价值与意义。尽管这些还只是尝试，做得很不成功或极其肤浅，但毕竟借此得到了一些在读书、冥思苦想、搜索枯肠、纯粹的字面理解和寻思等活动中所得不到的东西，如得到了一些新的而又没有背离文本的理解，悟到了文本的一些尚未被人注意到的言内和言外之意。因为对文字意义的纯技术性理解尽管也能帮人悟到什么，但这样的悟只能是解悟，对于佛教以外的研究对象来说也许足够了，但对于理解佛教的典籍就显然不够。因为脱离必要的实证实修的验证、印证或改选升华的解悟，离文本的精神实质还有巨大的鸿沟。再则，佛教的许多思想、智者的许多看法是离言绝相的，其意义在语言之外，也就是说有许多言外之意。因此纯粹的文字、话语理解对佛教文本的理解和阐释是不够的。非但如此，仅着眼于文字，还会"增长净讼，妄想烦恼"。① 由此所决定，在建立有效理解的前结构时，应重视其中的非理性、非逻辑、超名相的证悟品格的建构。

　　根据笔者的粗浅理解，尽管研究智者的书已为数不少，其中不乏上乘之作，但智者大师的许多佛教解释学思想以及在诠释佛教过程中所表达的哲学思想仍未被解读出来，有些即使有解读，但有误读和不到位的解读等问题，因此有重新解读的必要。例如前述的智者关于理解与解脱关系的思想，尤其是智者诸哲学理论中贯穿始终的中心思想、对佛教的一乘与诸乘关系的思想等，似乎没有得到足够清晰、准确的阐释。在智者看来，佛教言说尽管很多，但诸言说实"一相一味"，所谓一相，指"众生同一真如之相也，……一切法无住无相，即无差别"，所谓一味，指"一乘之法，同诠一理"。② 这也就是说，佛教的各种言论里面的确有微言大义，或有"圣意"、"大旨"，或"出世本怀"，或"大事因缘"，但此大旨只

---

① 《法界次第初门》卷下之上，《大正藏》第 46 册，第 688 页。
② 同上书，第 227—228 页。

有一个，就是展示宇宙人生的本来面目，或实相或"一理"。极解此理即解脱，即为佛，反之即为轮回六道的受苦众生。

不达此大旨，解释得再多都无用，甚至可能开口即错，而悟此大旨，怎么说都行。更重要的是，如果悟此大旨，在佛教中看到的就不是诸乘、诸教、诸家的纷争和对抗，不是大小乘的相互攻谴和诋毁，不是硝烟弥漫的战场，而是完整和谐的体系，是三乘归一乘的井然有序。根据智者的解读，"教本一实"，① 方便为三乘（声闻、缘觉和菩萨乘），或者说，佛只说了一乘佛法，即圆顿之教，但由于众生根机不同，于是方便说为三乘或藏道别圆四教或大小二乘。圆顿之教不在方便诸乘之外，而是贯穿于其中的红线或基本思想。智者的这一解读将世代佛学大师打通大小乘、圆融显密的理想真正变成了现实，也将看待大小乘的正确态度展现在了人们面前。常见的倚小贬大无疑不可取，同理，学大乘的人也应不轻慢小乘。所谓不轻慢，即"不倚圆蔑偏，重实轻权"，而"须顺佛旨，将护物机"。因为一切都离不开条件，"偏圆约教，权实约法，"在特定的条件下，如对只适用于小乘法的人，说权、说偏可能比直宣圆理更好。② 总之，佛在不同时间、地点尽管说了不同的乘和教，但它们不是不同的教，而是一乘一教，只有"一相一味"。就像一雨可以滋润出不同的树木、一地上可以长出不同的庄稼一样，它们尽管不同，但都出自一雨一地。同理，诸说教尽管形式内容有别，但却是一实法在不同条件下的具体展现。智者说：如来所说诸法"一相一味"，"言一相者，众生同一真如之相也，……一切法无住无相，即无差别，如一地。""一味者，一乘之法，同诠一理，是一雨也。"③

毋庸讳言，笔者在建立客观理解智者及其人生哲学的前结构方面所做的工作是初步的、有待深化的。这也就决定了我们所理解、

----

① 《法界次第初门》卷下之上，《大正藏》第46册，第112页。
② 同上书，第337页。
③ 《法华文句》（合），第227—228页。

所阐释的智者及其思想是初步的、基本的，其中的错谬在所难免，
欢迎读者批评指正。借此机会还想说的是：我们在修学、思索和写
作本书的过程中曾亲近过一些大德和善知识，从他们那里得到了开
示，通过与他们的讨论与切磋化解了许多疑义与困惑，例如净慧法
师、本乐法师、寂如法师等。此外湖北当阳玉泉寺（智者所创、
并说法之道场）和浙江天台国清寺的多位师父的热情关怀和帮助
也都使人难以忘怀。每当想起这些，敬佩和感激之情便油然而生。
在此，让这里的文字符号永远载上我们对这些智德双具而又超越于
名利之外的人的谢意和敬意！

作　者

二〇〇九年十二月

第一章

圆智与圆行
——智者的爱智人生实践

如果像古希腊人那样把哲学理解为"爱智"（philosophy，"philo"即爱，sophy即智慧、学问），那么智者的一生可以恰如其分地称之为哲学的一生，当然是进行人生哲学的理论探讨并将其付诸实践的一生。他思考、探讨的是一种积极的、自利利他、自觉觉他、自匠匠他的人生哲学，而在这个过程中又过着、实践着爱智或哲学的人生。因为他一生热爱和不懈追求的是智慧，当然不是世俗的、低层次的智慧，而是高层次的、可以完全彻底地洞彻、把握宇宙人生之实相、真谛的圆满智慧或般若智慧。他在接触到了佛教里面的博大精深的智慧后，就用自己的全部生命去挖掘、体悟它，并把它与自己潜在的本具的智慧以及本民族文化中所含藏的智慧结合在一起，加以整合、升华和中国化，使之在契理（符合世界万物实理和佛教基本精神）的同时又契机（符合中国民众的根机和实际），提炼和锻造出了一种既贯彻佛教精神、原则，又体现着自己鲜明个性特点和浓郁的民族风格的圆融的生存智慧。这种智慧圆满具足一切智，可以洞彻把握宇宙、人生之实相，并成为照亮人生、导航人生的不灭的灯塔。当他有了这样的生存智慧以后，就再也没有歇息过，而是以一心三观、一念三千、一行具万行、普度众生之圆行去实践它、弘扬传播它。为此，他废寝忘食，东奔西走，冲破一切艰难险阻，以他那无量的大慈心、大悲心，以他那卓越的智慧、无碍的辩才和被尊为陈隋两朝国宝、国师的有利条件，应机施化，把他所把握到的智慧化着清甜香彻的甘露，随处播撒，让其滋润有缘之人饥渴、干枯的心田，因而在拥有圆智与圆行的基础上度过了圆满的人生。

一　出身异相

据说智者出生在一个"列爵世载"[①]、"高祖茂绩、盛传于谱史"[②]的大家庭。早在晋朝时，祖辈为了避乱而从颍川（今河南许昌）迁至荆州华容（今湖南）。到了南北朝时期的梁朝（502—557）时，其父陈起祖由于"学通经传，谈吐绝伦，而武策运筹，偏多通决"，[③]因而受到梁朝统治者的赏识，尤其是与梁孝元帝萧绎关系非同一般。萧绎是佛教史上颇有名气的梁武帝萧衍的第七子，在称帝前是梁湘东王。任荆州刺史时，聘请陈起祖为宾客，让他入朝领军。公元552年，梁朝第二代皇帝梁简文帝被杀后，萧绎即位于江陵，号为梁孝元帝，成为梁朝的第三位皇帝。陈起祖也因此而飞黄腾达，平步青云。皇帝对他封官晋爵，任命他为持节散骑常侍，这是当时的一种地位颇高、职位非常大的官职，常在君王左右，预闻要政，不仅如此，还享有益阳公这一爵号，即是益阳县开国侯。

538年，也就是梁武帝大同四年，智颛就诞生在这样一个被世人视为美满温馨、有权有势、有门第的大家庭。尽管他父亲当时还没有高官厚禄，但由于与皇家尤其是皇帝的儿子的那层特殊关系，因此自然成了世人羡慕的对象，不管是官僚还是平民百姓，对他及家庭总是刮目相看。

据说母亲徐氏在怀他时，在梦中见香烟五彩缤纷，萦回在怀，正准备拂去时，突听人说："这是宿世因缘，寄托着王道，福德自至，为什么要驱除它呢？"[④]这才没有动手拂去。与此同时，还梦见自己吞食白鼠，一而再，再而三。醒后颇觉奇怪，莫名其妙，于是便找人占卜问卦。占卜师告诉她说："这是白龙之征兆，胎儿将成为贵人、圣人，可喜可贺。"十月怀胎，到了胎儿诞生的那一个晚上，据说整个房子金光耀眼，神光奕奕，远近可见，邻居以为是陈家着了火，赶来一看，原来是陈家又要添贵子。父母在为新生儿命名时，由于他们希望这孩子肩负王道之命，因此就起名为王道，又联想到晚上整个室内光明如昼，便把小王道又叫作光道。

据说七岁以后，就喜欢往寺庙里跑。鉴于他的这般情志，有一位师傅还口授了大乘重要佛经《妙法莲华经》中的《观世音菩萨普门品》。光道听一遍便铭记于心，只字不忘，可以轻松地背诵下来。父母见此情景，联想到出生时二僧所说的话，不免情怀惆怅，担心儿子会离他们而去。但细心一想，这里面隐含着非人为干预的必然的东西。这样一想，心里也就坦然了，也不太干涉小光道的自由，而任其发展。当然有一点是明确的，即只要不出家，干什么都可以。因此，当光道到 15 岁那年提出出家的要求时，父母断然拒绝了。

二　发轸南岳

南北朝时期是中国历史上社会急剧动荡、政治极不稳定的时期，每一王朝的寿命极其短暂，因此政权的更迭非常频繁。梁孝元帝及其梁朝，以及与梁孝元帝的命运紧密相连的陈家的繁荣昌盛也是昙花一现。不到三年的光景，即承圣三年（555），北方的西魏就攻破了江陵，并杀了梁孝元帝。这年光道只有 18 岁。从此平静而幸福的生活开始出现波折。由于父亲与孝元帝那层特殊的关系，在国亡的同时，他的家庭也惨遭不幸，真是"家国殄丧，亲属流徙。"不得已，他和家人只好另走他乡，经过艰难的跋涉来到了峡州（今湖北宜昌一带），投靠舅父。尽管生活有了这番变故，但他的追求、向往以及仪态言行举止一仍其旧。所不同的是，随着悟性的提高，他知道的、体悟的更多了，对世俗生活的苦的本质有了切肤的认识，自发地开始了对人生真谛的思考、对生存智慧的追求，对出离生死、直至彻底摆脱痛苦烦恼获得解脱的道路的探索。

这一年不仅是国家和家庭命运发生重大转折的一年，而且也是光道人生发展的航向发生根本性变化的一年。在"二亲殄丧"亦即父母相继离开人间之后，他下定了"辞兄出家"的决心。开始，他哥哥不同意，因为父母不在，兄弟应同手足；如果弟弟一走，哥哥觉得日子也难过了。然而弟弟尽管年幼，但讲起道理来还是一套一套的。他告诉哥哥：出家并不是自暴自弃，并不是没有出息，出家是大丈夫事，是为了求道或"谋道"，为了得到更圆满的幸福，也是为了更好地"报恩酬德"。① 可见光道出家一方面有"家国殄丧"这样的外在机缘，更重要的是要"谋道"，要寻求宇宙人生的真谛。尽管讲了这样的道理，哥哥仍不肯放。在这种情况下，光道便求助于父母旧友湘州刺史王琳的裁决。王琳"以陈侯故旧，又嘉此志，资给法具，深助随喜"。也就是说，王琳不仅同意、赞赏光道的志愿，同意他出家，而且提供了相应的资助。于是，他来到了湘州（今湖北大悟、黄陂、红安一带）的果愿寺，拜他的俗家舅父法绪为师。法绪收了这样一位徒弟自是万分高兴，因为他见到新徒弟的言行德相，觉得是栋梁之材，于是授法号智颛，并授以十戒。十戒是皈依三宝的弟子必须遵循的最基本的戒律，它们分别是：不杀生、不偷盗、不淫、不妄语、不饮酒、不涂饰香鬘、不听视歌舞、不坐高广大床、不非时食、不蓄金银财宝。不仅如此，师父还进一步引导他学习其他戒律仪轨。为了把智颛培养成弘扬佛法的接班人，法绪不仅自己因材施教，倾其所有，而且还给他以向别的师父请教学法的机会，以便兼收并蓄、博采百家。这时在北面有著名的慧旷（534—613）法师，法绪就让光道敬事慧旷，受诸经律。不仅如此，光道还深入大贤山（今湖南衡州南境），诵读钻研《法华经》、《无量义经》和《佛说普贤菩萨行法经》。这三部经合起来就是所谓的"法华三部经"，也是后来天台宗设教立论的基础，讲的主要是"三乘（声闻、缘觉、菩萨）归一乘（即佛乘）"、"众生均有佛性"和"性相空寂"的道理以及礼佛忏悔、修证禅定的方法。经过约一个月的工夫，诵通三部、进修方等，胜

---

① 灌顶：《隋天台智者大师别传》，《大正藏》第50册。

相现前，见道场广博庄严；但又初步感觉到诸经论纵横纷杂，意即诸部杂乱，各经的内部联系没有得到系统的说明，加上各家注释解说各有歧异。智颛口诵法华，开始悟到了《法华经》有区别淳杂的妙用，使一归于正，便萌发了在《法华经》的基础上澄清混乱、梳理诸经论的内部联系，形成对佛教理论的全面系统解释的思想。

这时，大师长进很快，定力到了相当的深度，"精通律藏"，"常乐禅悦"，以至泱泱湘东，已没有什么值得他学的了。①

正好，在陈文帝天嘉元年（公元 560 年），也就是智颛 23 岁时，听说著名禅师慧思（515—573）南下居光州（今河南光山县）的大苏山，于是智颛便投奔慧思禅师。慧思，俗姓李，武津（今河南上蔡县东）人，15 岁时出家，谢绝人事，专诵法华，受具足戒，日唯一食，不受别请，"九旬常坐"。有一次，他所住的庵宇为野人所焚，还患疠疾，却丝毫没有动摇他的意志和决心。尽管如此，他仍勇猛精进，乐此不疲。愈后再造草舍，继续念法华。20 岁时，因读《妙胜定经》，经过禅定，当准备放身倚壁时，豁然大悟。此外，他还以"定慧双开"综合佛教南北学风。我们知道，在南北朝时期，南北佛教的风格、侧重点有很大不同，南方重义学，北方重禅定。而慧思以为这两者都有片面性，力图综合贯通，把它们结合起来，从而在中国佛教发展史上开创了一代新风。

智颛选择这样的师父当然是明智的，因为慧思精通义学和禅定，且亲承天台二祖慧文口传心授的一心三观哲学。因此义观皆通、禅解兼备。由于他晚年隐居在湖南南岳，因此常被称为南岳慧思。智颛有这样的师父，在其门下所学的就不仅仅是一家之言，不是一隅之得，而是各家之所长。这为他后来成为天台宗的实际奠基人，建立新的佛教理论体系准备了必需的思想资料。

在慧思的指教下，智颛于光州大苏山行法华三昧。所谓法华三昧不是次第禅门，其基本要求是：持戒，忍辱精进，勤修禅定。在此基础上，摄一切法使归一实相、使实相之理分明现前、无明烦恼

---

① 灌顶：《隋天台智者大师别传》，《大正藏》第 50 册。

止息。这也就是无相行。所谓无相行是安乐行之一种，另一种是有相行。所谓无相行就是于一切诸法中，心相寂灭，毕竟不生。常在一切深妙禅定，行住坐卧、饮食语言，一切威仪，心常住定。不按四禅四定的次第，如不依止欲界，不住色、无色界。这样的禅定，也就是菩萨遍行。所谓行法华三昧，就是为证得法华三昧而设道场读诵《法华经》之行法。智者在这里行法华三昧自然是再理想不过了的。他连续进行了三天三夜，当读诵到《药王品》中的"心缘苦行至是真精进"句时持因静发，身心豁然而入定，定慧双开，明了法华若高晖之临幽谷，达诸法相如长风之遊太虚。他将自己的心得体会告诉慧思，慧思非常高兴，说："非汝弗证，非我莫识，你所入的定境就是法华三昧，所登住的就是真修实信的五品观行位，所发持的是十信相似位，常加护持，莫有怀疑。"①

　　不久，智颚又来到了熙州（今甘肃临洮）的白沙山，像以前一样精进不懈，继续行法华三昧，同时，智颚还代慧思宣讲经文、佛法，听者无不折服。因此，智颚深受慧思的赏识，视之为"义儿"。当然禅定上的功夫还欠火候，例如三三昧（有觉有观、无觉有观、无觉无观三种三昧，分别对应于空、无相、无作三种解脱）、三观智（即空、假、中三种观智）等方面的功夫还不够。慧思深感不足的也是这一点，他说："恨其定力少耳"。尽管如此，智颚毕竟是慧思的得意弟子。看到这样的弟子，慧思莫不欣喜万分，因此有意让智颚成为自己开创的事业的继承人。有一天，他对智颚说："吾久羡南岳，恨法无所委，汝粗得其门，当传灯化物，莫作最后断种人也。"② 也就是说，慧思自己在准备去南岳的同时，为了锻炼智颚，为了弘扬佛法，"传灯化物"，让他所开创的宗派得到更大的发展，他就交给了智颚一项神圣而艰巨的任务，即让智颚独当一面，独自到外面去弘法。

----

① 灌顶：《隋天台智者大师别传》，《大正藏》第50册。
② 同上。

三　弘道金陵

带着师父的重托，智顗于陈光大元年（公元567年），也就是智顗的三十而立之年，与法喜等30余名弟子一道，来到了当时的都城——金陵弘法。慧思为什么要让智顗到金陵而不到别的地方呢？在一些人看来，这似乎是为了巴结讨好权势或为统治阶级服务。无论从哪一方面讲，慧思和智顗都没有这层动机。他们这样做，完全是出于一种纯洁而宏大的愿望，这就是弘法利生。而要如此，首先应让统治阶级理解、支持、至少不能轻视或毁灭佛教。自从佛陀以来，弘法的大师们都有像晋僧道安一样的共识："不依国主，则法事难立。"在许多佛经中，最后都有一个《嘱累品》，在其中佛总是把"护持佛法"的事托付给"国王"、"大臣"们。很显然，统治阶级的支持，不管其出于何种动机，客观上都是佛教生存发展的一个基本条件。佛教的繁荣或法难的出现，莫不与统治阶级的态度紧密联系在一起。这是一个无须多说的事实、不言而喻的道理。

万事开头难。初到金陵，不仅没有引起统治者的重视，而且连教内的许多人也并不予理解和支持。因为这时包括金陵在内的南方盛行的是对义理的探求，崇尚玄远清谈，对智顗等人的观点和禅法难以接受。因此智顗等人的工作开展极为艰难，在讲经说法时常有人来为难他们。如有一人名叫法济，"自矜禅学"，傲慢地问难道："有人入定，闻摄山地动，知僧铨炼无常，此何禅也？"智顗回答说："边定不深，邪乘暗入，若取若说定，坏无碍。"法济听后大吃一惊，知道此人非等闲之辈，因此改变了对智顗的态度，由小视而转为折服、崇敬。经过这样一系列的事情，智顗等人的名声开始大震，前往参访、修学的人也越来越多。统治者也知道了智顗等人的存在。陈宣帝太建元年（569），朝廷就将智顗等人请进了瓦官寺。

在瓦官寺，智顗等一住就是八年，主要活动是弘法、修持和义理探讨。由于智顗博古通今，乐说无碍，因而前来听法的人不计其数，既有教外有名望的儒教学者，如仆射徐陵、尚书毛喜等，"并禀禅慧、俱传香法、欣重顶戴、时所荣仰"，还有许多寺院的高僧大德。智顗一方面宣讲禅法，一方面向那些高僧大德学习，行法华三昧，从而使自己时有长进，以至"任机便动，即而开悟"。智顗的传法活动声势越来越大，效果也愈来愈好，迎得了当时吴（今苏州）会（今绍兴）等地的道俗的普遍认可与欢迎。受其影响，许多高僧大德如白马寺的警韶、奉诚寺的智文、禅众寺的慧令以及梁朝宿德大忍法师等纷纷"舍其先讲，欲启禅门；率其学徒，问津取济"。我们知道，当时江南的风气是重义门，即重视对佛学理论的讨论、研究，忽视在禅定上下工夫。而智顗的弘法活动无疑起到了转变这一风气使之朝着义禅并重、南北融合的方向迈进的作用。

当然，对智顗及其影响，有些人也心怀不满，故意寻衅闹事，发难于智顗及其门人。当时庄严寺的慧荣就是这样一个人。他的名气在当时也很大，"道跨吴、会，世称义虎，辩号悬流"。听说智顗讲法，就来问难。他在瓦官寺见到智顗及其在场的门人后，举止傲慢，言辞轻诳，"轻诞自矜，扬眉舞扇"，不小心，扇子一下子掉到了地上。智顗见此举止，心里暗暗好笑，但又泰然从容，"应对事理，涣然清显"，谴责道："禅定之力不可难也。"有一个叫法岁的沙门也不失时机地抓住这一点，指着慧荣的背说："好一个义龙，今天怎么成了一只伏鹿？扇子都丢了，再用什么东西遮羞呢？"慧荣好不羞愧，自知不好下台，只好自我解嘲说："我太小看你们了，看来不能再轻敌了。"

这件事更增加了智顗的知名度，迎得了更多人的敬仰。他花了很长时间，讲《大智度论》，说《释禅波罗蜜次第法门》。前者是印度龙树菩萨的著作，而后者则是智顗学修证悟的心得与结晶。在这一讲座中，智顗以禅定统一切修待法门，将各种禅定法门包括外道禅、如来禅以及其他印度和中国的禅法依浅深高低梳理成一个秩序井然的禅学体系。这是智顗为天台宗创立系统的理论体系的开端。

智顗大师作为精通佛法之人，当然知道"慢"（即骄慢、傲慢自负）这一惑的危害，他自然不会以为自己的思想和功夫就已经到顶点了，不需再学习和前进，或在自己没有证得高层次的果位时说证得了。恰恰相反，他仍在不断进取。尽管他名声赫赫，但仍利用当时金陵精英荟萃的有利条件，虚心向他人学习，如向他接触到的三论师、成实师以及涅槃师学习，并把有关思想融注进自己的思想中，开始创立自己以《法华经》为立论基础、会通南北各家各派的理论和禅法的理论体系，初步形成了一些独树一帜的思想。例如他开始把止观理解为禅法的具体内容，同时还融合成实师渊源于印度比喻师之说，用止观统摄四圣谛中的一切道谛，不单纯是定慧了。又依据《法华经》，确定观的对象是诸法实相，一心三观就是在同一时间于一心中观空假中三种实相。另外，把"一心三观说"进一步发展成三谛圆融说，因为他吸收僧肇《不真空论》中的"立处即真"的思想，认为三种实相都有真实的意义，因而是三谛，三谛并非次第关系，而是同时存在，互相关联，因此三谛圆融。最后，他从慧文和慧思的"证悟"禅法中，发展出由闻思修入手的"解悟"禅法，将他们二人的止观学说系统化了。

四 创教天台

在瓦官寺弘法期间，智顗常常静下来沉思，进而认识到：在一系列问题上，已经有了自己独到的看法，但整体上尚嫌零散，欠系统，需好好地梳理。另一方面，在止观修持方面也有自己的独特的体悟和方法，也需有一僻静的环境加以锤炼和升华。因此常冒出这样的念头：应到山林水泽处隐逸。于是便作出决定，将和门人约20余人一起前往天台山。这时在天台山的确有一位僧人，名叫定光，已在此山住了四十年。他定慧兼习，得许多神通，在智顗到天台的前两年，就向当地百姓预言：有大善知识将来此山修道传法，应该种豆造酱、编蒲为席，还应建屋舍，供他们起用。这与其说是预言，不如说是这位希望佛教兴盛的僧人的一种期盼。

当时陈朝陈宣帝的第二子始兴王得知智颉要离开金陵去天台山，便从外地匆匆赶回，为智颉饯行。在谈论到兴致时，还情不自禁地唱起来以表达对智颉的敬仰、依恋之情。同时还施舍了大量财物，以供僧众路途和目的地之用，最后不无感慨地说："我昨天晚上梦中碰到了强盗，今天果真碰到了金钱名利之类的软贼。与其为这些名利束缚，周旋于显贵，不如隐逸山林。"智颉听后，说了很多开示引导的话语，劝其超然物外，不为外物、名利所缚所转，随遇而安，这样便能处处得大自在，时时安然。

陈太建七年（575）秋，智颉一行来到了天台山。在该山遇到的第一个人就是定光大师。后者在介绍了有关情况之后，就把智颉一行带到了他住地的北面，佛垄山之南，这正好也是螺溪之源。尽管此地周围崇山峻岭，但仍显宽敞开阔，地平泉清，无疑是理想的修道场所，于是众人立即一齐动手，在此建造草庵，栽种松柏。定光又对智颉等说："你们就安居在这里吧，等国泰民安天下太平时，就有贵人来为禅师修建寺庙，不愁堂宇满山。"果然，在智颉逝世后的第二年（599年），也就是隋朝最鼎盛、最"国泰民安"的时期，天台山上真的耸立起一座气势恢弘的符合智颉设计方案的寺庙——天台寺。

安定下来后，智颉又开始了自己的修行证悟生活。他选择了住地以北的华定峰，在那里修习"头陀行"。所谓头陀行，就是佛教中的一种苦行，修此行要遵循十二种修行规定，只有如此，才可能去掉尘垢烦恼。

据说，在向高深的禅定功夫冲刺的时候，行者碰到的麻烦并不亚于初学之人。越是往前进，障碍越多越艰险。既有自然因素的影响，又有恶势力等的干扰破坏。经过一段时间的苦修，他好不容易闯过了头陀行中的一道道难关。

一波刚平，一波又起。新的情况又出现了，即常有徒众因受不了艰苦的修行生活，不满当时当地恶劣的自然环境，而离他出走。大师对此毫不动心，"皆随意去"。当时的天台山，荒山野岭，衣食住行都有重重困难，但大师与意志坚定的门徒"安贫无戚"。在大师看来，富贵不在于钱财多、权势大，而在于是否有道，快乐不在于肉体享受，而在于心处在无为的状态。这也就是智者常说的"有道即富贵，无为是大乐"。他既这样说，也这样做，因而能在天台山这个自然条件艰苦的地方快乐地修行弘道。

经过大师与徒众的努力，他们不仅战胜了肉体、精神、环境和人为等诸方面的不利因素，而且赢得了社会的广泛承认。这时朝廷也开始重视天台。当时陈宣帝本来对佛法颇有好感，当知晓智顗的作为后更是感奋不已。于是便下诏书布告天下："禅师佛法，雄杰天下，时匠所宗，训兼道俗，国之望也。宜割始丰县（今浙江天台县），调以充众费，蠲两户民，用供薪水。"① 给予智顗及徒众以最高的礼遇。基于此，智顗的道场和弘法事业就有了较好的物质基础。

从此，天台山的佛法事业蒸蒸日上，形势发生了喜剧性的变化。离去的僧众纷纷返回，达官贵人不断前来朝拜。天台县令袁子雄、新野的庾崇二人登上山时，正值大师讲授《维摩诘经》，俩人便"专心斋戒，连辰听法"。袁子雄因发心改造讲堂，因此进步很快。

当地许多人以渔业为生，大师愍悯众生，包括大海的鱼类，遂建放生池。许多人深受感动，加上听闻佛法，从而"皆好生去杀"，放弃渔业而从事其他职业，附近的大海因而变成了放生池、"法池"。当时临海内史计诩对此事的促成起了推波助澜的作用。

到此，作为中国佛教史上第一个独立的宗派——天台宗已露端倪。可以说，在智顗来天台之前，作为独立宗派的天台宗是"万事俱备，只欠东风"。经过慧文、慧思特别是智顗的辛勤耕耘，义理和修持上已形成了独树一帜的理论体系。这主要表现在它的"习义观之初章、辨偏圆之妙慧"的旨趣已显现出来了。为了使这一旨趣得以实现，智顗不仅明确了立教正依的经典《法华经》，独辟

----

① 灌顶：《国清百录》卷第一，《大正藏》第46册。

蹊径去阐明、发挥和弘扬，形成了以《法华经》的思想为基础而又有自己独创性的对于宇宙人生的理论体系，而且还以《大智度论》为指南，以《涅槃经》为其释义上的扶疏，以《大品经》、《般若经》为其观心之本，引维摩、仁王等经以增信，引佛性、宝性等论以助成。另外，智𫖮等人对这些经论的注疏已形成了一家之言。正如智𫖮所说："今一家解释佛法。"有些解释尽管无文证，即经论上没有这样的表述，但这种解释是"处处约名作义，随义立名"、"义符经论"。总之有了自己的一宗之学。不仅如此，经过长期的实践，智𫖮师徒根据禅法的精神和原则，已有了"已心中所行之法门"，①即有了自己的独特的以止观为基础的修持体系。更为重要的是，他们还有自己的"道统"、"法嗣"意识，如慧思要智𫖮"传灯化物，莫作最后断种人"。智者一生特别是晚年总在思考如何使"法缘"不断绝的问题。因此天台一宗在智𫖮一行来天台之前所欠缺的只是梳理和系统化，只是没有自己独有的创弘佛法的道场。而智𫖮等人在天台山的这些作为正好弥补了这些不足，构成了天台宗粗具雏形的"东风"。从此创弘佛法、禅法就有了牢固的物质基础。在此基础上，天台佛法开始"雄杰天下，时匠所宗"。这说明以天台为其独特标志、门户的天台宗开始在人们的心目中确立了自己的位置。

五　托业玉泉

在经历了天台"重法之务"的十年光景之后，智𫖮在陈朝君臣的再三"苦谏"下，带着弘扬佛法、宣传自己"一家之解释"和自己所创立的理论的任务，重返金陵，开始了他又一曲折的人生旅程。最初四年，在金陵的太极殿、灵曜寺等地为群臣和百姓讲经说法，特别是根据自己的心得、以新的面目创发性地、系统地、逐字逐句地讲授了《法华经》。其演讲内容后来为弟子灌顶笔录整理

------

① 《四教义》卷一，《大正藏》第 46 卷，第 723 页。

成书，这就是著名的、作为"天台三大部"之一的《法华文句》。然而太平的生活转瞬即逝。到了589年，仅存在了33年的陈王朝便为以杨坚父子为首的隋王朝所取代。智颛再一次碰到了"国家殄丧"、朝代更迭、人民饱受战火之苦的惨痛现实。所不同的是，这一次，他出家无家，因而没有自家的惨剧发生。当然他出于大慈大悲之心，深深地为劳苦大众的苦难命运而悲悯。其次，这次政治动荡没有给他的心灵造成任何波浪，因为他已远远地超越于政治利益、争斗之上，对权力、功名之类的蝇头小利不屑一顾，加上他练成了一颗"八风吹不动"的心，因而也就没有调整心态、重新选择人生道路之类的问题。不过由于他表面上曾服务过陈朝，可能引起隋朝统治集团的猜忌，因而不得已，便离开了给自己成长和发展提供过条件的金陵，开始了在荆湘、庐山等地的颠沛流离的生活。尽管如此，他走到哪里，仍将佛法、将自己所挖掘的人生智慧带到哪里，将其种子播撒在哪里。

经过几年的整治，隋朝的一统天下得已形成，政权逐渐稳固，天下也趋于太平。出于政治斗争、人心安抚、社会发展以及个人解脱等多方面、多层次的需要，隋朝统治者也有了对佛教和智颛等德高望重的高僧的亲近，逐步与智颛等人建立起了远远超过陈朝时的那种友善关系。智颛在隋开皇十一年（591年）还成了隋文帝次子、当时为晋王后为隋炀帝的杨广的传戒师。也正是在这年，智颛得到了杨广所赐的德名——智者。第二年，智者为了答谢师恩、众生恩、故土的养育之恩即地恩，为了在故土传播他所拥有的智慧火种，谢绝了杨广的再三挽留，离开扬州，来到了荆湘大地。经匡山，度夏华，先至潭（现长沙），后赴南岳衡山，瞻仰慧思遗容遗迹，寄托对恩师的怀念和感激之情。后于当年十二月到达荆州故里。经过奔波、比较，最终选择了玉泉山这块风水宝地，作为完成自己未竟事业的基地。一到这里，他顾不上歇息，便开始了创寺、完善理论、弘法、培养接班人的"托业"工作。

智者以自己独具的慧眼看到，玉泉山也是创弘佛法的风水宝地。早在东汉建安年间（196—220年），著名禅师普净曾选此地为避难之所，结茅为庵，坐禅修道。刘备为了感激他的救弟之情，为他修了一座寺宇，取名为普净寺。梁宣帝时敕建覆船山寺。但长期以来，后继无人，因而此寺残破不全，显得极为荒凉。智者的到来，重新又焕发了昔日道场的生机。

在玉泉山，智者所做的第一件事，就是亲手和弟子一起重修旧寺，加建精舍。起居生活、修禅办道有了基本的着落之后，又马不停蹄地开始了创建新寺的工作。一边构想建寺的蓝图，一边选址、勘察，忙得不亦乐乎。开始选的一处比较迫隘，于是放弃了。后经过多方勘察和比较，他拟好了详细的图案和施工程序，并报呈晋王杨广。杨广很快送来了答书，说："当阳建寺，既事出神心，理生望表，即当具奏。"到了开皇十三年（593 年），晋王来到了陕州，又致书智者，表达他将为在玉泉建寺尽力的意愿。后终于得到了皇帝杨坚的敕令。他不仅同意建寺，而且为该寺赐名："一音寺"。经过后人的扩建，才更名为玉泉寺。①

寺院建成后，智者与徒众积极弘法利生，使当地面貌焕然一新。在他们来之前，此地十分荒险，兽虐蛇暴，一派凄凉恐怖的景象。智者一行来后，特别是寺宇建成后，当地人再无此忧患。由于智者一行福智双修，利乐有情，很快，玉泉山一音寺和智者的名字不胫而走，响彻荆楚大地，前来上香拜佛、听闻佛法的络绎不绝。

在玉泉山，智者的另一项重要的任务就是进一步"开拓鸿业，以名一家"。他根据中国当时佛教发展的现状与特点，对自己长期以来思考、修行实践的心得进行了全面的清理，并加以系统化和条理化，完成了《法华玄义》、《摩诃止观》等开宗明义之作（智者讲述、弟子笔录而成），从而使"标本宗义、创建法门"的任务最终得以完成。

我们知道，佛经自阿难结集之后，不少大师如龙树、马鸣等人纷纷著书立说，创立论疏，探幽发微。他们虽然通经，但只是约文伸义，举其大略而已。佛教各经、各种理论、义理之间的内部联

----

① 志磐（宋）撰：《佛祖统纪》卷第六。

系、整体结构以及教化传播的方法论则不十分清楚，甚至可以说晦暗不明。佛教东传后，尽管汉传佛教在翻译、保存佛教文化方面作出了巨大的贡献，并涌现出了大量的注疏、诠释，这对佛教的发展、普及无疑有不可估量的积极作用。但是各注疏家往往侧重于某一经或论，而且有自己的爱好和独自的理解，因此异论百出、莫衷一是。总之，佛教发展到智者时代，尽管有一些可喜的现象，但也存在着亟待解决的问题。例如佛的出世本怀、万千经籍的中心思想以及各种理论、义理之间的逻辑联系、博大精深的佛教教理的整体结构等都亟待系统的阐发和弘扬。

　　面对现实，智者也深感忧虑和不安，倍觉自己身上的担子沉重。为了完成这一任务，了却自己长期的心愿，他一方面深入众经，披览论疏，另一方面身体力行，像老师慧思一样"昼谈义理，夜便思择"，定慧双修，积福积智。这些为他对纷乱驳杂的经论作"一家之解释"奠定了坚实的基础，加上他的特殊经历、师承和曾博采百家的学修实践，更为这一工作的完成提供了有力的保证。尤其是，在他的老师慧思的熏陶下，经过对《法华经》的深入钻研，他深深皆经之精髓，乃至有"灵山亲承"之美誉。最后，他发挥妙旨，幽赞上乘；以五义释经题，四释消文句，而又能以十章宣演，明净法门。于是解行俱陈，义观兼举，不愧为"行人之心镜，巨夜之明灯"。在中国佛教发展史上，智者克服了南方重义理玄谈、北方重禅定实修的片面性，同时对两者之长兼收并蓄，将义理与禅定统一起来，倡导定慧双修，义观并重，建立了适合中国人特点同时又符合禅定基本原则的、契机契理的、独特的止观修持法门。他所创立的三谛圆融、一念三千等理论，用如来之意，出乎仁王、璎珞经三智三德，本乎涅槃大品，所用义旨以《法华经》为宗旨，以《大智度论》为指南，从而在圆智的基础上对三谛圆融之圆理作了独到的阐发，为行圆、断圆、位圆、因圆、果圆奠定了牢固的理论基础，进而最终建立了以"圆"为特征的圆顿教或天台宗派理论体系。在立言判教方面，齐梁之际有"一音四相"之说，"四时六宗"之谈，众制纷纭，相倾相夺；南三北七，各自妄自尊大。而智者依据自己的研究对佛教理论体系作了独到的阐释和概括，即以"五时八教"总括群籍，为人们从总体上把握佛教之教法提供了有益的指南。智者认为：从时间上说，佛之教法分别说于五时，即华严时、阿含时、方等时、般若时、法华涅槃时。从说法之仪式方法上看，佛之教法有顿教、渐教、秘密教、不定教四类。而从教化众生的内容和法门上看，佛教理论则有三藏教、通教、别教和圆教四种。总之，智者继承慧文慧思的一心三观之绪，约法华悟门，说止观大道，立经陈纪，在以五时八教总括群籍的基础上，创立了以《法华经》为立论基础，以理圆、智圆、行圆、断圆、因圆、果圆为特征，以止观为修持方法的极富独创性的、完整的义观兼举的理论体系，最终完成了标宗明义、立一家之解释的心愿，从而使天台宗最先成为中国佛教史上名副其实的、有独立阐释与发挥、有独创理论、有门户、有法统意识的宗派。

六　两朝国师

智者的人生理想就是成佛，而成佛也就是做一个人格完满的人，即做"至圣"或"极圣"。所谓极圣就是这样的人，一方面，从内在的方面而言，他拥有透彻认识、通达宇宙人生真理的大智大慧，与此相应，有关于宇宙人生的真理的全面而逼真的把握，在心理结构上有面对任何刺激、打击，面对利衰、毁誉、称讥、苦乐等"八风"仍保持"平常心"或"直心"的心态或品格；另一方面，在与自然、社会或十法界众生打交道的过程中，能以平等心、慈悲心，以与宇宙等齐的博大胸怀，一视同仁地对待之，自利利他，自觉觉他，诸恶莫作，众善奉行，无缘大慈，同体大悲，既尽可能给人以物质上的接济和帮助，又给人以精神上的安抚和指点，携手同行，同登美好的明天，共进美好无比、绝对幸福的极乐世界。这是智者的人生理想，也是他的人生实践，因而在人们心目中铸就了光辉而高大的人格形象，成了道俗敬仰的圣人，也被陈、隋二朝统治者尊称为"国师"。对于智者的完美的、高尚的人格，我们只拟就他处理与陈隋二朝的关系时所表现出的智慧德行、高风亮节，略加陈述。

在现今流行的研究智者的许多论著中，存在这样一种看法，即认为：智者在与陈隋二朝统治者尤其是皇帝和皇亲国戚打交道的过程中有巴结讨好、谋取某种私利的言行，与他们"往还密切"、"交谊深厚"好像是为他们服务、为他们献媚，也是为了自己衣食丰饶或得到别的好处。这是不切合实际的，也损害了智者的人格与清白。

不错，智者一生中有很多时间是在朝廷中度过的。但他入朝既不是为官职，因为他对权力、官职毫无兴趣，也没有当过任何官；也不是为名，因为名利在他的价值观中如过眼烟云，如泡如影；更不是为钱为财，因为他对唾手可得的钱物视若粪土，到临终时他拿出来作为礼物送给佛祖、弟子的不过是日常生活中自己所使用的简朴的衣物。他出入宫廷没有别的动机，只有一点，就是为了佛法的生存、弘扬和发展。朝廷内外，君臣和百姓都同样需要佛法。在智者眼中，皇帝和街头乞丐都不过是芸芸众生中的一员，腰缠万贯者与身无分文者无一无异，都生活在"火宅"中，受着熊熊烈火的烧煮，都渴望佛法的拯救。对平民百姓弘法传戒乃理之固然，对皇帝大臣进行教化同样义不容辞。其次，智者像其他弘法大师一样认识到：佛法的存在和发展离不开朝廷的支持，因为"道通，惟人王为法寄"，法昌还"赖皇风"，而反过来，法难的出现莫不是统治阶级一手造成的。因此，出于这样的考虑，智者才有了与当权者的交往，有了三进宫。

智者的每次进宫都是在君臣的再三请求、"苦谏"下才成行的。而且诏请智者的目的也是纯洁的、无可厚非的，即统治者请智者是为了"使道俗咸荷"，他们对佛法、对智者的精神需要也是很迫切的，即"翘心十地，渴仰四依"。据记载，陈宣帝在群臣的建议下，决定将智者从天台请回来，但智者由于有"重法之务"，不贱其身，因而推辞了。陈宣帝对此不罢休，又通过永阳王的关系邀请他进都。这位永阳王求法心切，一再苦谏，前后七使，还加上皇帝的手疏，最后智者出于慈悲之心和弘法的需要才答应了他们的要求。

在隋朝时也是这样。隋文帝的儿子杨广被封为晋王、任扬州总管后，也想请一高僧，"奉以为师"。经人介绍，写了多封请柬，欲请当时因朝代更迭所引发的战乱而隐居在庐山的智者出山。智者对每次邀请都一一谢绝，其理由不是"寡德"，就是"陋学"，不是另荐"名僧"，就是"举同学"。杨广三请不逮，乃求四愿，言辞凿凿，感情真挚。在这种情况下，智者鉴于晋王求学心切，加上"深有缘契"，因此答应要求，前往扬州为其说法传戒。

更为重要的也是难能可贵的是，智者在与达官显贵打交道的过程中，时时处处都维护了佛法的尊严以及自己人格的高洁，没有半点献媚、奴颜婢膝之类的表现。真正是"上不朝天子，下不让诸侯"，"入世随心，往还自在"，不为政治气候和权力争斗所左右。智者每次答应进宫时都提出了这样的前提条件，即"欲丘壑念起，愿随心饮啄以卒残年"，同意后才成行。令人难以置信的是，一心作威作福、老子天下第一的政客官僚们都对智者表现出了最大的恭敬、谦卑和最高的礼遇。从记录智者与陈隋二朝君臣的信札的《国清百录》中不难看出，在陈朝时，君臣给智者的敕、书共十三件，主要内容是请智者讲经说法，或致问候。陈宣帝在佛法的感召下，在智者的善巧化导下竟变成了一虔诚的信徒。不仅如此，还放下皇帝架子，亲自来到智者等住持的光宅寺，舍身为寺奴，为智者等僧众端衣送水，劈柴扫地。在智者讲《仁王经》时，他又跟众人一起"起拜殷勤"，而且太子皇后都先后皈依三宝，恪守戒律，真算得上一个非常特殊的佛化家庭。隋炀帝（未登基前为晋王）杨广对智者的礼节是有过之而无不及。对智者，他以师相待，推崇备至。略举几件事就足以说明这一点。第一，为了让智者为他开示、赐教，总是再三迎请，其隆礼不亚于对父皇的礼节。第二，智者有一次进都，怕杨广纠缠不放，理直气壮地提出了四个条件包括往还自由，而晋王二话没说，一一应允。第三，智者逝世前，交代了一些想办成的事情，晋王并不因智者已逝，人走茶凉，而是一一认真照办，如画吴郡三处像，还在智者曾卧疾的石城修造装饰。第四，对智者的遗书尤其是《净名疏》，拜读再三，并发愿要求深悟，让智者显神通。第五，杨广登基后，遵照智者的遗愿，在天台山上建起了一座气势恢弘、享誉中外的寺宇，并亲书"国清寺"寺名。

正因为智者有圆行即圆满的人生实践，有高尚、完美的人格，舍小我，为大我（全人类及其所依存的环境），不计较得失，乐于奉献，恩怨等同，不趋炎附势，广行法施，化物度众，因此迎得了道俗普遍的尊敬和赞誉。不愧为万世楷模，人天师表。正如其弟子灌顶所记述的：即使有人像他那样谢绝"盛席"，但没有人像他那样率徒众一再隐居山谷；即使也有人避世守玄，但没有人像他那样被尊为二朝国师；即使也有人为帝所尊，但没有人像他那样"太极对御"，乐说诸经无穷，令君臣佩服得五体投地；即使也有人正殿宣扬，但没有人像他那样"为主上三礼"；即使也有人受到"万乘屈膝"之礼，但没有人像他那样赢得"百高座百高官"的称美赞叹。[1]

七　归骨天台

智者回故里报师恩、故土恩以及在玉泉创寺"托业"的愿望实现后，心中更加坦然、平静了。恰在这时，晋王杨广又致书智者，请他重返扬州、金陵讲经传戒。这也正合智者的心意。因为他一直挂念着天台山的佛法事业。于是再次来到了杨广所在的地方。此时，智者已近六旬。在弘法的过程中，他还常常考虑着两件事。一是他所开创的天台宗还需进一步完善，以使之传灯化物、法翻不致断绝，自己也不致成为最后断种人；二是开始考虑归隐寄终之地。为此，他特修书晋王表达自己的心思以及对晋王的期望。他说："棲霞咫尺，非关本誓，天台既是寄终之地，故每嘱弟子一旦

---

[1]　灌顶：《法华私记缘起》，《大正藏》第33册，第681页。

无常，愿归骨于天台。昔愿创伽蓝，故欲遗修葺方乞寺名，屈作檀越王。"意思是说，他已选择天台作为自己的归骨之地。过去曾有意在那里创建寺宇，也和弟子一道在那里建了一些草庵、精舍，还想进一步修缮扩建，希望晋王惠赐寺名，并作一名向寺院施舍财物、护寺护法的檀越王即施主。

智者在扬州弘法一段时间后，便向晋王提出了"恳辞东归"的要求，即想回到长期思恋的天台山。尽管晋王一再真诚挽留，但都无济于事。经过艰难的跋涉，智者和众弟子一道回到了天台山。一安顿下来，便开始了重整寺宇、完善法制的工作，根据新情况、新问题订立新的条规，如"制法十条"。在整顿、规范丛林的同时，智者还以六十高龄身体力行，以身作则，常修止观不辍。

有一天晚上，皓月当空，风平浪静，智者独坐蒲团，说法滔滔不绝，恰似一江清水奔流而出。他演说前不曾有人提问，但所说的话句句像是对一系列问题的回答，对弟子修学过程中的难题、障碍的解答，因此如同对症给药治病，听者无不受益。后有一弟子问智者："因何因缘如此说法？"智者道出了原委："我梦见大风忽起，吹坏宝塔，加上有人请我说法。南岳慧思大师也让我再为你们开示。因而刚才不说自说，思想随着言语自然流露出来了。"

说完后，智者又讲了一件令在场僧众难以接受、且极为伤感的事情。他说："慧思前辈告诉我，他方有一国，相望甚久，缘必应往。慧思师还说，他和许多弟子一起来送我。"智者说，他与徒众的分别就快要临近了。还嘱咐弟子不要难过。去往此山不是什么坏事，而是他此生理想的归宿，向往已久。因此他"美欣归山"。这山不是别处，正是阿弥陀佛大愿所成的西方极乐世界。说完后，又交代了如何办理后事，如嘱咐弟子将他的尸骨葬于西南峰石周龛，植松覆坎，立二白塔，以便让所有见到白塔的人立即发起上求佛道、下化众化的菩提心。

正在这时，晋王派使臣进山，请智者再度进京都。因为智者告诉晋王时曾许诺不久后再来都城说法。有鉴于此，智者便对徒众说："大王想让我去，我不能失言。"当然对于此行的全过程及其结局，尽管智者没有说出来，但心里一清二楚。为此，便将自己的杂物分发给需要的人，还选择了将造殿堂的地址，画好图形以作模式，然后告诫弟子说：以后若造寺，就如此办理。而弟子们一个个大惑不解，有的甚至觉得智者老糊涂了，因为智者选的地方极其险峭，不说造寺，就是人站在那里都很难。正在众人狐疑时，智者只说了一句："此非小缘，乃是王家所办。"徒众还是莫明其妙。不出智者所料，就在智者逝世后的第九个年头，也就是杨广登基做皇帝的第二年（606年），杨广就完全按智者的设计方案在那块极其险峻的地方修起了号称当时中国四大名刹的国清寺，并亲赐寺额。

　　智者交代了该办的一切之后，就和几个弟子一道向金陵的方向出发了。当来到石城这个地方时，智者突然停了下来，对弟子说："我有病不能再前行了。此地是天台的西门，也是未来一大佛灵像的最好处所。我将终于此。因此我得在这里最后用心，以便由此而去往极乐世界。"并嘱咐弟子送信给晋王，告诉这里将发生的一切，同时也表明智者没有违背许下的重返都城的诺言，因为他现在正在兑现诺言的路上。

　　在最后用心之前，智者将随身带的衣钵、法器道具分成两份，一份奉送弥勒，一份充羯磨，即交弟子按戒律规定处理。然后，向西而卧，专念阿弥陀佛和观音菩萨名号。

　　晋王杨广得知智者的情况后，立即派名医带来名贵药材前往治疗，要求他为智者去病延年。而智者以他独有的生死观和空寂的心灵对医药淡然处之，对来人说："病不与身合，药何能遣？年不与心合，药何所留？"[1] 在智者看来，病、药、心、年本身都是因缘和合所生，虚幻不实、毕竟空寂，怎么能以一个改变另一个呢？这就是智者对疾病、寿命以及如何治疗疾病、如何延长寿命等问题的看法和态度，颇值得人深思。如果人们能用这样的心态，用智者的那种心理结构去解决疾病、寿夭这些困扰众生的难题，去同化这些不可回避的、令常人生畏的信息，那么就会得到对生命的又一种体

---

① 志磐（宋）撰：《佛祖统纪》卷第六。

认，并进入一种新的、高级的境界。

还有一弟子，名叫智晞，请来了斋师，为智者举行斋会，请智者用斋饭，智者对此仍是淡然处之，说："能无缘无观即真斋。"意思是说，六根前没有所缘境，根不与尘缘相对，没有能观之心，做到心灵寂静，能所双亡，这才是真正的斋。

在弥留之际，大师还记挂着自己开创而又未竟的事业，如吴县的维卫、迦叶二像，鄮县的阿育王塔寺以及其他地方的雕刻、绘画"頹毁剥坏"等。在门徒记下所嘱之事后，最后亲笔写了四十六字，大意是说：莲华香炉，犀角如意，是王所施，今以仰别，愿德香远闻，长保如意。接着连造寺图式一起，让转交晋王。①

交代了这些事后，就让徒众清扫室内，要来衣钵，令侍者唱《法华经》和《无量寿经》。唱经完后，智者又要来香汤漱口，说十如、四不生、三法界、三观、四无量心、十二因缘、六波罗蜜等法门。最后对众人说了这样几句耐人寻味的话："一切法皆能通心到清凉池，若能于病患境达诸法门者，即二十五人百金可寄，今我最后策观谈玄，最后善寂，吾今当入。"说罢，面西端坐，在唱念三宝声中安然而去，如入三昧。这时正是隋开皇十七年（597 年）十一月二十四日未时，享年六十岁。

----

① 　志磐（宋）撰：《佛祖统纪》卷第六。

第二章

圆教之圆解
——智者在佛教解释学上的清原正本

从理上说，释迦佛说法四十九年一法未说，但从事上说，他则针对众生的无尽烦恼说了八万四千种法。尽管各种法的内容和作用均不相同，但其中却贯穿着释迦佛始终不变的圣意、大旨或出世本怀。对于圣意的存在，古往今来教内教外的注释家都没人否认，但对于这圣意究竟是什么，则各执一词。智者"仰寻斯旨，弥有攸致"，[①] 不仅承认佛为传圣意而设教，而且强调：开示悟入他所证之圆理是一大事因缘，其教化的本质特点在于它的圆满和圆融，"理圆道极，言极尽美"，[②] 堪称"圆教"。如果是这样，佛教的解释就具有一般解释所不具有的独特之处，那就是诠释圣意时必须体现这一圆的特点，质言之，对圆教的最真实的解释必须是圆解。根据智者的圆解，佛的圆教是以拔苦与乐、救度众生为目的、以万事万物本来共有的圆融谛理或实相为基础、为法门的生命解脱的实践和理论体系。因为不管有佛无佛出世，实相或谛理本来常住，不生不灭，湛然清净，常乐我净，然而众生由于缺乏必要的觉悟，迷失了自己圆融本具的谛理，而迷理则惑，则有系缚不自由，则堕凡夫，烦恼不尽。佛顺理成智成解，解故立行，行故证得彻底解脱的圆位，累断苦尽，寂然永乐，位满然后教化众生，于是便形成了以

---

① 《四教义》卷第一，《大正藏》第46册，第721页。
② 《金刚经疏》，《大正藏》第33册，第81页。

所证为宗、位满而教他的作为佛教的宗教。①

一　佛教解释中的问题及其诊断

大师级的人物的出现离不开这样一个必要条件，即时代对之出世提出了强烈的需要。智者作为一代佛学巨匠的应世当然无有例外。当时的中国佛教正值由起步到创新、由低迷转向高潮的重要关头，在蒸蒸日上的同时，佛教解释中"得文失意"、"将偏害圆"、"偏离"或"不达"圣意、文盛实衰等问题日益严重地表现出来。如何正本清原，拨乱反正，回归佛之出世本怀、佛法本意，如何对之作出真正契理契机的阐释，是摆在当时中国佛教发展中的突出问题，这当然也是后来一切佛教解释不可回避的问题。

智者的佛教解释学是以形成对佛之圆教的圆解为根本旨归的，而是否真的如此，则一要看是否契理，即是否契合佛之说法的圣意，最终是否契合于客观真实的谛理；二要看是否契机，即是否符合当时要接受佛法的信众的根机，是否能满足当时中国佛教发展的需要、解决其面临的主要矛盾，是否能"当机"和"当时"。而要做到第二点，智者必须对当时佛教解释的现状作出自己的判断和诊断。在智者看来，当时佛教解释尽管"诸师并起"，呈现一派兴旺景象，但却存在着不利于佛教发展的隐患，其表现多种多样。

其一，尽管各种解释竞相争妍，许多构思精巧，新解迭出，体系庞大完美，但透过文字，如来设化之道却隐晦不明。

其二，许多解释莫不自认为把握了佛教之灵珠或实质，实际上是握灵珠而执瓦砾以作至宝，以权碍实，将偏害圆。

其三，许多解释对于佛教的各种言教展现的是一幅硝烟弥漫、冲突四起、厮杀不绝的景观。不错，佛说法四十九年，说了不同的教、不同的乘，如三时教或四时教或五时教，或藏、通、别、圆四教，或秘密、顿、渐、不定四教，或声闻乘、缘觉乘、菩萨乘、佛

----

① 《摩诃止观》卷第三下，《大正藏》第46册，第29页。

乘，或大乘和小乘，乃至说了八万四千种法。对于这些法，许多解释看到的是它们之间的纷争、对立、冲突或水火不相容，乃至相互谩骂、攻击、诋毁。对于佛所说的某一命题、概念、学说，许多解释突出的是不同时期说教、不同教法之间的相互抵牾，而没有看到它们之间的同一性。其实，佛教是一种不喜欢争论、争斗的和平的宗教，其最高境界是圆融无碍、无挂无缚、绝对自在。不同言教之间只有偏圆、深浅、大小的差别，而不存在根本的对立和冲突，它们之间同样是圆融无碍的。智者根据有关经论指出：佛祖"终不与世间共诤，世智说有我，我亦说有，世间说无我，我亦说无。如此通融于二家，无失而有理存焉。"①

其四，与上密切相关的一个问题是：许多解释在一个字、一句话、一个理论之后看到的是多实多义。尽管佛教的名相有多义性、歧义性的一面，但从究竟之理上说，它们只有一实一义。甚至佛的所有看似极不相同、貌似矛盾的言说也只有一实一义。智者说："诸众生性欲不同，性欲不同，种种说法，文辞是一，而义别异，义异故众生解异，解异故，得法、得道、得果亦异。"②禅宗六祖慧能大师也看到了这一问题，一针见血地指出："分别名相不知体，入海算沙绕自困"。

其五，"论富经贫"、轻经重论。在解释三藏时，经律论都是有待解释的对象，但许多解释忘记了佛教解释最根本的对象即佛经，而将主要精力放在论上。诠释论藏固然重要，但如果不以经为纲宗，不把它作为诠释的主要对象，甚至让"论富经贫"的现象泛滥，那则是错误的。

其六，佛教解释中充满着是非难辨、黑白混淆、鱼目混珠的问题。契理契机的解释肯定存在，但对于大多数信众和读者来说，进入佛教之中犹如坠入五里云雾之中一般。智者说："正体玄绝，一

----

① 《法华玄义》卷第八上，《大正藏》第 33 册，第 776 页。
② 《法华玄义》卷第十下，《大正藏》第 33 册，第 807 页。

往难知。又邪小之名乱于正大，譬如鱼目混杂明珠。"① 与此相关的严重问题是："圣意幽隐、教法弥难，"许多人面对佛教不知所措。诸代大师虽对经义作了契理契机的诠释，但随着时间的推进，诸代诠释越来越多，由于其中充斥着低下、不到位的解读和误读，因此出现了鱼目混珠的现象，对于后来刚接触佛法的读者来说，产生"阡陌纵横、莫知孰是"的感觉是常见之事。②

归根结底，所有这一切问题的共同症结或总问题在于：偏离或不达佛意，"得文失旨"，即停留在文字名相及其字面意义上，而偏离了佛诉诸文字要传递的思想及其旨趣，就像人们在借手指观月的时候只注意到了手指而不知道注意其后的月亮一样。智者说：许多解释，"虽及其文，配对失旨。"③ 还有许多解释者，"执一言，则彼彼相是非，不达佛意。"④ 有的解释尽管有对佛意的接近，甚至抓住了一些概念、命题、理论的意义乃至实质，但尚未触及贯穿在一切经典言教中的唯一的"实法"或"大旨"，或诸法之"一味"的圣意或"一大事因缘"或诸佛所师的谛理大旨。此即"不明""大旨"。⑤ 在智者看来，这是前此佛教诠释最常见、最普遍的缺陷。与此密切相关的是，许多解释不知此一味圣意与声闻、缘觉、菩萨诸乘或大小二乘的关系。而这又恰恰是智者创立"一家解释佛法"的主攻方向。这一解释上的空白、不到位或误读在实践上的危害是"令后学不明宗途"。⑥

智者清醒地看到，上述问题的出现确有其必然性。首先，佛教要传递的圣意、要开示悟入的知见是以实相谛理为核心的，而"实相幽微，其实渊奥，如登绝壑"。⑦ 其次，佛说法具有"微发"的特点。由于人的根性各不相同，不顾机缘将法本和盘托出，不可

----

① 《法华玄义》卷第八上，《大正藏》第33册，第780页。
② 《法华玄义》卷第十上，《大正藏》第33册，第800—801页。
③ 同上书，第805页。
④ 《法华玄义》卷第八上，《大正藏》第33册，第776页。
⑤ 《法华文句》（合），第302页。
⑥ 《法华玄义》卷第九上，《大正藏》第33册，第798页。
⑦ 《法华玄义》卷第八下，《大正藏》第33册，第784页。

能为人理解，即使说了，也等于什么也没说。为收到最好的效果，佛经常采取"言辞巧妙、次第诠量、初中后善、圆满具足"的方法，即循循善诱、由浅入深的发微方法。这样做必然有这样的结果，不同时空所说的法在文字层面上出现了不一致甚至互有抵触的现象。再次，佛说法还有"义涌泉"的特点，随说一法，余法即含摄其中，"文义不尽，法流不绝"，"犹如石泉流润遍益"，"虚空之法，不可格量，遍一切处。"[1] 这一特点又会使一般解释者难以超越文字的屏障而产生义理上的顾此失彼或拈了芝麻、丢了西瓜的问题。最后，听者、读者、解释者的前结构不同，对佛之"一音演法"必然作出不同的悟解。不幸的是：许多人不明白其中的解释学机理，常常将不同悟解所得到的意义看作是文本本身的一味实义。智者说：佛于49年所说不同之法，"通是一音之教"，解释者应契或"所契"的是"唯一"的。但由于能契有长短，不同的人对之所作的会解必然是多，必然出现"大小差别"。[2]

要使佛教解释回归正道，关键是辨明正体，而要如此，先须得"简伪"。简即分别、选择、剪除，简伪即分出、查明邪伪，然后予以破除以正视听。邪伪当然很多，最根本、最要命的邪伪是"不晓"或偏离大旨。在智者看来，此大旨就是佛之一切说教、经本的"一味"的意义或"正体"。而此正体不是别的，就是宇宙万有所共有的那唯一的谛理或实相。此实相不生，不可示、不可说。但"有因缘故，亦可得说"。[3] 佛教解释所要诠释的直接对象是经本，是所诠，是菩萨的"所本"。在这层解释关系中，可以说"理即是经"。但经又有自己所诠的对象，这就是诸法之实相或谛理。教是能诠，理是所诠。因为佛是因理说教，借教显理。离理无教，离教无理。[4] 不难看出，一切对佛教的诠释，其最终、最高的目的就是要还原、昭示佛之言教所要宣示的这一谛理。由此所决定，它

----

① 《法华玄义》卷第八下，《大正藏》第33册，卷第八上，第775页。
② 《法华玄义》卷第一下，《大正藏》第33册，第691页。
③ 《法华玄义》卷第八，《大正藏》第33册，第779页。
④ 《四教义》，《大正藏》第46册，第725页。

也就必然是判断佛教解释对错、好坏的唯一标准。根据智者的"简伪"，声闻和钝根菩萨在会解佛所说的实相时尚未完全究尽其义，更何况一般的诠释者。声闻由于智慧较浅，把自己所求所行的法称为实，其实不是正实、真实。智者说："小乘不运大悲，不济众生，功德力薄，不求作佛，不深穷实相。"他们以断常二见为二边，虽断见思惑，但未得究竟理，因此非真实道，"不名实相也。"①

钝根菩萨虽禀无言说道，自求出苦，但得空即止。尽管他们与大乘菩萨有共同的实相名，但所证悟的实相存在着重大差别，"二乘但空，空无智慧"，因此不得真实实相，大乘不但得空，而且能以大智慧常恒寂照空有，由于既得寂，又得寂照，因此才得真实实相。这种实相还有不同于相似实的地方。后者的特点是，"见不空，次第断结，从浅至深，此乃相似之实，非正实也。"而正实的特点是"即中即假即空，不一不异，无三无一，二乘但一即，别教但二即，圆教具三即，三即真实相也。"②

二　佛教文本的本质特征

如前所述，已有佛教解释的共同问题是不达大旨或圣意，其后果是令后学迷失宗途，弄不清修行入道的方向。要解决这一问题，首先要对我们所面对的解释对象即各种理论所组成的佛教文本及其本质特点形成可靠到位的认识。

在智者大师看来，待解释的佛教文本的突出特点是它的无与伦比的错综复杂性，不仅包括最原始的文本，即教主释迦佛的言说所组成的经教，如三藏十二部，四悉檀，无量的修多罗或契经，还包括释迦佛自己对它们的解释，如论义经；不仅有这些原始经典，还有后来一些大菩萨如龙树、世亲等人的著述，即论藏。其中，有些

----

① 《法华玄义》卷第八上，《大正藏》第33册，第780—781页。
② 同上书，第781页。

是论主的著述，而有些是对佛经的解释。通过这些菩萨的"解经造论"，①佛教文本中又增添了新的待解释的文本。随着时间的推移，佛教文本与日俱增，例如解释经律论的典籍又反身为后来佛教解释的文本。更麻烦的是，这些解释反过来又成为新的解释对象，如此递进，以至无穷。其结果是，佛教文本呈急剧增长的态势。

与佛教待解释文本的这种复杂性、呈几何级数的剧增性特点密切相关的一个特点是：佛教文本内部交织着复杂的解释与被解释关系，由此所决定，其内又充斥着复杂的意义关系。在智者看来，佛的言教所组成的经典与其要把握、要宣示的事理首先构成了一种能诠与所诠的关系。智者说："教是能诠，理是所诠。"②如果说佛的言教是文本的话，那么可以说："理事之教，皆名为本。"③所谓理，即世界宇宙的真实之理，是法性实际或实相，用我们的话说即是客观真理。它是纷繁复杂的现象中所隐含的寂灭、实性或体性。对此，佛经有不同的表述，《华严经》说是一真法界，《法华经》说是佛之知见，《涅槃经》说是一大涅槃，《般若经》说是实相般若，《维摩经》说是不思议解脱，其他类似的说法还有：真如、法性、法界、寂光、毗卢等。从理的起源来看，理不是被创造的，被产生的，不是某一时刻才有的，而是自天而然，即本来有之，从来有之，永远有之。集不能染，苦不能恼，道不能通，灭不能净；如云笼月，云不可能妨害月，只能遮掩它，一当退去，它就会显现自身，同样，当众生烦恼消灭时，便能见到这一理。

由于理甚深微妙，隐而不显，一般人执迷于现象、事相，迷失了这一理，因而无明烦恼充实着血肉之躯，为对现象的感觉、种种幻觉牵引着流转生死。既然如此，世界本有之理，我们每一个人都有的本来面目就需要开显、诠释。这一来，理就成了所诠，即需要阐释的对象，或佛的言教所要会解的对象。

----

① 《法释意义》卷第八上，《大正藏》第33册，第775页。
② 《法华玄义》卷第四下，《大正藏》第33册，第725页。
③ 《法华玄义》卷第七上，《大正藏》第33册，第764页。

所谓"教"，智者说：是"以诠理化物为义"。也就是说，释迦如来说种种法、立无边无尽的教的本义、目的不外有二，一是把宇宙人生的本来的理揭示、显现出来，让迷失它的凡夫能找回它，证得它。二是化物，即用所证之理教化、转化众生，使每个人转恶成善、转识成智、转迷成悟，一言以蔽之，转凡成圣。佛之所以来到世间，就是为了这一"大事因缘"，即诠理化物或开示悟入佛知见。

在智者看来，教与理即能诠与所诠是统一的，因为"离理无教，离教无理"。① 很显然，没有客观的真理，当然不会有真理的揭示和诠解，当然无所谓佛教。反过来，如果没有教，也就不可能有理的开发、显现和向世人的诠释，因为理太深奥和复杂了，只有"随智妙悟"才能"得见经体"。②

教与谛理既然是解释和被解释关系，那么前者就有对错的问题。在智者看来，其判断标准是"顺与不顺"，或"契与不契"，顺理或契理即为正解或正遍知，违理不仅是误，而且将使人陷入迷惑，进而沦为凡夫。

智者认为，诸佛的顺理之解体现在十二部经中的除论义类经之外的十一部经中。为了契机和随机教化，佛世尊有时自话自解，这一来便形成了一类新的经典，即"论义经"。于是便有了第二重解释关系，即佛自己通过论义经对其他十一类经的解释。智者说："就总修多罗（即经典）中随事分出十一部"，它们"直说法相"，相对于论义经来说成了别相修多罗。对之作出解释便形成了"论义经"。后者的目的是"解释十一部经"，以"十一部经为经本"，③ 从而形成一种新的修多罗。

这些修多罗与其余十一种修多罗一道就是佛教解释学的直接对象或文本。阿难、迦叶等菩萨的结集是第三个层次的解释关系。他

----

① 《法华玄义》卷第七上，《大正藏》第 33 册，第 764 页。
② 同上书，卷第八下，第 782 页。
③ 《法华玄义》卷第六上，《大正藏》第 33 册，第 752 页。

们的任务是如实把佛的言教记录下来，汇集起来。由于阿难等人的诵出受到世尊其他亲传弟子的检验、补充、印证，因此所形成的结集是真实不虚、无有疑义的，是佛的言教的真实再现。智者认为，阿难所传诵的言教，无论是藏教，还是通教、别教、圆教，都"俗文不异名如"，即"俗文会真"，因此"与佛无异"。①

第四个层次的解释是佛灭度之后的大小乘论师及世界各地的诸大师所作的诠释。这种解释的结果就是佛教中的论藏。而论藏一经出现又形成了一种新的解释对象，也可称作修多罗。例如提婆的《百论》、龙树的《大智度论》等是解释般若类经的，但一经形成又成了新的解释对象。智者说："婆修槃驮解提婆《百论》，论为经本，亦名论为修多罗"。② 这种解释关系还可以无止境地延伸下去。

由于诸论师所处的环境、所面对的对象、所受的教育及个人的背景知识、修证、兴趣爱好等各不相同，因此，解释的方式、风格各不相同，如有的分科段，有的不分，有的"随文解释"，有的"置序正流通"。智者认为，尽管"人情蘭菊好乐不同"，但却抱有这样的解释学目的："意在达玄"，即弄清并重新表述契经所要传递的义理。由于此义理幽深广极，堪称为"玄"。③ 目的、动机尽管一致，但结果却迥异。有的能契理契机抓住精髓，有的进到了血液之中，有的只能触及皮毛，有的沾点边，有的不沾边，更有甚者，有的形成的是误解误读、不到位的解读。智者追求的当然是第一种效果。这就是达到了与佛心心相印境界的论师，如佛教史上开宗立派的大德所作的解释，前不乏贤圣，后不乏来者，如贤首、慧能、玄奘、宗喀巴等。

如前所述，智者在批评已有佛教解释重论轻经的偏颇时指出：要克服佛教解释中不达圣意的问题，重要的一环是以解经为本。而

----

① 《仁王护国般若经疏》，《大正藏》第 33 册，第 256 页。
② 《法华玄义》卷第六上，《大正藏》第 33 册，第 752 页。
③ 《仁王护国般若经疏》，《大正藏》第 33 册，第 255 页。

经本身又是一种复杂的解释对象，因为它同时是以法本为基础的教本、行本和义本。所谓法本就是诸经所要诠释的谛理。换言之，法本即经体。智者常说：经本一实，实是诸经之源头。"一切教法，无不入实。"①　"一言唯实，巧喻兼权，权引归实。"②　一切佛教解释的最高目的就是要昭示这法本，就是要让人"得见经体"或"闻名得体"。③

　　法本、教本、行本、义本等是智者解释学独有的概念。由于解释关系不同，这组概念有不同的意义。就佛之言教这一解释对象来说，诸法谛理是佛所说言语或所说的法的"本"，即法本，用言教表达出来，便成了教本，以之修行即为行本，以之解释世界即为义本。后三本相对于法本即是能诠。能诠一经形成，载于言说或文字墨迹之中，又成了所诠，即反身为后来的佛教解释者的法本。由此又出了一种新的解释关系，即佛经解释者与佛经的新的解释关系，这就是智者和别的包括我们在内的解释者对于我们的文本，亦即由佛经所形成的法本的解释关系。

　　智者对"悉檀"的分析揭示了佛经作为法本、教本、行本、义本的特点。他说："悉之言遍，檀翻为施，佛以四法遍施众生"，故有四悉檀。④　它们分别是：（1）世界悉檀，即佛为了让世间得生正见所说的正因缘世界之法。（2）为人悉檀，即针对不同的根机，为人而说的法。（3）对治悉檀，即针对不同的烦恼、障碍所说的不同的法。（4）第一义悉檀有两种，一是不可言说的，即世界的第一义废诠归宗谛；二是可说的，即诸法的空有不二的实相。

　　智者认为，四悉檀既是法本，又是教本、行本和义本。因为四悉檀即修多罗，本是法本，本不可说，与万法同一体性，但为遍施以救度众生这一因缘则方便而说。于是世界悉檀就成了法本的教本；将其说出又成了为人悉檀；能对治烦恼，故又成了对治悉檀，

----

①　《法华文句》（合），第 222 页。

②　同上书，第 112 页。

③　《摩诃止观》卷第一上，《大正藏》第 46 册，第 3 页。

④　《法华玄义》卷第一下，《大正藏》第 33 册，第 686 页。

亦即行本；"第一义悉檀则为义本。"① 也就是说，修多罗就是法本。所谓"法"，即是释迦世尊所说的言教，所说的诸法，类似于指月的手指，而本就是言语要述说的对象，亦即是万事万物的本体、谛理、本来面目。因此法本就是佛的言教所要显示的万物的真谛、谛理。它本不可说，或"一切皆不可说"，但为了救度因迷失法本而深陷烦恼囹圄的众生，佛难说能说，所说的言教或法就形成了教本，智者说："所言教本者，金口所说，一言为本，出无量言教，若通若别，当时被物，闻即得道。"② "菩萨以佛为教本"。此教本亦行本，因为以此修行可入圣道、入涅槃，经还是义本，"寻一句诠于一义，寻无量句诠于无量义，或寻一句诠于无量义，寻无量句诠于一义，若通若别，寻诠会人，故经是义本。"③

　　由佛教文本以实相为法本这一特点所决定，佛教文本的意义有可说和不可说的特点。佛陀经常强调说：佛说法四十九年，一法未说，如果说佛说了法，有圣意要表达，就是谤佛。从究竟理地、从果位上说，上述说法千真万确。对于获极果成圣的人来说，事实的确如此，一切湛然常住，无彼无此，无法无义，平等不二。如果是这样，强调佛之言说有圣意不意味着要否定上述原则吗？智者的看法是：上述原则的有效性是有条件的，即对于快接近究竟解脱的人来说唯有如此彻底言语道断、无有分别才能究竟解脱。而对于迷失了谛理的凡夫来说，则非经过传递圣意的佛之教化不能出离迷途。就此而言，或从事相上说，佛于四十九年中乐说不止，形成了三藏十二部，其内充满着深浅不一的法义。因此佛的言教所成的文本及其意义，都是真实不虚的存在，有其不可剥夺的本体论地位。智者说："天魔外道不能改坏，名为教常。" 在智者的心目中，佛之说与不说、圣意与无圣意是事理不二的关系。因为诸法寂灭相，不可以言宣，生生不可说，不生不生亦不可说：无能说，无所说，解脱

----

① 《法华玄义》卷第八下，《大正藏》第33册，第775页。
② 《法华玄义》卷第八上，《大正藏》第33册，第775页。
③ 同上。

之中，无有言说。即使强说，其所说者，无说无示，其听法者，无闻无得。但另一方面，有因缘故，有法要说，有义要传，亦可得说；总持无文字，文字显总持。文字性离即是解脱，即说是无说。"当知终日说，终日不说，终日不说终日说"，"若知此意，俱不可说俱可说。"①

　　就世界的可说的一面来说，智者认为，佛教文本的意义是一种客观的意义。换言之，佛教文本的意义就是它所指称的诸法实际。我们知道：对于文本有无意义、有什么样的意义，在解释学中历来是有争论的。有的认为，文本没有客观自在的意义，即使有也因为读者与作者之间存在着时空间隔和心理屏障而不能为人所把握。读者从文本中得到的意义是读者主观自生的意义。有的认为，文本有客观自在的意义。有的则认为，文本的意义是开放的，是读者与作者互动的产物，至少随着读者"前见"、"前结构"的变化而变化。智者认为，佛教文本有不依解释者意志为转移的客观自在的意义，此意义的核心、真精神即是佛的出世本怀或圣意，亦是佛出世的一大事因缘：开示悟入的佛知见。之所以如此，是因为佛教文本是一种极其特殊的文本。它的目的只有一个，就是要揭示万事万物的本来面目或实际。这种实际与科学所要认识的实际不可同日而语，因为它与人的解脱与否息息相关，与人的生存状况紧密相连。悟之，则解脱，迷之，则受苦受难。而对它的认识也不能诉诸理性、逻辑和科学的方式，只能靠人的实修实证，不能靠解悟，只能靠证悟。由于佛教文本是证悟基础上对实理的昭示，类似于以手指月，因此是"契经"，即契合于谛理之经。文是其门，于门可能得见此谛理。智者说："黑墨诠无量教、无量行、无量理，黑墨亦是教本、行本、理本。"②

　　但是文字并不能直接相关于谛理，更不是谛理本身，它要表现诸佛所师的谛理，是相对困难的。因为文字直接载荷的是意义，而

----

① 《摩诃止观》卷第五上，《大正藏》第46册，第55页。
② 《法华玄义》卷第八上，《大正藏》第33册，第777页。

谛理隐覆在事相之后，因此文字要表现谛理，要经过一系列的环节，例如文字首先将意义表现出来，通过意义让人联想到事相，然后通过事相去把握事相中所贯穿、隐含的理体。因此智者说："诸部中言义隐覆，往复分别得明所显，寄论义以明理也。"①

从名与实的关系看，如来的圣意既有不离文字的一面，又有不关文字、不能与文字混同的一面。在智者的心目中，文字在解释中的地位、作用是至关重要的，因为理以教显，而教以言诠，没有言语文字，就没法开示佛之圣意或知见，但如果对之理解不当，如固守于、执著于它，那么又会"害圆、诬圆圣意"。② 在论述文字与圣意、名相与实相的关系时，智者首先强调：由两者各自的本质特点所决定，两者是互不相干的，即名相是不可能显现实相、直陈佛法大意的。因为实相幽隐，甚深微妙，其理体是不可能由名教述说殆尽的，就此而言，实相是无名相的，不可表现于名相的。故智者说："一切法不可宣说。"③

就名相来说，它们是有为法，本身没有自性，其体性没有同一性，刹那生灭，其表现力、能指力尽管不可否认，但十分有限，如可以指称具体的对象和一定抽象程度的形上对象，但对于只能诉诸证悟、心性之体验和默应才能见其蛛丝马迹的实相来说，是无能为力的。故智者说：佛"虽作如此名字，是字不住，是今天所有故，如梦如幻。"④ "诸法不可示，言辞寂灭相。"⑤ 其次，即使言语可述说所指，但直接能说的只是事，而非理。智者说："事以言辨"，而理并不是事本身，只是事后面的东西。⑥ 其特点独一无二，"若谓无者即妄语，若谓有者即邪见"，"不可以心知，不可以言辩。"⑦

另一方面，圣意、实相要发挥其教化众生的作用，必须由言语

----

① 《法华玄义》卷第六上，《大正藏》第 33 册，第 752 页。
② 《摩诃止观》卷第一下，《大正藏》第 46 册，第 9 页。
③ 《法华玄义》卷第十上，《大正藏》第 33 册，第 800 页。
④ 《法华玄义》卷第六上，《大正藏》第 33 册，第 748 页。
⑤ 同上书，第 751 页。
⑥ 同上书，第 752 页。
⑦ 《摩诃止观》卷第一下，《大正藏》第 46 册，第 9 页。

符号表达出来，而且也有这样的可能性，其可能性的根据和条件在于：其一，佛是大智者，彻悟了宇宙人生之真理，且难言能言，难辨能辨，有能力、办法将亲证之实理、微妙之圣意传递出来。其次，众生作为理解者都有自己的特殊根性，如耳根利者，通过听闻世尊的声音能得法悟道，眼根利者可通过阅读文字能得法悟道，意根利者，"自能研心，思维取决"。① 其三，根源于文字的"能诠"作用，如"一画诠一，二画诠二，三画诠三，竖一画则诠五……"同理，一字既可诠一法，还能诠无量法，"黑墨诠无量教、无量行、无量理。"事实上，也有一些人由文字得入佛道，甚至究竟涅槃。"我解一句乃至半句，得出佛性，入大涅槃。"②

当然，必须注意的是，所有对实相的言说都是权巧之说，并不是实相本身，甚至不是实相的某一或某些方面。因为实相言语道断，心行处灭，无住、无相，非相非非相，无相无不相。它一落言诠便是有为法，而不是实相，故智者说："如来寄灭谈常，因病说力，皆是权巧。"③ 众所周知的"筏喻"和"以手指月"较形象地说明了其中的道理，智者也常予引证。根据智者的理解，佛是"寄字诠理"，其目的是希望听者"如说而信，如理而行"。果真如此，即入"圣道门"，修行到了炉火纯青时，就会彻见理谛。到此自然会"绝诸文字"。就此而言，言语文字作为万法中的一法，也是解脱的法门，正像一色一香无非中道一样，一字一墨一声也是如此，通过一字通一切字，达一切法，"寄字诠理"，进入"自在无碍、平等大悲"的境地，通达于理，而"绝文字"。④

由上所决定，佛教文本又有了一个其他文本所不具有的特点，即它的千经万论只有一实，或一个意义，即它只有一义性。尽管佛的每句话都有它具体的所指，每本经都有它的特定主旨和思想，但所有的言语只有唯一的一个意义，那就是开示悟入佛之知见，即诸

---

① 《法华玄义》卷第八上，《大正藏》第 33 册，第 776 页。
② 同上书，第 777 页。
③ 《摩诃止观》卷第八上，《大正藏》第 46 册，第 106 页。
④ 《法华玄义》卷第八上，《大正藏》第 33 册，第 778 页。

佛对诸法唯一的实相的知见。智者说："仰寻斯旨，弥有攸致。所以言之，夫道绝二途，毕竟者常乐，法唯一味，寂灭者归真。"①

这里的寂灭指的是第一义空或实相。佛的确说了小乘、大乘，说了藏通别圆四教，或说了八万四千法门，它们在特定条件下的确有自己特殊的意义，但其中贯通的唯一的意义或大旨或圣意则只是一实相之法。智者说："一切权法，无不入实。"② 诸方便、权说之法与实法的关系就像一地诸草木与一地的关系。前者都是"一雨所润、一云所雨"。同样，诸法是"一音所宣，一乘法门，……被物虽五，化意唯一也"。③ 总之，佛教文本的意义是一与多的完美统一。

既然佛教经典要诠释的是诸法客观的谛理，因此判断对世界的诠释是对还是错，就只能看它是否契理。同理，由于佛教的意义就是谛理，因此后面各层次的解释是否正确，也只能看它是否"义符经论"，只要相符，就是正确的，因为它最终相符于谛理。即使没有文字上的根据，如经论中没有类似的话语也可说是正确的。例如智者的"四教义"说（详后）的确没有"经论明文"，但也能"承用"。智者说：只要"义符经论，无文何足致疑"。"古来诸师讲说，何必尽有经论明文"，历史上许多解释，判教都没有文字根据，"皆是随情所言"，但有"助扬佛化"的作用，同时有缘者莫不承习，信解弘宣，因此是合理可行的。④ 正是基于上述意义理论，智者形成了自己的解释风格：

> "今一家解释佛法，处处约名作义，随义立名"。有无文证，无关紧要，只要"义符"就行了。⑤

----

① 《四教义》卷第一，《大正藏》第 46 册，第 721 页。
② 《法华文名》（合），第 222 页。
③ 同上书，第 225 页。
④ 《四教义》卷第一，《大正藏》第 46 册，第 723 页。
⑤ 同上。

　　基于上述分析，智者对"理解"这一解释学的研究对象提出了一个全新的、空前绝后的理解：只有顺理的解才是真正的理解，简言之，"顺理为解"。对于佛教解释来说，文本的字句弄得再清楚，解释学的各种技术、技艺用得再好，解释所用的话语说得再好，甚至超过文本本身，如果没有触及诸法谛理，没有见到这谛理，也不能看作是合格的理解。只有心与理合、文字像指月的手指指向了谛理，顺乎谛理，才能看作是真正的理解。因此，是否顺乎谛理可看作是判断理解是否成功的标准。

三　理解圣意的原则和条件

　　对佛教文本之圣意的会通、对实相谛理的理解有相通于一般文本理解的地方，也有其独特、不共的一面，这就是：这种把握有超逻辑、超理性、超思虑、超语言而依赖于心性之体验、同情之默应的特点。如果说解释学已认识到了这样的真理，即对文本的真正的理解离不开读者与作者在气质、性格、能力等心理方面的一致或同化，那么佛教的解释更是如此。

　　智者阐释佛法的目的一是求得对博大精深、幽微妙绝的佛法的客观理解，明大旨、通圣意，客观地揭示佛教文本中客观存在的意义，让隐藏的东西显现出来，让不明确的变明确，使人学有所依，行有所指，证有所归；二是通过对一家学道的弘扬，息诸争论，"入大和合海"，① 进至对佛教的圆融无碍、契理契机的把握与阐释。怎样达到上述目的呢？对此，智者作了大量的探讨和论述，表达了极为丰富的阐释佛法的方法论或解释学思想，这里限于篇幅和笔者的功力，只拟对智者在阐释其以"四教摄一切经论"的四教义过程中所表达的相关的思想作一初步的考察。

　　第一，要在解释中契合大旨，必须坚持"顺理"② 或"善顺实

---

① 《四教义》卷第十一，《大正藏》第46册，第765页。
② 《摩诃止观》卷第三下，《大正藏》第46册，第29页。

相"的原则。智者说："唯圆法名为善，善顺实相名为道，背实相名为非道。若达诸恶非恶，皆是实相，即行于非道，通达佛道。"[①]此原则有点近乎于一般解释学所说的客观性原则、文本自主性原则。所谓"近似"主要是指，智者也有强调文本的客观自主性的一面，如强调释迦佛一音演法说了无尽的权法、方便法，但所有权法无不归实，其后有客观的不依人的意志为转移的圣意。因此解释者要有"仰寻斯旨"的客观态度。另一方面，要契合此圣意，最关键的是顺理或契理。因为谛理为诸佛所师。如果没有对文本以外的客观的谛理的尊重、回归意识，没有对它的证悟、彻见，是根本不可能接近佛教文本的原旨原义的。就此而言，智者所倡导的顺理原则又有其特殊性。这里也有这样一个尖锐的问题不可回避，即智者登坛讲经说法，立志建立对佛法的、不同于前贤诸师的"一家解释"或"一家学道"，肯定有对前人的否定或超越，至少有异于他人乃至正统说法的观点，甚至倡导没有明确经论根据的思想。智者碰到了这个问题，并摆了出来：解释佛法是不是每义必有文证、每说必出经论？无文立名作义，这样形成的判释、阐发能否承用？

第二，对这些问题的回答和思考就构成了智者的第二个解释学原则，即解释的创造性性原则。智者认为：阐释佛法不一定字字句句都要有经论中的文字根据，因为这样做既无必要又无可能。解释者不仅可以"约名作义"，揭示、阐发原有名相、概念中的未被人注意到的义理，而且还可以"随义立名"，[②] 即使用具有时代特点的新的名词概念，甚至可以根据所面对对象的根机、阐释佛法时的新的境况和条件作一些必要的"增损"。这种创发性解释有文证更好，无文证亦无妨。智者说："一家解释佛法，处处约名作义，随义立名，或有文证或无文证，"都无妨，有文证更好，无文证"亦

---

① 《摩诃止观》卷第二下，《大正藏》第 46 册，第 17 页。
② 《四教义》卷第一，《大正藏》第 46 册，第 723 页。

须得意"。① 他这样说的根据是："古来诸师讲法，何必尽有经论名文？"正像今日的医生在运用古代医圣华佗、扁鹊等人的经验时，随病授药，"约古方出意增损"，具有合理性，必要性一样，"若深解此喻通经说法，睹时事作义立名，亦有何失？"②

当然，这不是说解释者可以随心所欲、任意行使自己的创发性权利。这里的创发性必须以第一原则即文本的自主性、客观性原则为基础，在不背离这一原则的前提下，大胆地发挥自己的创造性才能。判断阐释中创发性运用是否合理的标志：一是看是否符合佛教的基本原则，二是看效果，即看是否能助扬佛化，使有缘者"莫不承习"、"信解弘宣"。③

第三，理解、解释不能从只言片语出发，而应从整体出发，只有在通达诸大小乘经论、"采众经论"的基础上，才可能形成对佛法的客观的、正确的把握和阐扬。这就是前面曾述及的"通见"。如无通见，就不可能达佛之圣旨。这一看法有点类似于现代解释学所说的理解的整体性原则。智者说："深属一家学道说法之者，自非得证分明。慎忽偏执诸经论诸佛菩萨方便赴缘之说，空净不思议不可测量之行位也。"④ 智者不仅倡导理解的整体性原则，而且身体力行，对不同机缘下所说的不同的佛法形成了系统、贯通的理解。这集中表现在他的"五时八教"的佛教判阐理论中。在下节中，我们再具体剖析。

第四，要客观理解佛法，解释者与被解释者要尽可能印心。所谓印心也就是亲证。现代解释学有近似的说法，如强调解释者与作者在气质、性格、心理体验上的尽可能一致。所谓证即是行动、实践、重新体验，亲证则是自己亲自去证明、体验，尤其是自心的揣摩、体会、亲悟、验证。因为佛说种种法，不外心地要法，佛佛无量法门，不外心地法门，只有扎扎实实地亲证、观心，才能通达诸

----

① 《四教义》卷第一，《大正藏》第 46 册，第 723 页。

② 同上。

③ 同上。

④ 《四教义》卷第十一，《大正藏》第 46 册，第 765 页。

经论甚深微妙义理。智者认为：如果没有亲证，即便是"设种种因缘而解说者，终不可能解。岂况圆教诸佛菩萨位而可知可说也。且置是事，如世凡人坐禅，发禅五支功德，尚不可为未证者说，设方便巧说，未证者亦不能解。"可见亲证是理解、解释佛法的一个独特的、必不可少的条件。没有一定的亲证，不注意"重新体验"，设身处地，是不可能有对佛法的哪怕是初步的真实理解的，更不用说去理解那高深的理论和法门。如佛菩萨的位次、诸地不可说，何况以示人？再如陀罗尼门，既不可向人说，亦不可解，"二乘尚不闻其名，岂有凡夫而能说？"意即进至声闻缘觉位次的圣人尚不知其名，一般的凡夫外道就更是莫明其妙了。这些观点当然给佛法涂上了神圣、神秘的色彩，但所阐发的解释佛法的条件则是有其合理性的。在现当代解释学中，心理解释即解释者重新体验作者创作文本的心理过程，设身处地去理解等也被当作是客观理解的重要条件和方法之一。在佛法的理解和阐释中，这一点显得尤为重要，这是由佛学理论具有宗教、人生哲学、生命体验、慧解脱、心解脱等复杂特点所决定的。总之，佛教文本是一种独特的文本，非经过观心、印心不能通达佛法大意。智者说："若不解此心，全不识是非。"① "一切经教大意皆约观心通达"，② 而经教不外藏通别圆四教，"观心可见藏通别圆四教。"③ 观心之所以如此重要，是因为只有通过观心，才能知佛之心，印佛之心。而一当进到了这个境界，在解释佛教时便会进入通达无碍、绝对自由的天地。因为知佛心、印佛心的人，不管怎样解释，不管用什么言辞去述说佛教，言言皆了义，甚至举手投足、扬眉眨眼、咳嗽打噎都是如此；反之，不通佛心者，说得再动听，说得再多，字字皆疮疣，皆不达圣意。

　　第五，要客观理解，解释者应具有相应的人格和境界。其道理是昭然若揭的。因为正如一个品格低下、心灵龌龊的人不可能理解

---

① 《摩诃止观》卷第四上，《大正藏》第 46 册，第 40 页。
② 《四教义》卷第十二，《大正藏》第 46 册，767 页。
③ 同上书，第 768 页。

品格高上、心地善良高洁的人一样，没有相应的人格和境界的人是不能理解佛及其说教的。因为佛在一定意义上可以说是人格完美、高尚的圣人（详后），因此智者说："此是诸佛大菩萨境界，非诸小菩萨声闻缘觉所知。岂况末代凡夫所能解释也。"① 要理解佛法，就必须努力升华自己的人格品位和人生境界，要登坛升座演说佛法就更应如此，不然的话，就会如同隔靴搔痒、无关紧要一样。

第六，要解圣意，必赖智慧。当然这里的智慧既包括以分析见长的权智、俗智或分别智，因为把握、厘清诸名相的意义及关系，离不开此智，更包括无上的实智、无分别智。智者强调：随智妙悟得见经体，② 因为经体"至理玄微，非智莫显，智能知所，非境不融。境既融，妙智亦称之。"理谛尽管是客观的，但由于玄微，因此没有智慧是不能证得的，而不能证得，即"乖理"，③ 乖理即生种种惑，有种种惑即堕凡夫。而凡夫是没有理解佛法大意的条件的。

第七，与上密切相关的条件就是必须从无生门才能入佛圣意。所谓无生门就是看到包括经体、文字在内的一切法都是无生无灭的，以这种立场、观点和方法去解释文本，便可入其精髓。智者说："以无生门如上等诸法度入余门，纵横无碍，如金刚刀无能碍者。若得此意，通释经论，随义回转。文义允当，无处不合。"在这方面，世亲和无著等诸大论师为我们作出了表率。智者说："天亲无著论，开善广解，讵出无生无住之意耶。略举二经，示度曲之端耳。若得此意，千经万论豁矣无碍。此是学观之初章，思议之根本，释异之妙慧，入道之旨归。""无生一门申一切佛法。"④

第八，要客观理解，必须把佛的说法放在它所出自的特定条件下去理解。因为法尽管只有一味、寂灭者归真，但这种一味的大法只有适应特定的根机才会产生利乐有情的实际作用，因此佛根据不

---
① 《四教义》卷第十二，《大正藏》第 765 页。
② 《法华玄义》卷第八下，《大正藏》第 33 册，第 782 页。
③ 《法华玄义》卷第三上，《大正藏》第 33 册，第 707 页。
④ 《摩诃止观》卷第六下，《大正藏》第 46 册，第 84 页。

同的对象、环境和条件对一味的大法作了不同的演说，换言之，佛的种种法是"随机所立"，"夫众生机缘不一，是以教门种种不同，"① 因此一味法又表现为无穷无尽不同的法门及理论。不懂得这一点，表面上去品头评足就会发现：这些说法有些是相互冲突的，例如同是四谛，佛有时说生灭四谛，有时说无生四谛，还说了无量和无作四谛，对于自己说的法，佛有时说这些法皆真实不虚，有时说自己从未说一法，如果说佛说法，即非佛法等。但如果把这理论、观点放在它们所出自的环境、机缘中便不难理解，就会发现它们之间圆融、圆通，无挂无碍。

　　第九，归元二无路，方便有多门。佛之言教，数不胜数，应从哪部经、哪句话入手？有无必要和可能将众经论编制出一个由浅入深、循序渐进的系列教材？众经有无优劣高下之分？根据圆教和互具论，答案再清楚也不过。既可从一切文字、声音、黑墨入手，又可从一字、一句、一法、一尘入手。因为一即一切。智者说："圆义无方，处处通入，""训法训常等，无不摄在经一字中，余句一如是。"② "一字诠无量法"，表现文字的黑墨也是"诠无量教、无量行、无量理"的。当然从究竟之理来说，字只是俗谛，其体寂灭，"非字非非字，不可说非不可说。"③ 因此正确的态度应该是："一尘达一切尘，不见一尘一切尘，通达一尘一切尘，于一识分别一切识，亦不见一切识，而达到一识一切识，自在无碍，平等大慧。"文字也是如此。正如《华严经》所说："一微尘中有三千大世界经卷。"因此应于一字达一字一切字，达一法一切法，一义一切义，最终进到诸法谛理，非字非非字，一字非一字，自在无碍，平等大慧。这就是正解经文的方便之途。

　　第十，要理解佛之圣意，必须遵循一定的方法和程序。在这方面的探索中，智者试图将他的互具论转化为或具体化为释经的方法

① 《四教义》卷第十二，《大正藏》第 46 册，第 765 页。
② 《法华玄义》卷第八上，《大正藏》第 33 册，第 776 页。
③ 同上书，第 777 页。

论。他一贯坚持方法的多元性、开放性，如认为对经论既可用因缘释（说明经论产生的因缘），又可用"约教释"（从藏通别圆四方面判定其教相，考察其宣说圣意的角度、深浅、偏圆、特点等）、"观心释"（分别从空假中三方面解释）和"第一义释"（从体性上解释）等。

再如在释经时，他常用"文句"和"玄义"两种模式。前者分别按序品分、正说分、流通分的顺序对表现经典的文字的意义作细致周密的考释和说明，后者则按释题、会体、通宗、显用、辨教相五大步骤揭示所诠任一部经的名称和内容的玄义。灌顶概括指出："大师于诸经，前例作五重玄义，一释名、二辨体、三明宗、四论用、五判教。"① 对此，我们稍作分析。

所谓释名是从文字、体、宗、用、教相五方面对所诠经的标题作出解释，揭示其意义。

"辨体"就是对所诠之经的核心、旨归作出阐释。"体"指主质，还有礼体、体底、体达三义。所谓礼体即应施礼、应尊敬的客体，法有万千之别，而体只有一个，即万法之理体。唯是一理，统摄万法，至尊至贵，故体是礼体。所谓体底意即理体甚深，像海之底一样，但佛穷尽理体。体达意即通达无碍，互融互贯，知此体即通达诸法。礼体、体底、体达，实即一主质，换言之，主体即有前三义。辨体或会体的目的就是弄清"体义"。智者说："体者，一部之指归，众义之都会也"，即众义的宗旨、旨趣、核心，从理解言说上，它"会之至难，亦乃说之不易"。② 显体是最困难的工作，必须按一定的步骤、程序进行。智者常从七方面显体：（1）正显经体，（2）广简伪，（3）一法异名，（4）入体之门，（5）遍为众经体，（6）遍为诸行体，（7）遍一切法体。

所谓明宗即是查明所诠之经的宗要。所谓宗要，即是佛教的最重要的法则、原则。正如网的纲一样，纲一提，无目不张，还像牵

① 《仁国王护国般若经疏》卷第一，《大正藏》第33册，第253册。
② 《法华玄义》卷第八上，《大正藏》第33册，第779页。

衣一角，无缕而不来一样。抓住了佛教的宗要，其他一切无不尽收其中。这宗要一是圆满广大，因为所有善德、佛的所有证解无不包含其中，二是真理之枢要、核心，第三，从来源上说，它是佛的亲证，是佛之"自行因果"，它"无量众善，言因则摄，无量证得，言果则摄。"① 智者说："宗者，修行之喉衿，显体之要蹊，如梁柱持屋，结纲纲维，推维则目。"② "宗"是指诸佛经中的这样两种重要的元素：一是修行中最根本、最重要的原则，或是贯穿于诸修法门中的真精神、宗旨；二是支持经体的框架。从体与宗的关系上看，"体者法也"，体是经的根本旨归、中心思想，"宗者要也"，宗与体的关系是："宗如纲裘，体如毛目，振裘毛举，动纲目起。"纲是捕鱼网上的主绳，把它提起，渔网上的眼便都可张开，裘即毛皮衣服的皮，将它拉直，其上的毛便顺理成章。诸经的体与宗也是这样的关系，如《仁王般若经》的体是实相，而"修因得果"或"佛自行因果"便是其宗，即"以无相因果为宗"。③ 总之，**体**与宗相辅相成，体非宗莫会，宗非体不立，要真正领会把握正体，必须明了宗要。宗要是证悟理体的关键，因此明宗就是要明修证的根本方法。

所谓显用即揭示所诠之经及其体义和宗要的妙用、胜用。用即力用，体宗的妙能，一书之胜用，即一书灭恶生善的力用。灭恶即力，生善名用。具体而言之，灭恶即消除人们的思想障碍、糊涂思想、误解、僻解，生善是让人产生正确的悟解，切入正道。

所谓判教即从时间上看该书属哪一时教，从化仪、化法上再判断它属化仪四教中的哪一教或化法四教中的哪一教。智者说："教者，圣人被下之言，相者，分别同异也。"④

----

① 《法华玄义》卷第一上，《大正藏》第33册，第683页。
② 《法华玄义》卷第九下，《大正藏》第33册，第794页。
③ 《仁王护国般若经疏》卷第一，《大正藏》第33册，第255页。
④ 同上。

四　五时八教新解

五时八教是智者大师独树一帜的判教理论，也是有一定佛学知识的人耳熟能详的一个概念。其内容似乎已十分清楚，没有进一步研究和重新解释、评论的必要。其实不然。对于这一理论的形成过程、具体内容及其理论和实践意义，教内教外尽管有较深入的研究和解读，但在笔者看来，事实上存在着误读和不到位的解读，例如一般似乎只注意到了智者对各种教、各种乘之间的差异乃至冲突的论述，而没有看到智者对五时教、四教法、四教仪之间的共同性的阐释；只看到了智者在判教时对各种教在教、理、智、断、行、位、因、果等方面之不同的揭示，而忘却了这样一个重要方面，即通过判教，融合诸教、会通大小乘、圆融显密；更重要的是，一般的解释似只注意到了智者深化、丰富了佛教解释的一面，而没有看到智者判教所做的"由厚到薄"、由繁至简、透过表象直契实质、努力揭示佛之出世本怀、直显八万四千法中贯穿的唯一谛理或圣意这类有意义的工作。我们知道，大小乘的关系问题历来是教内外理论探讨和实践修证中不可回避的、聚讼纷纭的一个大问题。古往今来的许多大德都试图对之作出圆融的理解，如顾净缘老居士（1889—1973年）在长期的弘法、培养人才的活动中试图贯彻"圆融大小乘、圆融显密教、圆融世出世法"这一宗旨，事实上也取得了积极的成果。然而，时至今日，占主导地位的倾向仍是各种形式的冲突论、互贬论、鸿沟论、不可调和论。就此说来，探讨、挖掘智者的判教说尤其是其中所包含的关于佛教的圆融论、会通论等无疑是有重要的理论和实践意义的。

（一）判教的意义与历史

"判教"或"教判"或"教相判摄"是超越于文字、语法、心理、技术等具体阐释之上的一种解释学工作，是一种对释迦如来一代教法作总体把握、系统理解、全面梳理，使之系统化、条理化，以便达到无教不收、无理不摄之目的的工作。尽管西方的释义学历史悠久、发达成熟，并认真地探讨过理解中的部分与整体的关系问题，但尚未明确提出和探讨如何对浩繁文本作全面系统会通、判释的问题，就此而言，佛教的注释家对判教的探讨在人类释义学发展史上是有其不可磨灭的贡献的。

第一，任何意义一经表现于文字符号或其他媒质必然有理解和解释的需要，而任何由大量符号组合而成的文本必然会提出怎样从整体上把握和会通的问题。佛教的判教之所以产生，主要与佛教的经论浩繁、信息量大有关系。由此所决定，判教的第一个意义或作用，就是有助于建立对佛法的整体的理解，把佛在四十九年说法过程中对不同机缘的说教统一在一起，形成一个有清晰内在结构的有序系统，正像智者所说，这个系统能够"无教不收，无理不摄"。这一工作用太虚大师的话说就是建立对博大精深的佛法的"总括的概念"或"系统的思想"。①智者说："如来说法，随便宜施设，初无一定，弟子结集，文翰浩繁，义趣幽深，若不得其总要，则条理不清，化仪难明。""若得其总要，则一代教观，如指诸掌。"

第二，判教有利于正确理解有不同表述的概念和理论。如来在不同时间、地点往往对同一概念、同一观点有不现的表述，不同表述之间往往还有表面上的矛盾，例如对于涅槃，如来有时说灭除生死、实现寂灭就是涅槃，有时说，超出生死和生死灭尽两边就是涅槃，有时说，生死就是涅槃。对智慧，有时说智慧是断除烦恼、获得解脱的条件，有时说有智慧就有烦恼等。所有这些问题，通过判教都能得到较好的解决。

第三，判教有助于说明统一的佛教中为什么有大小乘、不同宗派的分别。判教就是对佛教的整体、系统的理解和阐释，但要做的工作不是简单地得出一个关于佛教的笼而统之、简明扼要的结论，要做的工作很多，即在一综合意识或"通见"之下，把各经典加以消化理解，然后依一定的标准如说法的形式、时间顺序、内容深

----

① 《太虚集》，中国社会科学出版社1995年版，第37页。

浅等，把种种不同的教法有系统地排列起来，使之成为有序的过程和有内在清晰联系的系统，具体地说，要对佛之一代说法的时间顺序作出排列，对说教的形式方法和内容作出分类，并评定各自的价值。最后对佛法之真义、本怀、目的和宗旨作出判断，给学人理解佛法提供指南，为后学明白宗途提供向导。

判教是佛教论师、注释家的一项重要的工作，其历史可以说与佛教历史几乎一样久远。历史上著名的论师、宗派创始人都有自己的判教理论。例如早在部派佛教中，上座部就主张佛法中有了义和不了义的差别，后来的大乘则将佛教分为小乘和大乘。《瑜伽师地论》有声闻地、独觉地、菩萨地的区分，《大智度论》有大乘与密教的判分，《楞伽经》又有顿渐的区分。当然，这都不是独立的判教论。至般若宗论师与唯识宗论师的三时判教之说，才出现了独立的判教论。后期中观学派的寂护从层级哲学的角度看有部、经量部、唯识派和中观派，将中观看作是圆满的教法。再如，龙树脉系中承龙智、清辩一系的弟子智光，在天竺那烂陀寺曾以般若诸经、中观诸论目，判如来一代时教为三时教。在第一时教，佛初成道时，住鹿野苑对诸派人说小乘法，阐明心境但有的道理。在第二时，佛针对中根人说法相大乘，阐发境空心有、唯识无境的中观妙论。在第三时，为上根人说无相大乘，辩心境俱空、平等一味。

唯识宗根据佛法的时间顺序和义理上的由浅入深的过程，将佛所说的一切法判为有、空、中三类和初、中、今三时。三类教分别是：一有教，即小乘有教，代表性经典是阿含等经。二空教，即大乘空宗，以般若等经为代表。三中道教，即大乘中宗，以华严、解深密经为代表。三时教分别是：第一时，佛初成道，面对的是凡夫外道，他们为实我之妄执所缚，起烦恼，造诸业，生死轮回。佛为了教化他们，于鹿野苑说阿含等经，示四谛、十二因缘、五蕴等法，使之了悟所执的自我实为空无，而蕴处界等诸法为有，以令他们渐至圣位。第二时，佛针对声闻缘觉等中品根性的人执法实有之偏执，于灵鹫山等处说般若诸经，在破我执的基础上，继续阐明蕴界处诸法因缘和合，毕竟空寂等道理，旨在破除他们对诸法实有的执著。以悟我法皆空，舍小趣大。第三时针对上根之人阐发了中道妙理。第一时、第二时分别针对不同根性的人阐述了我空法有和我法皆空的道理。这均是权宜的方便引诱，不进一步引导，会走向执有、执空的两种极端。为避免这种片面性，佛于解深密等会，说解深密等大乘经，示唯识无境、真空妙有、缘起性空等中道妙理，对治人们对有、空的片面执著。

在中国，从鸠摩罗什和菩提流支开始，随着诸宗派的产生，出现了各具特色的判断理论。我们这里简要考虑一下三论宗等宗派的判教理论。

吉藏是中国三论宗的主要创始人和代表人物。他以三轮二藏判释一代如来教法。所谓三轮，是说佛转了三种法轮。一法轮是根本法轮，指佛初成正觉于华严会所说华严诸经，教化的对象是菩萨，所说的法是一因一果法门。二是枝末法轮，主要指佛为薄福钝根之机所说的法，包含在小乘经论和方等般若等大乘经中。这一法轮将一乘法分说为声闻、缘觉、菩萨三乘。三是摄末归本法轮。佛说了40 年三乘教后，于法华会说法华经，摄三末归本，会三乘于一极。由上可见，吉藏的三轮判教，将佛一代说法视作一个完整的逻辑过程。先说一乘教，次根据不同根性，将一乘分为三乘，最后会三合一。所谓二藏，是指将佛之教法根据说法机缘和内容区分为声闻藏和菩萨藏，即小乘和大乘。这种区分与三轮说并无冲突。两者分别是从纵与横或历史与逻辑的角度对佛法的判释，即从纵、从历史的观点看，佛所说法可分为三轮即从一到三、再从三到一的过程，而从横的或逻辑的静态结构看，佛之一代说法不外分治大小乘根机的大小乘教而已。

律宗的教判将如来教法分为化教和制教两种，或化行二教。进一步，又将化教分为性空教、相空教、唯识圆教三教，将制教分为实法宗、假名宗和圆教宗三宗。所谓化教，即化益之教，意即通过教化，利益道俗，它由诸经论所阐发，目的是通过义理的阐发、禅定的修持得禅定智慧。所谓制教，即制戒之教，通过说诸律仪，制约内众，使其守戒，并依法修行，故名制教。主要内容包含在四分律、五分十诵等中。

　　净土宗从三个角度作了判释。一从行之教相，将佛之教法分为难行易行二道。以信佛因缘，乘佛愿力，便得往生净土，此是易行道。其他法门在现今来世，皆是难行道。二从证之教相，将佛之教法分为圣道、净土二门。在此娑婆世界，断惑证理，入圣得果，是圣道门。借助阿弥陀佛大愿力，往生西方极乐世界，入圣证果，名净土门。圣道难证，因此是难行门。净土易入，因此是易行门。三从教之教相，将佛之教法分为声闻缘觉二藏和渐顿二教。

　　密宗之教判从横的方面将佛之一代教法分为显密二宗，显宗包括天台、三论、华严、法相四宗，它们是佛为应机化物所说。而以法身所说、秘宗教法门为密宗，是密奥实说，是对自眷属所说的内证法门。从竖的或纵的方面，它对佛法作了十位心的判释。十位心分别为：异生羝羊心、愚童持齐心，婴童无畏心、唯蕴无我心、拔业因种心、他缘大乘心、觉心不生心、如实一道心、极无自性心、秘密庄严心。十心是显密二教分别阐明的法理，前九心是显教的九个位次，后一心为密教独有的位次。

　　根据智者的概括，仅在南北朝时期，教相判释就呈"南三北七"的繁荣景观，即南朝有三家判教理论，一是虎丘山岌师的，二是宗爱法师，三是定林、柔次二师，北朝有七家，如北地师、菩提流支、佛驮三藏、光统、北地禅师等。所谓北地禅师是指著名的鸠摩罗什及其门生。他和菩提流支倡导"一音判教"说。意思是说，佛以一音演说一切法，法法平等，无高无下，无优无劣，是统一不二的。具体内容有两种不同。后魏的菩提流支认为：如来一音，同时报万，大小并陈。而鸠摩罗什则认为：佛一圆音，平等无二，无思普应，机闻自殊，换言之，对佛所说的统一的法，由于各随其解，因而有大小乘、各种宗派的分别。大小乘之类的分别不是源于说者，而是由于听者。

（二）教相与五时八教

　　智者的教相判释把如来一代教法当作一个同时有共时性结构和

历时性结构的完整统一的整体，或者当作是历史与逻辑相统一的整体。从纵向、从历史的、历时性结构看，智者把佛教分为五时教，从横向或逻辑的、共时性结构，智者把佛教看作是由化法四教与化仪四教有机结合的整体。

在智者看来，所谓教相，即佛所宣说之教的相状、特点。由于不同的教有不同的教相，因此有不同类别的教。《法华玄义》卷一上说："教者，圣人被下之言也；相者，分别同异也。"教相的同异可从三个方面区分，此即"教相有三意"。智者说："教相为三，一，根性融不融相；二，化导始终不始终相；三，师弟远近不远近相。"意思是说，佛经的同异表现在所对众生的根性、佛意和本迹三方面。有些经论所对的听众根性较钝，此即为"不融"，而《法华经》的听众统一，都属利根，此为"融"。"不始终"是指所说经典是权巧方便而说，并不真实圆满。而《法华经》等则引权归实，巧作顿渐、不定等权相度脱众生，但究尽了如来之真义，因此可称作"始终"。"不远近"是指：释迦于今世成佛时，实智始满，将施权智，其弟子未得实智，也不施权智；"远近"是指：释迦早已成佛，权实二智具满，其弟子也已于过去世入实智，还能行权智，因此他与其弟子已权实长远。上述三教相实际上是三个判断标准。智者正是据此来作自己的教相判释的。全部经教，从时间顺序或说法的先后次序说，不外五时教，从共时性结构或教法的深浅、偏圆等看，不外八教，即化法四教和化仪四教。

这里有这样的问题，究竟该怎样理解智者所说的佛教有不同的教相？具体而言之，佛一生说法四十九年既然可分为五个时段，是否意味着佛说了不同的法，有不同的思想内容传递出来了？是否意味着佛的思想在变化发展？后面的思想比前面的更好、更圆满？四教仪和四教法是否意味着佛各说了四种不同的法？要回答这些问题，关键是认识到佛教文本或佛之说教的一个根本特点，即它不同于其他一切文本，因为它只有一个不变的内容，即只有一实法，那就是佛所证得的万事万物的唯一的实相或谛理。智者说，佛只有这一实法要说，但为教化不同的众生，"便随机化物"，在不同时段，用不同的化仪，说了不同的法。"如此等四说法，随机化物，即四教义。"① 佛所说的唯一实法是没有变化发展的，从证得时至涅槃夜一如既往。

我们先看五时教。智者认为：如来说法四十九年，尽管只说了同一实法，但由于在不同时间针对不同根性、对这一实法作了不同的处理，因此可以把它分为五个大的时间阶段。第一，是华严时。释迦如来在菩提树下得道、初成正果以后，来到雪山一乘寂灭场中，现出千丈卢舍那佛圆满报身，用妙观察智，观机施教，对前来受法的具有圆别根机的大菩萨和宿世善根成熟的天龙八部说自证法门，即《大方广佛华严经》，正说圆教和顿教，兼说别教、通教、秘密、不定教。一共说了七处九会，共21天时间，教导菩萨因地发心修行，以十度万行的因华，庄严最上一乘的佛果。佛一出世便说圆顿大法是有其道理的，因为他直接向世人展示了无上解脱法门，正像太阳刚出，先照高山一样。第二，阿含时。在说华严经时，佛发现：利根大机之人从中受益匪浅，而钝根小机之人虽在座闻法，则犹如聋哑。不得已，佛隐大施小，到野鹿苑为小乘根机的人如五比丘等用渐教、秘密教、不定教等教化方法说三藏教，所说的经典主要是阿含经。目的是引诱三乘根性，因此阿含时也可称之为引诱时。其时间跨度为十二年。第三，方等时。众机普被即方，藏通别圆四教并谈即等。在阿含时，隐大说小，非佛本怀。指引一切众生离苦得乐，用大乘法门同登极乐才是佛的出世本怀。加之经过第二时的教化，具有小乘根机的人能依教修行，断除见思烦恼之惑，得证偏真涅槃之乐。但他们以小为足，不知再进一步上求佛道，下化众生。因此还有必要进一步加以引导。于是佛针对各种根性，用渐、秘密、不定等教化仪式，广说藏通别圆诸教，弹偏斥小，赞大褒圆，乐说《解深密经》、《维摩经》、《楞伽经》、《金光明经》、《胜鬘经》等大乘经典，使有上根的大乘之人和较浅根性的小乘之人同

---

① 《四教义》，《大正藏》第46册，第723页。

沾法益，就像太阳普照大地一样，方等教法，故称方等时。其时间跨度有八年。第四，般若时。在方等时，佛弹呵小乘，褒扬大乘，尽管使小乘根机的人回心向大，但又走向了一个极端，即产生了许多疑情和偏执，如许多人对大小二乘生起了分别执著的妄情。为了破斥，佛又用了二十二年的时间，演说《大般若经》，共有六百卷，分为八部，还广说《金刚般若经》、《般若心经》等，阐明诸法空相的道理，用秘密、不定等教法，正说圆教、别教，兼说通教，会一切法皆摩诃衍，用般若妙慧水荡涤一些人所起的大小乘分别妄执。因此般若时又称淘汰时。第五，法华涅槃时。经过上述四时的教化，大乘根机的人直登佛境，尤其是经过佛的引导，小乘根机的人也增长了智慧，愿意听闻、进入真实法门。在这种情况下，佛认为时机成熟，没有必要借权说实、逗机称教，而可以直陈本怀、称性说法、废权归实了。从教化的角度说，这一时可以称为开会时，即开示悟入佛之知见，会声闻、缘觉、菩萨的三乘归一乘。一共经历了八年时间，二处三会，如在灵山会上，说《法华经》，结果使二乘人会权乘归于实教，了知妄心即是真心，一行具万行，初发心即具究竟位。它开门见山地表达了佛的出世本怀，昭示了奥妙无穷、不可思议的妙道。说完法华后，佛见还有一些人未曾得度，接着又在临灭度前的最后一昼夜，说《涅槃经》，一为未度者说四教、谈佛性，使其证悟常乐我净，入大涅槃。二为处末法时代的人，当乘戒俱失时广说常宗，设三种权教（藏通别），扶一圆实教。《法华经》专论圆教，《涅槃经》阐明四教皆具圆理，具是无上解脱法门，对一生所说诸法既所作了完满的历史总结，又作了周密的逻辑安排和画龙点睛的装点。

首先，从整体上看，佛四十九年说五时教，是一历史与逻辑相统一的完整进程，从圆顿大法始，经过阿含、方等、船若针对不同根机的巧妙展开，最后又复归于三乘归一乘、圆教为本、四教具圆的圆顿大法。其次，五时所说教法是殊与通的统一。所谓殊，是佛根据不同的机缘分别而说的不同的法，因而机缘不同，五时说法判然有别。这正是："夫众生机缘不一，是以教的种种不同。"① 尽管如此，各种法门又不是绝对的隔绝，而贯穿着共同的宗旨和内容，每一时的说法，皆贯穿着佛的出世本怀，都是一味法的不同显现："法唯一味，寂灭者归真。"② 只不过，佛在表达这一味实法时，有时是直说、实说、显说，有时是间接说、权说、隐说，即便如此，也无非是开权显实。另外，说通，还表现在：五时任一说法皆通五时，因为在一切时，佛说的最本质的、最内在的东西无非是圆融无碍之法。

再来看"五时八教"中的八教。所谓八教，是化仪四教和化法四教的合称。在智者看来，释迦如来一代说法，从横向的共时性、逻辑性结构看，佛教是由四种教化方法即"化仪"和四种具有不同内容的"化法"结合而成的。所谓化仪即指佛教化的形式、仪式，化法指佛所教化的法或内容。四教仪和四教法的区分根据主要是众生的不同根机和佛法内容的不同深浅。换言之，佛针对不同的根机，用了不同的教化方法，宣示不同深浅的内容，于是便有了四种教化方法与四种教化内容的分别。智者说："同体权实，大悲愿力，随顺物机，不获已而用。既机宜不同，致法有差异。从一实理，施出权理。权实二理，能诠教殊。"即是说，教之不同，主要是因为教之对象的根机不同。为对治不同众生，便随顺物机，从一实理，施出权理。教仪教法都是佛医治众生精神疾患的手段，四化仪，如药方，四化法，如药味。

先看化仪四教的顿教。所谓顿教指的是一种开门见山、直奔主题的教化方法。从部、时、味三方面看，佛的许多教化带有顿的特点。首先，华严是十二部经之首，是佛初成正觉所说的第一部经，是圆顿之教的典型，其中有圆机所需的圆教，有权机所需的别教，故约部为顿。其次，顿还表现在时间上，它是特殊时间所作的教化。因为如来初成正觉，教化众生，正如同日出，日出先照高山，

----

① 《四教义》卷第一，《大正藏》第 46 册，第 721 页。
② 同上。

即先教化根机最利之人。最后，从味上来说，华严所包含的思想不是渐，而是顿，从中可直接体悟到佛法之本味，正如从乳牛所出的乳汁一样。

渐教的渐是相对于顿而言的，有两义：一是说法的过程是一个渐进的过程。因为对于只有权机根性的众生来说，开示顿教是徒劳的，因此，如来来到鹿野苑，先说四谛、十二因缘、六度等教，然后说方等部的净名、维摩等。随着认识、悟解、行果层次的提高，接着说般若，"转教付财"，进而说法华、涅槃。可见，渐教这种教化方式是一种应病予药、因材施教、循循善诱、依次渐进的过程。二是从受教化的对象看，他们也有一个逐渐品尝佛法微妙滋味的过程，即从略知佛法到真正体味到佛法真实理体的渐进过程，正像从酪生出酥、从生酥生出熟酥一样。

秘密教是佛教化众生的又一方式。佛在说法的过程中，对不同的人用不同的方法说不同的法，如对有的说顿，有的说渐，彼此互不相知，而又各得其所，从中受益无穷。这种教法即秘密。

不定教的"不定"有二意：一是说佛说法的方法是应机施化，善巧方便，随类而运，"法无定法"；二是说众生随类各得其解，或者说获益在形式上不一致，有的于渐说中得顿益，有的于顿说中得渐益。总之，不管用哪种化仪，所化的内容都是一实法，一雨一味，无二无别。

再来看四教法。如前所述，"教本一实"，佛只有自己所证所师的诸法谛理要说。但众生根机不同，因此佛将它说出来的大小、深浅、圆偏是不一样的。就此而言，它又表现为不同的法。根据佛说法内容之浅深层次、圆满的程度，可以把佛之教化分为四类即藏教、通教、别教和圆教。须知，四教不是指佛说了四种不同的教，而是说同一实理之教有层次、圆偏上的差别。

藏教的"藏"有含藏的意思，如文能含理，理能含文。下面我们从教、理、智、断、行、位、因、果八方面探讨其特点。藏教教化的对象是"正教小乘，偏化菩萨"。[①] 即主要是说给具有小乘根机的人听的，但菩萨也可从中受益。所说的教即经律论三藏教。藏教所诠的理是浅层次的、非圆顿的戒定慧之学，具体而言之，有四谛、十二因缘等。如所说的四谛只是生灭四谛，而非无作四谛。这是由藏教所针对的对象根机较浅所决定的。从断上说，藏教所断的是见思二惑。藏教的行是修析空观，旨在破除我法二执。由此因所得的果是出分段生死，证得偏真涅槃。所谓偏真即偏于空理一边，以空为真，不能同时看到妙有、假有的真实性，更不能入中道，因此所得的境界、所证的果是较低层次的。

通教的"通"即同的意思，声闻、缘觉、菩萨三乘同禀此教故名通教。[②] 通教的特点表现在八个方面，一教通，意即此教不是针对某一根机的众生而说的，而是普被上中下三根，即可作为教化声闻、缘觉、菩萨的教材。二是理通，即此教明的同是偏真之理。如讲四谛主要侧重于明无生四谛。三是智通，即三乘同得巧度一切智。四是断通，指三界内的迷惑如见思和尘沙惑可同断。五是行通，即见思、无漏行相同。六是位通，即乾慧地乃至辟支佛地皆同。七是因通，即九无碍因同。[③] 八是果通，即九解脱、有余和无余涅槃之果相同。[④] 通教所证的涅槃是真谛涅槃，即亲证一切当体是空，证得这一点，当下就证得了涅槃，不待灭尽方空。与藏教的涅槃在理体上是一致的，不同只是在于证得的程序有别。藏教的涅槃是灭尽后所证得的，而通教的涅槃是在灭尽的当下，在彻见一切当体是空的当下证得的，只要证到一切当体是空，那么当下就入涅槃了。

别教的"别"有不共之意，指教化的对象特别，不是三乘，而是菩萨。尽管法是对三乘人说的，但声闻缘觉由于根机浅薄，不能领受其中妙旨，因此无动于衷。具体的特点也有八个方面。一是

----

① 《四教义》，《大正藏》第 46 册，第 721 页。
② 同上。
③ 同上。
④ 同上书，第 722 页。

教别，即所教之法，专为菩萨，不通二乘。二是理别，佛所诠之理是因缘假名，无量四谛，即宣讲：一切法包括苦集灭道尽管本自空寂，但又是假有，并且有无边无量的假有之法，因此菩萨才能众生无边誓愿度，烦恼无尽誓愿断，法门无尽誓愿学，佛道无上誓愿求。三是智别，即得教得理，终能获得道种智。此智不同于藏通教的一切智。四是断别，禀教修行可断尘沙、无知界外见思和无明惑。五是行别，经历无数劫的修行，得以能自觉觉他，并行波罗蜜，六度万行，自行化他，自利利他。这是菩萨的行持。六是位别，十地发真断无明，进入特定的圣位。因别，即修无碍金刚之因。果别，由于理、行、因别，因此所得的果不共二乘，而得具有常乐我净四德的大涅槃，远胜于小乘的有余和无余涅槃。[①]

圆教是佛称性直说的最上乘的教法，它废权显实，直陈宇宙人生真理实性，因而也是智者最为推崇、极力弘扬的教法。这里所说的圆有四种含义。一是圆妙。三谛圆融名圆，一谛圆具三谛为圆，一谛遍于三谛为融，互具互遍，不可思议，名之为妙。二是圆满。三一相即为圆，无有缺减为满。所谓无有缺减是指一谛具足三谛，全三谛即是一谛。三是圆足。圆见事理名圆，一念具足三千名为足。四是圆顿。教体本周名圆，非渐次而成，修一法而修一切法，初果即顿疾至极果，即为顿。总之，佛色心本妙（圆妙），本具万法（圆足），天然之德，非造作所成（圆顿），初发心时，便已具备，惑无不尽，德无不满（圆满）。

由于圆教是一种圆妙、圆满、圆融，圆顿的教法，因此它有许多无与伦比的功用，如圆伏见住地惑、欲爱住地惑等五惑，能使人圆信三谛圆融，闻深不怖，闻广不疑，闻非深非广而有勇，还有圆自在广严，即根尘、依正无挂无碍，得道者出入自在，最后还有圆建立众生的功用，即随做一事，普度众生，使共得欢喜益、生善益、灭恶益、入理益。圆教所依的经典主要是《法华经》和《涅槃经》，当然华严、般若、方等诸经中也表达了圆教思想。

----

① 《四教义》，《大正藏》第46册，第722页。

　　与其他教法相比，圆教的特点也表现在八方面。一是教圆，即正说中道，故言不偏为圆。教化的对象是最上利根之人，是唯一佛乘，不共三乘。但这不是说一般凡夫不能学，只是说它所应的根机是上上利根。《法华经》说：未来世中，一切众生闻受此经，能受胜妙乐、莲花生。第二是理圆，圆教所明之理有四谛之理、三谛之理、二谛和一谛。所谓谛即是宇宙人生真实不虚之本来面目、实相、真实理性。在四谛问题上，圆教所发的是无作四谛而不是藏通别教的生灭、无生、无量四谛。所谓无作意即无造作、天然而然之意。无作四谛即是说苦集灭道不是人为的造作，而是天然之性德，是实相。苦谛是实相，因此无苦可舍，集是烦恼，烦恼是无明，而无明无体，即是菩提，因而无集可断。生死是因缘所生，即灭亦即当下涅槃，因而无灭可证。中道实相是无相之相，无性之性，因而无道可修。① 圆教所说的三谛，即真谛、俗谛、中谛，三谛无次第，不隔历，圆融无碍。而藏通教不知道中谛、只诠真假二谛之理，别教尽管阐发三谛，但所说三谛是隔历三谛。圆教还讲一实谛。所谓一实谛即诸佛菩萨所证之谛，即中道第一义谛。它包含二边，即真谛（强调空）和俗谛（强调有），但又不落二边，超越二边。本来只有一实谛，为教化众生而说真谛和俗谛，也说三谛四谛。明白了一实谛就不难理解三谛四谛，如无作四谛，就是约一实谛而辨四谛，固而有无作四谛。② 三智圆，即一切智、道种智、一切种智于一心中得，或者说一心三智，无次第，无隔历，圆融无碍。四断圆，即不断而断，圆断见、思、无明惑，断一惑，断一切惑。五行圆，圆修五行，即圣行、梵行、天行、婴儿行、病行。所谓圣行即指菩萨修戒定慧之三业，所谓梵行，指以清净（梵）之心而行慈悲为众生拔苦与乐，天行即菩萨以天然之理而成的妙行，婴儿行，此处的婴儿比喻人天小乘，意思是菩萨以慈悲之心示现人天小乘，行小善之行；病行指菩萨以大慈悲心，与一切众生同甘共

----

① 《四教义》，《大正藏》第 46 册，第 725—726 页。
② 同上书，第 727 页。

苦，有难同当，分担众生的烦恼和病苦。当圆修五行时，由于菩萨一心专求无上菩提，不为无边所寂，有边所动，不动不寂，直入中道，到此境界，便能随修一行，即具一切行，念念与中道第一义谛相应。六位圆。智者说："一法门具足一切法门，悉皆通至佛地"，"从初地具足一切诸地之功德。"① 从根本上说，圆教无位次之别，因为它强调一悟即是佛，无复位别之殊。"初心一悟，即究竟圆极。"平等法界，尚不论悟与不悟，孰论浅之与深。② 但是为了"化物方便"，圆教也说位次，如十住位，六即位等，但它在具体说明位次的本质和关系时也不离圆教之圆的特点。如六即位（详后），位位圆融无碍，入一位即住一切位，如证初位时，即具一切诸位之功德。六个位次不是绝对隔离的，而是既有等级差别，又相即相融，六而常即，因为种种位次不离一性，即而常六，因而有六种位次。由于位次圆融，因此初发心便成正党，一成一切成，一悟即佛，无佛位次之分。第七，因圆，明正因佛性、了因佛性、缘因佛性同时具足，双照二谛，自然流入。第八，果圆，由于智、行等圆，因此所证之果三身（法身、报身、应身）、四德（常乐我净）具足，具一德即具一切德，具一身即具一切身。此四德正是大涅槃所具有的条件，因此圆果也就是说妙觉不可思议、四德不纵不横的涅槃之果。

（三）诸法一味，寂灭者归真

一般认为，从智者对诸教的概括与阐释看，似可得出这样的结论：智者不仅认为诸教既有形式和内容上的差别，而且又有低与高、劣与优的差别。因此智者对大小乘或三乘（声闻、缘觉、菩萨）或四教所持的态度与通常的看法无别。要为此找文字上的根据似也不难，因为智者也有褒大贬小的话语，如说："小乘初后具

----

① 《四教义》，《大正藏》第 46 册，第 732—733 页。
② 同上书，第 761 页。

不知实相"，① 等。于是，教内教外似乎有一个没有争议的看法，即智者褒扬圆教而贬斥其他三教。如太虚大师有这样的看法："天台判释迦如来一代时教，则有藏通别圆等差别，判自己所宗的为最圆教理。我则认为诸宗的根本原则及究竟的极果，都是平等无有高下的，……更不能说此优彼劣，彼高此下。"② 究竟是不是这样呢？笔者认为，如果全面系统理解智者对数、理、门的关系和对权与实的关系的论述，以及在此基础上对圆教与其他三教关系的论述，我们就会发现：智者没有贬谁、褒谁的意思，而坚持了他经常说的法法平等的原则。

不错，五时八教之说的确指出了佛之教法存在着差别，不然，判教就无从说起。智者说："虽复互通而研其理实，当教立名不可混故。"因为诸教在对象、内容及其深浅、圆偏上各不相同。③ 这些差别具体表现在如下方面。第一，诸教的因缘不同。智者说："教本逗缘"，意即：教是在特定的因缘下、针对特定的情境而形成的。尽管所说谛理不一不异，但因缘不同，教所表现的内容和形式便有不同。"缘略为四，教亦有四"，即藏通别圆。④ 第二，由于各种教法都是针对有特定根机的众生所说，因此适用范围和内容上有各自的特点。第三，尽管各教的目的都是要开示悟入佛知见，畅述圣意，揭示万法实相谛理，但由于要考虑因缘和根机，因此它的表现方式是不一样的，在教法中的地位也是不一样的。智者说："众经半满、大小之殊，体有傍正，正即实相，傍即偏真，偏真或时含实相，实相或时带偏真，而通称实相。"⑤ 意即：诸法尽管都是在诠实相，但实相在众经中的地位是不一样的，有的处在正中心的位置，有的在边缘，或隐而不显，因而有偏真的一面。但不管怎

① 《摩诃止观》，《大正常》第 46 册，第 3 页。
② 太虚：《我怎样判摄一切佛法》，见《太虚集》，中国社会科学出版社 1995 年，第 37 页。
③ 《回教义》卷第一，《大正藏》第 46 册，第 725 页。
④ 《法华玄义》卷第七上，《大正藏》第 33 册，第 761 页。
⑤ 《法华玄义》卷第九上，《大正藏》第 33 册，第 793。

样，不圆满的经、小经都包含有实相谛理。第四，尽管诸教都有
"破疑生信"的作用，但作用的方式、太小不尽相同，如藏通二教
以权实二智，断四住之疑，生偏真之信，不能使小乘及方便菩萨断
大疑、生大信，华严类经典能断外界疑、生圆信，但未断近疑，不
能生远信。而《法华经》则不同，它用佛菩萨的权实二智，断七
种方便最大无明，同入圆因，破执近迹之情，生本地深信，乃至即
使是等觉，也可使之断疑生信。[①]

　　诸教尽管内容和形式有别，但都是一乘佛法有不同深浅、偏圆
特点的显现，因此没有根本区别和冲突。智者说："虽说种种道，
其实为一乘"，佛说三乘，说四教，说八万四千法门，不管其分类
多少，从宗旨上看，只说了一乘法门，即旨在开示世界的本来面目
或实相。如果把佛法分为声闻、缘觉、菩萨三乘或三方便法门，那
么可称作"开三"，而"开三"其实都是为显一。此即"开三显
一"，例如就为声闻缘觉开显的二乘来说，所讲的道理主要是空
理，似有偏空的一面，但贯穿其内的精神实质仍是实相谛理。故智
者说："二乘真空，自有实相。"[②] 另外，不管是什么乘，都是为开
示悟入佛知见这一大事因缘而建立的方便法门，终不究竟，因为它
们都有言说，有相，有著。当它们的破执著、以毒攻毒的目的达到
了时，为了不生新的执著，就要将这些法一起破除掉，此过程即是
智者所说的废三显一，即废三乘，立一乘佛法。而当进到了更高的
阶段，连这一乘也要废除，此即是"废教"，亦即是"废诠归实"。

　　总之，佛的说法极其奥妙，是一个辩证的过程，不能用有和无
两边中的任一边来说明，因为佛说法的过程正是一个破疑生信、唤
起觉悟的过程。随着觉悟的变化，说法也在变化，大致而言，其开
端和初级阶段是为破诸惑而立诸法（或为破三惑、三情而开三
法），在开三的过程中始终贯穿着显实（即一乘实相佛法），当觉
悟提高到一定层次时，便要废三显一；当迷惑破除、正觉现前时就

----

① 《法华玄义》卷第九上，《大正藏》第 33 册，第 797 页。
② 《法华玄义》卷第九下，《大正藏》第 33 册，第 797 页。

要将一实法抛弃，因为"若不废教"，还有可能"执教生惑"。①
如不废教，其危害就像用船把自己由此岸渡到了彼岸之后还抱着船
不放、会产生新的负担、麻烦一样，也像用药物把病治好了还让它
留在身体中会产生新的危害一样。

从权与实的关系看，也可以得出类似的结论。所谓权，即
"暂用之名"，权宜之计，或者说，为了言说那些难言难说的不思
议、微妙甚深的实理，而作的应机施教、方便开显。所谓"实，
以永施为义"，即对真实理体的直陈，由于它永远如一，因此相对
于权来说就是实。例如方便波罗蜜，随情近益，故名为权，智慧波
罗蜜称理究竟，故名为实。实与权的关系怎样呢？智者认为：权实
是不二的，也就是说，权实是统一的、不是绝对对立、不相容的。
权是对实的方便逗引，实既能由权显现，又能由能言难言、能行难
行的佛称性直陈。权如果不是对实理的开显、表达，所成就的法门
就非佛法门。天台九祖湛然对上述权实不二的思想作了更为明确的
表述。他说："平等大慧常鉴法界，亦由理性九权一实。实复九界
权亦复然。权实相冥，百界一念不可分别，任运常然。至果乃由契
本一理，非权非实，而权而实。"② 毫无疑问，圆教与其他三教的
关系是实与权的关系。如来称性直说的法，是一切教之实。而其他
教则是权，方便逗引。如来本性、诸法实理既可称性直说，当然这
要看时机。水到渠成，方能直说，不然是枉费心机。正是鉴于此，
佛只是在最后的法华涅槃时才称性说法，废权显实，实说实理。而
在此之前，只能开权，通过权来显实，即通过种种善巧方便，灵活
巧妙地表述万法实理。因此尽管前三教暂赴物情，故名为权，但并
没有离实，而是开权显实，如不显实，权就是没有意义的纯粹文字
游戏。但又应看到，方便法或权法皆是应机施化，不能作绝对的理
解，因为目的一旦实现，马上便要将其废止，此为"废权显实"
"实显权废"。全面的理解应是，"权不可说故非权，实不可说故非

---

① 《法华玄义》卷第九上，《大正藏》第 33 册，第 797 页。
② 湛然：《十不二门》，《大正藏》第 46 册，第 704 页。

实。……以有说故，故皆是权。又此权实悉是非权非实。""权实即非权非实，无二无别，不合不散。""非权非实，理性常寂，名之为止。寂之常照，亦权亦实，名之为观。"① 总之，离实无权，因为若无实，权便没有要显示的对象，同样，离权无实，因为没有权，实无以表现自身。"实若离权，不可说示。"②

　　根据这种对权实的理解，圆教与其余三教的关系实际上是一种非权非实、而权而实的关系。因为从究竟理地上看问题，佛说法四十九前，实际上未立一法，换言之，什么也没有说，什么也不可说。无说则无四教的区分，当然也就无圆教，无圆教即无实，无其余三教即无权，故四教非实非权，因而也可以说一切佛法无所谓权，也无所谓实，佛法在本质上是不立一法，立一法即非佛法。如果说有善巧方便，有暂且权用，即是说，佛为了利益众生，随权随缘随境开示种种方便之门，那么一切皆权，也就是说"四教皆是权巧化物也，故佛言，我坐道场时，不得一法实，空拳诳小儿，以度于一切也。"不论圆教藏教都是暂赴物情，权宜之计。如果说有实，那么四权皆实，因为佛"无说而说，必应机赴缘之益，其实皆实，故四教皆实也。"有世界要对治，有人要度，这是真正的现实，因此佛说的中道第一义谛也真实不虚。如果说一切非权非实而权而实，那么四教也都是如此。因为从根本上说，佛并未立一法，什么也不可说，因此无权实之分，故无所谓权实。但佛不说而说，所说三教是权，而圆教是实，因此又可以说佛说的四教而权而实。

　　总之，权实的划分既是绝对的，又是相对的，四教的权实分别本身既是权且暂用，又是究竟利物、永远施用。其次，四教的权实区分也绝无褒圆教、贬其余三教的意思，因为法法平等，如果说有权，圆教也是权，也是"空拳诳小儿"的把戏，旨在"引将还家"，由迷痴的嬉戏玩乐归至常乐我净的精神家园。如果说有实，其余三教也像圆教一样实，也是对治众生烦恼、救度有情的真实不

----

① 《摩诃止观》卷第三下，《大正藏》第 46 册，第 34 页。
② 《法华玄义》卷第十上，《大正藏》第 33 册，第 805 页。

虚的法门。佛说的四教都是方便波罗蜜，随情近益，权巧化物，同时又是智慧波罗蜜，均具有应机赴缘之益，揭示的是宇宙的真理实相。三教是佛随境、随机、随缘所说的方便法门，"随情近益"，其特点是"有兴有废"。这里有三层意思，一是三藏教机起即兴，机谢则废。可发之义名之为机，前缘有小乐欲可起，小善可生，小恶可治，偏真之解可发。因此，佛历缘对境演说因缘生灭四谛、十二因缘、六度四摄，开三乘之道。闻则称机，乐欲心起，生善断恶。从果相上说，二乘禀权修行，可证有余涅槃，菩萨能六度调心，得伏忍、柔顺忍。简言之，三权所对之机，所阐发的义理内容，所趣之果都有自身的特点。一当小欲将歇，小善已成，事恶已除，真解已发，三藏教则废。通教和别教也是有兴有废。圆教则不同，它是兴而不废。因为圆教是应圆机而说，是为生善断惑，见中道第一义谛而说。因此此教兴的机缘不同于前三教，它对治的众生是入不二法门的菩萨，如文殊师利等，乃至等觉佛。当他们证妙觉、无师自悟、无法可观、无善可生、无恶可断、无深理可见时，言辞相寂灭，本自无兴，因此也无所谓废。当然当人证得究竟果时，也可以说有"教废"，因为到此境界，言语道断，心行处灭，不生不生不可说，不需以言言于无言之理。正像用船筏过河，到达彼岸，船筏即废。尽管有教废，但不会像前三教那样还有"人废"。换言之，在前三教中，是教废人亦废，而在圆教中，则是"教废人存，三德涅槃湛然清净，岂同前三教补处菩萨菩提佛果皆有教无人，教废人亦随废。"[1]

从本迹关系看，诸经诸教都是平等不二的关系。本是本体，是实相或理本，迹是本体显示出来的踪迹、事相。本与迹的关系像体与用、理与事的关系一样，是不二的。有本，必有迹显，"诸迹悉从本垂。"佛在各种因缘下为特定众生所说的特定的解脱法门，都是迹，都是佛所证得的实相之理的具体显现，或者说是佛依本而生发开来的"迹"，纵有千差万别，如表现为声闻乘、缘觉乘、菩萨

---

① 《四教义》，《大正藏》第 46 册，第 767 页。

乘，或表现为藏通别圆四教，但却不过是同一实相之理的显现，即不过是为了"发迹显本"，各乘各教"皆是方便分别"，皆是本之垂迹，而"会诸"不过是"显佛本意"。① 从文本的角度说，"本"即文本的根本、核心，"迹"即本的种种具体表现。读者总是通过迹来显本的，故智者说："发迹显本。"尽管体现文本之本要诉诸迹，但由于迹与本毕竟非一，因此"解迹中事理之粗妙，终不能解本中之事粗，况解本中之理"，至于本迹要显的妙理更是高悬，"妙理则非迹非本，不思议一也"。② 这就是佛教解释中不同于其他文本解释的独特之处。之所以如此，是因为佛教文本所诠的义理既有文字可传递、解释者能借理性理解的逻辑意义，又有只能通过证悟（而非解悟）而把握的非逻辑的、非理性的意义。用智者的话说，"粗"事、"粗"理是形而下的，可指称、可言说、可理解，而粗之后的妙则相反，非经过行者的实修实证才能窥其庐山真面目。从言说上说，迹中十粗之境是可言说的，当然这种言说只是权说，而非实说。实说只能由有圆智、圆行、圆解的人作出。当然由于权实之间存在着辩证的联系，例如本由迹显，实由权显，因此在一定的程度上可借"开权"而"显实"，在这个范围内，"权即是实，无复别权，故言开权显实，"但是由于终极谛理不关文字，因此求助于迹，诉诸权说是无济于事的，必须"废权显实"。只有言语道判，心行处灭，才能真正回归真如妙理。③

智者以众所周知的六度或六波罗蜜为例说明了四教之间的本迹关系。一般认为，六度是大乘或别教、圆教的法门。而智者的新的理解是六度有圆说和偏说、本说和迹说之别。本说所说的六度不外是一实谛圆法的又一表述方式罢了。将它分别说给不同的众生就成了四教之六度。这也就是说，四教之六度实即"识迹示四相"，即是从迹上所作的四重说明。但四迹显的不外一本，故说，"识迹示

---

① 《法华玄义》卷第九下，《大正藏》第 33 册，第 798 页。
② 《法华玄义》卷第七下，《大正藏》第 33 册，第 770 页。
③ 同上。

四相，本行唯圆"。三藏的六度是：舍依正名檀，即布施，防止七支名戒，打骂不报名忍，为事始终名精进，禅八定名禅，名地息诤名船苦。通教六度是：施受财物三事皆空名布施，不见持犯名戒，能忍所忍不可得名忍，身心不动名精进，不乱不昧名禅，非智非愚名般若。别教六度是：布施有十利，伏悭贪，舍烦恼，有施心，令众生不怯畏等，戒有十利，如满一切智等，忍也有十利，如火刀毒水，皆不能害等，精进十利是未闻能闻，任何烦恼不能蛰伏，禅十利是守护诸根等，般若十利是不教施相，不依戒，不住忍。圆教六度是：若行若坐，舍攀缘想，即布施，舍攀缘不犯是持戒，于境界不生疮疣是忍，不舍于离是精进，于事中不放逸是禅，诸法体性无生是般若。①

　　从悉檀上看，诸经、诸教的关系也是平等不二的关系。悉檀即遍施，是佛为众生所遍施的甘露，为度烦恼而开示的法门。共有四大类，一世界悉檀，即为不同界别的众生所说的法，二为人悉檀，三是针对特定烦恼所说的对治悉檀，四是第一义悉檀。佛要说的是究竟之法，即第一义悉檀。但"一音演说，随类各解"，即形成个别的悉檀。不管具体表现为何悉檀，但万变不离其宗，即开示悟入第一胜义谛理，或实相谛理。②

　　在智者的解释中，圆教的确是佛教发展的最高阶段，是实教，是最圆满、最高级的，当然也是智者最为推崇、最积极予以弘化的教法。这种肯定是否就意味着智者褒圆教而贬其他的教呢？是否能由此得出结论说：其他教法与圆教是泾渭分明、彼此隔绝的呢？

　　不错，在智者看来，有一类经教是专弘圆教的。但这不等于说，其他教法都与圆教无关。其实，圆教既能独立阐释，也可以且必然贯穿在别的一切教法之中。因为佛之言说虽各不相同，但要说的理义只有一个。因此智者说："义不双立，理无两存。"③ 即是

----

①　《法华文句》（合），第 312—313 页。

②　《法华玄义》卷第九下，《大正藏》第 33 册，第 799—780 页。

③　《法华玄义》卷第十上，《大正藏》第 33 册，第 800 页。

说，不管是哪种教，哪一乘，其中包含的义理均无二无别。所不同的不过是，它显现的方式各不相同罢了。

圆教贯穿在佛的一切言教之中，如五时教、四教仪、四教法之中。如果渗透在藏、通、别教中，体现在法华涅槃时之外的教法之中，佛所教之圆教则是以开权显实的方式阐发的。如果表现于法华涅槃经中，则是以废权立实的方式进行的。不管以哪种方式，圆教宣扬的不外是一条圆满的解脱之道，其终极目标是圆果圆位，而到达它的首要条件是每个人圆满具足的佛性，方法、途径、手段则是："圆闻妙理"，知一法一切法、一切法一法，非一非一切。其次，"起圆信解，信一心中是十法界，如一微尘有大千经卷"，第三，"欲开此心而修圆行。圆行者，一行一切行"，不管用什么方法，行何种道，都始终做到，用寂照心破一切法，让念念心与诸波罗蜜相应。果如此，大涅槃便会顿现眼前。①

必须看到的是：智者在强调诸教包括大小乘或声闻、缘觉、菩萨三乘之间的差异的同时，还十分重视诸教的同一性。这种同一性一是表现在：诸教相互渗透、相互包含或具足。智者说："声闻藏中有菩萨为影响，……菩萨藏中亦有声闻人"。② 其次，诸经虽教相各别，但"教意唯一"，经体始终贯穿在诸经之中。只要是佛的言教，都莫不以显诸法之实相为旨归，因此"实相为诸经作体"。③这是智者对经体的断然不同于"旧说"的新解。旧说很多，如以"一乘为体"、"真谛为体"、"一乘因果为体"等，这些在智者看来皆不可取。如"真谛为体"者，真谛是一个多义词，小乘大乘都有自己的真谛，而大乘的真谛也有多种。智者认为，唯有实相谛理才是诸经之体。当然它有不同的表述方式，如"实相般若"、"不思议止观"、"第一义空"、"如来平等法身"或"如来大般涅槃"等。"当知，诸经毕定须得实相之印。"④ 这也就是说，经体就

----

① 《法华玄义》卷第五上，《大正藏》第 33 册，第 732—733 页。
② 《法华玄义》卷第十下，《大正藏》第 33 册，第 813 页。
③ 《法华玄义》卷第九上，《大正藏》第 33 册，第 792 页。
④ 《法华玄义》卷第八上，《大正藏》第 33 册，第 779 页。

是实相，以一实相为法印，此即一实相印，而非三印。由于教化所处的因缘、所对的根机不同，因此此经体的呈现形式各不相同罢了，有的用权说方式，有的用实说方式，有的权实兼并，有的直说，有的比喻说，等等，有的表现为小乘典籍，有的表现为大乘，不论如何，诸经都不过是关于这一实相的不同表述、显现方式而已。

诸佛只有一乘法，即一实圆教，此亦即是妙理、实理。由于众生根机不圆满，佛在化度众生时不可能和盘托出此圆教。即使说出，也不能为人所接受。不得已，佛为显妙而施粗，为显实而设权。其目的是开粗显妙，开权显实。这种粗教、权教又表现为三乘，即声闻乘、缘觉乘和菩萨乘，或表现为藏教、通教、别教。但三教又不是外道，仍是佛教，其内所包含的精神、贯穿的主旨、宗趣不外是一实圆教。智者说："昔于一佛乘，分别说三，三乘不合，欲令三合一，处处须废，今会三归一，同乘一乘。"① 这种会归，是《法华经》所做的工作。

智者还用比喻说明了诸教尤其是圆教与其他教的关系。它们是实与权、莲与华的关系，其他教就像莲花（华）一样，里面包藏、蕴涵着莲子，因此是权教，所藏之精华、宝藏即是圆教，智者说："昔权蕴实，如华含莲，开权显实，如华开莲现，离正华，已无别更莲，离此粗，已无别更妙。……但开权位，即显妙位也。"② 佛还用"一雨一地"与万紫千红的草木之间的关系比喻圆教与其他诸教的关系。智者说："一地所生，一雨所润，譬说最事实圆教也。""佛平等说，如一味雨"。但同出一地的植物、同受一雨滋润的花木却不止一种，而是各种各样，原因在于：它们在有同一地、同一雨这一共同条件的同时，还有自己各种各样的机缘。总之，教本一实，化机润物为多。③

----

① 《法华玄义》卷第五上，《大正藏》第 33 册，第 738 页。
② 同上书，第 739 页。
③ 《法华文句》（合），第 112 页。

佛教内的大小乘谁优谁劣之争持续了两千多年，根据智者的判教，这一争论是该结束的时候了。从事相上说，佛于四十九年说法不止，乐说无穷。而佛在说法时，除契理之外，还要契机，即要根据所面对的对象讲说义理深浅个别的谛理。这样便形成了经的大小乘。大小乘的区别一是在于对象根机的利钝，二是在于法理的深浅。一般来说，佛为利根者说甚深圆满的大乘，而为钝根者说义理较浅的小乘。小乘中又有声闻与缘觉之别，于是佛乘便有菩萨乘、声闻乘和缘觉乘这三乘之别。尽管有这种区别，但大小都为佛所说，而且其中的核心内容并无区别，只是说法的方式不同而已。就此而言，佛"演说一乘无三差别，皆悉到于一切智地。"[1] 从形式上说，"大小各具十部"，从内容上说，都会阐发"实义"，而"实义者空"。[2]

不管佛说了多少法，后来形成了多少乘，其实"只是一大乘法也，"十方谛求，更无余乘，唯一佛乘，一佛乘即具三法，亦名第一义谛，亦名第一义空，亦名如来藏。[3]

小结：圆解下的圣意。总而言之，智者讲经说法、著书立法，建立自己博大精神的佛教解释理论，不是为了制造文字垃圾，而专为通达圣意、揭示佛之言教中隐含的客观的义理。这圣意或义理究竟是什么呢？很简单，就是万事万物、一切法相的本来面目或实相谛理，这实相既是客观的真理，又是众生实现解脱理想、得彻底安乐的基础、前提或入道之门。因为佛安心于实相得大解脱，而众生迷理则生惑、则有累缚，陷入痛苦烦恼的深渊不能自拔，轮回六道，受苦不尽，如果能证得此谛理，安心于此谛理，以之为面对一切的立场和态度，即顺理而行，则会当下惑消、累断、苦尽，转凡成圣。下面我们摘录智者关于实相及其作用的几段精辟的论断作为本章的结语。

----

① 《法华玄义》卷第六上，《大正藏》第33册，第751页。
② 同上书，第753页。
③ 《法华玄义》卷第五下，《大正藏》第33册，第741页。

　　"理极真实，以实为相，故名实相，灵知寂照，名佛知见，三世诸佛，唯用此自行化他。"①

　　"法界实相，摄持诸法，离此之外，更无别妙，故知诸佛成道、转法轮、入涅槃，皆在四禅四定中见实相。"②

　　"绝待明实，实是经体"，而明体亦是明"一切诸法中悉有安乐性"。③

　　"本者理本，即是实相，一究竟道。"④

　　"实相既大乘果的因，同时也是大乘之果。"⑤

　　总之，诸佛悟此乃成正觉，得彻底解脱，它是诸经之主旨、开示悟人的对象，万法之根源，诸行之归趣，果德之理本，绝对真实之存在。

① 《法华玄义》卷第九上，《大正藏》第 33 册，第 793 页。
② 《法华玄义》卷第四下，《大正藏》第 33 册，第 720 页。
③ 《法华玄义》卷第八上，《大正藏》第 33 册，第 781 页。
④ 《法华玄义》卷第七上，《大正藏》第 33 册，第 764 页。
⑤ 《法华玄义》卷第五上，《大正藏》第 33 册，第 733 页。

第三章

三界无安　犹如火宅
——人生的第一现实

　　智者人生解脱论的目的就是要用他所得到的智慧之光觉悟人生、理解人生、照亮人生，为人的生存提供有价值的、行之有效的指导，直至使一切众生获得彻底解脱。而要做到这一点，就要揭示人生的最普遍、最本质、最严峻的现实和境况，对其作出逼真的描述和透彻的分析，以彻底廓清人的生活和生活着的人的本来面目，揭示人生的来去、生死、衣食住行等表面现象后掩藏着的本质或实相。智者以《法华经》的有关原则为指导，结合自己独特的人生体验，向我们展示了这样一个令人震惊的、不可回避的现实：执迷不悟的众生所拥有的人生无一可乐、苦不堪言、惨不忍睹；更为悲惨的是：众生生在苦中不知苦。以此对人生的基本价值判断为出发点，进一步要作的就是对人生的这一现实作出解释和说明，揭示其生成过程和直接的、内在的直至本原性的根源，以满足人们求理解之类的精神需要，并为寻找摆脱人生痛苦烦恼的方法提供依据。既然人生不令人满意，充满着痛苦烦恼，那么由于人是理性和能动性极高的动物，人就必然要寻求铲除痛苦、解除系缚、获得解放的出路与途径。因此智者的人生哲学最后要做的就是探讨人离苦得乐、了生脱死、获得彻底解脱的可能性、可行性以及出路与方法，宣扬生存的智慧与技巧，使人类甚至人以外的一切有情众生都有理想圆满的生活，同登极乐世界。

一　苦是"审实而有"

探讨生命的解脱问题不只是要回答通常所说的"应该"或"应然"问题，不只是要关注纯价值论问题，而同时会涉及"事实"或"实然"问题，亦即本体论和真理观问题。例如佛教中最著名的四谛学说就是如此。它既要对人的生存现状作价值判断，又要对之是否有本体论地位、是否真实作出探讨，既要探讨人类的理想解脱境界及其道路应该是什么，又要查明生命的现实处境及其根源。通过探讨所形成的结论都是事实的写照，因此堪称为"谛"。智者说："谛以审实为义。"[①]"审实"即的确真实，从本体论上说是有绝对真实的本体论地位的存在，从认识论上说，是通过审察、探究而形成的关于客观真实的有主观形式的客观真理。此谛理由教所宣所诠，但"教理不虚，故云审实"。[②] 这样的谛有四个，即苦集灭道。在四谛中，苦这一现实又是第一谛。从因果上说，它是有关原因的结果，因此应放在后面。但从认识或审实的顺序上看，这一现实是最先出现在我们的面前的，而且它对于每一寻求解脱的人来说，其重要性的程度是第一位的，故"教门引物为便"，"先果而后因"。[③]

以这样的逻辑程序切入人生哲学的探讨是许多人生哲学体系的共同操作。稍有历史和政治知识的人都知道，历史上的一切政治革命理论包括马克思主义的科学社会主义以及历史上各种形式的空想共产主义、现当代关心人的现状和解放的各种人本主义哲学思潮，其各不相同的思想体系无不为这样的一条逻辑轴线所贯穿：从人类苦难的现实或人的异化的事实出发，探讨苦难的根源，构想人生未来的美妙图景，宣陈由此岸悲惨世界度达彼岸美妙世界的途径、方

----

① 《法界次第初门》卷中之下，《大正藏》第 46 册，第 680 页。
② 同上。
③ 同上。

式和方法。就此而言，智者的人生哲学在形式、程序上并没有离奇怪诞之处，在内容上也不是脱离实际、不合情理、背离人性、不可企及的人生哲学，不是虚幻哲学，不是只适合于悲观厌世、走投无路的人玩味的精神鸦片，更不是来自天国的召唤。因为它纯粹出自于一种现实的关怀以及每个人都有的生死关怀、终极关怀，其主旨不过是要从现实生活、现实人生都有不令人满意的方面，都包含、充斥着苦难、烦恼这一基本事实出发，去寻求人的解放直至终极解脱。

存在主义哲学家雅斯贝尔斯强调：人的现实处境已经变得越来越重要了。因此我们"生活在一种变动、一种流转和一种过程之中。……这种变动、这种流转、这种过程将我们推进到一个永不间断的征服与创造、失与得的旋涡之中，我们在这个旋涡中痛苦地打转，在茫茫大海中受到强劲潮流的冲击。"[1] 如果不弄清这一现实及其根源，我们将迷失前进的方向。他还说："我对世界的认知提供我唯一的途径，使我能够：第一，了解可能之事的界限；第二，构思健全的计划并提出有效的决议；第三，得到让我能像越超者显示般地来诠释人生的见解和理念。"[2]

在严肃审视我们的处境时，许多哲人得出了几乎一致的、振聋发聩的结论：它是令人忧虑的。雅斯贝尔斯说："人的存在无异是被意识形态欺骗和自欺的一团永不止息的大混乱。"[3]"我们感受到前所未有的存在空虚。"[4] 歌德说得更严峻："人类将变得更聪明、更有洞察力，但却不会变得更好、更幸福或更有活力。我预言有一天，上帝不再因它的创造物而感到欣喜，它将再度毁灭世界，并重新开始一切。"[5]

在揭示人的存在的危机时，有人本主义倾向的诸哲学派别主要

----

[1]　雅斯贝尔斯：《当代的精神处境》，三联书店 1992 年，第 2 页。
[2]　同上，第 27 页。
[3]　同上，第 14 页。
[4]　同上，第 19 页。
[5]　转引自雅斯贝尔斯：《当代的精神处境》，第 9 页。

是从心理学层面探讨的。在现代西方哲学中，最先倡导对人的生存问题进行"心理学实验"和研究的是克尔凯郭尔和雅斯贝尔斯等人。前者所说的"实验"实即对个体具有的某种心境的可能性的尝试，在此基础上，对人的生存的心理层面展开研究。因为在他们看来，人的存在实即人的精神的存在，人生存得如何，尽管有外在物质的表现，如占有物质财富的多寡、是贵是贱，但如果人没有相应的心理结构、感受结构，即没有判断生活、好坏、生存质量高低的"前态度"、"前结构"，人就无所谓幸福、快乐。克尔凯郭尔通过对人生现状的考察，认为人的生存方式不外乎感性的或审美的、伦理的、宗教的三种。现实的、大多数人的生存状态属于第一种。其特点是：过着这种生活的人跟着感性欲望走，一切活动的目的都是为了满足感性欲望，不择手段地占有，视感性的满足为幸福快乐。问题在于，如果人们的感性欲望被满足了，占有了想占有的一切，是不是就获得了理想的生存方式呢？不错，从其外在的方面来说，一当感性欲望满足了时，人会高兴、快乐，甚至欣喜若狂、欢呼、庆贺。但是过后又怎样呢？每个人在有了这些外在的方面的同时或之后，只要反省、反观内在的世界，就会发现忧郁、焦虑、烦、绝望等。"每一个人都在其内心宁静中秘密地抱着这样的想法：他是人群中最不幸的人"，① 同时伴随着撕心裂肺的忧郁，而忧郁正是人的内在生活的内容和实质。正是在这个意义上，存在主义把忧郁、烦、焦虑等当作是人的现实的生存状态的必然方面。

　　以上所陈述的观点无疑有其值得借鉴的方面，例如它注意到了人心与人生的关系，心态的无穷妙用，心理结构、感受结构、价值观、幸福观乃至世界观等前心理态度对人生境界、人格模式、生存质量等的制约作用，研究生存问题必须有心学的视角等。因为从理论上说，人的生存本身有心灵的维度，评价更是如此。例如对我们每一个人的生存状态的评价，尽管有"第三人称"即他人的所谓的外在的客观的评价，但真正的最有权威的评价还是"第一人称"

① 克尔凯戈尔语，转引自杨大春《沉沦与拯救》，人民出版社1995年版，第137页。

即我自己的评价。因为有的人从外在的方面看，荣华富贵等条件都具备了，但他仍可能活得很痛苦，仍充满着前述的"忧郁"、"焦虑"，甚至"绝望"。人类历史上存在的许多"大富大贵"的人选择自杀的道路就足以说明这一点。另一方面，有些人占有的物质财富很少，但他仍可能活得很幸福，很潇洒。殊不知，幸福的种类、形式多种多样，幸福并不与物质财富成正比，有的幸福甚至与之没有关系，如读书、思维、求道过程中伴随的幸福感，正如智者所说：有道即富贵，无为是大乐。另外，当我们把眼光投向几千年人类的文明史和生活史时，更容易印证这一结论。今日人类享有的物质文明、科技文明是古人做梦都想不到的，但是我们能说我们就比古人更幸福吗？即使能这样说，但我们能说我们的烦恼、忧郁、焦虑比古人更少吗？可以断言：一个人的生存状态之好坏并不与他占有的物质财富成正比。之所以如此，根本原因在于，人的生存状态是多种因素的函数，而其中最重要的因素是人的心灵或精神状态。

　　智者对众生生存状态的剖析也非常重视心理学的视角。在他看来，众生的生活无乐可言，其表现在于：不管生活在何种状态之中，都为烦恼充斥着。不仅如此，烦恼还是共时态界别中的苦难流转和历时态三世中的悲惨命运流转的总根源。智者说："三界流转无际，皆是烦恼使之然也。"[1] 而烦恼尽管有时有外在物质条件和行为方式上的表现，但从根本上说则是人的精神状态。因为"烦以喧烦为义，恼以逼乱为义。能喧烦之法逼乱行者心神，致使真明不得开发。"[2] 一切不令人满意的生存状态都有烦恼充斥其中，而任何烦恼又都有心神的逼乱、煎煮、伤痛，以及不可摆脱的更令人难耐的感受。基于这样的认识，智者对生存状态的分析主要集中在对烦恼的分析之上。后者的范围和种类足以涵盖人类的一切生存危机。为此，他对烦恼作了全面的探讨和梳理，说：烦恼"科目甚

---

[1]　《法界次第初门》卷上之上，《大正藏》第46册，第667页。
[2]　同上。

多，所谓三毒、五盖、十使、九十八烦恼、八万四千乃至尘沙等数。"① 其具体内容留待后面再来分析。

二 "火宅譬"与众生苦相

智者考察众生生存状况所得的结论是：世间不可乐想。如果没有经过特殊程序建构起来的人性心理结构或感受结构，没有正确的人生观、苦乐观，那么这些人所拥有的就是不可乐想的人生道路和生活空间。不仅众生所在的欲界是苦，就是圣贤在禅定中所进入的、在意识中所建构的色界和无色界也充满着苦。所谓苦"以逼恼为义。一切有为心行，常为无常患景之所逼恼，故名为苦。"苦有多种表现，但更重要的是内心所承受的如同针刺一样的伤痛。尽管是心理的，但真实不虚。"当知苦是审实而有，故名谛也。"② 这正是智者所说的："三界无安，犹如火宅"。在智者看来，"火宅"可以生动、形象、逼真地再现人生和人世间苦难、悲惨的现实。那么什么是"火宅"呢？让我们从《法华经》中的"火宅"故事或"火宅譬"说起。

在约两千五百年前的一天，释迦牟尼佛住在古印度王舍城的耆阇崛山中，也就是我们上一部分曾提到的灵山或灵鹫山。他和他的大弟子及其他听众一万二千人一起集会。佛告诉围坐在他周围的信众：从前有一位德高望重的长者，家里极为富有，金银财宝应有尽有。还有几个儿子和许多佣人。有一天，他们所住的房子烧着了，火势很大，加上房子极为古旧、年久失修、堂舍高危、柱根摧朽、四壁倾斜，扑灭的可能性是没有的了。眼看房子要被大火所吞噬。然而，火宅内，他的几个儿子和仆人仍在乐着嬉戏，对自己的现状以及迫在眉睫的苦果不知不觉、不惊不怖，任这种现实迁流

---

① 《法界次第初门》卷上之上，《大正藏》第46册，第667页。
② 《法界次第初门》卷中之下，《大正藏》第46册，第680页。

变化。①

智者指出，这正是我们没有觉悟的众生的苦况。众生就像长者的那些儿子和仆人，众生所生活的世间包括欲界、色界和无色界就如同这个熊熊燃烧的火宅。人与其环境无时无处不是苦，而且这苦正像火宅将要被烧掉、里面的人将要被烧煮而死一样，不是减轻，而是越来越严重。如果不警醒，不采取措施，等待众生的将是苦难的极致——人类的末日和彻底毁灭。为了让众生醒悟过来，智者全面地对"火宅"这一譬喻里隐含的思想作了精辟入理的分析和挖掘，生动地再现了众生的种种苦相苦状。

在智者看来，它是众生所生存的三界环境，里面充满的是火，"诸众生为生老病死、忧悲苦恼之所烧煮，以五欲财利故受种种苦，又以贪著追求故现受众苦，若生天上及在人间，贫穷困苦，爱别离苦，怨憎会苦。"智者解释说：这里的火既譬生老病死、忧悲苦恼愚痴、暗蔽三毒之苦，又可指常见的八苦。②

八苦是佛教对人生苦状的最常见的概括，分别是生、老、病、死、爱别离、怨憎会、五阴盛、求不得。智者结合中国人的实际对之作了新的诠释。先看生苦。在智看来，人在胎中如处牢监，出胎如钻六隙。刚一下地，娇嫩的皮肉不能适应自然环境，因而嚎哭和泪水伴人走入世间。老苦更严重。年轻时精力旺盛，而一年老，便体衰意冷，有吃不能吃，想睡睡不着，因此不说享受高级的禅悦法乐、领略精神生活的快慰，就连一般人视之为快乐的声色口腹之乐都难得到。然而，老又是不可避免的，正是"公道世间为白发，贵人头上不曾饶"。疾病缠身带给人的痛苦就更不用说了。疾病本身给人以不舒服的感受，而要消除或减轻疾病还必须以痛苦为代价，如忍受打针、刀切刀刮的剧痛。死苦可以说是世俗人生的最大痛苦烦恼。所谓死就是"永离恩爱之处"，因此为"一切众生之所

----

① 《法华文句》，见《妙法莲华经》（经疏记合一本），上海古籍出版社 1990 年，第 141—46 页。

② 《法华文句》（合），第 159 页。

恶"。① 智者认为：死有两种，一是自死，即由于自身的原因，寿期已尽而自然死亡；二是他因缘死，如他杀、意外伤害致死等。死"常随此身，若不他杀亦自死"。② 人一生下来便注定要死亡，人每向前迈出一步，便是向坟墓接近了一步。由于死是永离恩爱之处，因而是世人最害怕、最忌讳的事情，正因为如此，人们最不愿见到和说出的字就是"死"，在节庆日说此字就是"破口"，就会受到人们的谴责。而对于没有正确死亡观、贪生怕死的人来说，死是他最不情愿的事情，也是他的最大烦恼和恐惧。一般人所说的人到死时方知自己的存在以及生的价值与意义，则从特定的方面折射出人们贪生怕死的苦楚情怀。人死时的恐惧和痛苦与动物并没有两样，如牛羊见死会"跳腾哮吼"，而人死时往往泪流满面。尽管人不情愿，但死对于人来说是绝对不可避免的，因而绝对公平地对待一切人。正如智者所说："死至无贫富"，"无贵亦无贱"，"无祈请可救"，"亦无欺诳处。"③ 就此而言，说世上没有公平是不对的，因为死、老是绝对公平地对待每一个人的。所谓"爱别离苦"和"怨憎会苦"是指社会生活、人际交往带给人生的痛苦烦恼，相爱的人不能在一起，能友好相处、愉快合作的人不能如愿以偿，而冤家对头总是碰到一起，同事上下级之间总免不了摩擦，甚至见面就心烦，如此等，都是人生免不了的苦。第七苦是"求不得苦"，指现实与人的欲望之间的矛盾所引起的痛苦。想得到的东西得不到，人的欲望大部分都难以满足，这些当然是人的痛苦。因为常人的所谓快乐即苦的对立面，无非由两种因素或两个必要条件所决定，一是外在的事相，如财色名食睡权利或色声香味触，一是内在的感受结构，其核心是由欲望所驱动、控制的评价机制以及所伴随的情绪体验。如果外在的境况能满足相应的欲望，往往就伴有愉悦、满足、快乐之类的情感体验发生，反之则有焦虑、忧伤、悲痛等情绪

---

① 《释禅波罗蜜次第法门》，《大正藏》第 46 卷，第 537—538 页。
② 同上书，第 538 页。
③ 同上书，第 535—536 页。

发生。在现实生活中，由于一般人不能像智者那样认识到"多欲必苦"的道理，总是任自己的欲望迁流变化，极力顺着它们，跟着它们走，绕着它们转，以为欲望满足了就幸福了。殊不知，欲壑难填，欲望不可能绝对被满足，财富不可能充裕到人没有新的欲望生起的地步。因此通过寻找欲望所需的对象去寻找摆脱痛苦烦恼这条路是行不通的。亿万富翁仍为欲望驱使、仍在聚敛财富并仍有无尽的烦恼甚至走上自杀的道路就足以说明这一点。因此一方面是物欲横流，如溃堤的洪水一泻千里，另一方面是整个社会所拥有的可满足欲望的财富总是有限的，这一来人们的大多数欲望便只能付诸阙如，于是世世代代的人总陷在"求不得"的苦恼之中。最后是"五阴盛苦"。有两方面的意思，一是说人的色受想行识五种构成因素即五阴，就像容器或盛器一样，装满了苦，如色身与自然、人打交道，常受到伤害，人的感受充满的也都是苦，其他三阴可如类此类推；第二层意思是说，五阴所含众苦极其炽盛。简言之，人通体是苦，苦不堪言。正如智者所总结的："诸众生为生老病死忧悲苦恼之所烧煮，亦以五欲财利故，受种种苦，又以贪着追求故，现受众苦，后受地狱畜生饿鬼之苦。若生天上及在人间，贫穷困苦，爱别离苦，怨憎会苦，如是等种种诸苦。"[1]

从人的静态结构看，人体是众苦的和合体，是"种种众苦之本"。[2] 具体地说，个体的苦有身苦和心苦两大类，两苦集合在一起，构成了人及其生命历程，步步皆苦，举手投足都是苦。智者常说："己身甚于死狗。"因为人的肉体就像死尸，"膖胀烂坏，脓血流出，大小便利，诸虫唼食。……何处可爱？"[3] 也就是说，人由血、肉、屎、尿、骨头等构成，"肉身不净，破坏可恶"。"若有色身，则内有饥渴、疾病、大小便利、淬秽粗重弊恶、欺诳虚假等一切诸苦。"从人与环境的关系看，"外受寒热刀杖枷锁刑罚等一切

---

① 《法华文句》，见《妙法莲华经》（经疏记合一本），上海古籍出版社1990年，第159页。
② 《释禅波罗蜜次第法门》，《大正藏》第46卷，第502页。
③ 同上。

诸苦。"① 在此意义上，可以说人的躯体就是火宅，如人的四大即水火风土四种构成元素就像火宅烧着的四壁，它们不协调因而导致冲突进而表现为身体上的种种疾患痛苦。不仅如此，四大还像四蛇一样时刻毒咬着众生。智者说："四蛇（四大）性异，水火相违，鸱枭共栖，蟒鼠同穴，毒器重担，诸苦之薮。四国为邻更互侵毁，力均则暂和，乖虚则吞并。"② 既如此，人怎样好过得起来？另外，人的命根和两足就像大宅摧朽的根柱，由于过去所造的诸业，已腐朽折坏。从内在方面说，"一切色法系缚于心，不得自在，即是心之牢狱，令人受恼无可贪乐。"③ "意识纲维"，"为诸苦所坏"。可见智者也有柏拉图所说的肉体是灵魂的坟墓的思想。不仅心灵受着肉体囚禁因而苦，而且许多心理过程、状态本身就是苦。例如愚痴、贪欲、瞋恚、恶见等不仅会引发其他痛苦，而且本身就是烦恼，有这些心理过程或处在这些状态中，人是极其难受的，有时比自然、社会力量对人的摧残、折磨更可怕。因此智者常把它们称之为烧煮众生的"大火"。很多人身在"庐山""不识庐山真面目"，不知愚痴之类的心理状态也是苦，其实看看畜生就明白了。畜生是愚痴的典型，它们多苦呀！殊不知，在宇宙人生的实相等问题上，人像畜生一样愚痴。贪欲也是烧煮众生的火，因为多欲必苦，欲望满足了是苦，没满足更苦。一般的人就像这样一位老太婆：她有两个儿子，一个做雨伞生意，一个以染布为业。天下雨是老太太的愿望，因为下雨的话，她卖雨伞的儿子有钱赚。即使是这样，她还是高兴不起来，因为她担心染布的儿子晒在外边的布被雨淋坏了。而天晴尽管也是她的欲求，但她又为做雨伞生意的儿子担忧发愁。事实正是这样，一般众生正是在这种忧虑的过程中生活的。因此智者说："多欲之人虽富而贫"，④ 有欲望就有无尽的担忧烦恼。嗔怒作为苦的表现形式更显而易见，因为人经历这种心理过程就如同刀剐

① 《释禅波罗蜜次第法门》，《大正藏》第 46 卷，第 521 页。
② 《摩诃止观》卷第八上，《大正藏》第 46 卷，第 106 页。
③ 《释禅波罗蜜次第法门》，《大正藏》第 46 卷，第 516—524 页。
④ 《法华文句》（合），第 166—168 页。

火烧一样难受，有时，恼怒及其所留下的伤痛要持续好几天。

从人的感受来说，有受即苦。我们知道：人的苦乐的一个基本的要件就是感受，没有感受也就无所谓苦乐，所谓苦不过是人的苦受；同样，所谓乐也就是乐受。人的感受不外三种形式，即苦受、乐受、非苦非乐的无记受。欲望没有得到满足，外界违情的境遇、伤害性的刺激或打击在人心中留下的是苦受。苦受作为痛苦烦恼的形式是不言而喻的。就是乐受这种人们孜孜以求的东西，从本质上来说也是苦。为什么这么说呢？因为第一，乐受是求得的，而求乐以苦为代价，有时以生命为代价。许多人不是为多吃一口美食、多得一个铜板而偷而盗以致锒铛入狱乃至被结果性命的吗？众生遭受和将受的苦，从根源上说也是源出于求乐受。智者说："若生贪者、无常、败坏即现受众苦，后受地狱、畜牲、饿鬼等苦，如是等种种诸苦皆从求乐生故。知乐即是苦。"[①]　其次，乐受本身就是苦，因为人在享受快乐时，总伴有烦恼、担忧、恐惧等苦受发生，例如在享受有钱有势的快乐时，总有害怕人偷、害怕失去的担忧，在有了权力的荣耀时，常常有遭到人攻击、诋毁乃至暗害的可能，历史上不知有多少人死于权力的争斗之中。另外，物极必反，乐极生悲。因此乐受是有漏的，即里面充满的、泄漏的是烦恼，交织着痛苦忧愁，而且是暂时的、有条件的、相对的。最后，乐受的失去就是百倍的痛苦，你越以为好的东西，失去时越是如此。总之，无论从哪方面说，世俗的所谓享受在本质上是苦。智者以吃美味佳肴为例说明了这一点。许多人以为吃肉是最大的享受，而智者则说："肉是精血水道中生，是为脓虫住处，如酥乳酪血变所成，与烂脓无异。饭似白虫，羹如粪汁。一切饭食厨人执著汁垢不净。若著口中脑有烂涎二道流下与唾和合，然后成味。其状如吐。从腹门入地持水烂风动火煮，如釜熟糜，滓浊下沉，清者在上。譬如酿酒滓，浊者为粪，清者为尿。"即使是为人体所吸收的营养，能滋养肉体，但"诸烦恼及诸恶业"又由此而生，贪食的最严重后果是

----

① 《释禅波罗蜜次第法门》，《大正藏》第 46 卷，第 539 页。

"当堕地狱","堕畜牲猪狗之中","将噉食粪秽"。贪图其他类的享受及其本质,结局可如此类推。①

　　智者在阐释苦谛时还分析了上述三苦与另一种三苦(苦苦、坏苦和行苦)的关系。可从别和通两方面予以分析。从殊别的方面看,上述三苦对应的是三受,即苦受、乐受、不苦不乐受。"苦受从苦缘生,情觉是苦,即苦苦也。"乐受也是苦,即坏苦,因为乐坏时必生苦。不苦不乐受也是苦,因为行者常为无常迁动,此即行苦。从通的方面看,三受各有苦苦、坏苦和行苦三苦。因为此三受之心都是苦,苦受无疑是苦,乐受也不例外,因为里面掺杂着烦恼,如担心失去,在乐发生转化、消失时更是如此。不苦不乐受同理。故智者说:"苦三受之心,通为坏相,所坏故通是坏苦也。三受之心,通是起役运动不停之相,故是行苦也。"②

　　智者不仅关心众生所受的"轮环恶趣"(如地狱、饿鬼、畜生诸恶)苦、"萦诸热恼"苦、身体之苦,更重视心灵所遭受的创伤。这些内在的精神之苦可称作烦恼。对此,智者作了入木三分的揭秘。内心所遭的苦可概指为见爱二烦恼。"邪心观理,名之为见,若于假实之理,情迷而倒想邪求,随见偏理,妄执为实。""贪染之心,名之为爱,若于假实二事,情迷随心,所对一切事情,染着缠绵,逼名为爱。"③ 在智者看来,见爱不仅涵盖一切烦恼,而且是其他一切烦恼的总根源。其他的烦恼可根据不同的标准分类。如常说的贪瞋痴三毒,还可概括为五盖:贪、瞋、睡眠、掉悔、疑。再细分,可分为十使,即五钝使(贪、瞋、无明、慢、疑)和五利使(身见、边见、邪见、戒取见、见取见)。再进一步展开,可概括为九十八使或烦恼。智者认为,这种划分还可微观化,如可分为八万四千烦恼或尘沙烦恼。智者认为,分类不可胜计,但"体无殊别",指的都是生命体上最可怕的苦,即烦恼。

- - - - - - - - - - - - - - - - -

① 《释禅波罗蜜次第法门》,《大正藏》第46卷,535—540页。
② 《法界次第初门》卷中之下,《大正藏》第46册,第680页。
③ 同上书,第667页。

从人的生存空间来说，"三界无安，犹如火宅"，"一切世间不可乐想。"① 在智者看来，人为八苦所困，人的生存空间为五浊所充盈，破烂不堪、凋零至极。所谓五浊就是：一命浊，即众生因作恶业，入生死险道，痛苦相续不断，寿命极短；二烦恼浊，即众生具有贪瞋痴疑慢恶见等烦恼，深著五欲，贪爱自蔽，盲瞑无知；三劫浊，劫即指时间极为长久，至少包括几万年，劫浊即指宇宙从始至终由于众生不求断苦法而肆意作恶，导致灾难绵延不绝，如战争、饥荒、瘟疫、干旱、洪涝等；四众生浊，指不持戒、不信因果而饱受众苦之痴贫众生聚在一起；五见浊，指人们都持邪见因而正法衰退、是非混乱、黑白颠倒，陷在邪见之中不能自拔，反以苦舍苦，苦上加苦。② 总之，众生所依存的世界污秽不净、灾难重重，这些既是众生苦难的表现，同时也加剧了众生的烦恼。如果用譬喻的方式说，那么也可把众生所依止的三界形容为火宅。它们像火宅一样，"堂舍高危"，即色界可理解为堂，欲界为舍，危机四伏、困难重重可理解为高危。③ 即使是圣者所进入的无色界，即使那里不像欲界、色界污秽黑暗，而充满着禅悦法乐，美不胜收，但由于它也是人的意识所建造的，而意识是有为法，受因果业力的制约，从根本上来说，也是不可乐想的，相对人的终极的、永恒的幸福来说，仍是有条件的。因为人不可能老待在定中，不能在一切时间不间断地住在无色界中，而一当从定中出来，又会陷入痛苦烦恼。因此人不仅应"深观欲界恶事如是，无有乐处"，而且还应认识到欲界之上的色界和无色界也没有什么值得贪着的，因为"三界无安，犹如火宅，众苦充满，甚可畏怖"。

智者还认为，即使是超越于三界的圣者，如果没有进入佛菩萨的境界，其生活也不完满，不可乐想，仍为种种魔障所困。他说："阴入正是阴魔，业禅二乘菩萨等是行阴名为阴魔，烦恼见慢等是

---

① 《释禅波罗蜜次第法门》，《大正藏》第46卷，516—524页。
② 《法华文句》（合），第121页。
③ 同上书，第142—175页。

烦恼魔，病患是死因名死魔"，"三灾是外过患，喘息喜乐是内过患，禅有喜乐即病患也，二乘菩萨即是空病。"①

总之，"一切世间不可乐想。"此处的"世间"外延极宽，既包括作为主体的一切有情生命，还包括他（它）所生活的国土或环境。两者皆有"过患"，无乐可言。凡夫俗子之所以对人生及其生活空间抱有乐想，那是因为念世间色欲、滋味、眷属、亲里、服饰，为纷繁复杂的表面现象所迷惑，心里为幻想、妄想、痴迷所覆盖。其实，人生及其生活空间无一可乐，灾患、罪过无穷，众生不仅为八苦所困，无可贪着，时常为贪瞋痴疑慢恶见等烦恼搅得晕头转向，心里不断地为"悭贪、骄慢、嫉妒、谄诳、谗贼、邪见、无信、不识恩"等情绪体验所霸占，为其弄得坐卧不安，还造作五逆，不敬善人，为后世的苦难埋下了伏笔。另外，世间善良、正义少，而非正义、邪恶、阴暗多得不可计数；自然环境"多寒"、"多热"、"无救护"、"多恶"、"多饥饿"、"多病"。一言以蔽之，"有国不修福，如是无乐处"。②

智者关于苦的描述、揭示的特点在于：既全面又深入。在智者看来，苦有无量相，即不可较计，一法界的苦就数不胜数，更何况十法界。例如地狱之苦不可称计，况复其余的色受想行识？正如尘沙海滴，宁当可尽？为作全面的扫描，智者用了不同的分类方法，如从依正或众生与国土的角度、从身与心的视角、从感受的角度等对苦作了现象学描述。其次，智者在全面扫描的基础上，用譬喻之类的方法对诸苦逼恼心神、摧折生命的程度作了大曝光，应能起到让众生警醒的作用。

三　无慧必痴, 无福必贪

由上不难看出，智者在分析苦的相状、种类时，涉及了苦的一

---

① 《摩诃止观》卷第五上，《大正藏》第46册，第50页。
② 《释禅波罗蜜次第法门》，《大正藏》第516—524页。

切形式，如精神的、肉体的，自然环境所造成的、人际关系所产生的，等等，揭示了苦的质、量、度等特征、相状及其本质，可谓全面系统、精辟入理，把一个活生生的现实活灵活现地展现在了人们面前，真是触目惊心、催人猛醒。而要改变这一现实，又必须追溯其根源。

智者主要通过对佛教的四谛学说、十二因缘学说和一实谛学说的创发性阐释，将诸苦的各级根源尤其是其最后的总后台清楚明了地展现在了人们的面前。

根据四谛学说，苦谛和集谛揭示的是世间的苦果和苦因，而灭谛和道谛讲的是出世解脱的果与因。智者结合当时的实际对苦谛所作的阐释已如前述。在阐释集谛时，智者指出："集以招集为义，若心与结业相应，未来定能招聚生死之苦，故名为集。"集有三种业，此三业摄一切业。一不善，又有十种不善；二善业，又有十善，三不动业，包括十二门禅。[①] 在智者看来，每个人现实的苦难都是自作自受，即是过去所作的一切行为的必然后果。如果息诸妄念，绝对无为，便会彻底累尽苦灭。

在根据十二因缘说揭露苦因时，智者指出：苦是生命流转过程中的十二个环节即十二因缘中的必然一环。"展转能成果，故名因，互相由藉而有，谓之缘也。因缘相续，则生死往还无际。"即是说生死等诸苦是有关因缘的必然产物。而生死一当发生，又会反过来作为因缘派生自己的苦。往返展转，便有众生的生生死死现象发生。智者苦因说的独到之处在于：从三个角度揭示了十二因缘致苦的规律性。首先把十二因缘放在过去现在未来考察，此即"约三世明十二因缘"。这是对十二因缘的常见的解释。智者指出：无明和识是过去世的因，必感现在世的识、名色、入、触、受、爱、取、有等八果，此八果又可作为因感未来世的生和老死二果。它们之间是展转相续的关系。智者说："三事展转，更互为因。是烦恼业因缘，业苦因缘，苦苦因缘。苦烦恼因缘，烦恼业因缘，业苦

---

① 《法界次第初门》卷中之下，《大正藏》第 46 册，第 680 页。

因缘，苦苦因缘，是为展转。"① 其次，智者从果报角度把十二因缘放在二世中加以考察。此处果报即指：由于父母的无明、贪爱心，而产生的四大和合的大如豆子的精血之体。它有三事，即命、识、煖。由此果报，便有后来的展转。此处二世指现在和未来世。意即：由于此世的无明和行二因，必有来世的一系列果报。第三，智者还将十二因缘放在一念心中作了考察，指出："随一念心起，即具十二因缘。"意即任何一念心都是一个由苦果和苦因缘构成的相续不断的过程。

智者析苦之根源的最独特和最殊胜的地方在于：根据一实谛析苦。所谓一实谛，即指宇宙万物的本来面目，可称作实相、实理、实际、谛理、真等。在智者看来，众生轮回诸苦的原因尽管很多，每一个体的原因尽管都有其自身的特殊性，但共同的总的根源不外是"迷理"或"迷真"或"乖宗"。它是"顺理"的反面，即不能如实认知、把握诸法谛理，或者说迷失了自身和万物一同具有的谛理，认妄为真，视真为幻。而迷真必堕苦，② "若迷此理者，由无明为缘，则有众生起。"③ "乖宗为惑"，"惑即生死，流转受身心苦"。④

智者对诸苦总根源的揭示还有一种表述，即认为，见爱二法是根本之因。见即虚妄、未见理或道的见，爱即由之而起的贪著、企求获得的心理。它们本身是烦恼，同时既包括其他一切烦恼，又派生其他一切烦恼。"是二烦恼出一切三毒、五盖、十使、九十八烦恼等，若此烦恼与前业合，则未来定能招聚三界死生苦果。"⑤

智者还认为，由于有见爱二惑，众生必会"妄计有我"，进而有十六知见。"名色等法中，神我本不可得，而未见道者，悉于名色等法中，妄计有我、我所。计我之心，历缘略辨，即有十六知见

----

① 《法界次第初门》卷中之下，《大正藏》第 46 册，第 684 页。
② 《法华文句》（合），第 287 页。
③ 同上书，第 116 页。
④ 《金刚般若经疏》，《大正藏》第 33 册，第 77 页。
⑤ 《法界次第初门》卷中之下，第 680 页。

之别。……因此颠倒，备起一切烦恼生死行业。"① 这就是说，由于无明，不能见诸法谛理，因此便生起我执，进而有如下十六种关于我的虚妄知见，如我、众生、寿者、命者、养育（此见以为，我为父母养育，同时又能养育他人）、众数（妄计我之上有根、尘、识等众法）、作者（能作之主体）、使作者、起者、受者、使受者、知者、见知。

须知，智者以上对诸苦根源的挖掘，尽管有不同的说法，但并不意味着诸苦总根源有多个。质言之，总根源只有一个，即无明或愚痴或没有智慧。一切苦都是由"痴灯所害"。② 都是迷理或没有智慧的必然表现。正所谓无慧必痴，无福必苦。

由上还可看出：智者对苦之根源的探讨有一个特点，那就是智者特别重视对苦之生成的心理根源、历程和机理的探讨。这样做，倒不意味着智者否认人的苦难与外部环境有联系，不承认其自然和社会历史原因，而主要是因为：在智者看来，人生的苦痛主要根源于人的心理结构、人性结构。如上所述，外在的影响、刺激如自然和社会力量的压迫，主要是通过人的评价结构和机制而产生出苦或乐、忧或喜的情绪体验与感受的。在完全相同的外部自然或社会条件下心理结构不同的人会有完全不同的感受，如同样是被人打了一顿左脸、并被嘲骂了一通，有的人会恼羞成怒、以眼还眼、以牙还牙；有的人也许会带着怒火逃跑；还有的人当然是极少数经过特殊修炼的人也许会视之为过眼烟云、心里不出现任何情绪波动、身上没有任何反应，"八风吹不动"，或把右脸伸过来再让人打；另外，在顺境如在得到钱财、权势时，并不见得所有的人都有喜乐的心情出现；而在违情如丢了什么心爱的东西时，也不见得出现的都是忧愁、烦恼、后悔之类的情绪。不管在什么条件下，即使是在贫、贱、衰、辱、毁、讥等违情的境遇中，只要把心调节到适当的状态上，同样能做到没有烦恼、痛苦发生，而享有一种平静、安详、和

----

① 《法界次第初门》卷上之上，《大正藏》第 46 册，第 667 页。
② 《摩诃止观》卷第五上，《大正藏》第 46 册，第 47 页。

谐、愉悦的心理体验。这正是诗人苏东坡所描写或追求的"八风吹不动，端坐紫金莲"的境界，这当然是佛、菩萨、已得解脱的大士在任何违顺境遇中所拥有的平常的、没有烦恼的、常乐我净的心态。退一万步说，即使认识或揭露了苦的自然、社会根源，并作了相应的改变，这又有什么用呢？通过改变自然环境、社会条件能完全做到使人摆脱烦恼痛苦吗？如果不建构适当的心理和人性结构，再好的条件都不可能使人没有痛苦烦恼，不可能使人了生脱死，地位已到了顶峰的皇帝仍有烦恼、痛苦就足以说明这一点。

在智者看来，烦恼既是人类苦难的表现，同时又是人的其他一切痛苦的根源。要明白这一点，就必须认识到："烦恼"一词在佛教中、在智者那里有特定的内涵和外延。所谓烦，主要指扰乱身心使其发生迷惑、苦恼等的精神作用。因其能令人心烦、能作恼，因此就把这种心理状态和作用称之为烦恼。分别而言之，所谓烦是扰之义，恼是乱之义，扰乱有情，故名为烦恼。因此烦恼泛指一切与涅槃境界、宁静寂灭的心态相对立的思想、观念和情绪作用。从发生时的相状看，它"发时深重不可禁止"，"触境弥增无能遮制"。① 也就是说，烦恼不一定是外部原因引起的，它可以自生，即无缘无故地生起烦恼，一般人都能经历、体验到这种莫明其妙的烦恼。不过，外部条件可以缓和或加剧它，有时正如智者所说"触境弥增"而不可遏制。烦恼有潜在和现实两种状态。处在潜在状态或尚未现行、发作的烦恼名为"随眠"，即在沉睡，一有相应条件便爆发；正在发作或已现行的烦恼名为缠，亦通称为漏。从现起的烦恼的种类来说，烦恼有随烦恼和根本烦恼两种。所谓随烦恼又叫随惑，指随从根本烦恼而起的烦恼。由于它染污心所，受行蕴所摄，随烦恼而起，因此叫随烦恼，主要形式有：放逸、懈怠、不信、惛沉、掉举、无惭、无愧、忿、覆、悭、嫉、恼、害、恨、诳、谄、骄等。根本烦恼又叫本惑，与随烦恼相对，是其他一切烦恼以及人生的苦痛的根本，是随烦恼、心身痛苦、忧愁、焦虑等的

---

① 《摩诃止观》卷第八上，《大正藏》第46卷，第102页。

直接根源，是众生感招生死轮回这一苦果的总因。主要形式是前述的见爱二烦恼，其展开形式则是贪、瞋、痴、疑、慢、恶见。它们通常被称作六根本烦恼。

在这六种根本烦恼中，慢、贪和痴作为苦的根源最为重要。这里我们予以重点剖析。所谓慢，主要指我慢、自举而轻他，误以为在自己身上有常一不变的自我作为己身四大和己心驳杂心念的主宰、基质或实体。现象性心身都有变化，唯有"我"不变。我的一切言行都由其所决定，因此一切言行都从我出发、为我着想，有利于我的就得意、快乐，不利的，就叫苦不迭。我是中心，我是第一，傲慢轻他，"自贵""陵他"，不行说行，谁比我强就嫉妒谁。由于我慢、我见，也就必然有无穷无尽的痛苦烦恼。因为自然、社会、他人不可能按"我"的意志行事，周围出现不合意、违情的事情是经常的，因此在把周围的事与"我"的要求比较后，发现其相违，就必然生起嗔怒、嫉妒、愤愤不平、后悔、惋惜、忧愁、焦虑、孤独、恐惧乃至绝望等痛苦烦恼。这正是智者所说的：慢起即如火，烧煮众生。① 在智者看来，人身上根本就没有什么常一不变的自我，从物质色身方面看，人是水火风土四大元素的和合体，构成元素及其组合每时每刻都在变化迁流，在此刻身体中找不到与刚才身体中相同的东西；从精神上说，人心是一个流动的过程，思想、心念川流不息，一念头过去了接上来的是另一个念头，根本就没有在一切时空中共同不变的实体。如果这样看待人自己就绝不会有我慢以及由我慢而生起的各种烦恼和愁苦。

其次，与我慢、我见有联系的一种心理元素就是贪欲。所谓贪欲就是对以色声音味触为特性的物质利益的占有欲（五欲）、对财色名食睡权利奴仆等的欲求和追逐。智者说："坚著五欲，众恶之本。"② 因为有这些贪欲，人就必然有执著即穷追不舍，得到了还

---

① 《法华文句》（合），第167页。
② 同上书，第114页。

要得到，没有得到绝不罢休，因而"念着戏处"①，就像火宅中的那些人在欲望的牵引驱动下不顾大火逼身仍嬉耍欢娱，以满足自己的贪欲。众所周知，有贪欲就有挂碍，内心就不得安宁、不得自在。因为有贪欲，就必然想占有、得到，于是拼命去追求，"深著见爱，""深著依正，于欲界著六尘，色界著禅味，无色界著定。"②也就是说，贪起就像"群狗竞来搏食"，像饥饿的畜生到处张皇求食。因而必然有身、口、意三方面的行动和造业。通过行动，得到了想得到的东西就洋洋自得、快乐无比，得不到就愁眉苦脸、怒火中烧。由于为了满足贪欲，人不断地行事作业，因此不仅于当下行动及直接后果中陷入了心身的种种痛苦烦恼，心驰神往，日夜不得安宁，得了害怕失去，未得到丧魂落魄、叫苦不迭，而且还将使人感招六道轮回和来世种种苦果。智者在《摩诃止观》中具体生动地描述了贪欲生起的过程及其后果，他说："贪欲盖起，追念昔时所更五欲，念净洁色与眼作对，忆可爱身仿佛在耳，思悦意香开结使门，想于美味甘液流口，忆受诸触毛竖颤动。贪如此等粗弊五欲，思想计较心生醉惑，忘失正念，或密作方便，更望得之。若未曾得，亦复推寻……"③ 最终陷入种种莫名其妙的痛苦烦恼之中。

　　不过，贪欲尽管是人的行动的直接原因和内驱力，因而是烦恼痛苦生起的重要原因，但还不是最根本的、本原性的原因。因为贪欲起源于"无明"或"迷惑"，因此无明是人生苦难的最深层的渊薮、滥觞之处。所谓无明有时又被称之为愚痴，或合称无明愚痴，指不懂苦的相状、苦的根源、苦的可灭性及灭苦的方法，亦即不懂苦集灭道四谛，不识佛法僧三宝和不明因果缘起、业力导致六道轮回等道理的一种低下的心理状态，也指"迷理"或"迷真"，即不明宇宙人生真谛、实相的世俗认识以及基于上述愚痴而起的遇事、缘境分别、计较得失的心理状态。心理状态也好，世俗认识也好，

----

① 《法华文句》（合），第148页。
② 同上书，第149页。
③ 《摩诃止观》卷第四下，《大正藏》第46卷，第44页。

分别计较的认知活动也好，其最基本的、共同的特征就是愚痴、迷惑。

只要人有无明愚痴，必然就要起"四倒暴风"，[①] 即四种颠倒妄想。第一，人身本来不净，污秽染着，而偏要说它洁净；第二，人的感受本来是苦，无乐可想，而在无明的支配下，偏颠倒黑白地说受是乐，因而拼命地追寻刺激和享受；第三，心本来无常，由川流不息的孤立的心念所构成，没有实体，没有常一不变的东西，偏颠倒地说心有常一不变的性质；第四，法或万事万物本来没有自性、没有主宰，无我，偏颠倒地说有我。简言之，把染、苦、无常、无我的本来面目颠倒为净、乐、常、我。由于这四倒暴风的冲击，即认为己身中有常一不变的我，外面有真实可得、可满足贪欲、可消费享受的物质，后者符合前者可得快乐、幸福，因此就有心的"外驰"，就有对色声香味触、财色名食睡权力地位的占有享受的欲求，进而有获取乃至不择手段、不惜性命的行动。行动之后就是各种感受和痛苦烦恼以及现世和来世的各种果报。对于从无明这一苦的根源到苦的现起这一因果过程，智者作了下述简要的概括："起惑沉湎，粗弊色声，纵身、口、意作不善业，轮环恶趣，萦诸热恼，身苦心苦而自毁伤，而今还以爱茧自缚，痴灯所害，百千万劫，一何痛哉！"[②] 用公式概括就是：

无明→四倒→贪欲→身口意三业→苦

总之，"痴暗无闻，不识方隅"，不仅本身是"大苦"，[③] 而且是其他一切苦难的总根源。"从痴有爱，则我病生，备受苦毒。"[④] 要想离苦得永恒、纯粹、无漏的快乐，最重要的是要有对宇宙人生的实相真谛的正确认识，有正确的宇宙观、人生观、苦乐观，简言之，要有对宇宙人生的真知实慧。一个没有智慧的人是不配谈幸福、快乐的，更不配谈解放或解脱！

----

① 《法华文句》（合），第149页。
② 《摩诃止观》卷第五上，《大正藏》第46卷，第55—56页。
③ 同上书，第56—57页。
④ 《法华文句》（合），第114页。

四　狮子之吼

众生由于愚痴无明，不具足关于宇宙人生的真知实慧，因而不仅自己让自己陷在苦海中饱偿自己种下的苦果，而且更为悲惨的是，众生虽处在水深火热之中，现受众苦，将来也逃不脱苦的命运，但麻木不仁，身在苦中不知苦，当然也不求离苦，即使求，由于没有正确的方法，结果也只能是事与愿违，或苦上加苦。就像处在火宅中的那些人，虽然为大火所烧煮，前途岌岌可危，但仍在那里"欢喜游戏，不知不觉、不惊不怖，亦不生厌，不求解脱。于此三界火宅，东西驰走。虽遭大苦，不以为患"。①

这里说众生身在苦中不知苦，"虽遭大苦，不以为患"，有特定的含义，即不是说所有的人没有对苦难的感受。事实上，许多人对苦难是极其敏感的，还常不时地听到人们发出"人生真苦"、"活着真难"之类的哀叹。说众生身在苦中不知苦的主要意思是：第一，众生生活在苦海中或身在火宅中，完全没有清醒的自觉，总是糊里糊涂地过完自己的一生，盲目地在六道中生死轮回。因为一般凡夫为"思惑所系"，"耽湎四见"，"耽湎五尘"，虽有离苦得乐之心、之行，但由于没有真知实慧，因而总是事与愿违，"唐丧其功"，"空无所获"，"空生徒死而无厌离"，就像儿戏一样，"乐著嬉戏"，② 因此生生死死，死死生生，任其迁流变化。第二，众生虽在苦中，并有对苦的感受，但并不知苦的本质或真谛，即不知四谛，具体表现是：（1）不觉于苦，也就是说，充其量只有对苦的自发的、非自觉的感受，并未曾自觉地去思考苦的本质和相状，不知欲界、色界、无色界为苦所困，不知己身的四大、五阴本身是苦，没有意识到自己的愚痴无明是能烧之火，是苦之根源、苦之放大器、激发器，不知道纵欲即通过让色声香味触满足自己的欲望不

---

① 《法华文句》（合），第159页。
② 同上书，第146—147页。

仅不能离苦得乐，反而会增加痛苦烦恼。因此不觉于苦也就是没有对苦的觉悟，简言之，不识苦谛。（2）众生感受到了苦，但"不知于集"，也就是说不知道痛苦烦恼是如何形成、集成的，不知其真实根源，简言之，不识"集谛"。许多人为苦所迫，为求离苦得乐，往往也自觉或不自觉地寻思苦的原因。但由于没有足够的智慧，只能形成关于这些原因的肤浅的乃至歪曲了的看法，如认为自己的苦是由命运决定的，即命中注定，或认为由神、魔所作弄、捣乱，或以为自然社会力量与自己过不去，再要么是认为自己的苦完全是偶然的、没有什么原因。这些无疑没有触及苦的真实根源。（3）众生虽有离苦得乐的本能而天真的愿望，但由于没有相应的真知实慧，因此对于苦是否可彻底灭除、灭除后将得到的乐是什么样子、什么是真正的乐、什么是人生最理想的境界与归宿等全然无知，或没有正确的认识。这也就是智者所说的"不怖于灭"，即"不怖于灭谛慧命"，不识灭苦的可能性、可行性，对佛教的灭谛无动于衷，因而也就不害怕自己与灭谛、慧命完全隔离。（4）身在苦中不知苦的表现还在于：众生为了离苦得乐，解救自己，虽然都在拼命挣扎，但并没有找到灭苦得解脱的真正道路和方法，这就是"不识道谛"。不仅如此，许多人对自己背离道谛全然没有意识和警觉，这就是智者所说的"不惊伤道"。所谓"不惊"就是"感侵于法身失道谛"，[①] 即由于愚痴迷惑占据了自己的心灵而完全背离、丢弃了可灭苦得乐的道谛，完全走向了相反的方向或误入歧途，如向外驰求，拼命地到心灵以外去寻求与眼耳鼻舌身意"六根"相对应的物质刺激，把幸福快乐当作是建立在这些东西基础上的附庸，以为一旦满足了自己的欲望、得到了相应的对象，人就再也没有痛苦烦恼了，人就进入了幸福的天堂。其实不然。道理很简单，如果幸福快乐能等同于财色名食睡，那么集所有这些东西于一身的皇帝、国王以及拥有亿万财富的人就应该是幸福而没有烦恼的人。事实恰恰相反，皇帝与缺吃少穿的人一样没有断痛苦烦恼，

----

① 《法华文句》（合），第 147 页。

例如唐朝的武则天权力欲、财富欲等可谓得到了世上最好的满足，但最后还是哀叹："做得了人上人，滋味又如何呢？"

　　总之，说众生生在苦中不知苦，就是说众生"不觉现苦由过去集，不知未苦由现在集，即迷苦集，故无道灭，而不惊不怖"。[①]

　　如前所述，众生的苦难之火、愚痴贪欲之火、五浊恶世之火已快把众生的"宅舍"即四大、五阴和合之躯体以及生存空间烧毁了。然而由于无明愚痴，众生仍不知不觉，不惊不怖，仍在那里过着糊涂的没有觉悟的生活。鉴于此，智者大师在分析揭示了人生的第一现实的基础上，像释迦牟尼佛（常被称之为无畏的狮子）一样发出了狮子般的、惊天动地的警告："我当为说怖畏之事，此舍已烧，宜时疾出，无令为火之所烧害。""速出火宅，尽诸苦际。"[②]

　　早在两千多年前，释迦牟尼佛不仅看到了众生苦难的现实，而且清醒地认识到众生生在苦中不知苦这一更为悲惨的现实，因此以大慈大悲之心及时地发出提醒众生速出火宅的狮子之吼。事隔近一千年，智者仍痛切地在中国土地上感受到了相同的现实。为了让中国民众认识到自己生活的现状与本质，他结合中国人的特点和实际，对佛陀在《法华经》中所表达的上述思想作了发挥性的解释，从而使中国大地上也响起了"速出火宅，尽诸苦际"的惊心动魄的声音。

　　智者在《法华文句》中告诉人们：佛陀见众生生在苦中不知苦，愚昧无明，执迷不悟，于是说了苦谛即众生苦难的事实，提醒告诫众生：此舍即此身及生活空间已为大火所烧，为苦难所吞噬，你们再不能苟延残喘地生活下去了，不能再沉湎于这苦不堪言的恶世，耽于声色口腹之乐，"恋著戏处"！如果再长此以往，就会为"五浊火烧"，直至"五阴舍覆"，即五阴和合之躯将会为苦难之火烧得焦头烂额，因此"宜应舍离"。尽管佛陀悲愍众生，提出种种告诫，发出速出火宅的狮子之吼，并说种种出离火宅苦难的解脱之法，但是

---

① 《法华文句》（合），第147页。
② 同上书，第149页。

由于众生偏见太深，愚痴无明根深蒂固，因此无动于衷，继续在痛苦烦恼的泥潭里往下深陷，"乐著戏嬉"，"不惊不畏，了无出心"，仍"不生闻思"，"不知八苦五浊能烧善根"，"不识阴界入法是诸苦器"，"不识舍"，"不识丧失法身之由"。也就是仍在那里我行我素，甚至与佛之教导背道而驰，不去修持大乘正法，而是继续去满足财色名食睡等贪欲，在色声香味触等物质性刺激中去寻找快乐，因此更加重了自己的罪孽，使苦上加苦、火上加油。这不仅是佛陀时代众生的悲剧，而且也是智者时代乃至现时代的可悲的现实。

　　面对这种情况，智者和佛陀一样清醒地意识到："此舍已为大火所烧，我及诸子若不时出，必为所焚。"因为众生如果在苦难的火宅久住不出，流转生死，那么众生将走向绝路。苦、烦恼不仅会烧毁众生的四大和合之躯，而且还将把众生本有的、潜在的善根、佛性烧毁，使其慧命断绝，永无出期。如果众生慧命一断，那么"化功亦废"，亦即度化众生的功德前功尽弃，大乘佛法也由于没有教化的对象而走向灭亡。就像火宅中的儿子若被烧死，那么"即父命断"。同样，"佛无由应，机息应谢"。意思是说，没有佛法教化的对象，佛法也将不复存在，两者将"俱为所烧"。[①]为了不使这样的灾难、悲剧发生，佛陀针对众生不同的根机和特性，开权显实，善巧方便地设计了一些可以吸引、引诱众生出火宅、离苦难的方便之法，如用"羊车"、"鹿车"之类的适合于个人求解脱的小乘之法，然后再用"牛车"、"大车"之类的适合于上乘根机、可以普度众生、自利利他的大乘之法，巧度众生。有了这些法门，有了由此岸到彼岸的车船之类的运载工具（乘即运载工具），众生苦难的灭除、解脱理想的实现便不仅是可能的，而且是现实的。事实也正是如此，原先在火宅中戏耍作乐的人在听了佛陀的警告、看到了用来救度他们的工具时，便生出了出离之心，纷纷向火宅的出口处奔去，迈出了通向解脱之门、人生理想归宿的第一步。

----

① 《法华文句》（合），第150页。

第四章

解脱与涅槃
——人生的理想境界与归宿

生活在"火宅"中的众生无一可乐，不仅身心遭受诸苦，还系缚缠身，如套枷锁，毫无自由，更可怕的是要流转生死。在这样的处境之下，众生有无累灭苦尽、永恒常乐即有无彻底解脱的希望和可能？如果回答是肯定的，或者说，如果生在"火宅"中的众生经过佛陀的善巧化导，想搭乘车船离开火宅，那么去往何处最好呢？换言之，什么是人生的解脱？什么是人生最真实、最美好、永恒幸福的境界？什么是人生最理想、最圆满、最究竟的归宿？智者大师根据他对佛教涅槃学说的独特理解，对这些问题作了他自认为圆满的回答。

一　众说纷纭的解脱

解脱不仅是全人类共同的价值追求，而且是真理、善良、勤劳、正义等工具性价值所环绕的轴心，即是终极性的目的性价值。在东方的价值观中，它常被看作涅槃、无为的同义词。但不同的体系由于世界观和思想境界上的差异，对它的体、相、用等的理解和规定是判然有别的。例如涅槃一词在耆那教文献和印度古典文学中就是一个使用频率很高的词汇，既可用来表示沉寂、（灯或火）熄灭、日落之类的自然状态，也可用来刻画人生的平静、安宁、死去、灭亡、（生命之火）熄灭等生存状态。

我们知道：涅槃当然是诸佛经的共同主题，更是后来许多论疏的诠释对象。它们从不同的方面作了各种各样的阐发。智者指出：谈论涅槃或解脱就是谈论做人的境界、修行所达到的位次。而境界、位次只是从事相上所作的分别。如果从理体上看，则无位次可言。如果谈位说次，则是无意义的分别与执著，与最高终极之境南辕北辙。智者说："寂灭真如有何位？""文字性离即是解脱，说地位即无地位。""破出世因果，则无三宝四谛四沙门果。""占空论位，位不可得。"只是为了对治众生烦恼，佛才说种种法，成种种教，故有种种位。"教有，则阶位然。教无，则豁然空净。"① 关于位次的诸说法既有共性，又有差别。

智者认为，涅槃或解脱或无为既是一种境界，同时又是世界万事万物的本来面目。其体性无生无灭。如果用般若实智观得、解得、证得，便成了人的一种境界，一种解脱的生存状态，故可说："涅槃是解会无为，结尽道成"。但由于佛的教化是针对不同根机的众生而作的，"无为虽一，解有明昧浅深差别"，② 因此不同经论对无为、涅槃提出的会解和阐释便有明昧、深浅、圆偏上的不同，至少在描述的角度、方式上存在着区别。例如小乘佛教把涅槃解释为"灰身灭智、捐形绝虑"，即彻底的寂灭。而大乘诸经的说法发生了很大的变化。例如般若类经认为，涅槃即实相，即性空假有，因此既不应追求无生之涅槃，也不应厌恶有生之烦恼，涅槃与烦恼都是毕竟空寂。达此境者，就是实相涅槃。涅槃类经认为，世俗人生苦、无常，人理应摆脱。但涅槃并不意味着死亡。涅槃性空，也不意味着涅槃无乐、无我。它超越了世间的常乐我净和出世间的无常、苦、无我、不净之上，而具有中道的常乐我净四德。这里的常有不可磨灭、不变易之意，是法身的性质。乐不是受乐、感受之乐，而是大乐。受乐性属无常败坏，毕竟无乐，而大乐则由身不败坏所得，是常乐，是涅槃的性质。这里的我有实、真、主、依、性

----

① 《摩诃止观》卷第三下，《大正藏》第46册，第30—31页。
② 《金刚般若经疏》，《大正藏》第33册，第78页。

不变等意，指的是大我、大自在、绝对自由。"大自在故名为我。"净有性善、纯清无染之意。具体分别地说，常是法身的性质、乐是涅槃的性质，我指佛身，净指佛法。从总体上讲，常乐我净乃名大涅槃。

各论的诠释也是如此。它们从不同的角度对修行所得位次作了不同的论述，各有千秋，侧重不一，深浅各殊，圆偏有异。智者对诸经论的有关诠释的评价是："成论毗昙判位，言不涉大，"即没有涉及大乘境界，而"地摄等论判位，别叙一途，义不兼括，"即有所侧重，但不全面，"方等诸经明位，璎珞已判浅深，般若诸经明位，仁王盛谈高下，而未彰粗妙。"只有《法华经》的说明既圆涉深浅，又兼大小乘，有权有实，全面备至。①

如果把佛教分为大小二乘，那么也可看出它们在涅槃上的异同。智者说："二乘畏怖生死，入空取证，生安稳想，生已度想，堕三无为坑，若死，若死等苦，已如败种更不还生。……二乘灰身灭智，灰身则色非常住，灭智则心虑已尽。"而大乘之佛乘所倡导的涅槃则有这样的特点："佛智大妙法乐，良色身不灭如净琉璃，内外色相，悉于中现，今心智不灭，开示悟入佛之知见。"② 在生死与涅槃的关系问题上，大小乘的区别最为明显。小乘把涅槃看作与生死不同的另一种状态。如在三法印中以生死无常为初印，以无我为后印，前二印说生死，涅槃仅用一寂灭印。这一来，生死与涅槃是分离的。而大乘涅槃的特点是大，其表现是生死与涅槃不一不异。"本自不生，今则无灭，本不生者，则非无常无我相，今则无灭者，则非小寂灭相，唯是一实相，实相故言常寂灭相，即大涅槃。"③

在涅槃的分类上，一般依缘尽证灭将其分为四种：第一，本来自性清净涅槃，即一切众生本性所具有的寂灭之理。也就是说，这

① 《法华意义》卷第四下，《大正藏》第 33 册，第 726 页。
② 《法华意义》卷第九下，《大正藏》第 33 册，第 797 页。
③ 《法华意义》卷第八上，《大正藏》第 33 册，第 779 页。

种涅槃绝对平等地存在于每一众生之中，他们的清净寂灭本性就是涅槃。因为一切法本来具足实相真如理，本性清净，具无量微妙功德，不生不灭，凝寂湛然。但是无始以来，由于妄心执著所覆，因而不能证得。一当捅破这覆盖的无明妄心，就当下现证涅槃。第二，有余依涅槃，即造成生死的原因如贪欲、无明愚痴已经灭绝，因而不再生死轮回，但前世惑业所感召的果报身即肉身还在，还有思虑活动，在此意义上才说这种涅槃是有余依的即有果报所依的肉身存在。第三，无余依涅槃，此涅槃也是断除作为生死之因的烦恼后所显的真如。不仅烦恼断，而且一切异熟依身亦灭尽无余，生死之因果都灭，不仅作为果报身的肉身不存在，而且思虑活动也无。第四，无住涅槃，此涅槃是断所知障所显真如。以利乐尽未来际有情，故说无住，利乐之用虽常起而亦常寂，故谓之涅槃。也就是说，证此涅槃常为大智大悲所辅翼，由大智故，不住生死，由大悲故，不住涅槃，而住菩提。悲智二用常起而体性常寂。一切众生都有第一种涅槃，第二、三种为小乘声闻和缘觉所证，第四种是大乘菩萨所证，只有佛能通证四种涅槃。① 如果降低涅槃的标准，那么则有五种涅槃，不过它们是凡夫和外道所追求和计度的。以欲界为证处而爱慕之，此即第一涅槃；执著爱慕初、二、三、四禅中的喜乐或无喜无乐境，分别形成第二至第五涅槃。

智者依《法华经》对涅槃作了新的分类，即将涅槃分为本涅槃和迹涅槃两类。本与迹是类似于体与用的一对范畴，本即体即理，迹即功用、作用。迹涅槃是从用上描述的涅槃，而本涅槃是从体上描述的涅槃。智者根据自己的四教解释模式进一步指出：教有四种，即藏通别圆，因此涅槃也有四大类。每类涅槃中又有有余与无余涅槃之别。一是藏教本涅槃。它指的是释迦佛这样的寂灭过程，即由弃国捐王位、出家修道、断结成果、乞食说法、教化众生，直至尽果报寿命、中夜而灭、毗荼获舍利、入无余涅槃的过程。二是别教涅槃，其特点是：通过修行断见思惑、去烦恼习气、

---

① 参阅黄忏华：《佛教各宗大意》，福建莆田广化寺 1992 年印赠，第 284—285 页。

以一念相应慧断习成佛、入无余涅槃，同时又能度诸众生。三是别教涅槃，其特点是：通过真修菩提，终获方便净涅槃或大涅槃，因灭是色，获得常色，受想行识亦复如是。至此境界，即是色解脱，受想行识解脱，亦即分段生死和变易生灭的原因灭尽，因而能常住有余涅槃，如果阴果身尽，便能常住无余涅槃。圆教涅槃的特点是圆，既稳坐寂灭道场，常住不变，具常乐我净四德，同时又能建种种示现，调伏、普度众生。智者说："此与前异，即圆涅槃相也。"① 入住这种涅槃会表现为不同的迹涅槃，于是不同的众生会看到不同的表现，如有的见如来入涅槃，有的见如来住世一劫，灭一劫，有的见如来住无量劫，或见丈六身，或见小身大身，或见报身，坐莲华藏世界，百千亿释迦牟尼佛说心地法门，或见法身同于虚空，无有分别。总之，迹涅槃相状万千，但"皆从本垂"。②

　　根据智者的佛教解释学，佛世尊尽管在不同的教法中对涅槃有不同的说法，但这并不意味着佛教主张有不同的涅槃。即使说法很多，或种类繁杂，但都是对同一涅槃的不同层次和角度的描述和解释。质言之，正像实相是一而描述有多一样，涅槃只有一个，即一实相涅槃或一大涅槃。此涅槃本身就是实相。智者说："一相无相、无相一相，即是实相，实相即一实谛，亦名虚空佛性，亦名大般涅槃。"③ 之所以说生死即涅槃，因为一切众生的生死本身就是常寂灭相，即实相。之所以说是大涅槃，因为"本自不生今则无灭，本不生者，则非无常无我相，今则无灭者，则非小寂灭相，唯是一实，实相故言常寂灭相即大涅槃"。④ 藏通别教所说的不同涅槃，二乘所说的有余和无余涅槃，大乘所说的无住涅槃都是对此一实涅槃的有"明昧"、"深浅"、"圆偏"差别的说明。例如小乘所说的无余涅槃与佛乘所说的实相涅槃并无质上的不同，只是圆满程度上的差别。如果将对"无余"的理解加以提升，"以累无不

----

① 《法华意义》卷第七下，《大正藏》第33册，第768页。
② 同上书，第769页。
③ 《四念处》，《大正藏》第46卷，第555—580页。
④ 《法华玄义》卷第九下，《大正藏》第33卷，第779页。

尽、德无不圆为无余，"① 那么无余涅槃就成了大乘的无余涅槃。

二 涅槃一实多名

根据智者的解释，佛教追求的涅槃只有一个。它既是一种存在，当然是绝对真实的存在，又是理想的境界，既是宗、体，又是相、用。从不同的角度、层次去揭示便有明昧、深浅、圆偏不同的涅槃。从描述的方式来看，涅槃尽管是一实相，但由于可以从名义、位数、断伏、功用、粗妙、位兴、位废、开粗显妙、引经、妙位始终十个方面去刻画，因而又显现为多。这里，笔者稍作压缩，拟从名相、体性、存在方式、断伏、功用、权实或粗妙等方面重构智者的涅槃学说。

首先看智者对涅槃名相的概括。智者认为，一实大涅槃可用不同的名称来表述，而每一表述不是简单地换一种说法，而是从特定的方面揭示了涅槃的某一或某些特质。智者用得最多的词是"大涅槃。"该词又可翻为大灭度。"大者，其性广博，即据性净；度者，度于彼岸，智慧满足，即据圆净；灭者，烦恼永尽，断德成就，即据方便净。"② 涅槃还可称为"妙觉位"或最圆位或最实位，此位即佛位。因为"唯佛与佛乃能究尽诸法实相，即是妙觉位也。"③ 涅槃还可称作"大寂室"。而"大寂室者即大涅槃。""大寂者，即动是寂"，动、变化及别的一切有为法，其本性都是寂，是止，"室者"，比喻义，是为观照，即"寂而照"。④ 智者认为，大涅槃还可看作是过程。如是理解大涅槃可称作"三轨"。轨即成佛入涅槃的轨道，因此涅槃既是果，又是因或过程。轨有三种，即真性轨、观照观和资成轨。此三轨即三涅槃。这里所说的三涅槃分别是：（1）性净涅槃，即诸法从本以来的寂灭性相。（2）圆净涅

---

① 《金刚般若经疏》，《大正藏》第 33 册，第 77 页。
② 《法华玄义》卷第五下，《大正藏》第 33 册，第 745 页。
③ 同上书，第 735 页。
④ 《仁王护国般若经疏》，《大正藏》第 33 册，第 263 页。

槃，有两意，一指如来的圆满灭度，二指如来佛通过长久修行而获得的"慧光照无量"的性质。（3）方便净涅槃，指的是如来"数数唱生，处处理灭，于此夜灭度，如薪火灭"。① 三涅槃即三法或三轨，即真性轨、观照轨、资成轨。大涅槃还可描述为三德秘密藏。智者说："三德是大涅槃，名秘密藏，此即是佛果。"三德即般若、法身、解脱（详后）。大涅槃还可称作不生不灭，因为"涅言不生，槃言不灭，不生不灭名大涅槃。"② 还可称作"非断非常"。智者说："涅槃非断非常，有而难契，无而易得。"③ 涅槃还可说是非净非不净、不倒不生。智者说：不倒不生，名为涅槃，"非枯非荣则非二边。无边无中乃名中间。佛会此理。故名涅槃，亦是非净非不净，不倒不生，名为涅槃，如是涅槃名秘密藏。""观受本际即非空非假，非空故非枯非假，故非荣，边倒不生名为涅槃。"这里的边倒有八倒，八倒指的是关于常乐我净的八种颠倒，如执著于净与不净（身）、乐与不乐（受）、常与不常（心）、我与无我（法）二边。"八倒不生，名入涅槃。"④ 在智者的术语学中，涅槃还有"解脱"、"无为"、"大乘圆果"、"极果"等说法。只要得其心要，圆会佛旨，不管怎么说，都不失其真，如不然，则开口便错，说得越多，错得越多。

三　大涅槃是妙境圆果

从因果关系、从境界论上说，涅槃是妙境圆果。所谓妙境就是一种圆融无碍、无挂、无隔、微妙甚深、稀有难得的境界，所谓圆果就是指修习后所得的最圆满、最安乐、定慧均等的极果。智者说："安乐名涅槃即圆果。"⑤ 只有通过"圆行"即圆具十法界、

----

① 《法华玄义》卷第五下，《大正藏》第 33 册，第 745 页。
② 《法华玄义》卷第五上，《大正藏》第 33 册，第 736 页。
③ 《六妙法门》，《大正藏》第 46 页，第 549 页。
④ 《摩诃止观》卷第七上，《大正藏》第 46 册，第 89 页。
⑤ 《法华玄义》，《大正藏》第 33 卷，第 725 页。

一切道的修行或大乘行德、如来行才能达到。所谓如来行包括五行：如来庄严而自庄严即圆圣行，如来室即圆梵行，如来座即圆天行，如来衣即圆婴儿行，忍辱即圆病行。此五行实际上就是一实相行，即把握、彻悟实相的圆行。

涅槃的标志是什么？怎样判断是否进入了此妙境呢？智者的回答是：如果具备下述条件或符合这些标准，就可以说进入此境界了。

第一，发诸无漏智，成正等正觉。即一心具足三智，具有觉知一切真理、如实了知一切事物、无所不知的智慧。所谓三智，一是一切智，是知一切法毕竟空寂之理的智；二是道种智，是知一切种种差别，对症治病与药，教化众生的智；三是一切种智，是通达一切法本有性德之体，以一种智知一切道、一切种之中道实相的智。

第二，在认识上体认到实相无相无不相、万法空假中之统一的道理，不见人我，没有分别，离断常、一异、来去、我与无我等边见，解慧开发。换言之，证得涅槃的人不仅彻底认识、把握、会通了宇宙人生的实相谛理，不仅顺理而解，而且能顺理而行。若如此，便能得理解之上的解脱。此解即是"累苦灭尽，寂然永乐"。①

第三，定与慧均齐、定与觉相应，空明清净，寂灭现前，了无所得，既没有一切诸法，也没有想诸法的念头，更没有心识，只是空寂的无相、无住、无念的圆融无碍的境界。

第四，身心调适、妄念止息、没有烦恼，不见身心相貌、泯然空寂、安稳清净，憺然快乐，无为无欲。

第五，进入大涅槃必得大欢喜、大安乐。须知，喜的形式多种多样，从层次上说，喜有等级差别，有漏与无漏、究竟与不究竟之别。得到钱财、吃好穿好，固然有喜悦充满，但属低级之喜。如果能闻妙法、解圣法则有较高级的喜悦发生。"以内解在心，名意喜也。喜动于形，名踊跃，即身喜也。从妙人闻妙法，得妙解，三业具喜也。"身喜、口喜、意喜，闻稀有难得之法，

---

① 《金刚般若经疏》，《大正藏》第 33 册，第 77 页。

断诸疑悔，身意泰然，"是结意喜"。还有很多欢喜，如藏通别圆四教菩萨都有自己的欢喜。① 最高级、究竟的喜是"大欢喜"，亦即大安乐。② 智者所理解的大安乐的标志首先在于："其心安稳，无有怯弱"，"不怯弱名安乐也。"而不怯弱的前提又在于："修智慧，离诸取著，得法无我，内无颠倒，是则心不怯弱。"③ 智者还强调：涅槃之大安乐的独特之处在于：它"因果具乐"。也就是说，此安乐不仅作为结果出现，而且还可充满在至安乐的原因过程之中，故可称作"安乐行。""安名不动，乐名无受，行名无行。"具体而言之，"不动者，六道生死、二圣涅槃所不能动，既不缘二边，则身无动摇，……其心常憺怕（憺泊），未曾有散乱，则安住不动。"乐者，不受三昧广大之用，不受凡夫五受，乃至圆教五受，生见亦皆不受，因为有受就有苦，无受则无苦，"灭苦无乐乃名大乐"。无行者，"若有所受，即有所行，无受则无所行，不行凡夫行，不行贤圣行，故言无行而行。"④ 总之，"安乐者，即大涅槃，从果立名，"行即涅槃道，或至佛位的三法或三轨，从因得名。可见，智者所理解的涅槃既是妙果又是至果的原因过程。"今言涅槃，因果具乐。"它不同于二乘涅槃，因为二乘的涅槃是因苦果乐，而智者理解的涅槃果和因皆大乐。此外，小乘涅槃之果尽管也是安乐，但不够圆满。因为它只是灭尽苦恼之安乐，而大涅槃不仅有此安乐，而且灭尽了业烦恼，因此灭尽了生死苦果，故是大安乐。⑤

第六，进入大涅槃定有大利益。佛教不一概否定利益，也不反对人追求和享乐利益。但对利益有自己独特的看法。佛教倡导和追求的利益、努力施与众生的利益是一种无漏的、令人获得高级满足的利益，其主要特点是心安体泰，清净洒脱。当然这样的利益也有

----

① 《法华文句》（含），第 130 页。
② 同上书，第 131 页。
③ 同上书，第 337 页。
④ 同上书，第 326 页。
⑤ 同上书，第 326 页。

程度上的即"浅深上"的差别。例如声闻缘觉得到的利益是一种"中草益"，其特点是断除了见思惑，心定神安；而菩萨得到的是"上草益"，其特点是：不仅"伏惑"，而且"兼度众生"；深修禅定的人，不仅可得神通力，还由于"闻诸法空，心大欢喜"；如果登大欢喜地后进一步度能度之众生，便能得"大树增长益"，特别是会获得道种智益，乃至一切种智益。最高的利益是"究竟实益"，或"实事益"，前提是破无明烦恼，显露本具佛性，因而成佛。这种益是最圆满、最快乐的益。就像喝牛奶一样，牛奶的利人之益有五个等级，一是其中的乳，二是酪，三是生酥，四是熟酥，五是醍醐。最高实益就像享受牛奶中最高的精华——醍醐一样，获益是最多最高的。① 益的种类还有很多，如智者常说十益，即果益、因益、小草益、中草益、中树益、大树益、闻法益、法身益、相似实益、清净妙理益，等等。

第七，安于背舍。所谓背就是净洁心灵、抛弃对色声香味触等的欲望，舍就是离著心，破除了我法二执。背舍也就是解脱，解即无系缚，脱即洒脱自在。② 因此，涅槃境界也就是自由自在的王国，这是顺乎诸法谛理的必然结果。因为一当安心于实相谛理，与之彻底打成一片，便没有两极的对立，没有任何障碍和牵挂，即"无挂无碍"，一切圆圆融融。凡夫即佛，烦恼即菩提，生死即涅槃。

与上密不可分的是，进入大涅槃的人必然超出于住与不住、调与不调的两极对立，既不住调伏，又不住不调伏。因为住于调伏是声闻法。"菩萨不尔，于生死而有勇，于涅槃而不昧，勇于生死，无生而生，不为生法所污。……不昧涅槃，知空不空，不为空法所证。如鸟飞空，不住于空。不断烦恼而入涅槃，不断五欲而净诸根，即是不住调伏、不住不调伏意。"③

----

① 《法华玄义》卷第七上，《大正藏》第33册，第761—762页。
② 《释禅波罗蜜次第法门》，《大正藏》第46卷，第540—548页。
③ 《摩诃止观》卷第八上，《大正藏》第46册，第103页。

　　由上述特点所决定，处在大涅槃中一定是圆行或一实相行或如来行。其表现是："圆具十法界，一运一切运。"① 所谓圆行，即随行一行，即具其他一切行，所谓如来行，即五行在一心中具足，五行分别是：一是圆圣行，即如来庄严而自庄严，二是圆梵行，即入如来室，入如来座即圆天行，着如来衣即圆婴儿行，忍辱即圆病行。此五行即一行，一行即五行，都是一实相行。

　　总之，作为境界的大涅槃的特点在于大，即一切大、理大、誓愿大、庄严大、智断大、遍知大、道大、用大、权实大、利益大、无住大。②

四　"涅槃遍一切处"

　　在智者看来，涅槃遍在于一切空间和时间中，即不在法之外，不在众生之外，而就在其中。涅槃不在时间变迁的过程之外，而就在众生的生死流转过程之中。到处都有成住坏空，生生灭灭，"如此生死苦谛，遍一切处，皆是涅槃，弃此涅槃更何处求涅槃？"③

　　涅槃境界也就是佛境界，而佛境界并不在现实世界之外，或者说不在十法界（地狱、饿鬼、畜生、阿修罗、人、天、声闻、缘觉、菩萨、佛）之外，就在我们每个人身上，在我们心中，甚至在川流不息的每一个念头中。智者说："佛岂有别法，只百界千如，是佛境界。"因为"一色一香，纯是佛法"，④ 每一事物都是即空、即假、即中，即空假中之统一。简言之，每一法本身就是实相，而实相就是涅槃。因此涅槃不在现实世界之外。智者还认为，我们每一众生，第一颗心与佛并没有两样，"心佛及众生，是三无差别，"都有同样的佛性，有同样的不多不少的成佛之可能性，在凡不减，在圣不增。因此佛能成佛，能入涅槃，我们每个人、每颗

----

① 《法华玄义》卷第四下，《大正藏》第 33 册，第 725 页。
② 《法华玄义》卷第五上，《大正藏》第 33 册，第 734 页。
③ 《四念处》，《大正藏》第 46 卷，第 555—580 页。
④ 《法华玄义》卷第二上，《大正藏》第 33 卷，第 695 页。

心也都是如此。智者在解释《华严经》的"游心法界如虚空，则知诸佛之境界"时指出：这里所说的"法界即中也，虚空即空也，心佛即假也，三种具即佛境界也"。① 也就是说，体悟到法界是空假中的统一，认识到心、佛是假名妙有，即入佛境界。

不仅涅槃不在现实世界之外，就在其中，而且如果观法得当，那么于一念中就可得入佛境界。也就是说，涅槃就在我们心中，就在当下的每一念头中，只要一念心处理得当，当下即转化为佛境界。如观该一念心为空假中三无差别，如是观己，就是佛境界。智者说："以心空故，从心所生一切皆空，此空亦空。若空非空，点空设假，假亦非假，无假无空，毕竟清净。"这就是佛境界。②

智者主张一念心中可证得涅槃，其主要根据就是后面将要述及的"一法具一切法"、一行具万行、尤其是"一念三千"说（详后）。在智者看来，百界千如"于一念中，悉皆备足"，③ 任何一念心同时具足三千法，即具足一切事物包括佛及其所证的涅槃境界。这一观点是对智者的老师慧思的"自性涅槃"思想的发展。慧思曾说："道源不远，性海非遥，但向己求，莫从他觅，觅即不得，得亦非真。"④ 智者的这些看法与人们常说的"西方不离方寸"也没有实质的不同，即都是主张：涅槃或极乐世界就在自己心中。心外求极乐、求解脱，或者说向外驰骋求涅槃，同"觅兔角"一样愚蠢。因此涅槃境界非但没有与我们远隔万水千山，而恰恰与我们须臾不离，就在我们心中。只要转迷成悟、转识成智、转染为净，我们就能现证涅槃，得大解脱，当下转凡成圣。

涅槃不仅周边一切空间，而且还充斥在时间的自始至终，如整个法界的全部过程之中，甚至一粒微尘的生灭变化的全过程。由于事物的变化过程是一个因果交替、转化的过程，因此也可以说，涅槃既作为妙果出现，也存在于追寻此果的原因过程之中。这也就是

---

① 《法华玄义》卷第二上，《大正藏》第33卷，第696页。
② 同上。
③ 同上。
④ 《佛祖统纪》卷第六。

说，进入涅槃、享受涅槃极果是美妙的，同样，只要始终保持质直清净心，追寻涅槃的每一个当下及全部过程也是涅槃本身，也是充满着大安乐的。故智者说："今言涅槃，因果具乐。"① 这是圆教涅槃不同于其他乘和教所言涅槃的独有特点。

涅槃不仅存在于美好的事物和人的善行之中，还存在于生死烦恼之中。"生死即涅槃"是大乘佛教的基本命题，智者对之作了新的诠释，认为：这里所说的生死是指分段生死，而不是变易生死。所谓分段生死是指轮回六道的凡身之生死，此身各随其业，因而寿命有分限、形体有段别，故曰分段（色形区别、寿期长短）；所谓变易生死是断见思惑之阿罗汉以上圣者之生死。变易意即无色形之胜劣、寿期之长短，只有迷悟的改变（减、增），心神念念相传，前后变易，诸圣所得之法身神化自在、能变能易。圣者改易分段之身而得不可思议殊妙之好身。

在作了这番限定后，智者提出了自己对生死即涅槃的独到见解。首先，说生死即涅槃，意思是强调涅槃坚不可摧、净不能染的性质。他在《四念处》卷四中说：涅槃境界"内外障不能动摇"，处在此中，能忍成道事，不动亦不退，是心萨埵（大心众生，入佛道的人）。外谓毁誉八风，内谓强软两贼，生死不能罗，烦恼不能染，莫起法爱，二死寂然。②

其次，智者认为，说生死即烦恼就是"破生死即涅槃"。生死与涅槃体一不二，就像浊水与清水都是水一样，清除污浊即显清水。同样生死本身就是涅槃，没有痛苦烦恼，本来清净、本觉本寂。只是由于无明，由于痴迷，才有苦，才不是涅槃，才有生死轮回。③ 因此破除了生死烦恼，斩断了生死之瀑流，当下即入涅槃。破生死烦恼并非难事，只要"体常寂灭"，"转成定心"；"无碍彻至法性"，"观十界生死即烦恼、达一切法解脱相、究竟常寂灭"，

----

① 《法华文句》（合），第 326 页。
② 《四念处》，《大正藏》第 46 册，第 573—580 页。
③ 《法华文句》（合），第 145 页。

在认识和实践上都贯彻生死如虚空的原则，就超越于生死因果之链，而进入了涅槃，或者说生死苦谛当下就是涅槃，就是灭谛。①

最后，智者尽管认为大涅槃离不开大乘圆圣行，但仍承认小乘所追求的涅槃和所做的一切行中都包含着大涅槃的成分。例如他在说明十想、十六特胜、八背舍等各种修特方法时，强调其最终结果就是小乘的涅槃境界，这些境界同样是美妙的，是值得进入的。例如在说明十想法门（无常、苦、无我、食不净、一切世间不可乐、死、不净、断、离、尽）时，阐述了自己对涅槃的这种看法。后三想即断离三想，就是缘涅槃、断烦恼结使，或者说得无漏道、断结使（断想），离结使或者说正智慧观离诸烦恼（离想），尽诸结使或者说入涅槃时灭五受阴不复相绕（尽想）。断想缘的是有余涅槃，尽想缘的是无余涅槃，而离想则是二涅槃方便门。② 其次，四禅四定也可通向涅槃，例如四禅、四无量心之后的非想非非想定就是如此，因为"此定阴界入和合故有，虚诳不实，虽无粗烦恼，而亦成就十种细烦恼，知已破折，不住不著，心得解脱，即证三乘涅槃。""深观弃舍"，通过"随息"入十六特胜，最后到达弃舍，即非想非非想，既不想想，也不想非想，超越于想、非想之分别。"不著非想"，"舍弃有想无想"，就"能得涅槃"。③ 第三，止这种修持方法也能通达涅槃，因为止能发五轮禅（地轮三昧、水轮三昧、虚空轮三昧、金沙轮三昧、金刚轮三昧），能到达第九无碍道，断三界结使，永尽无余，证尽智、无无智，入涅槃。智者说："止心心性名为大宝大涅槃深禅定窟，故涅槃即是止也。"观也是如此，因为通过观行最后得六神通（天眼、天耳、他心、宿命、如意、漏尽通）、八解脱、直至得灭受想定，"即入涅槃。"④

---

① 《四念处》，《大正藏》第 46 卷，第 573—580 页。
② 《释禅波罗蜜次第法门》，《大正藏》第 46 卷，第 516—524 页。
③ 《六妙法门》，《大正藏》第 46 卷，第 549 页。
④ 《六妙法门》，《大正藏》第 46 卷，第 549—554 页；《四念处》，《大正藏》第 46 卷，第 573—580 页。

五　涅槃是不可思议境

　　从涅槃与人的内意识、思议的关系看，涅槃是一种不可思议境。所谓不可思议境，顾名思义，是不可言说、难以直言理喻、难以捉摸、思忖、推测、揣度的一种胜妙境界。因此要明白智者所倡导的这种大乘圆教境界，必须把它放在与小乘以及其他大乘学说所说的"可思议境"的比较中，加以认识。可思议境，也就是可思议法。小乘所说的或所追求的境界就是无余依涅槃，即"去凡欣圣"、"弃下上出、灰身灭智"。[①] 这里所说的道理仍是有作谛，所说的境界没有超越"思议法"的范围，因为它是可通过思维把握、言语说出的。大乘主张心生一切法，如十法界就是唯心所造，但有的大乘学说观心是有，有善有恶。如果心为恶，则堕三品三途，即地狱、饿鬼、畜生，如果心为善则来生入阿修罗、人、天三途。根据这种学说，观心就是观此六品无常无灭，因此能观之心念念不住。再则，能观之心、所观之境界都是可见可触之法，因缘所生，因而是本性空寂、毕竟空寂。因此这种境界实质上没有超出二乘（声闻、缘觉）因果法的范围，仍是较低的境界。另外，如果在观空有时，堕落二边，要么执著于空，要么执著于有，带着这种观点去发大悲心，入假化物，实际上是"无身假作身，实无空假说实"，[②] 这种境界较前有所提升，因为它进到了菩萨因果法的范围。最后，再进一步，如果观此因果法能度所度，皆是中道实相之法，毕竟清净，那么这种境界就在佛因果法的范围内。从上面不难看出，二乘追求的境界不过是自身的解脱，人天乘追求的境界不过是出三恶途，入三善途，是有形可见的；大乘菩萨追求的尽管是毕竟清净、自利利他、普度众生的境界，但有能度所度的分别，因此仍是可思议之境。

----

① 《摩诃止观》卷第五上，《大正藏》第 46 卷，第 52 页。
② 同上。

　　什么是不可思议之境呢？要明白这种境界，须得弄明白"一念三千"说的意思。同其他境界学说一样，智者大师也一贯主张：法、境界都离不开心的作用，因为"三界无别法，唯是一心作"。不仅如此，智者还进一步认为：一念心圆满地具足三千世间的一切法。或者说，一切现象、一切事物、一切法界、一切性质、一切境界就存在于任何刹那的一念心中。想要任何一法一境，包括佛境界，在己一念心中都能得到。这就是"一念三千"所说的意思。"一念三千"说在看待一念心与诸法的关系时，其独特之处在于主张：它们之间没有人们常说的那种前后、纵横、生与所生、包含与被包含的关系，而是认为它们是同一的、等同的关系，即"心是一切法，一切法是心"。① 如果对心与法的关系的认识进到了这样的境界，而且在实践上也能这样对待心与物，"非纵非横，非一非异；玄妙绝深，非识所识，非言所言"，那么就进到了"不可思议境"。这里特别要注意的是，说一念具足三千不能理解为三千法由心所生，因为求心不可得，求三千法亦不可得，"亦纵亦横求三千法不可得，非纵非横求三千法亦不可得，言语道断，心行灭处。"② 只有到了这种无生无灭、无来无去、无一无异、无常无断的境地，言语道断，心灵完全寂灭，才算进到了"不可思议境"。正因为此境离言绝相，非言语所能传达，因此是不可思议的。

　　在这种境界中，没有一与多的差别，没有烦恼与菩提、无明与明、众生与佛的分别，一切融合一体，但又非一；圆融无碍；一性虽少而不无，无明虽多而不多。指一为多，多非多；指多为一，一非少。一心是一切心，一切心是一心，非一非一切；一阴一切阴，一切阴一阴，非一非一切；一入一切入，一切入一入，非一非一切；一界一切界，一切界一界，非一非一切。众生、国土、相、性、体、用、因、缘、果、报、究竟等都可按此格式加以表述。总之，任何境、任何法，都是不可思议境。因此，此境界不在法外，

---

① 《摩诃止观》卷第五上，《大正藏》第46卷，第54页。
② 同上书，第54页。

不在自心外，就在自心中。① 既然如此，去烦恼，求解脱，进入最美妙的境界，就用不着在自身以外去努力。

智者认为，认识到不可思议境界，并发大誓愿，向此精进不懈，对人摆脱烦恼、真得解脱、即身成佛极为重要。因为"无明法法性，一心一切性"。也就是说，无明这一烦恼痛苦的总根源，与我们成佛所证得的法性之间并没有天壤之别，不存在不可逾越的鸿沟，是故可说"达无明即法性"。如果"信一心非口所宣，非情所测，此不思议境，何法不收？此境发智，何智不发？依此境发誓，乃至无法爱，何誓不具，何行不满足耶？"②

六　涅槃三相与三德

从究竟理地来说，涅槃作为不可思议境是离言绝相、不可以言说、不可以思议计度的。但佛为了教化众生，难言能言，借手指月，于是便有了对涅槃的不同描述。前面介绍了智者从名义、体性等方面所作的诠释，这里再来考察智者从相和德两方面所作的诠释。

所谓"相"即相状、特征或品味。智者根据《法华经》的论述指出：涅槃是一相与三相的统一。一相或一味是指涅槃只有一相，即一真如心、一理或一实相。但又可说此一相即三相，一味有三相或三味，即解脱相（味）、离相（味）、灭相（味）。智者说："解脱相者，无生死之相，又无分段变易二边业缚，故名解脱，即于业道是解脱德也。言离相者，无涅槃之相，又得中道智，能远离二边无所著，故名离相，即于烦恼是般若德，无相亦无相也。灭相者，二边因灭，得有余涅槃，二边果灭，得无余涅槃，故名灭相。即于苦道是法身德也。"③ 这也就是说，平等一味的涅槃相对于它

----

① 《摩诃止观》卷第五上，《大正藏》第46卷，第55页。
② 同上。
③ 《法华文句》（合），第228页。

所超越的有为法来说又有三昧或三相，即相对于非涅槃的生死以及别的业缚、苦累来说，涅槃有解脱相的本质特点；相对于凡夫对有形事物的执著、二乘对涅槃的执著来说，涅槃有远离二边执著的特点；相对于苦道众生流转生灭、因果轮回来说，涅槃灭除了二边因果，因此有寂灭的特点。此三相从特定的意义上又可以说是解脱、般若、法身三德。

以重新创发性解释了的"三德"诠涅槃，是智者大师根据《涅槃经》和《法华经》建构出的涅槃学说的最显著的特点。涅槃三德是这两部经阐发的，而智者对之作了契理契机的诠释。他不舍弃通常以常乐我净四德诠涅槃的做法，同时又把四德说与三德说两者巧妙贯通起来，从而对涅槃的内在构成、大用机理和本质特点作了淋漓尽致的展示。智者的"三德"范畴中所说的"德"比一般的理解要宽泛一些，不仅指相对于体而言的用或迹，而且指有此之用的体。之所以有这样的处置，是因为智者试图用"三德说"圆满揭示涅槃有妙境圆果或极果之德相的根据和机理，展示涅槃的圆融无碍的全貌和内在迷人的秘密。

先看解脱之德。智者从不同的角度作了描述。首先，从内在的心理状态来说，得解脱即意味着心灵清净无垢，这是无欲、不求之必然。智者说："不求，名无欲，心无垢，名解脱。"① 其次，从外在表现来说，解脱即累灭苦尽，寂然永乐。最后，由于生死、烦恼系缚、牵累都灭除了，因此解脱必是自在无碍、自由洒脱的生存状态。从根源上说，这是通过以等觉为因、克服无明而获得的以妙觉为标志的妙果。智者说：用无碍道伏一分无明，用解脱道伏一分无明，"约此解脱，复修无碍，故云因因，从此无碍，复得解脱，""等觉为因，妙觉为果，妙觉唯果唯解脱，""圆圆即妙觉也。"② 相对于生死之流转来说，解脱即是寂灭，即是生死之彻底超越。果能如此，得解脱之人的体性便与诸法之寂灭实相一如一体了。就此

---

① 《法华文句》（合），第289页。
② 《法华玄义》卷第九下，《大正藏》第33册，第796页。

而言，智者把这种回归诸法本性的解脱称作大解脱、大涅槃。"诸法寂灭相，不可以言宣，""无能说，无所说"，"解脱之中，无有言说。"①

另外，真正的解脱必有这样的标志，即有大慈大悲之心，能自行化他，使一切有情同得解脱。是慈即是真解脱，解脱即是大涅槃，否则就不为"大"，就不是圆教的解脱。大解脱为什么一定有慈悲的标志呢？这是因为，菩萨自己已得到了觉悟，证得了涅槃，断除了烦恼，"深观二谛，进断习气，色心无知，得法眼道种智，游戏神通，"但由慈悲心所使然，由空入假，"净佛国土，成就众生"，明知众生定无所有，但仍以无所求的观点和态度予以救度。②最高的解脱是佛的解脱，其表现是："一切事中福慧皆令究竟"，"得一念相应慧，与无生四谛理相应，断一切烦恼习气尽，具足大慈悲十力、四无畏、十八不共法一切功德。"③此境界亦即是妙觉地，亦即是"究竟佛菩提果，大涅槃之果果也"。④大当然是相对于小而言的，小涅槃的特点是："离诸苦缚，名得解脱。……但离虚妄，名得解脱。"智者认为，这是去凡成圣的目的，但不究竟，即"脱非究竟"，只能算作小解脱、小涅槃，不能算真灭度。真正的大解脱是得一切解脱，即断除了一切迷惑烦恼，同时有这样的大用显现，即让一切众生都得解脱，此即"一切解脱"，"大涅槃乃是究竟"。进至此境界才是"佛本心"。⑤

最后，从根源上说，解脱以对谛理的极解为基础。如前所说，顺理为解，而有此"理解"，便必有舍弃、背舍发生，即有对色、贪心、不净心、有缘心等的舍弃，故可说"解脱以弃背为义"，⑥有此弃背又必有"累灭苦尽、寂然永乐"之极果。从解脱的门径

----

① 《摩诃止观》卷第一上，《大正藏》第46册，第2—3页。
② 《法华玄义》卷第四下，《大正藏》第33册，第730页。
③ 同上书，第730页。
④ 同上。
⑤ 《法华文句》（含），第181页。
⑥ 《仁王护国般若经疏》，《大正藏》第33册，第261页。

上说，条条道路通罗马，三十七助道品也莫不是解脱门。当然，最根本的是三解脱门，即空解脱门、无相解脱门、无作解脱门。而三解脱门实即实相解脱门，简称解脱门。智者常说：此三通名解脱门，解脱即是涅槃门。三解脱门亦是三三昧门，实质无异，所述的角度、层面不同，即三昧即是当体得名，即是从体上述说的，只要体性归于平寂，一念不生，入于正定，即是入涅槃。而解脱是从用或受上来说的，一当心行平正，便有解脱、无累缚、得永乐的感受。故可说：因时名三昧，证果则名解脱。

　　从解脱的种类来说，智者常说二解脱、三解脱、八解脱等。二解脱又有多说。第一，慧解脱（断除了错误的知见）与俱解脱（不仅断除了边见，而且累灭苦尽，故名）。第二，有为解脱（与无漏慧相应的解脱）与无为解脱（一切烦恼都断尽无余）。[①] 三解脱也有多种说法，如第一种说法是：解无知缚、解取相缚和解无明缚。[②] 第二种说法是：从三界的系缚中解脱出来即三解脱，分别是：欲尘解脱、色尘解脱、无色尘解脱。第三种说法是：空解脱、无相解脱、无愿解脱（有的称无作解脱）。另还有八解脱之说，此即八背舍，禅定的一种，指通过八种禅定可以使人舍弃对色和无色的贪欲。分别是：初背舍（舍弃内身对色的贪欲）、二背舍（观身外不净而成的背舍）、净背舍、空无边处背舍、识无边处背舍、无所有处背舍、非想非非想处背舍、灭受想定背舍。除此之外，还有多种解脱，如时解脱、不时解脱、不坏解脱、不思议解脱、无碍解脱等。

　　总之，解脱是纵任无碍、不为尘累、系缚所拘的自由自在的生存状态。有尘累、有系缚就是有挂碍，为贪欲等烦恼所困，而有这些东西就无自由。真正进入解脱状态，必然同时超脱六道轮回，因此解脱可等同于涅槃、寂灭。如果说有区别，那么其表现是：涅槃是从体上说的，即指体相圆寂，而解脱是从用上说的，即得涅槃

----

① 《法界次第初门》卷下之下，《大正藏》第46册，第695页。
② 《摩诃止观》卷第二下，《大正藏》第46册，第20页。

之用。

再看法身。法身即显法之身。此处的法即法性、万法之本性。所谓法身即体现了万法本性和功德而成就的身，故可称为法性身、功德身。不同教派对法性、功德理解不同，因此对法身的具体含义的理解也有别。小乘以戒定慧为法身，大乘以空或第一义空为法身。智者认为，法身是万法的具有毕竟清净本性和一切胜妙功德的本体。因为法身是显法成身，所显的法"横周法界，竖极菩提，大功圆满，胜用具足"。① 就此而言，法身既可理解为实相，又可理解为佛性。因为一切众生共一法身，有此法身即可成佛，因此法身即佛性。而此佛性不生不灭，不一不异，因此是诸法实相。②

再看般若。般若即照空或照谛理、成就法身的大智慧。"理不独显，须以智门。"理固然是解脱的基础，但它不会自发显现，自动成为解脱的基础，而必须通过智慧这一武器才能如是。智者说："一乘谛境，不可知见，约于智眼，乃能知见。"对理的接近、会通、证得的程度决定了解脱的程度，而这也是由智所决定的，因为"见理由位，位立由智，智发由门。门通由观。"③ 反过来，如果门通了，则智成，智成则位立，位立则见理，见理即得彻底解脱。

三德之间是什么关系呢？首先，三德是涅槃的三个条然分明的方面，正是此三者成就了涅槃之有机整体。智者说："灭者即解脱，解脱必有其人，人即法身，法身不直（不只是）身，必有灵智，灵智即般若。又大即法身，灭即解脱，度即般若，但标灭度，含三宛然。"④ 这就是说，解脱是法身的表现，而法身要有此德，必赖般若，只有通过般若，法身才能现实地显现为永寂常乐。其次，三德在特定意义上有先后和并列关系。例如先有法身，次有般若，后得解脱。三德出现后在特定意义上可独立存在，故可说涅槃"含三宛然"。这类关系中的三德是"粗"三德，是为教化而方便

----

① 《法华玄义》卷第五上，《大正藏》第 33 册，第 737 页。
② 《法华玄义》卷第五下，《正大藏》第 33 册，第 745—746 页。
③ 《法华文句》（合），第 102。
④ 《法华玄义》卷第八上，《大正藏》第 33 册，第 776 页。

施设的，是权教，非实教。第三，"妙"三德实即是一，非纵非横，既无次第关系，又无并列关系，一即三，三即一，故说，"不纵横即是妙"。此妙即是妙觉地，进入此境界的人即是无上士。此境界同时具足般若、法身、解脱三德，亦即是三德涅槃。其独特之处在于：此三德的关系不是先后、次第的历时态关系，不是共时态的横向并列关系，而是不纵不横、三即一、一即三的无隔、圆融的关系。不同于其他教所追求的涅槃的地方还在于：它不是小，而是大，如一切大、理大、誓愿大、庄严大、智断大、遍知大、道大、用大、权实大、利益大、无住大。① 三德非纵非横还表现在：三德既是果，又是因。作为因分别是：体法身行，即止，三业柔合，违进具寂；体般若行，只一实相慧，一无分别光；体解脱行，以四弘誓愿度一切。② 从根源上说，三德是众生本自具足的，当然是作为一种可能性存于众生的根性之中的，无时不在，无处不有。具体而言之，"三德为秘密藏，安置诸子秘密藏中。"③ 总之，"三德只是一大涅槃，此大涅槃遍一切处，遍一切法，故名为一。"④

从上述三德与别的形式的三德关系看，诸三德有不一不异的关系。有这样一种关于三德的说法，即认为证得涅槃的诸佛必然自利利他、自觉觉他、自匠匠他，而这种自行化他又有三个特点，即有智德、断德、恩德之三德。从因果上说，佛的因果也有三德，即因圆德、果圆德、恩圆德。根据智者的解释，这三种三德并不矛盾，而是统一的，如法身即断德、因圆德，般若即智德、果圆德，解脱即恩德或恩圆德。

从三德与常说的常乐我净四德的关系看，智者认为，三德一一具足中道四德。智者之所以强调中道四德，是因为四德有凡夫所执四德和大小乘佛教所强调的四德之别。而佛教的四德又有中道和非中道四德之别。后者是藏通别教所追求的，前者是圆教所倡导的。

----

① 《法华玄义》卷第五上，《大正藏》第 33 册，第 734 页。
② 《法华文句》（合），第 326 页。
③ 《法华玄义》卷第六上，《大正藏》第 33 册，第 746 页。
④ 同上书，第 287 页。

其特点是不落常与无常、乐与苦、我与无我、净与不净二边。智者说："法身是净法，广大如法界是我德，究竟如虚空是乐德，尽未来际是常德"。①

　　中道四德是相对于"八倒"和"四荣"、"四枯"而言的。"四荣"和"四枯"是一种比喻。佛陀在拘舍那城娑罗双树间入灭时，东西南北各有双树，每面的双树，一荣一枯，因此是四荣四枯。它们比喻的是凡夫、二乘之八倒。所谓八倒就是对法的苦、空、无常、无我四种性质的八种颠倒看法，由凡夫四倒和二乘四倒合成。凡夫于世间苦、空、无常、无我之法，起常、乐、我、净之见，这是凡夫之四倒。二乘对于众生所执著的常、乐、我、净四倒之法，起苦、空、无常、无我之见，这是二乘的四种颠倒，也是入涅槃的四枯道品。二乘的四枯本来是破凡夫的四倒的，因为二乘对于世间之法，生起苦、空、无常、无我之见解，这是正见，但是由于他们没有中道观，因而在否定凡夫的四倒时又陷入了新的四倒即否认涅槃有常乐我净四德。这种边见为菩萨所否定。菩萨对于涅槃之法，起常乐我净之见，是正见，譬喻为四荣道，旨在破二乘的四枯即四颠倒。即初修不净（观身不净），后修于净，乃至初修无常，后修于常，此即四荣道品所成就的生死即涅槃。因此，菩萨所追求的涅槃境界具有常乐我净四德，即涅槃境界如如不动，常一不变，充满着无漏的、绝对的安乐，而且涅槃中有我，不过这个我不是虚妄不实、众生所错误执著的小我，而是自他不二的大我，是心中装着整个众生及其所依存环境的我，净即没有污染、没有执著、彻底清净。菩萨所证的这种涅槃是大涅槃的第一个层次，它之上的涅槃就是由非枯非荣道品所进入的涅槃。这一道品既超越于二乘的四枯道品，又高于菩萨之四荣道品，而是从"枯荣双树"中间（中道）入涅槃、见佛性的。具体方法是：若即不净，即修非净非不净，乃至即无常，修非常非无常，既不执著于常乐我净，又不痴迷于苦、空、无常、无我，而抱着非常、非无常、非乐非不乐、非

---

① 《摩诃止观》卷第六下，《大正藏》第46册，第85页。

我非无我、非净非不净的立场和态度。当进到这种境界（心境、心态）时，也就成就了最高的涅槃、真见佛性了。在这里，既没有苦、空、无常、无我的相状与体验，又没有常、乐、我、净的体验，而进入了一种非常非无常、非乐非不乐、非我非无我、非净非不净的极妙之境。①

从起源上说，四德还有本有四德与修得四德之别。前者是众生本性中无始以来就有的，后者是前者在一定条件下的现实化。智者说："本有常乐我净为所依，修得常乐我净为能依。"② 在智者看来，中道四德既可表现为本有四德，又可表现为修得四德。它们是大涅槃的德性，具体说来分别是大涅槃之三德的德性，亦即是，法身、般若和解脱都同时具有常（不迁不变）、乐（安稳寂灭）、我（自在无碍）、净（离垢不染）四德。此四德是中道四德，例如常是空假中的统一，而不是片面的常或片面的无常，是常与无常之统一。其余三德可依此类推。③

七　涅槃有浅深高下之别

对于涅槃的大小、浅深、高下等问题，过去的诸经论均有判释。在智者看来，只有《法华经》废权显实，超越以前从某一角度、方面、层次对涅槃的扫描方式，而采取了圆会实演的方式。智者评述说："成论、毗昙判位，言不涉大；地摄等论判位，别叙一途，义不兼括；方等诸经明位；璎珞已判浅深；般若诸经明位；明王盛谈高下，而未彰粗妙。"这也就是说，方等诸经尽管注意到了涅槃具有位次的特点，璎珞经还注意到了深浅，般若、明王类经注意到了高下之类的特点，但都不圆融，只有《法华经》才做到了"意兼大小，粗判权实。"④

----

① 《四念处》，《大正藏》第 46 册，第 573—580 页。
② 《法华文句》（合），第 352 页。
③ 《摩诃止观》卷第三上，《大正藏》第 46 册，第 23 页。
④ 《法华玄义》卷第四下，《大正藏》第 33 册，第 726 页。

　　由于智者在阐释涅槃学说时主要以《法华经》、《涅槃经》为依据，同时兼及别的经论，因此也具圆实的特点，这主要表现在：智者在强调"位有权实"的基础上具体论证了涅槃之浅深、高下的特点。根据一般的理解，涅槃就是最高的境界，是超越凡夫、生死之后的一个具有新质的状态。在智者看来，涅槃作为一种新质本身还有量上、程度上的差别，如有大小、圆偏、高下、深浅、粗妙的不同。智者强调：首先必须看到"位有高下"。[①] 从实、从理上说，作为最高境界的大涅槃是没有阶次性的，可通过顿超直入的方式进入，例如只要当下一念调至质直清净的状态，当下即入涅槃。就此而言，涅槃无位次。"寂灭真如，有何次位？初地即二地，地从如生，如无有生，或从如灭，如无有灭，一切众生即大涅槃不可复灭，有何次位高下大小耶？"[②] 当然，也可通过渐进的方式进入。如果是这样，入涅槃、获解脱就是一个渐进的过程，每用般若伏断一份无明和迷惑，用这样那样的道品断灭一份烦恼，铲除一堵道障，就向谛理逼近了一步，向断三惑证三智、得三德、向解脱前进了一步。就此而言，解脱又有层次和程度的差别。这也就是说，从权上、事上说，"位有高下。"[③] 认识到这一点，既是客观事实的要求，因为涅槃作为一种生存状态本身在般若、解脱、安乐等的程度上是有差别的；同时，如是看涅槃也有方便行者循序渐进地修行的作用，因为明白了涅槃的位次就等于明白了进入涅槃的阶次。智者认为，这正是位次之妙处。他说："位妙者，行之所阶也。"[④]

　　如前所述，涅槃的位次问题是许多经论关注的一个课题。它们不仅强调有位次，而且对位次有不同的分类和说明。如小乘大乘的涅槃，声闻缘觉乘、菩萨乘、佛乘的涅槃就是一个由低到高的过程。智者不仅把通常所说的十信、十住、十行、十回向、十地看作是位次论，而且认为，藏通别圆四教的涅槃也是四个不同的阶次，

----

① 《法华玄义》卷第四下，《大正藏》第 33 册，第 726 页。
② 《摩诃止观》卷第九下，《大正藏》第 46 册，第 129 页。
③ 《回念处》，《大正藏》第 46 册，第 573 页。
④ 《法华玄义》卷第四下，《大正藏》第 33 册，第 726 页。

同时，它们各有自己的十信、十住、十行、十回向、十地。这一来，位次就变得复杂难解了。为了使行者对位次获得清晰的概念和图景，智者以六即涅槃为主线、兼及其他位次分类方法，将它们融会贯通起来，形成了自己条理分明的位次论。

"六涅槃"或"六即涅槃"（有的地方称"六即位"）说中的所谓"即"，就是指解脱的不同位次尽管有别，但实质上则不异不一、相融相合相即。六种涅槃尽管各自的智与情、悟与迷的深浅程度有差别，从凡夫到佛位的阶次尽管条然分明，每个位次对实相把握的程度尽管有差别，但六种涅槃体性不二，相融相合，第一也就是第二、第三等，第二也就是其余一切。因为六位次所显的理体无二无别，因此位位不二，相融相即。

六即涅槃分别是：（1）理即或理涅槃，指一切众生都有这样的理性，即皆具中道佛性，悉有涅槃之体。也就是说，佛性、涅槃不是众生本性之外的性质，而是其本来具足。即使是最下根器的凡夫，乃至地狱饿鬼，就其理性而言，与究竟佛果、与涅槃境界相即不二。他们的整个生命流程就是从生到死、从死到生的轮回往复，而生死就是涅槃。质言之，涅槃就是包括生死在内的一切法的谛理或理性，故名。当然这种涅槃对于未证得的人来说还不是现实的，只是潜在的、可能的，不过在相应的条件下，如通过智、行就能完成其转变。（2）文字涅槃或文字即。通过听闻佛法，从文字中听说一实菩提之道，根据文字生起理解，于名字中通达、了解包括自己在内的一切众生皆有佛性、都能成佛、都能入涅槃。到此，潜在涅槃向现实涅槃的转化便开始了，或者说向现实涅槃迈进了一步。哪怕只听一句、一偈、一字，凭此之功，就可得佛果。（3）观行涅槃或观行即。就是由观行所证的涅槃。如果不满足于了解、知道名字，而是进一步依教修行、心观明了，智慧相应，所行如所言，所言如所行，那么涅槃就不再是本性潜在具有的理涅槃，而成了行动中的涅槃。此位是五品弟子（随喜、读诵、说法、兼行六度、正行六度）位。（4）相似涅槃或相似即。当发类似真无漏之观行，那么就能得六根清净，所入的境界相似于真涅槃。因为通过观行，必会愈观愈明、愈止愈即，虽然未能彻证理体，但如同真证。入此位，即达十信位或《法华经》所说的六根清净位。（5）分真涅槃或分真即。依相似之观力，发真智，便会断一分无明，见一分中道，进入了开宝藏、显真如的发心位，亦即进到了十住、十行、十回向、十地等觉位（6）究竟涅槃或究竟即。破无明、发究竟圆满之觉智即妙觉，自身佛性完全显现，彻底觉悟，潜在涅槃完全转化为现实，与诸佛等同，得无上正等正觉，成极果妙觉佛。①

由上不难看出，由低到高的六种涅槃是一个由潜在向现实转化的过程，既依次递进，又有内在的因果联系。它们的区别、因果联系可由下图得到说明：

```
理　　即——理具佛性      ⎫
                        ⎬外凡
名字即——解佛性之名      ⎭
观行即——五品弟子位——外品  ⎫
                          ⎬内凡
相似即——十信位——内品      ⎭
         ⎧十住位
         ⎪十行位
分证即   ⎨十回向位
         ⎪十地位
         ⎩等觉位
究竟即——妙觉位——圣果②
```

尽管有凡圣、内外的差别，但各位次上的涅槃就是同一个涅槃，初级的涅槃是尚未现实化的涅槃，而高级的或较高的涅槃不过是同一涅槃的如实显现。佛证得了涅槃并不是他从己心之外得到了一个新的涅槃，而只是把他与众生同有的那个理性涅槃转化成了现实。因此六涅槃既有不同，又无不同，相即相融。

《法华经》用比喻的方式把六即果位分为六个层次，即小草位、中草位、上草位、小树位、大树位、最事实位或最圆位。智者

---

① 《四念处》，《大正藏》第46卷，第575页。
② 此处参阅丁福保编：《佛学大辞典》，文物出版社1984年，第322页。

对此作了自己独到的解释，在此基础上还说明了这一位次划分与其他位次划分的关系。草即草药，有此草药即可医治众生的疾病烦恼，使人进到相应的解脱层次。最低的解脱层次即小草位，是转轮圣王、释梵诸王所至的位次。中草位的特点是：独处山林，知无漏法，得涅槃乐。上草位的特点是：求世尊处，行于精定。小树位的特点是：专心佛道，常行慈悲，自知作佛，决定无疑。大树位的特点是：安住神通，安不退转，度无量众生。最上是佛果位。用大小乘的观点看，上述六果位分别是：第一是人天果位，第二和第三是小乘果位，第四和第五是菩萨果位，最后是佛之圆果位。①

在小乘的果位中，罗汉果位是最高的，得此果无疑得到了较高程度的解脱。《法华经》认为，此解脱有两种：一是时解脱；二是不时解脱。这两种解脱都包含慧解脱和具解脱。所谓慧解脱是指：断除了烦恼，不再轮回六道，且能受人天供养，但未得灭尽定，即没有灭除六识心想和苦乐二乐，虽是一种无为解脱的境界，但位次不太高。具解脱则不然，证得灭尽定，证果时三明八解，一时具得，故名具解脱。"时"与"不时"相对，前者指在某些时候，后者是指在一切时中。如果因中学道时，于一切时，随所欲进修，均具各种善业，且任何时候不为烦恼所动，进到了这种常乐无烦恼的境界不会发生退转，尽智、无生智、无学等见具足，能通过三昧维持圣善法，以定舍定。到此境界即是不时解脱罗汉。而不能善始善终，不能贯穿于一切时间，便只是时解脱罗汉。

智者还认为，六即位的划分与有学无学位的划分也是一致的。根据所断烦恼的多少、所研真理的程度，从凡夫到佛位有这样几个层次，一是凡夫，其特点是不断烦恼，不入涅槃。第二是有学位，特点是：亦断亦不断，亦入亦不入。第三是无学位：断烦恼，入涅槃。最后是非断非不断，非入非不入。换言之，有学之位行人的特点是："研真断惑"，再进一步，"学真穷惑尽，"故名无学。无学是相对于有学而言的，"研修真理，慕求脱见，名之为学"。如果

_____

① 《法华意义》卷第四下，《大正藏》第33册，第726页。

研理已尽，脱见已极，无所复学，即无学位，阿罗汉就是其典型。
而六即位是从观心角度对修学层次的划分。"究竟即为无学位"，
理即相当于非学非无学位，其余四即是有学位。①

　　就六涅槃诸位次内在的关系来说，六位次都是圆位，都是理
想、美妙的境界。根据智者常分析的"牛乳譬"，六个位次就像牛
奶的不同呈现方式（即血乳、酪、酥、醍醐等）一样，尽管形式
不同，但毕竟都是有营养的东西。从理上说，圆位具一切位，非断
非不断，本来清净，周遍一切，不是一个独立的个体，而普遍存在
于一切诸法之中，烦恼、无明亦不例外。故智者常说：烦恼即菩
提，生死即解脱，无明即般若，一色一法莫不是法身。一法一切
法，一切法一法，非一非一切，"法界平等"，因此"寂灭真如，
有何位次？"②

　　但是，从事上、从权或粗的角度着，正如由此岸过河到彼岸是
一个过程一样，此过程包含很多环节、阶段，在水里还有深浅之
别，到岸也有先后之别，由现实的苦难世界渡达彼岸的圆位也是这
样，尽管同是进到了圆位，但仍有圆满程度上的差别。为说明这种
差别，诸经论有不同的表述，如十信、十行、十住、十地、十回向
等。智者说："法华涅槃虽明法界平等，无说无示，而菩萨行位，
终自炳然。"③ 例如最高位之所以超出其他位次，是因为它废权归
实，弃粗显妙，在兴废上也具有圆满圆融的特点，即圆兴圆废，其
表现是，它"利钝合论，亦立亦不立，亦废亦不废，若就平等法
界，非立非不立，非废非不废。"④ 简言之，它圆断一切无明烦恼，
而其他位次总不圆满，有所断，而有所不断。根据小乘的看法，
"凡夫全生，未能除惑"，即各种烦恼完全具有，"须陀洹破见，革
凡成圣，如乳变酪。"须陀洹即小乘四果中的初果，已超越凡夫而
进到了圣道，但只是破惑，因此层次不高，即只进到了成圣的第二

----

① 《法华文句》（含），第 282 页。
② 《法华玄义》卷第五下，《大正藏》第 33 册，第 732 页。
③ 同上书，第 733 页。
④ 同上书，第 738 页。

阶，就像生乳（喻凡夫）变成了生酪一样。小乘的二果斯陀含破六品思惑，因此又进了一步，像生酪变成了生酥一样，乳中含的精华又多显露了一分，即无明所遮蔽的真如实相又多露了一分，小乘三果阿那含"欲界思尽"，故如熟酥，而四果阿罗汉、辟支佛，"皆断三界见思尽，故同称醍醐。"

智者对伏断位次的看法继承了上述的某些思想，但又有根本性的变化。他指出：凡夫如杂血乳，乳中尽管含有精华，但又同时充满杂血甚至有毒成分，须陀洹、斯陀含如净乳，阿那含如酪，阿罗汉如生酥，支佛、菩萨如熟酥，只有佛才如同醍醐，即圆断一切烦恼，消除了一切杂质，使自身的全部清净本性完全显露出来了，因而成了极圣。①

"六即涅槃说"不仅有独创性，发展了涅槃学说，而且对于众生解脱有重要的实践意义，其具体表现是：第一，可克服人们视佛道涅槃高不可攀的自卑心理。因为佛道涅槃虽有六种，但常相即，没有差别，众生与佛都拥有，每个人一样能入涅槃。因为涅槃之体性、成就的内在根据就在我们身上。第二，有助于纠正"增上慢"（即没有证得某一果位，偏说证得了）这类愚妄骄狂，因为虽然六涅槃相即不二，但凡圣位次井然。要由凡转圣，把潜在涅槃转化为现实的涅槃需经过听闻佛法、悟解文字、依教观行等中间过程。

- -

① 《法华玄义》卷第五上，《大正藏》第33册，第739页。

第五章

成佛与做人
——人生的理想人格

入涅槃也就是成佛，证得了究竟涅槃境界的人也就是潜在的佛性转变为现实的佛性，因佛性变成为果佛性，简言之，就是佛。而入涅槃、成佛的过程就是做好人、做完人或完美人格的过程，就是按照既定的理想人格模式塑造自己的过程，因此涅槃、成佛、完美人格是一致的，是同一过程、同一极果的不同说法，三而一、一而三。对此，中国现代佛学大师太虚作了精辟的说明："仰止唯佛陀，完成在人格，人成佛亦成，是名真现实。"很明显，做一个完美的人，拥有完善的人格与成佛作祖是一回事。但是理想的人格模式是什么呢？佛是人还是神？如果是人，他是什么样的人？人应该做一个什么样的人呢？

一　古老而常新的理想人格问题

古今中外的平常百姓、哲人圣贤都无法回避理想人格模式之思索与建构的问题，因为他们都要做人，都有选择人格模式的阶段。这当然也是哲学的主题。冯友兰先生说："圣人的人格是内圣外王的人格。照中国哲学的传统，哲学是使人有这种人格的学问，所以哲学所讲的就是中国哲学家所谓内圣外王之道。在中国哲学中，无论哪一派哪一家都自以为是讲'内圣外王之道'。"①

但是，究竟什么是人格呢？怎样理解"人格"呢？这是我们思考理想人格模式时首先必须澄清的问题。翻开中文辞典，几乎没有关于人格的现成的科学定义，有些词典甚至没有收入"人格"一词。从其渊源来说，"人格"是一个外来词，译自英文 personality。19 世纪以前的中文文献中查无此词。在西文中，personality 源于拉丁词 persona，原意指古希腊罗马戏剧舞台上演员带的假面具，代表的是剧中人物的身份。后来心理学借用此词，用以表示一个人在人生舞台上扮演的角色，这个角色是人自觉或不自觉、有意识或无意识地向公众、他人"公开的自身"，如人的穿着样式、行为举止、言语及其所表露的心迹，所有这些久而久之就在他人心中内化为关于这个人是一个什么样的人的印象，即人格形象。当然心理学所理解的人格有特定的含义，侧重于人的心理的方面，指的是人在日常生活中表现出来的相对稳定的个性心理特征和心理倾向的总和，如性格、气质、能力、需要、理想、信念等，简言之指的是人的个性心理。

"人格"一词进入中文后，很快便成为使用频率最高的词之一，在使用过程中，人们又根据不同的语境赋予它以不同的意义。因此要理解该词，我们必须到它的实际运用中去分析，因为语言的意义在某种程度上可以说就在它的实际运用之中。有时，人们在描述一个人的反复无常、捉摸不定时常说："这个人有双重或多重人格"，这里的"人格"指的是人的个性、性格或气质。我们还常说"要尊重人格"，这里的"人格"是法律学意义上的人格，意即人作为权利、义务之主体的资格。而"有损人格"中的"人格"指的则是人的应有的地位、尊严。最后，当我们说"提升人格"、"完满人格"、"人格高尚或卑劣"时，这里的人格是道德意义上的人格，意指人的品质、品德。上述几种意义的人格都还不是"内

① 冯友兰：《新原道》，见《冯友兰学术精华录》，北京师范学院出版社 1988 年版，第 272 页。

圣外王之道"、人格模式之探讨中所涉及的人格，因为这一意义上的人格含义更加广泛，包含了上述几种定义的部分内容，但又有新的内容。我们不妨把它称之为哲学意义上的"人格"。从哲学讨论人格问题时对该词的各种运用中，我们不难看出，哲学中所说的"人格"指的是人内在的精神境界、心态品质、思想观念、才智、世界观、价值观所达到的高度，以及外在的言行举止所表现出的样式、特点和价值，因此像智商、情商一样是衡量人的一种指标，所不同的是，人格这种标尺带有更大的总括性，是反映人的内外状态的一种综合指标体系。

理想人格模式是每个人对自己想成为的人、人作为人应进至的境界的构想。在一般人心目中，理想完美的人、自己想成为的人，不外是拥有万贯家财、有权有势、有地位、受人尊敬的人或出人头地的人。而哲人圣贤的理想人格除了有必要的物的因素以外，往往包含有较多的精神、气节方面的因素，有的甚至只有精神的因素。在他们那里，理想人格、完美的人实际上是理想的心理结构、完美的精神生活，因而带有超然物外、超凡脱俗的特点。如古希腊柏拉图的理想人格模式就是理性、意志、情欲三者处在一种最理想的关系状态中，亦即三者各司其职、把各自的德行如理性之智慧、意志之勇敢、情欲之节制完美地表现出来。具体地说就是让理性在心理生活中居于绝对的统治地位，使人体现出智慧的品格，并让理性支配意志和情欲，真正做到意志在服从理性时体现出勇敢的德性，情欲表现出节制的德性。如果一个人做到了这一步，那么在表现出"正义"这一美德的同时也就成了一个完美的人。弗洛伊德的理想人格就是本我（无意识的欲望）和超我（道德、法律规范及观念等的内化）在自我的调停下相互制约、平衡发展。本我和超我就像魔鬼和天使，自我的作用不是让一个吃掉、压制另一个，而是让它们各得其所，不产生根本的冲突，如果是这样，人就完美了。斯宾诺莎理想的人就是至善、至真、最幸福的人。至善和幸福又根源于至真，即一个人如果取得了与自然一致的真理，那么也就是最幸福、最美满、至善至圣的人。自文艺复兴以来的人本主义、人道主义者的理想人格则是个性的解放、尽情地通过满足人所具有的欲望而过一种快乐的生活。理想的人格更是中国古今思想家乐思不疲的问题。儒家把内圣外王即内有知识智慧、外有福德势力或外施王者之政当作理想人格的两个标准，要成为这样的人，人就应乐天知命、不忧不惧、至大至刚、刚健有为，与人同、与物同，达到"仁者浑然与物同"的境界。而老庄道家则把成为外生死、超利害、齐物我、寄情山水、清高遁世、回归自然、洁身自好、顾影自怜的神人、真人、至人作为理想人格加以追求，为了成为这样的人，便采取一种任性逍遥、自然无为、虚静、玄览、坐忘、鄙视功名利禄、不服从于权贵、维护自己的精神自由的人生态度。

二　始自凡夫　终至极圣

智者作为根植于中华民族文化土壤的佛学大师，在阐发自己关于做什么样的人，如何做好人的问题的答案时，一方面不离佛教经典，如依据《法华经》、《涅槃经》和《华严经》以及龙树等菩萨的诸大论；另一方面又博采中国各家人格学说之长，融会贯通，在此基础上，另辟新径，从而形成了自己别具一格的理想人格学说。

智者明确主张：学佛、修行乃至出家、禅定、止观等的终极目的不外是得解脱、入涅槃，而得解脱也就是成佛或作佛，而作佛也就是作一个人格完美的人，做一个完成了的人。其起点是现实的人即凡夫，终点是极圣。用智者的话说就是："始从凡夫，终至极圣"。[①]

佛作为人格圆满的人在做人的起点上与一般的人是毫无区别的。从体性上说，他们"同是非事非理，故不异"。[②] 其体性不一不异、无二无别，都是平等寂灭之相。说他们有理体，也只是权说，并不究竟，因为真正的本性是离言绝相、不可言说的。从事相

----

① 《释禅波罗蜜次第法门》，《大正藏》第46卷，第475页。
② 《华法玄义》卷第六上，《大正藏》第33册，第747页。

上说，尽管每个人都有自己的个性特征，但是佛在其做人的起点上与一般凡人并没有根本不同，即都是凡夫一个，都有无明烦恼、七情六欲、喜怒哀乐。只是经过漫长的艰苦修行，才成了一个彻底解脱、众德齐备的极圣。至此境界，即使示现为凡夫之相，但却是"被褐而怀玉"之人，即使出入淫舍，仍心身清净，入污染而终不被染。

"极圣"就是佛，就是智者追求的、想成为的人，也就是他一生极力鼓励、教化众生去追寻成就的人格模式。这与佛的教理完全一致。因为佛陀的教就是"诠理化物"，而"化物"就是"转"，即转迷成悟、转恶成善、转识成智、转凡成圣。前三转完成了，后一转也就完成了，即成圣。对于"极圣"这一完满的人、理想的人格，智者在不同的地方用了不同的名称加以表述，如"慈育之子"、"究尽诸法之人"、"无生法即是佛"、"尊妙人"、"至圣"、"圣者"、"长者"、"圆人"。① 那么，究竟什么是"极圣"呢？"极圣"具有什么标志？或者说一个人具备什么条件才算是极圣？这是一个平常而又极其复杂的问题，智者在不同情境、根据不同的对象从不同的方面深入浅出地阐述了自己的观点。圣是一实，描述多途。

三　名行相称，十德具足

首先，智者从世俗之人对长者、至圣的追求和理解出发，改造、升华这一理解，建构出了一种源于众生追求又高于众生追求、并有利于众生去追求的理想人格模式。一般人所崇敬、追求的长者形象及其特征不外表现在三个方面，一是从名上来说，长者"名厚"、"名远"。二是从人格结构的体上来说，具有"姓贵"、"位高"、"富足"等要素或德性。三是从用上来说，长者福德广博，

----

① 《四念处》、《法华文句》和《释禅波罗蜜次第法门》等论著中经常使用这类术语，可参阅。

因此自己享受福报，受人尊敬赞叹，同时又利益他人。智者认为：佛教所追求的理想人格或至圣形象在形式上也有这三个方面。

第一，佛教所追求的长者也有"名远"的特征或标志，不仅名扬海内外，而且"名行遍此三处"，即实报土、有余土和同居土。不仅如此，长者还"名行相称"，即名远行高，有与美名相一致的言行、智德、高风亮节，如称机施化，利乐有情。正因为如此，他才成为名副其实的"真实大人"，得到"极果"的大贵人。智者说："近不见其细陋，远但挹其高风，口无择言，身无择行，意无择法，名行相称，真实大人，内合如来三业，随智慧行，称机施化，名称普闻，德周法界，极果既成，必遍三土。"[1]

第二，从"正标位号"即人格结构的具体构件、标志上说，佛教追求的长者形象像世俗所谓长者一样也具有"十德"：（1）姓贵。所谓姓贵，指有辉煌的家族史，出自名门望族。世间之人要成为长者，首先必备姓贵这一条，如三皇五帝之裔，左貂右插之家。出世之人所追求的长者、佛教的理想圣人也具"姓贵"这一德，即经历了过去无数劫的修行，功德逐渐圆满，地位逐渐提高，影响不断扩大。如"佛从三世真如实际中生"，不是从今生一朝一夕的修习中来，因而有悠久、光辉的历史。（2）位高。世间之人要成为人们爱戴的长者，应有崇高的地位。佛教所崇高的圣人的位高则表现在"功成道著，十号无极"。所谓"十号"，即指佛有十种称号，如正遍知、正等觉、善逝、如来等，每一名号都从特定方面体现了佛的特点。（3）大富。世人所崇拜的长者应是富有的，如"铜陵金谷，丰饶侈靡"。佛教所崇尚的圣人的"富"则表现在"万德悉皆具足"，如各种福德、智德、断德、恩德应有尽有，广行善事，福德无量，智慧超凡至极，对宇宙人生有洞彻的把握，断尽苦累，同时又能恩泽寰宇。此外，圣人的大富还表现在：有其与正报统一的依报，即有殊胜的依存环境，或者说，其居住环境美不

[1]　《法华文句》（合），第 142 页。

胜收，如离垢，国土平正，清净严饰，安稳丰乐。①（4）威猛。世人所崇拜的长者必具威猛这一条，即"严霜隆重，不肃而成"，威望极高。佛教所崇尚的圣人的威猛则表现在"十力雄猛，降魔制外"。（5）智深。世人所崇拜的长者具有智深的标志，即"胸如武库，用之则行，舍之行藏"。智者所推崇的圣人也有"智深"的特点，这表现在"一心三智"，即一心具足道种智、一切智、一切种智，对宇宙人生的实相"无不通达"，"周赡大度"，博学多问，内心丰足无比。佛的智慧不仅体现在周边一切、无所不知之上，而且还表现在究竟、深极之上。因为他彻底究尽了宇宙人生的终极本性和真理。因此堪称最高的智慧或无上正等正觉。智者说：这种智慧或等觉的特点是："观达无明无始源泉底，边际智满，毕竟清净，断最后穷源细微无明，登中道山顶。"② 这就是说，此智不仅有强大的认知和理解功能，而且有卓越的解脱功能，是别的智慧所不可企及的真正的生存智慧。（6）年耆。要成为人们心目中的长者，受人尊敬，必须有一定的年龄，"苍苍稜稜，物仪所伏。"智者所推崇的至圣也具有"年耆"这一特征。这里所谓"年耆"主要指"早成正觉，久远若斯"。（7）行净。要成为世人心目中的长者必须有净行，即去恶行善，言行一致，"所行如言"，人品清白无污。智者的理想人格也有"行净"这一标志，主要表现在身口意三业或三种行为不轻率，始终能根据智慧而行动，或"依理而行"，因而万无一失，至善至美，动机与效果完美统一。此即"三业随智，运动无失"。智者对佛的这方面的德性有许多赞叹，如："究竟离虚妄，无染如虚空，清净妙法身，湛然应一切。"③（8）礼备。世间之人要成为长者，必须有"礼备"这一德性，即"节度庠序，世所式瞻"。智者的理想人格在"礼备"方面的表现则是"具佛威仪，心大如海"，言行举止符合礼仪轨则，因而堪称楷模，此即

---

① 《法华文句》（合），第136—137页。
② 《法华玄义》卷第五上，《大正藏》第33册，第734页。
③ 同上。

"礼节训人一路"。（9）上叹。要成为人世间的圣人、长者，不仅应受到下层平民百姓的尊敬，而且还应受到万人之上的君臣的赞叹、佩服，甚至为"夫子一人所敬"。孔子之所以被公认为万世至圣，他就具有这一特征。智者的理想的圣人也是如此，即"为十方正觉所共称誉"、"上人所敬"。（10）下钣。要成为世人心目中的长者，必须受到人们发自内心的拥戴，"为四海所钣"。智者的理想人格，不仅受"上人所敬"，而且为普天下人所归。要这样，必须福智双全。总之，"十德具足，乃名长者"。① 只有言行举止、衣食住行中贯彻了这十德，内智广心宽，外仪态稳重庄严，举手投足堪称表率，为人敬仰，言行在效果上自利利他、自觉觉他、自匠匠他、觉行圆满，才是佛，才是真正进入了涅槃的人，才是理想的人格，才是完美的人。

至圣不仅仪态相貌、言行举止、内心世界等应具十德，而且每一刹那的一心也应具十德。只有这样，才能谈得上人格上十德的完美，因为一粒微尘映现整个宇宙，一言一行、一心一念折射着整个人格。只有把每一念头处理好了，川流不息的完满心念才构成圣人的完美的内心世界。一心十德分别为：（1）观一念能观心智从实相出，生在不思议境种姓之家。（2）于一念中缘理发誓，三惑不起，虽未发真，但是着如来衣、称寂灭忍，此是观心位高。（3）一念中三谛含藏，一切功德巧安称理，此为心大富。（4）于一念正观之德降伏爱见，除三谛惑。这就是心威猛。（5）一念中道双照，权实并明，无塞不通，此即心智深。（6）一念中久积善根，这可谓心年耆。（7）一念观中能观心性，此即观心行净。（8）一念依真之位，历缘对镜，威仪无失，这就是心礼备。（9）一念深信，诸佛欢喜，这就是观心上敬。（10）一念中不生法爱，致威下供，心灵的纯洁受四海敬仰称颂，以致表现出"下钣"之德。②

怎样才能完满自己的人格，成为至圣呢？智者说："莫不

----

① 《法华文句》（合），第142—143页。
② 同上书，第143—144页。

须修于观，方成果德，今须于目前行心中观此十德，修于十乘。不离凡夫所见，成等正觉。"① 即是说，完成自己的人格在时间上不要等将来，而应从现在做起，从当下的一言一行甚至当下的一个念头修起，向十德方向努力。从行动的主体上说，圣人不是凡夫之外的人，而就是凡夫俗子中的一员，区别只在于，圣人"成等正觉"，而凡夫还在痴迷中。因此做圣人、完成自己的人格应从自我做起，从自我当下所拥有的见识开始，不断将其转化、升华，即立即着手进行转识成智、转迷为悟、转凡成圣的工作。

第三，从用上来说，长者不仅自己得福报之果，内有智断二德，外有"赀财"，而且还利益众生，使人无不生敬，赞叹其德业。长者的内德表现在：智德无比，能如实地把握宇宙人生实相，同时根志纯熟具有"断德"，即有能断除烦恼、斩断生死之流的功能性质。外德表现在：外有万德，福慧田能养命。"禅定以福田资般若命"，"实境为佛智所讬"，"以禅定田，栖实境宅，资养般若身命也"。佛福德无量，"无行而不修"，因为其田极多；"智慧无境而不照"，因为"宅则甚众"。②

总之，佛有最上的福报，因此就有最优越的条件（宅、田）去修一切行，有最好的土壤（宅、田）去资养智慧和身命，从而得最上智、成等正觉，无境而不照，成就极果、圆果。由于长者永尽无余，成就无量知见，力无所畏，有大力神及智慧力，具足方便智慧波罗蜜，加上大慈大悲、常无懈倦、恒求善事，因此长者不仅有大慈悲心，而且有能力、力量化度众生，利益一切。为了度众生，长者教理共用，应病予药，以智慧方便，于三界火宅，拔济众生，从而使有情同沾法益。③

----

① 《法华文句》（合），第 143 页。
② 同上书，第 143—144 页。
③ 同上书，第 158—161 页。

四　因无上与果无上

在智者的理想人格模式中，极圣之所以为极圣，不仅体现在最终的结果之中，而且还体现在过程之中。基于这一认识，智者从因果过程上对圣人形象作了描述和揭示。在《法华经·譬喻品第三》中，舍利弗听佛陀说到"我当作佛、众生都可成佛"时，疑惑不解。而当佛陀说明了成佛之道后，便"疑悔永已尽，安住实智中"。[1] 所谓成佛之道，也就是至圣之道，是大丈夫所行之道。因为，佛也就是至圣，就是大丈夫，就是"大士"。所谓士就是凡夫，作为凡夫一员的至圣不同于一般凡夫的地方就在于他的"大"，即想大丈夫之所想，行大丈夫之所行。因此大士也就是进到了"无上"境界或具有"无上"品格、素质、特征的人。

对于"无上"，智者根据龙树的《十住毗婆沙论》和《菩萨璎珞经》作了解释。在解释中阐发了极圣所应具有的品格。在智者看来，"无上"就是极致、尽善尽美，表现于因和果两方面，而因无上和果无上又各有七种。

从因上来说，无上之圣者首先应具有身无上的特征，即相好庄严，有福德、威德，猛威有号召力、凝聚力，使人肃然起敬。例如堪称人间楷模的至圣佛陀就有三十二相、八十种好。本来，佛"法身虚极"，不存在形声心识之类的可见可闻特征。但由于其体有大慈大悲之用，因而有形声特征应现。智者说："以慈悲之力随有应见清净三业之机而得乐免苦者，即便为现瑞严相好及妙音声。"[2] 所谓三十二相就是身体主要部位的三十二种明显的特征。对此，《法华文句》解释说："相名有所表发，览而可别，名之为相"，即是区别贤与非贤的外在标志。"如来应化之体现此三十二相，以表法身，众德圆极，使见者爱敬，知有胜德可崇，人天中

----

① 《法华文句》（合），第134—135页。
② 《法界次第初门》卷下之下，《大正藏》第46册，第696页。

尊，众圣中主。"例如"一，足下安平如盫底；二，足下千辐轮相；三，手足指长胜余人……十一，身纵广等；十二，一一毛孔生青色柔耎（软）……十五，身光面各一丈……十九，上身如狮子；二十，身端直；二十一，肩圆好；二十二，四十齿具足；二十三，齿白净……二十八，梵音深远如迦陵频伽声；二十九，眼色如金精……三十一，眉间白毫相如兜罗绵；三十二，顶肉髻成。"[①]

八十种好与三十二相一样都是表现佛之身形的瑞严特征的，不同在于"相总而好别"。根据智者的解释，八十种好是"佛具之以生尊敬"的、表现于身体各部位的进一步凸显相好的细微特征。如果说佛超越凡夫的显著之点是三十二相的话，那么其微细隐秘难见之处就是八十种好，即容貌的八十种细微特征，表现于头、面、鼻、口、眼、耳、手足等。另外，之所以被称作"好"，是因为它们是"可爱乐"的特征。智者说："以八十种好庄严身，故天人一切之所爱乐。"佛之所以有此好的特征，一是由佛不住涅槃所使然，二是"以慈修身故，有此清净相好之身业也"。[②] 如第一好是指甲狭长薄润、光洁明净，第二十八好是唇色红润光泽、上下相净，第三十三好是鼻梁修长、不见鼻孔，第四十二好是耳轮阔大、成轮埵形，第七十三好是以一音说法，有情之类各得其解，第八十种好是手足及胸皆有吉祥喜施之相（即卐）。[③]

因无上的第二种表现是受持无上，即能做到自利利他。不仅自己得大利益，得解脱，而且也同时使别的一切众生得解脱。不仅如此，在别的众生没有解脱前，自己就不入涅槃，也就是马克思主义者常说的只有解放了全人类才最后解放自己。基于此，智者阐述了自己对"如来"的新的独特的解释。他不赞成把如来理解为"从真如实际中来，善逝自及化人去至涅槃"，认为这未"解佛所说义"。他的解释是："如来道阴之主，世界权应之宅，众生慈育之

① 《法华文句》（合），第133页。
② 《法界次第初门》卷下之下，《大正藏》第46册，第696页。
③ 《法华文句》（合），第133—134页。

子。举此三事，大皆彰矣。无来无去，故名如来。"① 这也就是说，如来除了无来无去这一特征之外，还有三件大事，其中之一就是要作"慈育之子"。

第三种因无上就是：具足无上，即命见戒，持戒清净，忍辱负重。

第四种因无上就是智德无上，具体表现就是具有四无碍智或四无碍辩、四无碍解。所谓无碍就是无挂无滞、通达自在，自在涉入而无碍，自在融通而为一体，就像灯光互相涉入、完全融合、无有滞碍一样。"四无碍"指的是佛菩萨说法化度众生的才智、见解、辩才的四种无滞无碍。当这种才能表现于意业时就是四智无碍，表现在口业上就是辩才无碍。（1）法无碍，能诠之教法名为法，于教法无滞，或于所说名字语言，无著无滞；（2）义无碍，知教法所诠之义理而无滞，又能知一切义，皆入实相门；（3）辞无碍，以语言说名字，种种庄严，言语随其所应，能令众解，于诸方言通达自在；（4）乐说无碍，以前三种之智，为众生乐说自在。

第五种因无上就是不思议无上，即广行六波罗蜜。所谓波罗蜜就是度达彼岸，或度无极、事究竟。这里的"事"指"自行化他"之大事，于此大事，能达致圆满无缺。佛教中的圣人具有六种帮助自己、他人克服烦恼和缺陷进而由此岸度到彼岸的方法，如持戒度毁犯、布施度悭贪、忍辱度瞋恨、精进度懈怠、禅定度散乱、智慧度愚痴。这就是六度或六波罗蜜。

第六是解脱无上，即断除烦恼、所知二障，心灵进至空明宁静、安详快乐的境界，无系无缚，自在超脱。智者说："如来是安乐人，安乐是如来法。"②

第七种因无上是圣梵二行。所谓梵就是清净的意思，断淫欲、得清净的行持就是梵行，圣行就是佛菩萨的行法。因此圣梵二行也

----

① 《金刚般若经疏》，《大正藏》第33册，第83页。
② 《法华文句》（合），第327页。

就是自利利他、同登极乐，让自己和他人永住调伏心的行持。① 智者说："住调伏心，是贤圣行。"②

与七种因无上相对应的分别是七种果无上。第一、身无上。所谓身无上，就是做"大丈夫"，③ 有大丈夫宽广无边的胸怀，有无可比拟的胆识才智，气宇轩昂、言行一致。第二、受持无上，即大慈大悲。第三、具足无上，即到彼岸，克服了各种烦恼，进到了无挂无碍、自由自在的彼岸世界。第四、智无上，也就是具有认识宇宙人生实相的真智实慧。第五、不思议无上，即得到了"阿罗汉果"，这是尽断三界见思二惑所达到的果位，已至修学的顶端。有三义：（1）杀贼，意谓杀尽一切烦恼之贼；（2）应供，即应受天人的供养；（3）不生或无生，即永远进入涅槃，不再生死轮回。第六种果无上就是解脱无上，即得到了前一部分所说的大涅槃。第七种果无上就是行无上，即三藐三佛陀④。所谓三藐三佛陀，是佛十号之三，旧译"正遍知"、"等正觉"，新译为"正等觉"。"三藐"意为"正"，"三"意为"遍"，"佛陀"名"知"，意为正遍知一切法。之所以称"正等觉"，因为相对于外道之邪觉，称罗汉为正觉；相对于罗汉之偏觉，称菩萨为等觉，相对于菩萨之分觉，称佛为正等觉。

智者认为，通向极圣的道路就是无上佛道。这些道即是至圣之道，而每一道实质上又是圣人的标志或品质本身。它们分别是：道当清净，秽浊非道；道当一心，多想非道；道当知足，多欲非道；道当恭敬，骄慢非道；道当检意，放逸非道；道当显耀，自隐非道；道当连属，无行非道；道当觉悟，愚惑非道；道当教化，悭吝非道；道近善友，习恶非道。⑤ 所有这些道，归根结底就是一道，即圆妙实相之道。而圆妙实相也就是无上道。行此无上道就是极

----

① 《法华文句》（合），第135页。
② 同上书，第115页。
③ 同上书，第135页。
④ 同上。
⑤ 同上。

圣，或者说通达此圆妙实相就是极圣。

五 三身、三法、四德

释迦牟尼佛是从凡至圣的典范。智者通过对释迦牟尼佛以及其他十方诸佛的人格结构及其德性的个案分析，生动具体地描绘了最高的圣人形象。

所谓三身就是法身、报身、应身。智者在《法华文句》中认为：毗卢遮那就是法身。所谓毗卢遮那，可意译为"光明遍照"、"照一切处"。[①] 所谓法即可轨，诸佛轨之而得成佛，以法为身，故名法身。智者认为：毗卢遮那由于真如平等，性相常然、身土无碍，因而遍一切处，无处不在、无时不有。法身佛亦即法身如来。之所以被称作如来，是因为"乘如实道来成正觉"。"如者，法如，如境非因非果，有佛无佛，性相常然，遍一切处而无有异为如，不动而至为来。"[②] 在特定意义上还可以说，法身就是谛理或实相，而谛有空谛、假谛和中谛三种，因此也可以说法身有三：一、但空法身，空为其身；二、即假法身，灭无常色而获常，我、乐、净三德可如此类推；三、即中法身，如来法身非常非无常，我、乐、净三德可如此类推。[③] 此外，智者还有"实相法身"之说。智者说："背荷肩担非身而身，实相法身，非因非果即是两肩"。[④] 与法身契合的卢舍那是报身。报身卢舍那如来，修因感果，名之为报。而报有自报和他报之分，前者即理智如如不二，他报即相好无尽。从翻译上说，"卢舍那"可译为净满。智者说："名为净满，一切皆满。"[⑤] 因其诸惑尽净、众德悉圆、光明遍照、内以智光照真如法界、外以真身照应大机，故名。所谓应身佛即指功德如法身应现成

---

① 《法华文句》（合），第135页。
② 同上书，第364页。
③ 《仁王护国般若径疏》卷第二，《大正藏》第33册，第264页。
④ 《金刚般若经疏》，《大正藏》第33册，第81页。
⑤ 《法华玄义》卷第五上，《大正藏》第33册，第734页。

道之释迦如来。他的智与体冥，能起大用，随机普现，说法利生，故名应身。"释迦牟尼"意即能仁寂默，寂默故，不住生死，能仁故，不住涅槃。

智者在《光明玄义》中对三身还有另一种解释。所谓"身"即聚集，聚集诸法而成身，即佛之身。法身即理法聚，即是说如来之聚集，包摄宇宙人生的一切理、一切本质与规律。报身就是智法之聚集，意思是说佛之身储藏的是关于宇宙人生的大智大慧。佛之应身就是功德法之聚集。简言之，聚集一切功德之法，起用化他，随机应现而成就的就是佛。法报应三身也就是理智悲三身。即是说，佛之所以是佛，之所以是极圣，就在于他有理、智、大慈大悲的品德。他的身躯是理、智、悲的聚集、化身。因此要成为佛、成为极圣，就应与宇宙万法之理合，穷尽这个理、掌握这个理；就应有大智大慧；就应以大智大悲、大慈大悲、大神通力利乐有情，为整个人类及其所依存的宇宙环境谋福利。三身与智者常说的三谛也有联系。法身是中谛之德，报身是空谛之德，应身即假谛之德。如果三谛圆融相即，那么三身也相即无碍，三即一，一即三，不一不异。

智者不仅用理智悲三种品格概括佛的理想人格，而且还用法身、般若、解脱三法说明佛之人格的理想合成。所谓法身就是佛与众生共有的本性、体性，此体性在凡不减，在圣不增。所谓般若就是佛究竟始觉之智，能了知一切诸法的本性。所谓解脱就是无系无缚、自在解脱，永离一切业累之缚、得大自在。从其潜在形式而言，这三法也是众生所具有的，至少具有其可能性或种子。佛之所以是佛，之所以是至圣，不仅表现在他将它们现实化了，而且使其同时具有常乐我净四种德性。所谓德就是性质的完全显现，因此说三法有四德也就是说佛及其每一人格因素都充分展示、凸显了常乐我净的性质。如前所述，所谓常就是在否定众生执著的常、二乘追求的无常的基础上的中道之常，超越了常与无常的常。此常作为佛的人格结构的德性不是指佛的肉身不灭，而是表明佛的精神、人格超越了生与不生、死与不死、常与无常。所谓乐同样是一种中道之乐。它不是感受之乐，而是超越苦受与乐受之上的大乐、无漏之乐。因为感受之乐无常败坏，毕竟苦。这表明佛是一绝对幸福快乐的人，因为他的乐不是建立在财色名食睡等可感的有形事物之上的，不是感性欲望满足后所得到的快乐，而是超感性的、超功利的，不由任何东西引起的绝对的乐。所谓我也不是众生所执著的小我、假我，更不是二乘的无我，而是超越两者之上的自他不二、依正不二的大我，具有实、真、主、依、性不变等德行，是绝对的自由，自主、自在。所谓净则是佛的心灵纯净无污染、无执著、道德高尚的品格。由于佛的心灵"实法不颠倒、念想观已除、言语法皆灭、无量众罪除，清净心常一"，[1] 因此像大圆镜一样对任何境、任何物、任何刺激都能保持如如不动的状态，像清澈透明的泉水一样平静纯洁，不起波浪，同时又能以慈无量心、悲无量心、喜无量心，舍无量心对待一切，诸恶不作，众善奉行，时时事事处处体现出高尚、完美无缺的道德情操。总之，具足上述中道四德就是进入了大涅槃，就是成佛，就具有理想的人格，就是做人的完成。

六　极圣之极谛

智者对极圣内外特征的揭示是多角度、多方位、多层次的，除了前述几种概括之外，还有多种，这里略加分析。

"八音"。智者认为，八音是佛在声音上的特殊奇妙、富有魅力的特点。这些特点有"发听者善心"、引起听者生信敬之心的作用。之所以如此，是因为此音是诠理之声。"言辞清雅，闻者无厌，听之无足，能为一切作与乐拔苦因缘。"八音分别是：极好、柔软、和适、尊慧（能令闻者尊重、解慧开明）、不女音（狮子吼声，有世雄之德，能令天魔处道归伏）、不误音、深远音、不竭音。[2]

---

① 《四念处》卷第一，《大正藏》第 46 卷，第 555—562 页。
② 《法界次第初门》卷下之下，《大正藏》第 46 册，第 697 页。

"三念处"。佛尽管以八音说法，教化众生，但听者的反应是各不相同的，如有的有异议、不赞成，甚至诽谤、攻击。在这种情况下，佛会表现出自己三念处这一非同一般的人格特征。所谓"念"指"慧心能缘"，"处"即慧心的安顿之处，此处即指"平等之理"。智者说："佛以慧心，缘于平等不增不减之理，是以违顺学者，心无忧喜之相。"也就是说，佛由于体性常一，因而能以平常之慧心正确对待听法者、学法者的或违或顺的反应，不会为不同的反应产生或忧或喜的情绪反应。即使面对不令人满意的情景，也能心安理得。这里讲的其实是圣人面对一切违顺之境必然会采取的为人处世的态度，其实质是强调圣人具有不同于凡人的这样的特点：面对一切刺激、环境，圣人都会保持一颗不动不变的平静心态。智者说：佛的三念处"即是以慈修意，能现平等清净之意业也。"① 三念处分别是，第一，不会因为人们不一心听法而忧虑；第二，不会因为人们一心听法而喜、而得意；第三，于一切对象和环境，不仅不会有情绪、心态变化，而且"常行舍心"。

从用上说，佛有五眼六神通，以及十力、四无畏、十八不共、八种变化等特点。十力是指：是处非处力、业力、定力、根力、欲力、性力（佛知世间种种无数性、如实遍知）、至处道力、宿命力、天眼力、漏尽力。四无所畏是指：一切智无所畏、漏尽无所畏、说障道无所畏、说尽苦道无所畏。十八不共法是佛所具有的"不与凡夫二乘菩萨共有"的"极地之法"。之所以如此，是因为"诸佛十力之智内充，无畏之德外显"。这十八不共特征分别是：身无失、口无失、念无失、无异想、无不定心、无不知己舍、欲无灭、精进无灭、念无灭、慧无灭、解脱无灭（佛不仅没有失去解脱，而且得两种解脱，一有为解脱，即通过无漏智慧获得了解脱，二无为解脱，指一切烦恼都灭尽无余了）、解脱知见无灭、一切身业随智慧行、一切口业随智慧行、一切意业随智慧行、智慧知过去

---

① 《法界次第初门》卷下之下，《大正藏》第 46 册，第 697 页。

世无碍、智慧知未来世无碍、智慧知现在世无碍。①

　　八种变化是二乘圣人所没有、唯有佛菩萨才有的特点。所谓"变化"是指这些圣人所具有的巨大的"自在之用"和深厚的"利物之功"。之所以如此，是因为他们长期坚持四摄六度、善住六和敬之法，因而"与一切，犹如水乳"，自在无碍地教化救度众生。八种变化分别是：能作小（能以小身甚至极微的形式出现）、能作大、能作轻、能作自在、能有主（即能随意自在发挥作用）、能远到、能动地（能以变化力令大地震动）、随意所欲尽能得。②

　　从前面的论述，我们不难看出：智者释经、著书立说的特点是，既注重细节的深入挖掘，又不拘泥于细节，而试图高屋建瓴、抓宗举纲。正像拉网打鱼一样，既重视每一个网眼、网结的作用，更注重纲宗的作用，因为只有纲举，才能更好地使目张开。基于这种方法论，智者在揭示经论之言义时便十分注重析体、明宗。在根据有关经论探讨、建构理想人格模式时也贯彻了这一方法论原则。在智者看来，佛之所以为佛，之所以有其独有、非同一般的内外人格特征，最关键之处在于：诸佛以谛理为师，彻证谛理，进而安心于谛，顺谛理而行。智者说："相尽解极，即是为佛。"③ 所谓相尽，即穷尽了诸相之实相，就此而言，可以说，佛是穷尽诸法"之所归趣"的人。④ 所谓"解极"，即指对谛理或实相的彻底、圆满无缺的证解、彻悟，即是真正的"理解"。智者常说，诸佛以谛理为师，终至"顺理而解"。有此对理的极解，贯彻到一切行为之中，顺理而行，便有真正彻底的解脱。因为迷理即惑，即堕凡夫，即有种种苦恼、累缚。反之，获极解，明了诸法的本来面目，便不会执著于妄见所生的诸法，而安心于实相或毕竟空理或第一义空，进而便有"苦尽累灭、寂然永乐"、解脱、安乐、洒脱、自由自在、慈悲、上敬下效等功德和妙用，有妙觉之果，有各种以

----

① 《法界次第初门》卷下之下，《大正藏》第46册，第695页。
② 《法界次第初门》卷下之上，《大正藏》第46册，第693页。
③ 《金刚般若经疏》，《大正藏》第33册，第80页。
④ 《法华文句》（合），第221—222页。

"大"为特征的美好相状。因为有究竟解脱、无上佛智，便能断无所断，成为无上大士，至此境界，"三德不纵不横，究竟后心大涅槃也。一切大、理大、誓愿大、庄严大、智断大、遍知大、道大、用大、权实大、利益大、无住大。"① 一言以蔽之，顺理而解、相尽解极即是佛，三谛不来不去即是佛，无生法即是佛。② 这就是去凡成圣的秘密和终极真理，是极圣之极谛。

----

① 《法华玄义》卷第五上，《大正藏》第33册，第734页。
② 《摩诃止观》卷第四上，《大正藏》第46册，第41页。

第六章

佛性与一念三千
——解脱的内在可能性及其机理

既然佛或极圣常乐我净，人格完满，福智双全，断除生死烦恼，受人尊敬，那么认清这一点之后，许多人也许会生起成佛至圣的愿望，乐意做一个像佛一样的人。但是问题在于：凡夫俗子，特别是沉迷于声色口腹之乐的人，甚至业障极重、罪恶滔天的人能不能成佛呢？如果能成佛，是在今世还是在来世？众生成佛的根据是什么？应具备什么条件，通过什么途径才能实现这一崇高的人生理想？众生成佛是靠自力还是靠他力？是直下顿了，还是历劫修持？这些问题都涉及佛教中常说的佛性问题，而佛性问题既涉及哲学和日常生活中常常碰到的人性问题，又与宇宙万物的本原、每一事物或法的构成与本性等问题有关联。对这些问题的研究，不仅是人生解脱论必不可少的，而且对许多重要哲学问题的解决都有不可估量的意义。

一　众说纷纭的佛性

"佛性"一词译自梵语 Buddhatā，其异译还有"如来性"、"觉性"等，在特定的意义上还可将其理解为佛界、佛藏、如来界、如来藏、真如、自性、常住佛性、妙真如性、真如实相等。此处言"界"、"性"等都有"因"、"本性"的意义，指对象的自有、不待因缘、不变坏、遍一切、能使可能之因转变为现实之果的体性。

一般而言，所谓佛性就是佛之本性、佛之成为佛的根本属性。佛在未成佛之前也是芸芸众生中的一员，之所以成佛，主要是由其内在的本质属性即内在的清净本性、觉悟本性、真如实性所决定的。这种内在的本质属性、成佛的根据或可能性就是佛性。当它由可能变成了现实，就是现实的佛性或果佛性，就是佛的显现的、不同于其他存在的根本规定性，具有这种佛性的人就是佛，就入涅槃，在这个意义上也可以说佛性就是涅槃。但是，如果没有佛性这种成佛的可能性，就谈不上成佛至圣，因为没有可能性的事情是做不成的，再努力也没用。在人生哲学中，我们关心的主要是我们人类这种众生能不能成佛至圣这一问题，因此我们关注的就不是一般的佛性或作为一切事物的普遍本质的法性，而是作为人的本质属性的人性问题。只有认清人性的内在结构，认清此结构中有无成佛的内在根据，我们才会有成佛至圣的方向。

在智者之前，佛性问题已是佛学研究中一争论颇为激烈、看法各异其趣的问题。尤其是在智者时代，随着《大般涅槃经》在此之前的译出和竺道生的"一阐提也有佛性"之说的提出及其所引发的争论，佛性研究呈现出空前繁荣的局面。在印度小乘佛教发展的初期，佛性问题没有明确地被提出来，因而也就没有系统的佛性说。正是基于此，智者认为："大小乘通有十二部，但有佛性、无佛性之异耳"，① 即是说大小乘有共同的地方，即都有共通的十二部，但也有不同，其中主要表现在，小乘佛教没有明确独立的佛性说，尤其是没有出现一切众生皆有佛性这样的主张。当然，各部派在将佛陀的教义理论化、系统化的过程中并非完全没有注意到佛性问题，至少有间接的涉及。例如分别部认为：佛性即万法的空的本性，认识到此本性，与之相契就是佛，就是涅槃。说一切有部则认为：众生没有本有先天的佛性，但有通过修持而得的佛性。这又有三种情况：第一，犯重禁的人永无佛性，即使修也没有成佛的可能性；第二，不定有无，即有些众生可能有、可能无佛性，修时即

----

① 《法华玄义》卷第十上，《大正藏》第33册，第803页。

得。第三，声闻、缘觉，菩萨肯定有佛性，具备了一定条件，他们就能成佛。

到了印度大乘佛教时期，对此问题的认识逐渐深化，并在许多问题上趋于统一。例如瑜伽行派以种子和转依来说明如来藏、佛性以及众生能否成佛、如何成佛的问题。其中有一些人主张有五种种性（种子），其中有的本有，有的熏习而成，因此主张有的人天生就有佛性，有的没有。对如何成佛的问题，唯识学提出了"转依"的思想，即认为依据一定的种子和条件可转识成智、转染成净、转凡入圣。到世亲著成《佛性论》，就开始形成了一种基本上公认的看法，即一切众生皆有佛性。世亲说："若依道理，一切众生，皆悉有清净佛性。若永不得涅槃者，无有是处。是故佛性决定本有。"[1] 他还将佛性分为三种，一是自性住佛性，即众生先天具有的佛性，二是引出佛性，即通过修行引发的佛性，三是至得佛性，即得佛果时，本有佛性得以显现。

大乘佛教传入中国后，尽管人们广泛接受了一切众生皆有佛性的思想，但是对于什么是佛性，成佛在今世还是来世，成佛是不是少数人的事情等问题仍存有激烈的争论。尤其是竺道生提出一阐提也有佛性这一大胆革命性的主张之后，围绕佛性的广泛问题展开的争论达到了高潮，真可谓"纷纭争论"，"莫有匠决"。仅涅槃师关于佛性意义的说法就有三类十二家。第一类以人言佛性。其中一家以众生为正因佛性。所谓正因即决定性的因，众生都具有成佛的决定性因素；另一家以六法为佛性，六法指五蕴（色、受、想、行、识）和假名的人。六法实际上就是众生，因此以六法为佛性实是以众生为佛性。第二类是从众生的心性中寻找佛性根源。其中包括五家，即分别以心（识）、冥传不朽（识神）、避苦求乐、真神（神明的本体）和阿赖耶识自性靖净心为佛性，第三类是从理方面讲佛性，有五家：（1）从当果上，即从将来可以成佛这一点上讲众生具有佛性；（2）从得理上，即从因

----

[1]　《佛性论·破执分》卷第二中。

中有得佛之理上讲佛性；（3）以真如即绝对不变的本体为佛性；（4）从第一义空上讲佛性；（5）以体证非有非无的中道的正智为佛性。此外，在讨论佛性的来历时，有的主张佛性"本有"，即本来固有，有的主张"始有"，即某一时间才开始有，后又出现调和的主张，即佛性既本有亦始有，两者并不矛盾。华严宗认为：真常心是佛性，有情有佛性，佛性在无情中即为法性。故主张成佛唯限于有情。据密宗，森罗万象悉是大日如来之法身，故立悉有佛性。三论宗废有关佛性之种种议论，以为别说因果即是迷执，故称非因非果之无所得中道为佛性。法相宗说二种佛性：一是理佛性，即所有存在之真如理体；二是行佛性，指含藏于各人阿赖耶识中的作为成佛之因的无漏种子。只具理佛性，而不具行佛性的人，不得成佛。基于此认识，又立五种姓说，即主张有菩萨、声闻、缘觉证悟所得之三种定姓，外加不定姓及永不能成佛之无姓；唯菩萨定姓与不定姓者具有行佛性。禅宗虽强调要成佛唯有明心见性、证悟众生本来面目，但却否定执迷佛性有无等问题，因为一落言诠，便在着相、便乖宗。

　　智者的老师慧思明确提出了"真如缘起论"，这对智者形成自己的理论起了积极的推动作用。慧思说："一一众生心体，一一诸佛心体，本具（染净）二性，而无差别之相，一味平等，古今不坏。但以染业熏染性故，即生死之相显矣；净业熏净性故，即涅槃之用显矣。"[1] 也就是说，十界众生的心体、本性都是相同的，不变不易，都有净染二性，其中的净性即佛性。众生现实地表现为染还是净，这取决于业。如果染业熏染性，即不发菩提心、不修道、作恶而不修善、染性为染业所熏，那么他们身上就会表现出现实的染性，就会显生死轮回之相。相反，如果作净业，乃至敬信三宝，勤修戒定慧三学，则净性必然转化成现实的真如性质，有此真如现起的众生就成为人天，乃至入涅槃、成佛至圣。

----

① 《大乘止观法门》卷一，《大正藏》第 46 册，第 646 页。

二　人性的实性即佛性

人像其他事物一样，不仅有外在的、可见可触的、相互在直观上区别开来的相状，而且有内在的性质即"如是性"。对于"性"，智者从三个方面作了规定。第一，性有不可改变、不动不易的特点，是事物本身所固有的。作为人的"性"也是如此，不会有时有、有时无，也不会因人而异，在圣不增，在凡不减，是人普遍具有的。第二，从种类上说，不可改的"性""种类之义分分不同"，也就是说，内在之性在不同的具体事物中有不同的表现形式，十法界众生有十种形式各不相同的"如是性"。第三，"性是实性，实性即理性"，也就是说，有一种性是实在的，是事物的本来面目，也就是内在的"理体"或"理性"，由于它"极实无边"，可以说是"佛性异名"，[①] 即存在于众生内部的"实性""实相""法性"就是佛性。不过，佛性不是人的独特本性，而是一切众生（包括有情、无情）的普遍性质。这倒不是说人类没有其区别于其他众生的独特标志。相反，人之所以为人，是由于他有独有的相、性、体、用、因、缘、果等。但它们都不是最本质的。人的最根本的内在性质就是佛性。那么什么是佛性呢？

智者的回答是："佛性者，名之为因"，"是因非果名之为佛性"，即入涅槃、成佛的内在根性、因性。在此意义上，智者常说"六度是佛性"，般若是佛性。如果此因性转变成了现实或结果，即是佛，"是果非因名大涅槃"。[②] 佛性在变成现实前尽管只是一种可能性，但不是无，而是有本体论地位的"实"。既然如此，就可用不同的名相予以描述。

首先，智者认为：佛性也可以说是实相。所谓实相就是包括众生在内的万事万物所共有的本质、本来面目，也就是"妙有"，即

---

① 《摩诃止观》卷第五上，《大正藏》第46册，第53页。
② 《法华玄义》卷第五上，《大正藏》第33册，第736页。

既有又无，既不是幻有，又不是顽空，而是空假中之统一，或干脆说："佛性即中道"。如果从中道上理解"我"，也可以说"佛性即我"。① 它"空理湛然，非一非异"，② 因此是如如不动、永恒常一的真实。它本身寂灭，因此也就是潜在的涅槃。谁体悟证得了这一寂灭之理，谁就在事实上进入了涅槃。它本身无相，但又无不相，即无不表现为相，无不表现于一切事物之中。表现于众生、表现于人身上就是他们的本来面目，也是他们得解脱、成佛的内在根据或种子。

其次，作为成佛的菩提种子的佛性"多所含受"，因此也就是"如来藏"，即一切众生本来藏有如来法身。世间一切众生都为如来之本性所摄，即是说如来的本来觉悟遍在一切众生之中。它不是由什么原因产生的，本身就是成佛的因，因而是本具的。"通亘本当"，即本有、当有，"非适今也"。③ 但是由于无始以来的无明作业，众生的这一本性、本来面目为诸烦恼业障所隐覆，众生看不到，正是在此意义上说"藏"，即众生的本来面目隐藏起来了。④ 尽管如此，众生本来就具有的觉悟之本性并不会因此而永远沉没，永不显现。相反，在相应的条件下，它也会像在如来身上一样得到完全的实现。

再次，从因果上说，佛性通因果、亦本亦始。这是智者对佛教思想史上佛性是本有还是始有这一聚讼纷纭的问题的一种回答。其基本观点是，佛性既是因，又是果。就它作为成佛的可能性、内在根据来说是因性，而非果，是本有，而非始有。智者说："一切众生正因为灭，不敢轻慢，于诸过去佛现在若灭后，若有闻一句，皆得成佛道，即了因不变；低头举手，皆成佛道，即缘因不灭也。一切众生，无不具此三德。"⑤ 也就是说，正因、了因、缘因这"三

----

① 《法华玄义》卷第六下，《大正藏》第33册，第761页。
② 《法华玄义》卷第八下，《大正藏》第33册，第783页。
③ 《妙法莲华经文句》卷第十上，《大正藏》第34册，第140页。
④ 《法华玄义》卷第八下，《大正藏》第33册，第783页。
⑤ 《法华玄义》卷第六下，《大正藏》第33册，第757页。

因佛性"是众生本具的,或者说众生在"天性"上具此三因佛性
(详后)。当修行人经过修习,完全透彻地明了自己的清净本觉的
佛性时,他就成佛作祖了,他此时的佛性就是果佛性,就是从觉悟
的那一刹那所始有的,由各种原因而生出的结果。这种果佛性也就
是涅槃。因此智者说:"佛性通于因果,另则因名佛性,果名涅
槃。"① "是因非果名为佛性者,此据性德缘了皆名为因。""是果
非因名为佛性,此据修德缘了皆满。""了转名般若,缘转名解脱,
亦名菩提果,亦名大涅槃果,皆称为果也。佛性通于因果,不纵不
横,修德时三因不纵不横,果满时名三德。"②

最后,从动态上来说,佛性表现为由潜在变为现实、由因转化
为果的过程。作为成佛之因、之内在根据的可能性佛性,就是因佛
性,它潜在地存在于众生之内,为无明烦恼所覆蔽,因而众生在没
有必要的智慧的情况下对它毫无意识。但它客观存在,本自具足,
并在适当的条件下可转变为现实。对此智者用不同的例子作了形象
生动的说明。在《摩诃止观》中,他认为此佛性就像"竹中火性"
一样,不可见,但不能说无,因为可燃烧的火性本来就存在于其
中,而且一有相应的条件,就燃烧起来。③ 因此它是燃烧得以可能
的根据,众生的佛性也是如此。智者还经常用莲华比喻佛性,莲在
成熟之前,尽管"莲不可见",但是莲客观地存在于莲华之中,莲
之所以成熟,根源就在于有其内在的种子或可能性。另外,智者还
常用"乳譬"说明佛性。乳可被提炼出来制成酪、生酥、醍醐等
成品,但在没有提炼出来之前,是与血混杂在一起的。尽管如此,
经过一定的程序,在一定的条件下变成乳制品是绝对无疑的。之所
以如此,就是因为血乳中有这种可能性。众生中的佛性也是如此,
乳是佛性,血是无明烦恼。无明等烦恼覆蔽本有的佛性,使众生不
能得见。当去掉无明等,了了见佛性,就成佛了,就像从血乳中把

----

① 《法华玄义》卷第三下,《大正藏》第33册,第714页。
② 《观音玄义》,《大正藏》第34册,第880页。
③ 《摩诃止观》卷第五上,《大正藏》第46册,第50—54页。

乳提炼出来做成醍醐一样。①

　　潜在佛性的实现就是果佛性。也就是说当用智慧观照等手段、通过修行等过程，具备了相应的条件，潜在佛性上所覆盖的无明烦恼被捅破、被抛弃，本有的寂灭、清净、觉悟、常乐我净的性质完全显现出来，众生就具有了现实的佛性。再细分的话；潜在佛性的实现可以区分出六个阶次，此即"六即佛性"，而"六即佛性"即第五章所说的"六即涅槃"。不难看出：只要像智者那样达到了对佛教的圆悟圆解，怎么说都不为过，一切都圆融无碍。所谓"即"，意思是相融无隔，有"是"之义。"六即"就是六个阶次在本质上是连贯的，相融相通，前后不二的。一是理佛性，即从理上说众生都具有成佛的可能性。二是名字即佛性，即通过听闻佛法或仅闻佛之名字而于名字中通达、了解一切皆为佛法。从而使佛性在理解的层面上显现出来。三是观行即佛性，在闻名字、理解的基础上依教修行，心观明了，理慧相应，从而使佛性在修证中显露出来。四是相似即佛性，进一步修证，仿佛现证佛理而得真解，得六根清净。五是分证即佛性，依相似之观力而发真智，始断一分无明而见佛性、开宝藏、显真如。六是究竟即佛性，破无明、发究竟圆满之觉智，觉道之究竟，使佛性圆满彻底显现出来，得道成佛。当完成了这种从可能向现实的转化时，证得了佛性的人就达到了成佛至圣的终极目的，进入了人生最理想的境界，也就是入涅槃了。在此意义上，涅槃也就是实现了的佛性，是佛性潜在形式的开发、实现和完成。众生藏有的潜在佛性则是涅槃展现的内在根据。因此果佛性与因佛性，涅槃与佛性种子就像燃烧之对于火性、莲子体之对于莲华、乳酪之对于血乳一样。由于涅槃不是佛性种子之外的另一个事物，现实的佛性不是潜在佛性之外的另一种存在，两者是同一种本体的从可能向现实的转化。因此求涅槃、见佛性本没有必要到众生之外、到当下的心理状态之外去求去证，只需在当下的苦道、烦恼业行中去努力。智者说："苦道是生死变生死身即法身，烦恼

_____

① 《法华玄义》卷第四下，《大正藏》第 33 册，第 739 页。

是暗法转无明为明，业行是缚法变缚成解脱。即三道是三德性，得因时不纵不横，名三佛性。修得果时不纵不横。"①

三　三因佛性与佛之相性体

"三因佛性"，即正因、了因和缘因佛性。对这三种佛性，智者在不同的时间地点作了不同的规定。所谓正因佛性，智者有时认为指的是真性轨，有的场合说是"识等七支"，有时认为指的是法性、实相、中道理体或"通十二因缘真如实理"。② 各种说法尽管有差别，但实质并无不同，指的是法性、实性，或众生的本来清净、寂灭、无污无染、常乐我净的真性、觉性。智者说：正因佛性"即第一义理也，若用圆妙正观，此即实相，方便不名为异。"③ 也可称作"无性"。法常无性，实相常住，无自性，乃至无无因性，无性亦无性，是名无性。"无性者即正因佛性也"，亦即是佛种。"种者能生为义"，有佛种即谓此性有生佛的根据。④ 对于了因佛性，智者有时认为指的是读诵经典，有时认为指的是观十二因缘智慧、一切智愿或观应轨。不过一般指的是"般若观照"。⑤ 而缘因佛性指的是资成轨、誓愿、修行、修福等资发般若智慧的功德。简言之，是指修善，而修善也是佛种。对于佛种，历来有不同说法，如有的经以烦恼为如来种，此是从境界之性而言的，有的以一切种智为佛种。智者认为，《法华经》以小善为佛种，"今经明小善成佛，此取缘因为佛种"，即修善才是佛种。在六道中修善，积小善，可成佛。⑥

当三种佛性都以潜在形式存在，各不相关时，众生就处在一种

----

① 《摩诃止观》卷第九下，《大正藏》第46册，第126页。
② 同上。
③ 《法华文句》（合），第115页。
④ 同上书，第118页。
⑤ 《法华玄义》卷第十上，《大正藏》第33册，第802页。
⑥ 《法华文句》（合），第183页。

不自觉的、为无明烦恼所控制的迷失状态，而当此三因佛性各发挥其德性，并通过动的交涉、相互作用而结合为一原因合力系统时，那么潜在的佛性就会变为现实的佛性。因为当众生发大誓愿用低头举手这样的修行，"观十二因缘，心具足诸行"，① 听闻佛法（缘因佛性）去资养般若智慧（了因佛性），用般若智慧观照十二因缘、观照诸法实相时，当彻悟了此实相（正因佛性）时，那么三因佛性在一个整体中便找到了各自恰如其分的位置，并有机地结合为一个圆满的整体，其中"缘因为相，了因为性，正因为体"，② 三者相即相融、无挂无碍。这样潜在的佛性就转化为现实的佛性、因佛性就转化为果佛性了。事实也是如此，佛菩萨之所以是佛菩萨，就在于三种佛性完满地实现了其德性，并有机地圆融统一在一起了。"缘因为相"，即缘众生，广行六度万行，大慈大悲，度一切众生，这就是佛的形象，而其内在的性则是般若智慧，相、性的体则是"自然清净心"，因此三者圆满的表现、圆满的融合就是佛菩萨③。

　　只要从体性上把握了三因佛性之实，那么不管用什么名相去说它，都会在理。智者为了让人明白这里的名实关系，常变换方式加以说明。如有时把三佛性称作三心：一缘因善心，二了因慧心，三正因理心。缘因心发，可住不可思议解脱首楞严定。慧因心发，即住摩诃般若毕竟之空，正因心发，即住实相法身中道第一义。三心发满，即住涅槃之德（解脱、般若、法身）。④

　　智者有时还把三佛性称作三般若。"般若乃佛性之异名，何得言非"。法性实相或实相般若即是正因佛性，因为"不来不去即是佛无生法，无生法即是佛"，"般若观照，即是了因佛性，五度功德，资发般若，即是缘因佛性"，因此三般若即是三佛性。⑤

- -

① 《摩诃止观》卷第九下，《大正藏》第 46 册，第 126 页。
② 《摩诃止观》卷第五上，《大正藏》第 46 册，第 54 页。
③ 《法华玄义》卷第二上，《大正藏》第 33 册，第 694—695 页。《摩诃止观》卷第五上，《大正藏》第 46 册，第 54 页。
④ 《法华玄义》卷第五上，《大正藏》第 33 册，第 734 页。
⑤ 《法华玄义》卷第十上，《大正藏》第 33 册，第 802 页。

还可以说三佛性即三轨。三轨即三法：真性轨、观照轨、资成轨。而三轨又是三道：苦道、烦恼道、业道，而苦道即法身，烦恼道即般若，业道即佛道。正因佛性即是真性轨，了因佛性即是观照轨，亦即是智慧，缘因佛性即是资成轨，即行愿。有智慧和行愿，正因佛性就能变成现实，即转化为佛。换句话说，众生皆当作佛，是因为其有正因性，如能读诵众经，即具备了成佛的了因性，如果同时还修功德，那么就为成佛提供了缘因性。三性具足，众生即可由凡夫转变为佛。①

四　佛性与一念三千

众所周知，佛、涅槃等都是净法、无为法，而凡夫之所以为凡夫，是因为他为烦恼等染法、有为法所充盈或覆蔽。佛与凡夫两者之间似乎有不可逾越的鸿沟。鉴于凡夫的特点，佛教经常说：在现实世界成佛比登天还难，非经脱胎换骨的变换不可，而这对于凡夫是不可能的。有道是：偌大一个娑婆世界只有释迦牟尼佛一人成佛。如果是这样，断言众生皆有佛性这一成佛之因似乎存在着理论和实践上的困难。再则，智者还像竺道生等大师一样承认：像阐提这样不具善性、不修善德的人也能成佛。很显然，这一主张所面临的理智障碍似乎更难应对。

面对这些难题，智者在论述他的佛性论时一般是根据谛理与诸法、无为与有为、实相与诸有相、佛性与众生的有为性相的关系，或用火性与火、湿性与水、醍醐与血乳、莲与莲华的比喻说明佛性在众生之中的客观存在及其在成佛中的作用。这些说明无疑能够解释根性善良、聪颖之人成佛的事实，但对于那些像阐提那样的人如何可能成佛则似不具有充分的解释力。其次，智者还注意到：如果众生心性都是一样的，即常寂不动、湛然清净，那么现实的人为什么五颜六色、悬殊极大。他自问道："佛子心性是一，云何能生种

----

① 《法华玄义》卷第五下，《大正藏》第 33 册，第 744 页。

种诸业？"① 为回答这类问题，当然还有其他目的，如进一步对世界的存在作出分类、说明各法门的关系、修道从何入手等，智者提出了他的独具一格的一念三千说。

如前所述，智者对宇宙万有的看法从根本上超越于常识本体论之上，但又不是绝对的虚无主义，当然又没有滑向实在论这另一极端。因为他既承认诸法毕竟空寂、了不可得的本质，同时又不否认它们"有"或"存在"、可轨生物解的一面，因而坚持的是一种超越于片面绝对的有无、空假之二边的中道观。既然智者在俗谛的意义上并没有否认法之存在，而是立一切法，那么这些法是什么呢？有哪些种类？是怎样生起的呢？与我们的心念是什么关系呢？法与法之间是什么关系呢？智者用一念三千四个字作了回答。从大的方面说，诸法不外十大类，即十法界，再细分，不外百法界、一千如是，进一步还可分为三千如是。此三千可"收一切善恶依正"。②但宇宙万法的奥秘又在于：任何一法甚至川流不息的任何一个念头都同时具足三千诸法。此即一念三千。

与三千诸法相对的心主要是指人们认识、觉知、思虑、抉择之主体，也指六根（眼耳鼻舌身意）与六尘（色声香味触法）相对、相关联而产生的六种认识，以及人对所谓的自我的执著与认识（自我意识），储藏业力种子和名言种子的阿赖耶识（藏识）。念就是主体自己可以在心内体验、内省到的川流不息、稍纵即逝的观念、想法、念头、意念等，如有时内观可以看到自己正有某一想法或念头，接着又想到要做什么事、要得到某东西，然后支配身体做出相应的动作以及在对动作的意识的基础上对动作作出调节。这是一连续的心路历程，由个别的纷至沓来的心念所组成。因此心并不是什么实体，而是一串观念或由一系列的念头组成的川流不息的意识流。而每一心念则是构成意识或心的基本元素。不仅如此，心念也是宇宙万法中的一分子。从终极本质上来说，它也同其他一切法

----

① 《摩诃止观》卷第八下，《大正藏》第46册，第114页。
② 《法华文句》（合），第80页。

一样是即空即假即中，亦即三谛圆融。因为当去看它时，可以发现它"过去已灭，现在不住，未来未至，三际穷之，了不可得"。①也就是说，它生灭变化，毕竟空寂，没有不变的自相、自性，不是不灭不朽的实体。随因缘生而生，随因缘灭而灭，"根尘未对，识本不生。"心念既如此，心之外的法就更是如此，因为后者又是随心生而生、随心灭而灭的。智者告诫求解脱的人说："当知唯心，无外境界"，"若无有心，则一切法皆无。"②

与一念相对的"三千"泛指心外千差万别的一切事物及其性相体用。智者认为：宇宙万物不外是以众生为中心、互为依存条件的有机整体。或者从果报的角度看，众生及其所生活的世界不过是众生过去的共业和别业所感召的果报，其中众生自己是过去业力的正报，他们所依止的一切环境、事物都是依报，因此整个宇宙实际上是依正不二的和合体。在此和合体中，具体地加以区分，可以说包含有三千种法或世间。为什么这样说呢？智者解释说："夫一心具十法界，一法界又具十法界、百法界。一界具三十种世间，百法界即具三千种世间。若无心而已，介尔有心，即具三千，亦不言一心在前，亦不言一切法在前，一心在后。"③要明白这段话和"一念三千"的真实含义，我们得从十法界说起。

在智者看来，有情众生即有情识的生命体从真谛的角度看，在本质上是毕竟空寂。但从俗谛的角度看，又有"存在"或"妙有"的一面，各有其特定的性相体用，这正是他（它）们能互相区别开来的标志。根据各自所具有的别相、因果、苦乐、性德、缚脱或清净解脱的程度可以区分为十类即十种法界，它们分别是：地狱、饿鬼、畜生、阿修罗、人、天、声闻、缘觉、菩萨和佛。前六类是凡夫俗子，故称六凡，后四类则证得了大智慧，故称为四圣。之所以把十类众生称为十法界，原因有三，第一，十数是能依，法界是

---

① 《童蒙止观校释》，中华书局1988年，第30页。
② 同上。
③ 《摩诃止观》卷第三下，《大正藏》第46卷，第30页。

所依，能所合称，故说十法界。第二，此十法各有因果，各各界畔分齐，相互不同，故称为十法界。第三，十法中的每一法都是体，都是法界，因此十法就是十法界。

为什么说十法界具三千种世间呢？智者认为：十法界中的每一法界都具有其余九法界的德性。也就是说，每一法界在有自身的别相的同时，又具有其余九法界的性相，例如人作为人有不同于其他九界的特殊性，但同时又有畜生、天、佛菩萨等的性质，即既有动物性、又有佛性。其他每一界也一样具有他（它）以外的九界的性德。这就是所谓的"十界互具"。既然一法界具十法界，那么十个十法界就可组成一百法界。百法界的每一法界又各具"十如是"。所谓"十如是"就是实相的十种别相或具体表现形式，也是把一切事物相互区别看来的十种别相或特殊标志。如前所说，万事万物的实相就是它们即空即假即中的真如本性，而这真如本性虽无相，但又无不相，即必然要通过特定的性相体现出来。具体地说，就是通过事物特定的如是相、如是性、如是体、如是力、如是作、如是因、如是缘、如是果、如是报、如是本末究竟体现出来。因此智者认为，十如是即是十如实相，其重要性不容小视。智者说："当知十如，乃是法华之理本，诸教之端首，释义之关键，众生之依止，发心之凭仗，权谋之用体，迷悟之根源，果德之理本。"①

在具体解释十如是时，智者分别从总和分两方面作了全面而深刻的说明。从总的方面看，第一如是相，指的是各法界所特有的、把自己与其他法界区别开来的"览而可别"的外在标志或相状。例如人的如是相不同于畜生的如是相，而佛有三十二相、八十种好。总之，十法界的相状个个如是，彼此相异，因而十法界才相互有别。但其体性则是无相的，是空假中的统一。第二如是性，指的是法界的内在的不可改变的方面或性质，如众生都有佛性，此佛性在十法界表现的程度各不相同，这种或被无明烦恼覆盖的佛性或被彻见的佛性就是十法界各自的如是性。第三如是体，指前述相性的

---

① 《法华文句》（合），第80页。

法体或基质，亦即性相所依存的特定的实体。十法界各自特定的体就是不同的色心，即物质和精神。第四是如是力，指法体的力用、功能。第五如是作，指依力用所造之业。第六如是因，指十法界各自作为结果的近因。各法界的近因不外各自所造的不同的业，如有漏业、无漏业，因此如是因也就是业。第七如是缘，指使亲因感召果报的条件、助缘。第八如是果，指由因所引生的结果。第九如是报，指由习因习果所感召的果报。第十如是本末究竟，指贯穿于前九法始终的共同原则、最一般的体性。所谓本即始，末即终，究竟就是根本性的东西。从别或具体方面看，智者把十法界归结为四大类。第一类是地狱、饿鬼、畜生"三途"或"三恶趣"（道），它们的十如是分别是：以苦为相，定恶聚为性，摧折色心为体，登刀入镬为力，起不十善为作，有漏恶业为因，爱取等为缘，恶习果为果，"三恶趣"即再生为地狱、饿鬼、畜生为报，从始至终皆痴为本末究竟。第二类是三善，即阿修罗、人、天。他（它）们的十如是分别是：表乐为相，定善聚为性，生出色心为体，乐受为力，起五戒十善为作，白业为因，善爱取为缘，善习果为果，再作人天为报应，就假名初后相在为本末究竟。第三类是二乘，即声闻和缘觉。他们的十如是分别是：表涅槃为相，解脱为性，五分为体，五系为力，道品为作，无漏慧行为因，行行为缘，四果为果，既后田中不生，故无报。第四类是菩萨和佛。他们的十如是分别是：缘因佛性为相，了因佛性为性，正因佛性为体，四弘为力，六度万行为作，智慧庄严为因，福德庄严为缘，三菩提为果，大涅槃为报。

　　由于百法界的每一法界有上述十如是，这样百法界与十如是相合就有一千种法，此即智者常说的百界千如。又由于十法界众生由以构成的要素有不同的特点，所生活的空间或所依存的环境有不同的形式，因此又表现为三种不同的世间。此处"世间"有二义。第一，"世"有迁流、破坏、覆真之义，"间"为中之义。堕于世中之事物，谓之世间。第二，有间隔之义，世之事物，个个间隔而为界畔。就此而言，世间即世界。三种世间分别是：一是五阴世间，就是色受想行识五阴或五蕴所组成的世间。由于十界各自所由以构成的五阴互不相同，故名五阴世间。二是众生世间，指的是四圣六凡十类，他（它）们五阴和合，众共而生，假立名字，从因至果，一期十时差别，所得各不相同，故说众生世间。三是国土世间，指的是众生所依存的条件、自然社会环境。由于十法界各自所依的国土各不相同，故名国土世间。既然有三种世间，而每一法界的三种世间各不相同，因此十法界就有三十种世间，百法界就有三千种世间。百界千如，三千世间或三千诸法等概念一方面表明众生及其所具有的相性、所依存的事物、将有的发展趋势的多样性和复杂性，另一方面又可泛指宇宙万有或一切事物（法），泛指心以外的千变万化、无穷无尽的对象。它们与我们的心意识或心念是什么关系呢？

它们之间的关系非常简单，即一心念具足三千的关系，简言之，"一念三千"。虽然百界千如各不相同，纷繁复杂，但它们是每一刹那生灭的心念所本自具足的，亦即是存在于生灭变化的心念中的。或者说，无间相续的任何一刹那生出的心念奥妙无穷，本来就具足它以外的一切事物、一切法界及其相性作用以及所依存的一切事物。法不离心，心不离法，没有先后、纵横关系，只是具足的关系。为什么说没有先后关系？因为所谓先后关系就是一个在前、一个在后、后由前所引出、所产生的关系。而心念与诸法没有这种关系，因为在智者看来，心念从始至终都具足一切，哪怕是"介尔"有心，即一点点心，也是如此。为什么说没有纵横关系？智者说："若从心生一切法者，此则是纵；若一心一时含一切法者，此即是横。纵亦不可，横亦不可。只心是一切法，一切法是心。故非纵非横，非一非异，玄妙深绝，非识所识，非言所言，所以称为不可思议境，意在于此。"① 也就是说，一念具足三千不能理解为一念产生或包含三千，只能理解为一念就是三千，三千就是一念。即使是一极微小、极短暂的念头也是三千具足。同样，世界万法中的任何一法也是如此，都毫无例外地具足其他一切法。这也就是智

----

① 《摩诃止观》卷第五上，《大正藏》第46卷，第54页。

者在论述一念三千说的基础上常说的：一心具一切心、一切法，一法具一切法，一行具一切行，一粒微尘含摄整个宇宙。这些听起来神妙难解，但像三谛圆融一样，也是宇宙万法的本来面目或实相，真实不虚。当然这些道理是离言绝相的，不可思议的，只能由般若智慧所证悟到。

从理与事的角度看，一念三千又有"立理具三千"和"事造三千"之别。从理、从实相上说，一切法不是人、天所作所造，一念具三千也不是佛、更不人天所使然，而是本自具足，是宇宙本具的实相、实理。因为世界上没有造物主、救世主，佛也只是众生中的一员，不可能任意决定世界的规律和运行。一念具三千，性具实相是法之自给自足，是法性中所有物，任运恒具，其体融妙无量无边。这就是立理具三千。从事相上说，当一念心本具的三千遇缘现起时，诸相宛然而立，百界千如即成现实，如一念贪欲心起，即落在地狱法界，一念愚痴心起即落在畜生法界。其他法界之现起可如此类推。不仅如此，此十法界，界界互具，圆融相摄，与十如是一起，成百界千如。因此一念心起，百界千如、三千法界即起。这可称之为事造三千。这样的事与前述的理具三千，同是一个具足三千。此事与理圆融相即，是一非二，因此理具无外，全指事造，事造无外，全指理具。简言之，一念具三千就是实相，就是法性，是法性所使然，或性所具之实相。智者说："观念念心，无非法性、实相。"① 因此根据智者的看法，宇宙万物的存在不是造物主的创造（根本就没有造物主），也不像地论师所说的那样依法性或真心而生起，真妄由法性所持，也不像摄论师所主张的那样，一切法依于阿赖耶识而生起，因为法性不为惑所染，不为真所净，故法性不是一切法的依持。智者的看法是：两师各持一边。根据地论师的观点，法性持一切法。其实，法性非心非缘，非心故而心生一切法，非缘故而应是缘生一切法，"何得独言法性是真妄依持耶！"根据摄论师，依持是阿赖

---

① 《摩诃止观》卷第七下，《大正藏》第 46 卷，第 94—101 页。

耶识。离法性外别有阿赖耶识依持。这一来，依持不关法性。但是法性又不离阿赖耶识，说阿赖耶识依持即是说法性依持。此说"违经"。智者用了一个比喻说明究竟是什么具三千的道理。例如梦的依持，单说心不对，说睡眠也不对，说两者共生梦也不对，说离心离眠故有梦也不对。质言之，梦与做梦的东西不是依持与被依持的关系。同理，三千与一念也不是依持关系，而就是"是"、"具"的关系。在这里，心相当于法性，梦喻阿赖耶识。有什么理由说法性、阿赖耶识生一切法？当知四句求心不可得，求三千法亦不可得。从究竟理地上看，说心灭生三千、心亦灭亦不灭三千、非灭非不灭生三千，都是错误的，故横纵求三千法、亦横亦纵求三千法均不可得。"言语道断，心行处灭。故名不可思议境。""当知第一义中一法不可得，况三千法。"

总之，诸法是心念本具的。当根尘相对，一念心起，本具的各种事物及性相差别便宛然现前，在我们心中有识生起的同时，我们面前也就有了事物及其千差万别。因此一般常人所追求、执著的在心之外的先于或后于心的、绝对的外物是不存在的。一念心具足一切。因此到心外去寻找幸福解脱或以为地狱、畜生等恶报在己心之外、与己无干是愚蠢的。

如果一念真的具足三千，一法真的具足一切法，那么佛性作为一种法存在于众生的根性之中便得到了证明，有些论者否认一部分人能成佛，便也失去了根据。智者说："有师判法华十如，前五如属凡是权，后五属圣为实。"根据这一看法，"凡无实永不得成圣，圣无权非正遍知，此乃专辄之说，诬佛慢凡耳。"[1] 如果理解了一念三千的真谛，那么就不难明白，众生在去凡成圣的先天根据、内因上是完全平等的，凡圣所具有的佛性与所具有其他可能性是一样的，在凡不减，在圣不增。

智者的一念三千说鲜明地体现了天台宗作为圆顿教的"圆"的特点。它通篇表述的是一种圆理，即一法圆满具足一切法，共

---

[1]　《摩诃止观》卷第五上，《大正藏》第46册，第53页。

存于一体的诸法一如如体、相融相即、无挂无碍。这一圆理既为智者的其他理论奠定了基础，同时又具有重要的解脱论和修持方法论上的实践意义。第一，根据这一理论，一切都是即空即假即中，即没有什么可得到的，也没有什么不能得到的，因此对自己贪爱的东西执著不放必然是"了不可得"、自寻烦恼。第二，即使在俗谛的意义上承认有"妙有"，即使要寻求什么，即使是能带来幸福快乐的东西，即使是最美妙的极乐世界、涅槃境界、佛境界，都用不着到自己以外、甚至用不着到当下一念心之外去寻。自己身上、自己心中应有尽有，西方极乐世界、佛境界也在其中，这与通常所说的"西方不离方寸"有异曲同工之妙。因此，是去往西方极乐世界，是成佛至圣，还是轮回六道，在己一念心中就可实现。第三，根据智者的上述理论，人们也很容易找到解脱的法门。既然一法具万法，一行具万行，因此一法门必然同时具足其他一切法门及其妙旨，每一法门都可通向佛境界。基于此，随便选一适合自己根机的法门、不懈地修持下去就必然能如愿以偿。第四，得解脱离不开相应的福德和智慧，即必须福智双具。而根据上述理论，可以推知，一福一智同时具足其他一切福、一切智，因此修福修智当然就应从当下的一言一行修起。第五，众生都有烦恼，都有断除烦恼的愿望。根据一念三千说，也很容易找到断除烦恼的方法，这就是从当下的每一烦恼断起，如果能切断一烦恼，那么一切烦恼皆断，断一惑则断一切惑，这就是不断之断。最后，通达了一念三千之理，必然同时通达行圆、断圆、位圆、因圆和果圆。因为一念具足三千，一行具万行，修一行也就是一切行之修行，断一惑则圆断一切惑，从而在证位上初发心即成正觉，发心与究竟之圆果无二无别，一法圆满，一切法皆圆满，一念之开悟，顿疾极足佛位。因此在理圆、智圆、行圆、断圆的基础上，必然有位圆（即一位圆具诸位之功德）、因圆（观照三谛自然流入果地），进而最终有果圆，即得妙觉不可思议的法身、般若、解脱、常乐我净之极果，亦即入大涅槃得彻底解脱。

五　佛性之善恶净染

　　现实的人的现实的特性、相状、体、用、因、缘、果报等，无不是由其固有的可能性决定的。如果一个人没有成为数学家或音乐家的潜在素质，无论怎样努力、怎样培养，他绝不能成为数学家或音乐家。如果一个人的本性完全至纯至善、至净至美，那么他绝不会为恶的，而一个完全没有去恶从善可能性的人，他也绝不会成为至善的人。同样，一个人如果没有成佛的可能性，那么他也绝不会成佛作祖。问题的复杂性在于，一个看似极恶的人，有时也会发点善心，而一个善良纯正的人往往也做一些坏事；在众生的六道轮回中，地狱、饿鬼、畜生三恶道上的众生也有轮回于人天道的，极恶之人也可放下屠刀立地成佛；相反，人天道的众生死了也有变牛变马甚至堕地狱的。即使是佛，有时也用一些恶的手段去实现自己的目的。对于这些事实，我们无疑应到决定它们的内在本性即人性或佛性中去寻找其根源。很显然，用以前只承认佛性具善性的佛性论是不能很好地解释这些事实的。理论与事实的这种矛盾正是智者创立新的佛性论的内在逻辑根源。智者认为：之所以有这些复杂的事实出现，关键在于作为其可能性基础的佛性并不是至纯至净、尽善尽美的，而包含有多样的可能性因素，即同时共具善恶染净等可能性属性。这就是佛教史上极富个性特征而又有震古撼今效应的"性具善恶论"。

　　所谓性具也就是理具、体具。就佛性之体本身、撇开性能来说，佛性是真如、是法身，非一非异、非常非断、非来非去、非染非净、非圣非凡、非静非动，圆融平等，不可名目。说它是什么、不是什么、有什么、没有什么，都是错。那里是绝对离名相、离文字的，即言语道断。但佛性之体有功用，有性能。从性能上说，它则有各种性和用，就像竹之火性本身不是火，或什么也不是一样，在相应的条件下，它则有燃烧的现实性或用。佛性也是这样，"虽不可见但不得言无，以智眼观，具一切性"。① 也就是说，佛性具足十界千如或世界上一切事物所具有的一切性质。因此所谓"性具"的基本意思是说佛性具一切性，顾名思义，当然具有人以外的九界所具有的一切性质。也就是说，既有畜生、饿鬼等的愚痴、贪婪、野蛮、残忍、攻击的性质，又具有佛菩萨智慧、善良等德性。从可能性来说，人可以成为十界中的任何一种生命形态，只要有相应的、所需的条件。这就是人为什么在六道中轮回、甚至超出六道成为菩萨、佛的内在根据。因此人的发展的可能性空间是无限的。人的未来的前途和命运就在自己手中，想成为什么，作出相应的行动最终就能如愿以偿。因此讲"互具"，其意义是健康而积极的。

　　所谓"性具"，从十界的现实的存在形态来说，意思是佛之佛性或觉性具足菩萨界及以下八界恶法及佛界善法，总具十界三千善恶诸法。十界的差别从佛性上来说表现为佛性显现的程度各不相同。从理上来说，十界每一界众生都有不多不少的佛性。但是三恶趣的众生之所以表现为那样的相性，主要是因为，他们的佛性中的善性虽没有断除，但又没有变为现实，只是作为可能性而存在着，而恶染各性充分体现出来了，因此"定恶聚为性，摧折色心为体，登刀入镬为力，起十不善为作，有漏恶业为因，爱取等为缘，恶行果为果，本末皆痴为究竟等"。② 佛菩萨之所以为佛菩萨，就是因为他们的正因佛性完全显露出来了，其智慧德性、善性完全变成了现实，"缘因为相，了因为性，正因为体，四弘为力，六度万行为作，智慧庄严为因，福德庄严为缘，三菩提为果，大涅槃为报。"③尽管诸恶不作，但染恶性在他们身上还在，不过仍是作为可能性而存在的。总之，十界众生乃至十界的每一法、每一心都同时具足其他一切性、一切法。对此智者说得很明白："一心是一切法，一切

----

①　《摩诃止观》卷第五上，《大正藏》第46册，第50—54页。
②　同上书，第54页。
③　同上。

法是一心"。① 既然如此，人的心灵、人的现实本性中也包含了其他一切性质和相状，只是有些是现实的，有些仍是潜在的、可能的。

　　从佛性所具有的性质的德性看，佛性不仅具足净善之性，而且还具足染恶之性。也就是说，十界众生的佛性具有善恶两种性质。这就是著名的"性具善恶说"。由于只是天台一家独倡此论，因而天台宗有时有被称为性具宗。根据这种理论，十界有情，都无一例外地具有善恶二性。例如阐提（意为不具信、断诸善根本、不攀缘善法之人）恶性具足，但又不乏善性，并未真的断除善根。再邪恶的有情，不再行善，只是为非作歹、无恶不作，亦即染逆至极，但它们的善性仍然本具，没有消灭、改变。由于性善不能断灭，因此在轮回时，不管堕入哪一道（如做人、做鬼），总还是有善根的。佛慈悲为怀，诸恶不作，众善奉行，净顺之极，但性恶仍在。因为只要法性在，三千善恶在佛与阐提身上丝毫不少不差。正因为阐提没有完全消灭性善，即其法性仍具善的一面，因此也能随缘善发。同样，诸佛没有抛弃性恶的一面，因此由慈力所熏，也会入阿鼻（极恶之人所坠的最苦的地狱），或起恶，即做出一些恶事。例如在很久很久以前，佛常随机应化，示现于阎浮提（须弥山之南的赡部洲），入淫女舍，或示现于阎浮提，入于诸酒会、博弈之处，示受种种胜负斗诤。还有一次，佛听说婆罗门诽谤大乘经典，便断其命根，据说一次杀了五百婆罗门。② 当然应该认识到，佛起恶不是出自私利，不是纵欲，不是贪图享受，而是为了化度众生。佛虽身在染污的环境，虽起用恶法，但出污泥而不染，此即智者所说："终日用之，终日不染。"③ 总之，佛与阐提在具有善恶二性这一点上是没有不同的。差别只在于，佛虽然起于恶，但不染碍，通达恶际即是实际，能以五逆相而得解脱。再则，诸佛不缚不

----

① 《摩诃止观》卷第五上，《大正藏》第 46 册，第 54 页。
② 《大涅槃经》，《大正藏》第 12 册，第 389—434 页。
③ 《观音玄义》，《大正藏》第 34 册，第 882 页。

脱，行于非道，通达佛道。而阐提则不同，由于染碍，因此不能懂得这种道理。另外，他以邪痴断于修善，不能达至性善本空。佛以空慧而断绝了修恶，了达性恶本来清净。以达恶故，于恶自在，因此修恶不得起，诸佛永远不会修恶。不仅如此，诸佛还能以大自在，暂起权恶，广用诸恶法门，化度众生。

不仅善恶染净是互具的，而且法、惑、理、智、行，位等也是如此，如一法摄一切法、理、惑、智、行、教，同样，一理摄一切法、理、行、惑、智、权，一惑摄一切法、理、智、惑、行、教，余可类推。①

"性具善恶说"是智者大师的一个前无古人、惊天动地的理论，自然会引起人们的猜疑，乃至批评。特别是主张佛不断性恶并起用恶法更是使人难以理解。因此智者对它成立的根据特别重视，作了广泛、深入的论述。

首先，智者说："佛不断性恶而能达于恶。以达于恶，故于恶自在，……广用诸恶法门化度众生。"② 也就是说，佛具性恶的一面既是由其本性所决定，又是度化众生所必需。因为如果不具性恶，不善巧方便使用恶法，佛菩萨怎么可能教化、度脱众生呢？因为教化的一个前提就是"应机"，而要应机，就必须达恶，就要知不同众生的心理倾向、性格特点和行为，包括极恶之人及其恶法恶门，特别是要知众生的性恶的一面，而要这样，只具性善的一面是不可能做到的。

其次，智者的性具善恶说与他所倡导的以"圆融"为特征的天台宗教理是一脉相承的，是他的三谛圆融、一念三千等理论的必然结论。在他看来，每一心、一念、一法、乃至一色一香都是同时含摄和映现着其他一切。每一微尘、每一事物同时具足宇宙中其他一切微尘、事物的性相、状态。人是法，人的心是法，因而必然具足其他一切事物及其性质，包括畜生、魔鬼的愚痴恶性和佛菩萨的

---

① 《摩诃止观》卷第三下，《大正藏》第46册，第32页。
② 《观音玄义》，《大正藏》第34册，第882页。

善性。同样，佛菩萨也是法，必然具足其他一切性质，包括邪恶之性和法。在《法华玄义》中，智者常用莲子譬来说明其中的道理。莲子乌皮在外，白肉在内，四微为其质，卷荷欲生。虽然微小，但变成根茎、华叶、乌皮的种子"众具顿足"。一切性相莫不如是，都同时具足四谛、十二因缘，乃至二谛、三谛。一切众生心亦是如，虽为苦果所缚，集惑所成，但其他清净功德种子无一有失。①

　　最后，这也是进一步解释包括天台宗在内的大乘佛教所主张的一切众生皆有佛性、十如是皆有佛性的一个必然结论。因为现实生活中有这样的事实，大多数人都轮回六道，去佛甚远，即使是立志修善成佛的人，所得结果也是大相径庭。这些事实似乎是上述原则的颠覆性反例。智者认为，要消解这里的矛盾就必须诉诸性具善恶说。就正因佛性来说，它是一切众生乃至一切木石都具有的。"如水湿性，火热性，黄金性等。但随境界而有悬殊，得善境生善，得恶境生恶，乃至成地狱等身。但取一念乃至金刚，于其中间生不可说善恶身心。"②佛子心性是一，之所以能生种种诸业，就是因为其中有成善成恶、变福变罪的不同可能性。就如大地是一，能生种种芽。地若得雨，毒药众芽一时沸发。今法性地得行道雨，善恶业芽，一念竞起。"罪福之理，非违非顺，违之成罪，顺之成福。"③有了性具性恶论就能解释为什么有些人没有成佛这一事实。在智者看来，这是因为他们"解脱缘未熟"。即便如此，其佛性也未消失。因为十界根性无一缺减。另外，它也能解释人们在觉悟的快慢和程度上的差别。这是由覆盖在佛性上的尘垢的多少决定的。由于有这种不同，人的敏感性、变为现实性的快慢、程度就不一样，"熟者先感"。④

　　智者的弟子灌顶对此的论述也很用力，其表述更加明确。有人问："生死众生，有佛界十如，……但佛是出生死人，何得复有六

----

① 《法华玄义》卷第七下，《大正藏》第33册，第773—774页。
② 《仁王护国般若经疏》卷第五，《大正藏》第33册，第277页。
③ 《摩诃止观》卷第八下，《大正藏》第46册，第114页。
④ 《法华玄义》卷第六下，《大正藏》第33册，第754页。

道法界十如邪？"他回答说："斯义微隐……然既有凡夫之肉眼，岂无凡夫之六根！……斯则夫既具五眼，则有十法界百如明矣。"[①]

六　善恶即法门　贪欲就是道

如上所述，智者认为：一切众生都有佛性，"一切有心皆当作佛"，[②] 而事实上，智者以后的一千多年真正成佛作祖的寥寥无几，用严格的标准来说，娑婆世界像释迦牟尼那样作佛的只有他一人，就是真正开悟的也是修行人中的少数。这是为什么呢？

道理其实很简单，上面已经分析过。智者说一切众生皆有佛性，有心都能成佛是从可能性上说的，即是说众生都具有这样的内在可能性或内在根据、内在原因。就此而言，众生与佛绝对平等，丝毫不差。不仅如此，其他许多因性也像佛一样，如"众生有平等大慧为因，感佛说，一破一切破，获胜果及通经论，于经论具是对治。众生有佛智眼为因，感佛说，一究竟一切究竟，得说皆归寂灭，于经论俱是第一义也"。[③] 尽管如此，但可能性、因性毕竟不是现实性，不是结果，由此到彼有漫长而艰难的中间过程，需要具备许许多多的条件。再则，人性中有恶的本性，要根除它从而成为像佛菩萨一样的至善至美的人，更离不开修行等艰苦的过程。如果没有这样的条件，可能性永远是可能性，而没有实现的可能性实质上也等于无。在这个意义上来说，智者特别强调修行的重要性，认为：没有修行、实证，就不可能感佛果，不可能有佛性的现实显现。

问题又在于，佛、至圣是大智大慧、诸恶不作、众善会聚之人，而作为众生之本性的佛性则有善恶两种属性，因此修行能把人性中的恶性去掉而只显发善的本性吗？简言之，人有弃恶从善的可

----

① 《观心论疏》，《大正藏》第46册，第601页。
② 《法华玄义》卷第十上，《大正藏》第33册，第803页。
③ 《摩诃止观》卷第一上，《大正藏》第46册，第5页。

能性吗？人有贪嗔痴三毒，它们真的是解脱之道吗？

　　智者认为，人的恶性是可以铲除的，因为诸佛与众生平等无二，佛也有善恶两性，而诸佛通过修道最后断尽烦恼、业障，终至进入清净解脱、常乐我净的涅槃境界。既然如此，众生也有这个可能。佛之所以尽善，就是因为诸佛断尽修恶，修善满足，"众恶已除"。凡夫之所以浸于恶，是因为修恶满足。只要断尽修恶，一样可以成佛。另外，从理论上说，善恶就是法门，烦恼即菩提、即涅槃，贪嗔痴即是道，"一切烦恼皆是佛种"，只要发大慈悲心、菩提心，烦恼也好、痛苦也好、恶法也好，都是通向解脱的康庄大道。智者常说："菩萨行于非道，是为通达佛道，""一色一香无非中道。"简言之，包括烦恼、恶法在内的任何事物、住处、念头、观念、言行都是入道口，由此可以通向解脱。正像"条条大路通罗马"一样，善法恶法都是通向解脱之道。

　　为什么说善恶是法门呢？首先我们要理解什么是"法门"。所谓"门"即通道，是让修行人进至真实实相之理的入口处，而"法"则是轨则，依此轨则而至悟解。故法门也就是通向悟解的门。由此进去就得解脱，背道而驰，则在痛苦烦恼的深渊越陷越深。善恶之所以也被当作法门，就是因为由此可通向解脱，背此则背离解脱。佛向门而入，只满足于修善，诸恶不作，众善奉行，亦即断尽修恶。阐提背门而行，则只满足于作恶，不去行善。人有进有出，因此有的人得解脱，有的人堕恶道。

　　为什么说贪嗔痴即是道呢？一方面，贪嗔痴就是我们的生活、我们的现实存在的组成部分，众生不可能没有这些状态、过程。佛教的解脱之道不在众生、世间之外，不在生活之外，时时处处都是入道口，因为"一色一香，无非中道"。只要有心，在哪里都可以入道。另一方面，贪嗔痴本身也是法、是行。根据智者的观点，一法具一切法，包括佛法，一行具一切行，包括佛菩萨行，因此贪嗔痴等烦恼内在地包含有佛法，包含有佛菩萨行。捅破外层的贪嗔痴，内面就是本来清净、觉悟、寂灭的极乐世界。另外，智者强调贪嗔痴即是道，也是为了应机摄化众生，是一种善巧方便。因为众生根机不同，所处的状况、善恶境况不同，有的人身处恶道，有的人身处善道。对于恶贯满盈的人来说，讲贪欲、五逆、瞋痴是道，无疑为他们指明了一条行得通、看得见的解脱之道。对这些人，大师常说："虽行众蔽而得成圣"，"以恶中有道故"。所谓蔽即恶行染法，因为其中一切道、一切法应有尽有，因此此处就是至圣之路。同样，王公贵族、贪官污吏，也能入佛道，因为"带妻挟子，官方俗务皆能得道"。①

怎样弃恶修善、建构像佛一样的完满人格呢？首先，要明白：诸佛之所以为佛，就在于诸佛通过修持，最后"众善普会"、众恶除尽。其次，诸佛之所以为佛，主要是因为诸佛"朗然大悟，觉知世间、出世间一切诸法"。② 因此要解脱成佛，就要修善。而要修善，做到众善普会，就要"翻恶"即除恶。智者说："翻于诸恶，即善资成，"③ 即是说，善事是翻恶而成。就本性而言，善恶本来非一非异，有恶性也就是有善性。但是有善性并不等于具修善，并不等于就是善行，因为理具非事具。竹有火性，有燃烧的可能性，但不等于就是燃烧，就是火。同样，人有善性，并不等于他在行善，在做善事。要资成善事，还得翻恶。要翻恶就得于恶法上修行，就像要修明性，得从无明处入手一样，因为"若断无明，一切善法则无生处，……岂可断无明性更修明性"。④ 其次，要"朗然大悟"，知一切法，治无明糠，显法性米，必须止观并重、定慧双修。智者大师从不同的方面，灵活善巧地开示了不同的行持方法，如六妙法门、四念处、四种三昧等。这留待最后一章讲解脱方法时再具体予以剖析。

智者的性具说不仅可以解决许多理论上的难题，如极恶之人为什么能行善、佛菩萨为什么能够"达恶"并教化诸极恶之人，而且具有重要的修行和解脱方面的积极意义。

----

①　《摩诃止观》卷第二下，《大正藏》第 46 册，第 17 页。
②　《法华玄义》卷第七上，《大正藏》第 33 册，第 766 页。
③　《法华玄义》卷第五下，《大正藏》第 33 册，第 743—744 页。
④　《摩诃止观》卷第四下，《大正藏》第 46 册，第 47 页。

首先，这一理论可以帮助许多人澄清认识上的困惑、解除精神上的不必要的沉重负担，使之轻装上阵、踏上完善人生直至成佛至圣的征程。例如有些人作了许多坏事，甚至为非作歹，无恶不作，但是遇到相应的机缘，对佛教产生了好感，也想学佛，想弃恶从善，以免遭恶报。在产生了这样的要求之后，心里必定不安宁：像我这样恶贯满盈的人也能修成正果吗？西方极乐世界也会接收我吗？性具善恶说正好可以打消这些人的疑虑。因为该论告诉这些人：你们尽管如此，但并没有断善之性德，善是你们所本具的，你们内心中也有美好的、善良的方面，有弃恶从善进而至善至圣的可能性，有像莲子一样纯洁、出污泥而不染的正因、了因和缘因佛性，甚至常乐我净这些最美好、崇高的品德于你们心中也本自具足。这是你们能弃恶从善、由不断的修善去完善自己，并进到一个幸福、美满、没有惩罚、恶报的世界的重要依据。阐提那样没有信心、断善根、无恶不作、邪恶到了极点的人都能成佛，你们一样有这个权利和可能性。智者说："阐提不断心，犹有反复，作佛何难？"① 另外，即便是作恶的人，只要修善，也会达到不受恶报、终至得解脱的境界。佛经当中，这样的事例不胜枚举。例如，杀死了自己父亲的阿阇世王"本贪图，逆杀父王，贪狂心作，云何得罪"，即他通过修善因而并未得罪报。"如人酒醉，逆害其母，既醒寤已，心生悔恨，当知是业，亦不得报。"②

其次，这一学说对许多正在发心修行的凡夫也是极为有用的。修行的目的，无论如何摆脱不了自我解脱的方面，因此在求解脱的征程中，人们时常会关心这样的问题：像我等这样的根性，能修得像佛一样的极果吗？像我等这样的凡夫能一跃而成为诸佛那样证得大解脱的极圣吗？性具善恶说的回答是：众生、此心、诸佛三者无差别，凡圣平等，因为佛性都是一样的，诸佛能成佛，我等只要像他们那样发菩提心、勇猛精进、见道修道，也必然会像他们那样证

① 《法华玄义》卷第六下，《大正藏》第 33 册，第 757 页。
② 《大涅槃经》，《大正藏》第 12 册，第 484 页。

道，进入自利利他、自觉觉他、觉行圆满的大涅槃境界。

最后，性具说也有助于矫正某些人的骄狂、自傲的心理。有这样一些人，他们根据佛经、智者的著作中到处都包含有众生皆有佛性、当能作佛的言论，往往错误地得出无须修行或我已得解脱成佛的结论。其实不然，根据性具善恶论，善恶是人的两种潜在本能，恶的本性在相应的条件下就会表现为恶行，造成无法挽回的后果。因此，尽管人人有佛性、善性，但如果不作出相应的努力，如果只跟着欲望走，造诸恶业，不仅不能成为众善会聚、福智圆满的佛菩萨，反倒会成为邪恶之人，因为人人都有作恶、堕恶道的可能性。事实正是如此，无数劫以来，众生由于无明，一直自觉或不自觉地在这个过程中生活，使业力、恶障越积越沉重，与佛境界、与善、与圣越离越远。不悬崖勒马，猛醒回头，殷勤修行，积善积德，将永无解脱之期，只会在六道中轮回，或堕三恶趣受重罪报应。另外，佛性中善、觉、智的方面，只是可能性，没有修行、观心、布施、持戒、精进、禅定等条件，此可能性永远只是可能性，与佛果、圣境永远有天壤之隔。因此要解脱，要作佛，就要正确理解性具论，克服骄狂、自傲心理，并为成佛得解脱，付出代价，为其准备相应的条件。

第七章

谛理为诸佛所师
——解脱的本体论基础

如前所述，人生的第一现实是苦不堪言。其原因当然很多，但根据智者溯宗明体或抓关键的方法论，苦难的最根本的原因是迷失了谛理或实相。这样一来，谛理自然成了智者所理解的全部佛教的枢纽和秘密。智者经常说：法性实际即是谛理，诸佛所师。让人证悟和回归此谛理正是佛出世的一大事因缘，亦即是佛要开示悟入的佛知见，是诸佛讲经说法自始至终贯穿的"圣意"或"大旨"。智者说："佛无他事，唯照理也。""真如是理，照即名事。""经是如智所说"，如智即实智，"说于如理"，意即佛说的是真如之理。唯此一法，是佛之所教。其目的不外是"依真如理"，去照真如理，说真如理，自行化他，令一切众生依真如理而得解脱，让一切众生，在历一切法时，知"无不真如"。此"即佛事也。"①

这里的问题在于：谛理、实相似乎是玄之又玄的形而上学范畴，而佛是慈悲达到极致的人，其出世本怀是非常现实或实际的，即"为大众说甘露净法，其法一味，解脱涅槃"。② 因此之故，佛在初转法轮时拒绝讨论与此无干的诸形而上学问题。既然如此，佛为什么又要花一辈子的心血，以谛理为师并宣讲实相之理呢？此说教与救度众生离苦得解脱的目的是何关系呢？

----

① 《法华文句》（合），第 291 页。
② 同上书，第 234 页。

一　常识本体论与金钱拜物教

在一般人看来，人的生存以及人的幸福与快乐的获得根源于金钱财富之类的有形物质。快乐之多寡、持续之长短，幸福之高低、圆缺，完全取决于物质数量的多少、质量的优劣、占有时间的长短。因此在幸福与相应的作为其基础的对象之间常常被等号连接起来了，什么"有钱就是幸福"、"有权就是幸福"、"有汽车洋房就是幸福"、"有美味佳肴山珍海味吃就是幸福"、"有漂亮的妻子、情人、有艳福就是幸福"，如此等等，不一而足。既然如此，一些人为了得到快乐和幸福就只向外驰求，把自己的全部精力乃至生命系于那一切可带来幸福的对象、刺激之上。为了视觉感官的满足和相应的心灵愉悦，专拣赏心悦目的东西看，如"男女形貌端严、修目长眉，朱唇素齿及世间宝物……种种妙色"。[1]同样，为了得到耳、口舌、味觉、肢体等感官感性上的满足与愉悦，为了满足自己的权力、名利等贪欲，也是到外面寻求，甚至不惜投机钻营、巴结权贵或流血流汗。有些人鉴于有关物质对象对人的幸福的所谓不可或缺性甚或唯一的决定作用，鉴于有物质财富就是幸福、失去或没有这些东西就陷入痛苦深渊的所谓事实，便拼命地、不择手段地牟取物质财富，聚敛物质财富，哪怕是远远超出了自己和家人的需要、家里已无地可容，还要贪婪地追求、占有。近年来在反腐败中挖出的犯罪分子中很多就是这类人，家里的高级烟酒、滋补品堆积如山，许多已腐烂变质，仍利用职权让人给他送东西，似乎东西越多越幸福，哪怕是没有实际被自己的肉体消费。还有的人以为自己占有的东西越值钱，自己就变得越幸福。因而吃穿用的物品都选用价格最昂贵的。例如深圳被挖出枪毙的银行行长，连裤腰带都要选用最值钱的，以为享用了这样一根够平民百姓半辈子或一辈子生活费的裤腰带就是幸福。

----

[1]　《童蒙止观校释》，中华书局 1988 年，第 10 页。

　　在商品交换原则全面渗透到各个生活领域的社会，由于房子、汽车、美味佳肴乃至权力地位、名利、职称等都可通过金钱而得到，因此金钱的力量被夸大到了无以复加的地步。许多人纷纷拜到于其下，对其日思夜梦，五体投地。于是，"有钱能使鬼推磨"、"一切向钱看"、"有了钱就有了一切"等变成了"至理名言"，堂而皇之地占据着人们的心灵，作为价值标准、行为准则支配着人们的价值选择和日常活动。金钱、货币这类由纸或普通金属制成的交换媒介一时间戏剧性地变成了全部价值的总根源、总寄托，成了许多人心目中最高的价值目标，最神圣、最伟大的偶像，相应地这些人有意或无意地、自觉或不自觉地成了金钱拜物教的虔诚信徒。一种由人类创造出的普通物质——金钱货币——反过来成了统治支配人的超自然的力量，成了人们对之顶礼膜拜的偶像，这也就是许多西方哲学家所说的作为人类不幸命运之标志的异化现象之一。

　　从哲学根源上来说，对那些能满足欲望、带来感性愉悦的对象以及金钱的崇拜，是建立在一定的本体论基础之上的。尽管每个人不一定自觉地进行哲学思维，也不一定有意识地去形成关于宇宙人生的本体论理论，但他们的言论、思想、信念和行动毫无例外地受制于自己对事物的存在地位、性质、相状、本来面目或本质的或清晰或朦胧的一般猜想或看法，而这些看法涉及了哲学上的本体论问题，因而可视之为常识本体论。在此意义上，说每一个正常的人就是哲学家是合情合理的。一般人、尤其是那些金钱拜物教的信徒所持的常识本体论不外是这样一些看法的堆积，即相信人的幸福快乐由外在的物质资料所决定。有金钱、财富之类的能满足欲望的物质，有名利、权力地位之类的客观存在就是有幸福快乐，反之则无幸福、无快乐，后者的质和量也是由前者所决定的。甚至人的最终解放、人的真正的自由也是由物质财富及其数量所决定的。既然物质生活资料、名利权力之类的存在事实上确实产生过幸福快乐，因此常识本体论不仅绝对相信它们有存在地位，有真实性，认为它们常住不变，有自性、有实性，不是虚无缥缈的，而且认为它们有巨大的功能作用，即是人的幸福快乐的源泉，得之幸福，失之相反。

有的人甚至把它们看作是存在的标准。在智者看来，这种常识本体论就是一种颠倒妄想，或曰"四倒风暴"，即对本没有常性、自性或实体性（我性）、不可乐想、污秽不净的东西，颠倒黑白地执著为有常、乐、我、净的真实存在。这"四倒"就像暴风一样把本来愚痴的众生吹得神魂颠倒，以致一个个变成了金钱拜物教的信徒。这里有两个问题，是常识本体论与佛教本体论的分歧之所在。其一，前者相信其存在的东西是否真的存在？其二，财色名食睡、富贵寿考、色声香味之类的价值是否真的能给人带来真正的幸福与解脱，是否是幸福的源泉？

根据智者对佛教基本精神的理解，一切法或一切事物，不仅包括金钱财富，而且还包括人自己、人的心灵、思想情感、行动等，都如梦如幻，了不可得，没有常人所赋予的那种真或存在地位。世界上根本就没有常一不变的东西值得人去追求、执著，即使去追逐，也必定是求之不得或如水中捞月。既然如此，它们当然就不可能转化为人们所希望得到的价值，不可能成为幸福之源，解脱之根。同理，由于一切毕竟空寂，因而也就没有什么会真正失去，当然也就不会有失去心爱的东西之后的那种痛苦。就此而言，常人所说的失去了什么以及因失去而难过或悲痛万分、痛不欲生，都是滑稽可笑、莫明其妙的。总之，世人以为得到了金钱财富就幸福快乐、失去了就痛苦万分，完全是一种颠倒梦想。如果没有这种本体论上的四倒及其风暴，人世间就不会上演一幕又一幕为了子虚乌有的东西争来斗去甚至流血丧命、家破人亡的惨剧。

事实一再证明：从古到今没有找到正确世界观和价值观的人尽管都在根据他们的本体论和幸福观寻求幸福，但都事与愿违。即使得到了自己孜孜以求、心仪已久的金钱或权力，但并没有得到真正的幸福，它们并不像追求时想象的那么美好。每个人都像本书第三章所述的那位有卖伞和染布两个儿子的老太婆一样，愿望满足之时，总是新的烦恼开始之日，真正的幸福、"好了"总是遥不可及。其原因何在呢？智者以自己的智慧和对佛教的悟解给出了这样的答案：原因在于没有顺理而行，把本不存在的东西当作存在，并作为幸福的源泉，而把真的有本体论地位的、真的可托付终身的、可作为安身立命的本或寄托的谛理看作不存在、一文不值的东西。由迷理而有痴有惑，进而有系缚，有虚妄的执著，即追寻本不存在的价值之源，于是便陷入了痛苦烦恼的深渊。如果众生改变自己的世界观、本体论，"如说而信，如理而行"，[①] 去修证谛理、实见谛理，那么才有可能如愿以偿。

二 实相说妙解

实相是佛教的核心概念，是大乘的法印，因此自然是诸家诠释的重心。一般认为，实相就是指色声香味触、受想行识等一切现象的本质，一切法或事物本来的、真实不虚的体相。理极真实，以实为相，由其不可破坏、真实无欺、永远如常如一而得名。具体地、从不同角度看，它有不同的含义。从起源上说，实相无始无终，本来有之，当来不变不灭。它的本有、当有不是由造物主所创造，更不是由人的意志所使然。第二，从存在地位来说，可表述为真如、如如、法性、实际，真理、法界、实性、圆成实性等。真如梵语为Tathatā，意为"如实"。"真"即真实，"如"即如常，表无变异，意思是说，真实，于一切为常如其性。第三，从真假的角度来说，实相是"第一义谛"、"第一真理"、"胜义"、"真谛"。第四，从内藏于众生心身而为其成佛之本的角度言，实相、真如又可被称为"如来藏"，所谓如来藏是指佛所含藏的功能或佛的功能合藏于众生者，故也可称为"佛性"。第五，从与般若的关系看，它是般若的一种，即实相般若。第六，从与修证的关系看，它是最终要证得的目标，一当证得便可称作"涅槃"、法身。如《中论·观法品》中说："诸法实相，即是涅槃"，《胜鬘经》说："隐为如来藏，显为法身。"最后，从认识上说，它是超语言和思议的，不能用通常的认识可感对象的方式予以把握，也不能用理性的逻辑的方式去认

---

① 《法华玄义》卷第三上，《大正藏》第33册，第710页。

知。常见的认识模式可概括为如下"四句"：是（肯定）、非（否定）、又是（肯定两端）、双非（否定两端）。而要把握实相，则必须"离四句、绝百非"，然后凭借实修实证或内证。所谓内证，即通过如理如法的修证使能知的主体与要悟的实相完全冥合，或在究尽实相的基础上回归实相。

　　智者对实相解释的特点一如既往，即圆融无碍。首先，智者认为，由于般若有二乘共与不共之别，因此实相有偏真与圆满之别。前者是圆教之外的诸教所阐释的实相，其特点是抓住了诸法体空的一边，但未见不空的一边，作用是能断见思二惑，但不能断无明烦恼。圆教证得的实相有共同的一面，即也突出空性，但同时又强调其不空，强调实相是三谛圆融（详后）。其次，实相非人所发明，非一物所独有，而遍一切时空，圆满周遍，无不圆具。智者说："实相之境，非佛、天、人所作，本自有之，非适今也。"① 再次，实相不因为体现在一切个别之中而为多，此即"理不两存"，② 实相也不因为人们对之领悟、述说有大小、权实之别而有多义，有大小、权实之别，此即"义不双立"。③ 最后，实相尽管只有一个，"则无有二"，但有多名，如"妙有真善"、"妙色实际毕竟空"、"如如涅槃虚空佛性"、"如来藏中实理心"、"非有非无中道第一义谛"、"微妙寂灭"、"无虚伪"、"无颠倒"、"非魔所说"、"常乐我净"。此常乐我净不是小乘涅槃三德、四德，而同时具大乘法身、般若和解脱三德。实相还可称作"一实谛"，意思是，实相即诸法本未面目，"一切实一切非实，亦实亦不实，非实非不实，如是皆名诸法实相，"它还是"究竟之理"。④ 实相还可称作"真实"。"广言真实者，离四句，绝百非。""略言真实者，皆与实相相应。""若处中说者，八不名真实。"⑤ 所谓八不即指不来不出、不一不

----

① 《法华玄义》卷第二上，《大正藏》第 33 卷，第 698 页。
② 《法华玄义》卷第十上，《大正藏》第 33 卷，第 698 页。
③ 同上书，第 800 页。
④ 《法华玄义》卷第八上，《大正藏》第 33 卷，第 781—782 页。
⑤ 《法华文句》（合），第 302 页。

异、不断不常、不生不灭。

智者创立的天台宗的特点是以《法华经》为圭臬，而《法华经》在说明实相时有别于其他经典的独特之处是用"十如是"来阐发。般若学者以诸法性空为诸法实相，涅槃学者认为，涅槃佛性是诸法实相，三论学者把中道看作是诸法实相，唯识宗以三性三无性或圆成实性为诸法实相。而以《法华经》为基础的智者则认为，"如是"即指真实，"十如是"意即：对诸法实相可从十个方面加以揭示，它们分别是：如是相、如是性、如是体、如是力、如是作、如是因、如是缘、如是果、如是报、如是本末究竟。①

智者坚持这种实相理论，同时作了自己的诠释，在《法华玄义》卷第二上指出：十如是中的相即外在相状，览而可对事物作出分别，性即内在构成、本质，体即主质，力即功能，作即构造，因即习因，缘即助因，果即习果，报为果报，本为初因，末为后相，究竟为归趣处。诸法的这十个方面都即空、即有、即中。这也正是诸法的实相。

从实相与空的关系看，实相不是凡夫所执的实有，也不是二乘所执的厌断之空，而是大空或第一义空。智者说：实相"以实为相，故言实相也，此即第一义空。"对此空的本质特点，《法华经》的说明是：不颠倒（即不落无常与常、苦与乐、我与无我、不净与净两边），不动、不退、不转、如虚空、无所有性、不生、不出、不起、无名、无相、实无所有、无量、无边、无碍、无障、言语道断（不可说、不可思议）。智者对这些概念的解释是：不动即不为二边所动，不退即心心寂灭，不转即不像凡夫转生死，不像二乘转凡圣，无所有性即无自、他、共、无因性等，即毕竟空。"诸法无遗余，故名毕竟空。"不生指：有为法是因缘和合，故不生，不出即"无为空，无名出离，出离法空"。无碍指体空遍一场处，且不可得，故无碍。

这些解释实际上是用不同的言说方式表达了大乘中观学派的十

---

① 《法华文句》（合），第82—88页。

八空说的真义。智者说："以上虽复多句，只是能观无相无作，与境一合。然十八空皆是中道正慧，皆名为空，随十八种境，故言十八。""此十八空从所（所观之境）得名，能空只是一大空耳，大无大相，即圆空也。"① 以其中的"空空"和"毕竟空"为例，前者有两个层次的问题：第一，空是能破，法是所破，即空破法；第二，此空本身又是所破，破空的空是能破，意即空本身亦空。智者说："空破诸法，……无复诸法，唯有空在，此空亦空。"所谓毕竟空指："诸法无遗余，故名。"② 总之，如果正确理解了空义，实相即空，或第一义空、大空、圆空。

从与言语、认识的关系看，实相是佛之智慧、言教要揭示和诠释的对象。佛之智慧和言教林林总总，但不外权与实二门，即权智与实智、权说与实说。不管是取何法何门，要开显的不外是诸法之谛理。言说有权有实，但谛理非权非实。智者说：佛"于一念心中，深解非权非实之理，"求解脱之人如能如是，便是真信佛之智见。③ 正是基于此，智者常说：谛理实相是诸佛所师。也正是因为实相有这样的地位，开示悟入实相才成就了佛的出世本怀。智者说："诸佛世尊，唯以一大事因缘出现于世。……诸佛觉如实之相，乘此实道，出现于世，只令众生得此实相，唯为此事，出现于世，……除诸法实相，余皆魔事。""自行化他，俱名为事也。"一大事因缘还可这样理解：一即法身，大即般若，事即解脱，"诸佛出世，意令众生显此三法。"即让这三种价值在众生身上圆满体现出来。这三法密不可分，因果相关，实即一法。因为法身或实相是体，是解脱的可能性根据、基础，般若是解脱得以现实出现的桥梁，而解脱是实相之用，是法身、般若的结果。④

应承认，对于"大事因缘"还有这样的表述，即"佛出之

----

① 《法华文句》（合），第 333 页。
② 同上书，第 332—333 页。
③ 同上书，第 289 页。
④ 同上书，第 101 页。

意", "唯以一大事因缘出现于世", "唯为饶益安乐众生。"① 为
此, 故佛"说诸尽苦道, 示之以涅槃"。② 这样说, 是否意味着佛
为两件大事出现于世: 一是宣说实相之真理; 二是出于解救、安乐
众生这一价值论目标? 不然, 大事只一件, 即开示悟入佛知见, 而
说法有两种, 即分别从体和用两方面说明这知见的内容。换言之,
佛的大事, 从体上说就是开示悟入实相之理, 从用上说就是开示悟
入涅槃解脱之道。实相和解脱 (或涅槃或解脱) 是体用不二、因
果不二的。智者说: 实相"其用弥广, 其体弥寂"。③ 这就是说,
实相体性寂灭, 而妙用无穷, 悟解、证得此实理, 当下即具无穷妙
德, 其中包括步入至圣之道, 直至入涅槃, 得法身、般若、解脱三
德, 得大安乐。

　　根据智者的圆融说, 佛教所说的实相不仅是世界的本来面目或
客观真理或究竟之实, 而且还是最高、最圆满价值的基础或这种价
值本身。首先, 实相可看作是人生的最高、最圆妙、最殊胜的境
界, 智者说: 诸法实相, "是如来欲广释甚深境界", "一切诸法,
互融遍入, 皆是实相。"④ "广则一切心、尘、行、法、人、理等,
无非一实, 此所照妙境, 唯一乘实法。"⑤ "事理既融, 自在无碍,
自在流注任运, ……圆妙如理, 如量通达自在, 如量知见能持众
德, 如理知见能遮诸惑。"⑥ 其次, 实相既是解脱之因、之基, 又
是解脱之道, 甚至是解脱之果。智者认为,《法华经》的特点在
于:"开显圆妙实相为无上道, 即是无上佛乘之道。"它同时还具
一切道。⑦ 智者说: 实相是正行之所依。"依凭若正, 则具正行,
能至菩提", 有四依, 第一依即依法不依人, 依法即依实相法身,

----

① 《法华文句》(合), 第 105 页。
② 同上书, 第 114 页。
③ 《仁王护国般若经疏》,《大正藏》第 33 册, 第 276 页。
④ 《法华文句》(合), 第 80 页。
⑤ 同上书, 第 102 页。
⑥ 同上书, 第 103 页。
⑦ 同上。

"若依实相法身，而修诸波罗蜜，万行功德，皆悉具足。"①

　　智者对三解脱门的解释也体现了这一点。他的解释分别是：（1）关于空解脱门，他指出：解脱是结果，缘两种行，即一证人无我、二证法是空。他说："观诸法无我、我所，故空，所以者何，诸法从因缘和合生，无有作者，无有受者，能如是通达者，是名空解脱门。"（2）关于无相解脱门，他说："观男女相、一异相等，是相中求实，皆不可得，故无相。"意思是说，男女等相貌，好像有同一、不同的差别，其实，只要深入谛观，便会发现，其中找不到任何实际的东西，什么也不可得，故无相。"如是通达"，便可得解脱，当然具体的行门较复杂，有四种，即尽、灭、妙、出。（3）关于无作解脱门，他说："若知一切法无相，即都无所作，是名无作，"因为"一切相皆不可得"，"则于三界，无所愿求，不造一切三有生死之业，无业故无报，是为无作解脱门。"②具体有十种行法：无常、苦、集、因、缘、生、道、正、进、乘。

　　空之所以是解脱门，道理在于："若不善以十八空慧，照了遣荡……十八有法，随滞一有，则不得无碍解脱，纵任自在。故须修十八空。"③因此空是安心的最可靠的地方，故应"安心于空"。④安心于空能致自己解脱，但这是与否普度众生这一大乘宗旨相左呢？智者指出，此处的作为实相的空既是自我解脱的基础，同时也是自匠匠他、自利利他、自安安他、自觉觉他的基础。智者说："安心于空，方能安他，安他己，名之为座，"即坐如来之座，成佛作祖。⑤

　　如果正确理解了第一义空即实相，那么空不仅是解脱的基础、入道方便，即解脱之因，而且本身就是解脱之果。空不仅是一切价值的源泉，而且就是一切价值本身。《法华经》云："如来知是

----

① 《法界次第法门》卷下之上，《大正藏》第 46 册，第 687 页。
② 《法界次第初门》卷中之下，《大正藏》第 46 册，第 683 页。
③ 《法门次第初门》卷下之上，《大正藏》，第 46 册，第 689 页。
④ 《法华文句》（合），第 286 页。
⑤ 同上书，第 286 页。

（此）一相一味之法，所谓解脱相、离相、灭相、究竟涅槃常寂灭相，终归于空。"对此，智者解释说：所有这些说法说的只是一味一相之法，即"终归于空"，这里的"空""非是厌断之空，乃是中道第一义空也。"① 因此可以说，"实相为如来藏"，如来即是佛，是觉者，得彻底解脱之人，是最高最圆满的价值。这价值不在别处就在实相之中。佛之所以为佛，是离不开实相的，是以实相为基础的，包含在实相之中。②

一言以蔽之，实相是诸经之源头，三乘四教之所诠，佛教之标尺，万法之体性，世界之本来面目，众行之归趣，果德之理本，价值之源泉，修行之心要，既是解脱之因，又是解脱之果。诸佛悟此，乃成正觉。

三　三谛圆融说

从究竟理地上说，作为言辞的实相是不得已而为之的名相。如不能从根本上体悟符号的妙指，说得再美妙都是有背实相谛理的，都不过是俗谛。因为有文字皆为俗谛，均为粗。智者说："一一皆不可说，可说为粗，不可说为妙，不可说亦不可说是妙，是妙亦妙，言语道断。"就此而言，说有三谛是很危险的。"一谛尚无，诸谛安有？"③ 但是为了破除人们的烦恼执著，又不得不于不可说之处起说。因为人们于本来不可说的实相生起了三种执著：一是凡夫把本来空无一物的实相世界执为诸有，形成了常识的本体论；二是小乘把实相理解为厌断之空；三是未进至圆满位次的修行人有对实相的"次第偏圆"的执著。为破这些执著，佛教便将一实相开为三谛，或从三方面及其关系上进一步诠释实相不一不异、不来不去、不退不出、不断不常、不次第不非次第之圆融妙理。智者解释

① 《法华文句》（合），第230页。
② 《法华玄义》卷第五下，《大正藏》，第33册，第743页。
③ 《法华玄义》卷第二下，《大正藏》第33册，第705页。

说：三谛各有所破，空谛能破凡夫对有的执著，假谛能破小乘对空的执著，中谛能破"次第偏圆"，"诸颠倒小偏等"。[1]

如前所述，谛即真实不虚之意。它既可是世界本身，是客观存在，此即我们所说的客观真理，也可看作是真实不虚的认识，此即我们所说的主观真理。佛教谛论中常说的是前者。智者说："审实故名谛。"[2]

对于谛，佛教中有不同的分类。常见的是二谛说，它是"佛教之大宗"。[3] 二谛即真俗二谛。在智者看来，它又有两种。一种二谛说认为，"俗谛有文字，真谛无文字。"[4] 据此，一切世俗真理和出也真理包括佛的言教都是俗谛，只有不能言说的谛理才是真谛。这也就是说，世俗谛和佛教的真谛皆俗，若悟谛理，乃可为真，真则唯一。另一种常见的二谛说认为，世人心所见名为世谛，出世人心所见名为第一义谛。此中又多种，如 7 种二谛之说，21 种二谛之说，等等。[5] 智者对二谛的理解可概括为"圆二谛说"，即中道二谛。[6] 这里的二谛即世俗谛和第一义谛。所谓世俗谛即一般常人所相信的真理，其核心是把本来空寂的万法执著为真实存在的事物。佛要否定的是这种看法，但一开始则随顺它，权且承认它，然后过渡到第一义谛，即揭示诸法本来空无所有的本来面目或实相。可见俗谛与真谛是圆融无碍的。

关于谛的分类，常见的还有四谛说，即认为有苦集灭道四种真理。尽管一般都认为，四谛皆实，但由于不同行者解悟上的差别，又有生灭四谛、不生灭四谛、无量四谛、无作四谛之别。它们分别是藏通别圆四教的四谛，如最后一种四谛就是圆教行人所证得的四谛。[7] 智者根据《法华经》和中观学派的谛论，着力阐发的是三

----

① 《法华玄义》卷第八上，第 781 页。
② 《仁王护国般若经疏》卷第五，《大正藏》第 33 册，第 278—279 页。
③ 同上。
④ 《仁王护国般若经疏》卷第一，《大正藏》第 33 册，第 256 页。
⑤ 《法华玄义》卷第二下，《大正藏》第 33 卷，第 702 页。
⑥ 同上书，第 704 页。
⑦ 《法华玄义》卷第三上，《大正藏》第 33 册，第 709 页。

谛，此即著名的"圆融三谛说。"

智者认为，"谛"的本来意义是"实"，即真实不虚，指一切现象、事物的真实相状，事物本身的理，也就是客观真理，亦即是用般若所证得的外境的实质或实相。"观法无别，同观三谛一实之境。"[①] 所谓三谛，就是说事物的真实相状或实相有三个方面，亦即有三谛。第一谛是空谛或真谛，指因缘和合而生的法或事物体性空寂的道理或本质，也就是《中论》及慧文、慧思、智者常说的"四句偈"中前两句所说的道理："因缘所生法，我说即是空。"第二谛是假谛或俗谛，说的是诸法体性虽空，但假相、名字存有的道理，意即因缘所生的事物尽管本质上毕竟空寂，但既然产生出来了，并呈现出假有的相状，它们就可使人把它们当作物来理解，还可安立名字，即可用名字呼出、指称。这也符合"法"（事物）这个词的本来含义。"法"的意思即"轨持"，即可让人轨生物解。因此毕竟空寂的事物不是绝对的空、绝对的无，而是具有空的本性的妙有。智者说："自实无体，借他方有，是名为假。"[②] 求不可得，本是虚，而凡夫视之为实。第三谛是中谛，也就是中道第一义谛。它说的是空假二性不一不异的道理。因为一切事物既然有空的实相、本性，因而就不是常人所理解的那种实有；既然不是实有，而是妙有、假有，即有"有"的一面，因而事物的实相就不是断空、顽空。既然诸法实相既是空谛又是假谛，因而同时又是假有、实空。因此根据中谛，事物的本质是亦假有、亦实空，或统一空假的中。从这个角度理解，三谛不一不异。不难看出，空谛泯一切法，假谛立一切法，而中谛统一切法。三谛同时是一切事物真实不虚的本质或本来面目或实相。这就是智者从慧文和慧思二位老师那里所继承的三谛实相说。

智者在实相问题上的独特建树就是在继承上述思想的基础上对三谛的内在关系作了精辟的、创造性的阐发，建立了天台宗的独树

----

① 《法华文句》（合），第334页。
② 《仁王护国般若经疏》卷第三，《大正藏》第33册，第259页。

一帜的"三谛圆融说"。我们知道，天台宗第二祖慧文（初祖是印度的龙树菩萨）独步河滩时，想着这样一个问题：应称谁为师？他想如果得经则以佛为师，如果得论则以菩萨为师。接着入大正藏，烧香散花，反手执之，得到的是龙树的《中观论》。开卷读至所谓的"三是偈"或"四句偈"的"因缘所生法，我说即是空，亦为是假名，亦是中道义"时，恍然悟三谛之妙旨，于是形成了三谛实相说。后来在读到《大品般若经》把佛智分为一切智、道种智和一切种智时，结合《大智度论》对三谛的解释，认为：一切智是辟支佛和声闻所证得的智，可以通达、把握作为一切现象共性的空寂本质，即可以"照空"；道种智是大乘菩萨所证得的智，可以通达、把握世界万物之妙有的本质，即可以"照假"，或者说能用诸佛一切道法发起众生一切善种，故名道种智；一切种智是诸佛所证得的智慧，可以"照空假中，皆见实相"，或者说以一种智知一切道、一切种，故名一切种智。三智是一非三，均是佛智，只是照观的侧重点有所不同，因而可在一心中得。① 基于此，慧文便提出了"一心三智"说。三智是能观之心即观照的主体，三谛是所观，即观照的对象或客体，三智能在一心中得，因而三智所观的三谛也能在一心中得。这样，慧文在提出一心三智说的同时，又提出了"一心三谛"说。将这个道理用于修持实践上，就顺理成章地有"一心三观"说，即在修持观法时，于一心同时顿照空假中三者，随观一法，莫不具三，如观空时，假中皆空，观假时，空中同时皆假，观中时，同时观照到法的空假的本质，如葫芦落水，面面皆泛，水银落地，颗颗皆圆。② 这就是一心圆融三观。

智者在继承上述有关思想的同时，不仅创造性地提出了"三谛圆融"说，而且对三惑、三轨、三谛、三智、三观、三德、三趣之间的关系作了新的说明，建立了以"圆"为特征的本体论，圆满地昭示了宇宙万有的"圆理"。

---

① 参阅《摩诃止观》卷第三上－第三下、《大正藏》第 46 卷。

② 参阅明旸法师著：《佛法概要》，上海市佛教协会 1990 年印刷，第 335 页。

　　"三谛圆融"说的主旨是要如理如法地诠释佛教的谛理说，揭示宇宙万物的本来面目、实相及其体性、相用。在智者看来，实相之体，圆满具足真假中三谛，即三谛圆融，无挂无碍。当然，三谛又是有区别的，因为它们分别从不同的方面显现了实相的体用差别，从特定的侧面昭示真理的一定方面。真谛所显的就是佛菩萨在空观中所顿见的万物毕竟空寂、了不可得的自性。因为任何事物都由因缘和合而生，因缘聚则有物生；因缘尽，该物就不复存在；没有一成不变的实体。假谛所反映的妙有或假有是佛菩萨以道种智所观照到的诸法的非空而有的体性。因为尽管事物毕竟空，但真空不碍妙有，当人对境时总是有相状呈现出来，可安立名字，即安上名字说出来，并可轨生物解，因此是妙有。但此妙有是假借众缘而成，即由于因缘和合才有。而赖因缘则假，因此妙有又是假有。中谛所显现的则是佛菩萨以一切种智所观照到的万物空有不二、真空不碍妙有、妙有不碍真空的中道之理、中道之实相，也就是万物诸法非断非常、非来非去、离生离灭、离一离异的本质。由上可见，三谛实质上是宇宙万物实相的三个方面。

　　这样说并不意味着宇宙的本体、实相是一个东西，可分解为这三个部分，或有可直观到的三个方面。智者根据自己一贯坚持的互具论创造性地指出：实相是即空即假即中，三谛中的空谛假谛中谛也不是孤立地、片面地表示一个方面的体性，而是每一谛同时兼有其余两谛的体性。也就是说，三谛一一皆圆融相即。所谓"圆融"就是圆满、融洽之意。圆满就是既圆又满，意即任一法中条然具中其他一切法，一谛同时具足其他两谛。这也就是说，三谛的每一谛本身是空假中具足，而且三者辩证统一在一起。所谓融洽就是指一法中具足的一切法无挂无碍，一如一体，一谛具足的三谛无挂无碍、一如一体、相即相融，没有任何绝对的界限和冲突。因此智者说三谛圆融，就是强调三谛有这样的关系，即任何一谛圆满具足其他两谛的圆融圆满关系，以及三谛之间的圆融无碍、一如一体的关系。

　　具体地说就是，第一，实相的空的体性不离假中，同样假的体性不离空中二谛，中的体性不离空假二谛。三谛实一谛，一谛即三谛。三一无碍，相融相即，三而一，一而三。第二，三谛之圆融不是由于观的作用、心的作用所使然，也不是人们主观任意想象或强加于事物的结果，而是诸法天然法尔自然具足的圆融，也就是说三谛是一切事物及其宇宙整体天然的三德性，圆融是三谛本自具足的如一如体的关系。在此意义上可以说三谛圆融是宇宙万物的客观真理。第三，三谛相互包容、含摄，也就是说，每一谛在从特定的方面表现宇宙之客观真理的同时也包含了其他两谛所表现的真理。真理只有一个，即万物的本来面目就是真空与妙有的中道统一。一切都是即空即假即中。说空，三谛皆空，说假，三谛皆假，说中，三谛皆中，中真、中机、中实，故俱中。虽三而一，虽一而三，不相妨碍。或者说，空谛以空为名，同时又具假中，悟空即假中；假谛以假为名，同时具空中；中谛以中为名，同时具空假。[①] 第四，三谛没有先后、次第的分别。在这个意义上可以说圆融三谛是不次第三谛。这是相对于别教的次第三谛而言的。所谓次第三谛就是主张：三谛有从空谛到假谛、再从假谛到中谛的顺序，在修观时，也是按从空观到假观、再从假观到中观的次第进行的。在智者看来，次第三谛是隔历三谛，即把三者本来具有的圆融关系人为地分割隔历开来了。智者所倡导的是非隔历即圆融三谛，也就是不次第三谛。它否认三谛之间有先后顺序的关系，而主张三即一，一即三，一谛在任何时候都同时具足其余两谛，因此观一谛也就同时观三谛。第五，三谛非纵非横。纵即前后差别，横即彼此区分。第六，从体用关系看，圆融三谛是体，彻悟、究尽此体理便能得其妙用，此妙用即是成佛作祖。换言之，只要能证得此三谛圆融之理，永远安心于其上，或心与之彻底冥合，便成佛作祖了。第七，从认识、证悟的角度看，三谛圆融不是凡夫的情感体验和逻辑思维所能把握的。因为世俗智慧是有限的，而万事万物之实相超越时空和名言，是无限的，即是智者常说的"不思议境"，诸相宛然，相即相融，

----

① 《摩诃止观》卷第一下、《大正藏》第 46 卷，第 7—9 页。

绝对不可思议，只有借般若智慧才能证得，只有当修持止观到一定的境界时才能彻悟。这也就是说，彻悟圆融之三谛是一项系统工程。智者经常述及和诠释的"三轨"足以说明这一点。"三轨"即成佛的三种轨范、方法或三个条件。一是真性（实相）轨，二是观照轨，三是资成轨。这三者与三谛相应，用般若观照可悟空，资成对假，真性是中道义。在止观中，当观照处于空寂状态，借（资成）佛所说的义理（假），就能彻悟诸法之真性或中道实相。只有三个条件同时具备，才能把握到圆融的三谛。

　　在智者看来，宇宙万物有绝对不可思议的方面，即空假中。相对于思议来说，空就是远绝凡夫思虑边或方面，因为真如中道，离一切言语思议之形容计度。这就是真如的破情之德。事物的假有的一边也就是诸相宛然边或方面。也就是说，一切事物莫不是真如实相之显现。这也就是实相无相（本身没有相状）但又无不相（即总是由相、由假有表现出来，体现于其上）的道理。正因为如此，真如实相是我们的立法之本或德，亦即是建立真理理论体系的客观基础。事物的中的一面就是绝对不可思议边。因为空谛假谛既然是万物真如本性的方面，因此空假一体，这是真如绝对之德。既然如此，它就绝不是世俗的分别智、逻辑思维所能把握的。如是空假一体，就是空，因此空谛中已含假谛和中谛，并不是说除了假中二谛才是空谛。同样假中二谛都分别含摄另外二谛。一空一切空，一假一切假，一中一切中，一真一切真。在般若智慧中，通过一谛就能如实把握其他一切事物、一切谛的真理。

　　总之，空彻底空，假中亦空；假彻底假，空中亦假；中彻底中，空假亦中；三谛绝对圆融无碍。这种无碍是天然之德性，本有之妙谛，宇宙万物、社会人生之本来面目。最后，圆融三谛，也就是一境三谛，即随拈一法，随对一境都可通圆融三谛。因为彻妙庄严之佛身，呵责叫唤之狱足，无非法相三谛之妙相。日月星辰，树木花草，金钱草纸，别墅蚁穴，美食粪土，轿车黄包车，美女丑八怪等，都是即空即假即中，既不是有，也不是无，也不是亦有亦无，更不是非有非无。因此一境一法莫不显三谛之真理，莫不是圆融之三谛。既然如此，对好的、有利的东西如金钱美女等的执著贪爱不是显得太愚蠢了吗？同样，为自己没有或失去这些东西而忧愁、烦恼甚或痛不欲生不也是太可笑了吗？既然一切东西都是即空即假即中，我们对世界、人生应采取什么态度，应抱什么样的价值观、苦乐观、财富金钱观、恋爱择偶观不是一清二楚了吗？如果认识到万物圆融三谛的本质、实相，在实践上也相应地贯彻这一原则，采取无为、中道的立场和态度，人还有痛苦烦恼吗？人不就当下彻底卸下一切包袱、彻底轻松、彻底解脱了吗？

为了充分揭示宇宙人生三谛圆融之本质实相，智者在说明三谛各谛自身及三者的内在圆融关系的基础上，还继承发展慧文等师的方法及思想，把三谛放在与三智、三观的关系中加以论述。所谓观是指能观之心或认识主体的观照活动。相对于观而言，谛则是观照的境或对象。所谓三观就是空观、假观、中观。三观有内外三观之别。内三观指一心同时具足三观，即空假中三观并非三种心识的活动，也不是分别在三种心态下进行的三种观照，而是在一心中顿起的空假中三观。外三观是指在观外面的每一法时同时具足三观。也就是说，随观一境或一法，同时具足空假中三观，即同时看到对象的空、假、中这样的本质实相。如观法之空，同时观假中皆空，其他两观可如此类推。三观为能观心，三谛为所观境。能所交融，主体和客体冥合，不可分割，正如偈云："三谛三观三非三，三一一三无所寄，谛观名别体复同，是故能所二非二。""境为妙假观为空，境观双忘性即中，若能识得佛境界，当下谛观如虚空。"[1] 这就是说；谛和观在名称上有别，而实质上并无区别，谛是万物空假中的真理，观是对这种空有不二的真理的把握。如果能把握境假有空无这种中道义，做到境观双忘，不堕边见，不走极端，不把空有形而上学地对立起来，按中道行事，即"性即中"，那么我们断除烦恼、了生脱死、得彻底解脱就有了本体论、认识论上的可靠基础。

----

[1] 参阅明旸法师著：《佛法概要》，上海市佛教协会1990年印刷，第335页。

就三谛与三智的关系来说，三谛是人的智慧的客观基础，而三智是能观心观照三谛的凭借，也可理解为观照三谛、与三谛冥合后精神升华的结晶。三智分别是前述的、可于一心中顿得的一切智、道种智、一切种智。如果以能观心去观照三谛，即用空观观空谛、假观观假谛、中观观中谛，进而在一心中观一谛同时通达明了其余两谛，即三观同时突现于一心，万法之三谛圆融的本质同时显现于观照前，那么一心中就同时具足了三种智，或者得一智同时得其余两智。对三轨或三法、三谛、三观、三智、三语、三趣、三德的相互关系以及它们对于解脱的意义，智者用下述语言作了清楚明白、精辟透彻的表达："轨则行人呼为三法，所照为三谛，所发为三观，观成为三智，教他呼为三语，归宗呼为三趣，得斯意类，一切皆成法门，种种味勿嫌烦云云。"① 也就是说，通达三谛所依的三轨，所用的三观，所得的三智以及表述所用的三语（"空"、"假"、"中"），转化中所破的三惑（见思惑、尘沙惑、无明惑）、证道所成的三德（般若、解脱、法身），归宗所呼的三趣，都是同一实相的不同方面。一当明白了这一道理，一切时间、地点的一切法都是解脱法门，随时随地都可通向美妙极乐的境界。在自己神妙的心灵中更是如此，它具一切法，具足观照的对象，具足得三种智的条件，从而也就具足通向解脱的法门。当一心同时具足三观、通达三谛、圆满观成时，"三智一心中五眼具足圆照，名为了了见佛性。"② 所谓了了就是"照实"，"五眼"就是肉眼、天眼、法眼、慧眼和佛眼。意即到三谛观成、一心具三智时，五眼神通妙力顿即现前，如慧眼见空（由假入空），法眼见假（由空入假），佛眼见中（双立双破），至此，即可彻见佛性，及时解脱。质言之，上述三惑、三观、三谛等之间又有因果关系，即迷兹三谛即成三惑，反过来，依三轨，用三观，破三惑，便能于观成时得三智，而智成则是涅槃三德变成现实。

----

① 《摩诃止观》卷第五上，《大正藏》第 46 卷，第 55 页。
② 《摩诃止观》卷第七下，《大正藏》第 46 卷，第 95 页。

　　以上对诸关系的说明都是从事上而立的。从方便上说，谛有二、三或四，但舍方便而从实、从理上说，便只有一谛，即"无上道"。智者说："今经正直，舍方便，但说无上道。"如果更进一步就人的终极解脱来说，实相是无谛非无谛的，即只有不可说之谛。智者说："诸法从本来，常自寂灭相，哪得诸谛纷纭相碍，一谛尚无，诸谛安有？——皆不可说，可说为粗，不可说为妙，不可说亦不可说是妙，是妙亦妙，言语道断。"① 当然"无谛说"是针对将谛执为有的人而说的，这是更高境界的破斥，与承认有三谛圆融之说一点也不矛盾。

　　三谛圆融说无疑为幸福观和解脱论提供了本体论和价值观的基础。智者的上述理论鲜明地体现了天台宗作为圆顿教的"圆"的特点。它们通篇表达的是一种圆理，即一法圆满具足一切法，共存于一体的诸法如一如体、相融相即、无挂无碍。这一圆理既为智者的其他理论奠定了基础，同时又具有重要的解脱论和修持方法论上的实践意义。根据这一理论，一切都是即空即假即中，即没有什么可得到的，也没有什么不能得到的，因此把金钱财富、名誉地位当作是绝对真实的东西，并视之为幸福快乐的源泉和基础，对之穷追不舍，对自己贪爱的东西执著不放，必然是"了不可得"、自寻烦恼；同样，认为没有什么可得到的，世上没有幸福快乐可言也是大错特错的。因为圆融三谛是万物天然之性德。其次，根据上述理论，我们也很容易找到幸福快乐乃至解脱涅槃等价值的源泉和基础。这些价值肯定是有的，但它们不是来自于外部世界，不是金钱财富的功用。真正的价值就在我们每一个人自身，就在其实相或谛理之中。

① 《法华玄义》卷第二下，《大正藏》第33册，第705页。

第八章

贤圣以慧为命
——解脱的智慧结构

如前所述，像佛这样的极圣是将幸福与道德完满有机统一在一起的人，自利利他，自匠匠他，因此一定是许多追求幸福和人格完善的人趋之若鹜的目标。要成为这样的人，首先必须顺理。但怎样才能顺理呢？在智者看来，别无他法，只有在挖掘、利用每个人都本具的智慧之根的基础上，培养和发展自己的智慧，使之达到能解空、了了照空、体空，最终能顺于、安心于空理的状态。简言之，"依智不依识"是得到行人追求的最高成就的依凭、基础、依据、前提。智者说："必有所依，而得成就"，[①] 这所依有四方面，如依义不依语，依法不依人，依了义经不依不了义经，依智不依法。大乘所倡导的六度原则也是智者解释学重点阐发的对象。根据这些原则，要由此岸痛苦不堪的世界度达涅槃彼岸，必须满足六种必要条件，或必须有六种类似于船筏一样的工具，其中之一就是智慧或般若。总之，人要进入彻底解脱的境界，由凡夫转化为圣贤，必须不离智慧。故智者说："贤圣以慧为命，慧命非空不立。"[②] 但究竟该怎样理解智慧呢？智慧有时为什么被认为是谋杀法身慧命的工具？有时还成了邪恶之德、干坏事的有力工具？即使它能成为成圣的所依，它为什么有这种作用？其机理、过程是什么？如此等等，都是

---

① 《法界次第初门》卷下之上，《大正藏》第46册，第687页。
② 《摩诃止观》卷第六下，《大正藏》第46册，第85页。

般若学中众说纷纭、莫衷一是的难题。

一　"智慧"与"般若"

与中文"智慧"一词对应的梵文词有：（1）Mati，可简译为"慧"，大小乘的五位法中的心所法中的一种遍行心所，即人们普遍具有的辨认事物、判断善恶是非的能力。（2）Jñāna，可意译为"智"、"若那"、"阇"，指按佛教原则修习所得的分辨对象、甄别是非的能力，种类很多，如有漏智和无漏智、根本智和后得智、三智等。（3）Prajñā，一般译为"般若"、"波若"等，有两种理解：一是指根据缘起性空道理对一切事物的观照能力，其特点是能照见对象之性空妙有的体性；二是将其看作是智、慧、智慧等词的同义词，并承认其中也包括世俗分别智，因此这种般若有世智和出世智两类。

在智者之前的比较发达的中国般若学中，关于"智"、"慧"、"智慧"与"般若"的关系问题以及"般若"是否可译、如何译的问题等，一直存有争烈议的争论。先看"般若"一词是否可译的问题。有的认为，可译为智慧，有的认为，不可译，因它有多义，且"般若甚深极重，智慧轻薄"。① 这也就是说，它指的东西太多、太大，繁复幽玄，微妙难测，是常见的轻薄的"智慧"一词难以言表的。但是只要对"智"之类的词作出新的规定，赋之以新的含义，它们在特定的范围内又可以看作"般若"的对应译词。中国传统哲学和常识所推崇的智主要是以分析、分别为特点、以认识事相见长的智，或作为科学认识工具的智。它与般若几乎没有相近之处。但"智慧"一词的内涵和外延可予以适当调整，如果让它表示人的解空或了了寂照万物体性的能力或认知态度及结构，那么它就可以看作"般若"的译词。正是在这个意义上，智者常在同义词的意义上使用"智"、"慧"、"智慧"、"般若"等

---

① 《仁王护国般若经疏》，《大正藏》第33册，第254页。

词。当然，如果把中文的"智"等词理解为俗智、分别智，那么就不能用来翻译般若。总之，"智慧"一词的外延有两种情况：一是比"般若"大，既包括俗智又包括出世的般若之智；二是与"般若"有交叉关系。只有当把"智"之类的词看作是出世之智时，才能看作"般若"的同义词。例如智者说：智即知见，所谓知，即知道，见即证明，见地。知见实相，即实智。① 这实智才可看作是般若。

　　还应看到，在界定"般若"时，智者的表述是很灵活的。如说：般若即"灵智"。② 而"智是明解"，③ 智是照了之心，通过正观而做到心无所著，④ 或者说，智是"决定了知"，"各齐位照了分明"。⑤ 另外，还有很多说法，如顺理而观即为智，迷理即有生死惑，⑥ "实相般若名智"，"三智一心中得名智"，⑦ "解空为慧"，⑧ 智即"妙能"等，⑨ 只要明白了智者的前述解释原则和思路，种种说法便不难会通。

　　根据智者的圆解，智即是觉，例如"圆教四智"即是"终竟妙觉"，是实而非权。⑩ 具体而言之，"智"、"般若"等词指的是众生身上表现出的这样的机能：通过如实的、了了分明的寂照，去把握和解知所照之对象的体性，最终帮助心灵进到一种清净、平等、不生不灭、不一不异的状态。智者说："智者决断，慧名解知，万象虽繁，物我无相，有为斯绝，寂其机照。"⑪

　　除了一般性的界定之外，智者还从构成、运作机理等微观层面

----

① 《法华玄义》卷第三上，《大正藏》和33册，第710页。
② 《法华玄义》卷第八上，《大正藏》和33册，第776页。
③ 《摩诃止观》卷第六下，《大正藏》第46册，第85页。
④ 《法界次第初门》卷下之上，《大正藏》第46册，第688页。
⑤ 同上书，第683页。
⑥ 《摩诃止观》卷第三下，《大正藏》第46册，第29页。
⑦ 《法华玄义》卷第四上，《大正藏》第33册，第721页。
⑧ 《金刚般若经疏》，《大正藏》第33册，第82页。
⑨ 《法华玄义》卷第九下，《大正藏》第33册，第796页。
⑩ 《法华玄义》卷第三上，《大正藏》第33册，第710页。
⑪ 《金刚般若经疏》，《大正藏》第33册，第75页。

对般若作了活体解剖。他指出：般若之智作为一种认知结构或机能必有其所依之体，这体就是灵明不寐的心体，亦即本来空寂的真心。智者说：智慧之体是心，"心为其体故备空也"，因为其体空寂，故备空、能照空。此"质直清净心"不仅是智之本体，还是它正确履行它的功能的关键，是决定它所显示出来的智是否是般若之智的关键。质言之，只有让质直清净心显现，如在对境时，了知诸法实相，心安于实相，非境非智，心无所得，在这种前提下，所表现出的智才是真正的般若。智者说："唯菩萨以质直清净心"，修声闻智、辟支佛智、佛智，才可"名为般若"。①

就般若的相状来说，般若从理体上说就是实相，本来无相，但正如欲过河的人必须有船一样，欲由生死此岸渡达涅槃彼岸的人也必须有一定的工具，即必须让作为理体之用的智慧临时从众生的本来空无所有的体性之上现起，暂用终弃，一当度达彼岸，便予废弃。如不然，还执著于般若，便会与最彻底的解脱擦肩而过。

实相之体上生起的般若即观照般若，是有相的，因此可从事相上描述。如是来看，般若有四相，即有相、无相、亦有亦无相，非有非无相。此四相是入般若的门，智者说："四门本通般若。"说般若有相，是因为般若有其种种妙用，一当发挥其作用，必有种种迹象现起。但显此迹用的体是无相的。强调无相是为了不让人起执著。因为"若取著者，则成邪见，烧于法身"。②

从特定意义上可以说，临时为破迷惑、无明烦恼而生起的般若是治病之药，是为攻一种毒而施的另一种毒。从语言上说，是对不可言说之神秘的言说，"故假名般若"。③ 这也就是说，从究竟之理上说，"般若"的概念不过是一种教化众生出苦海的方便，一种权宜之计，或者说是给众生治病的药剂，一当病除，抱住不放就十分荒唐。

----

① 《法界次第初门》卷下之上，《大正藏》第46册，第686页。
② 《法华玄义》卷第八下，《大正藏》第33册，第784页。
③ 《金刚般若经疏》，《大正藏》第33册，第75页。

　　从与世间智慧的区别来看，后者的特点在于：对任何事情极尽分析、分别之能事，鸡蛋里挑骨头，以至于无事找事，无烦恼分析出烦恼来。可见，这种智慧尽管是科学所必需，但却于做人有百害而无一益，因为它恰恰是烦恼的认识论原因，或真正的内因。俗话说："世上本无事，庸人自扰之"，之所以出现这种状况，根源恰恰来自这种智慧。用来翻译"般若"的智慧则不同，它恰恰是一种无分别智，一种"顺理"或能与世界本来面目、本来体性保持一致的智慧，一种按这种理体认识对象、接人待物、过日子的智慧。它"明鉴实相"，即能彻见实相，以至"穷边极底"。① 由于宇宙万物的实相都是一样的，无二无别，一如一体，"体充法界、性同虚空"，因此既然是般若智慧，它便能如实认知，并以一种无分别的态度应机待物，进而面对任何情境都能保持一颗如如不动之心，真正做到"八风吹不动，端坐紫金莲"。即使碰到违情、不顺心、不如意的事情也能保持一种永远常乐、不动不变的清净寂然之心。不难看出，这种智慧既是一种特殊的认知智慧，更是一种特殊的生存智慧，一种碰到任何事情都能保持平静、泰然的立场、观点、方法和态度。有了这种智慧，在面对各种有利不利的处境时都能以无分别心、从实相上去予以观照。这种观照就是"行人智慧"，而此智慧恰好可以"鉴此实相"。② 这种"鉴"，其实也是一种解知、一种对本质的把握。因为"顺理为解"。这种解具有巨大的生存价值，因为"解即累灭、苦尽，寂然永乐"。③ 从肯定的方面说，有般若智，就有永乐，从否定的方面说，有这种智慧，就能斩断缠绕人的系缚、抛弃加在人身上的生死重累，灭除各种痛苦烦恼，使"戏论不得入"，使一异、断常之类的见解不生，即"众惑不生"。般若之所以有这些作用，是因为般若的体性就是毕竟空寂，与实相、理体是同一的。此即"实相般若"，"实相即理境第

----

① 《金刚般若经疏》，《大正藏》第 33 册，第 75 页。
② 同上书，第 75 页。
③ 同上书，第 76 页。

一义谛"。它"不断不常，不一不异，性空，毕竟空"。①

既然如此，用般若对万物体性所获得的观照就不是外来的，而是由理体必然派生出的用，是对自身本来面目的回归。般若的自相是毕竟空。如果没有分别心和烦恼，就用不着般若。如果有这些东西生起，知见、修证达到一定程度的人就会让般若现起，一一谛观，到了一定的火候，就会出现顺理之解、一如一体的境界、"累灭苦尽"的结果。

智者在解释般若类经时还强调：诸经不仅对般若作了直接的解释，还作了比喻的说明，例如常用"金刚"譬般若。金刚有体用两方面，其体坚固，其用锐利，不仅不会为他物所破，"真上不可侵毁"，而且能"摧破万物"。般若也是如此，由于它本身就是毕竟空寂，因此时时事事，处处在在，都一如一体，无有变化，不会受到别物的扰动，"体坚众惑不侵"。不仅如此，由于它体坚，因此"用利，能摧万物"，或者说"摧万物于性空，荡一无于毕竟"。②

智者解释的般若的最独特之处在于：根据他的互具说，将佛所宣说、倡导的般若解释成一种圆智。所谓"圆"有圆妙（圆满不可思议）、圆满（圆满具足、无有缺减）、圆足（任何一念心都圆满具足一切事理）、圆顿（圆满具足的东西是顿成的，而非渐次成）等意，而般若之智不同于别的智慧的地方恰恰在于：这种智圆满具足一切价值、一切性相功德，甚至具足最高的佛性、法身、解脱和实相。正如一法具一切法一样，一智也具一切智，具一切性相功德。只要真正的般若现前，那么当下便会顿得顺理的解悟，甚至让可能的佛性转化为现实的佛性，即成佛作祖，佛的一切性相功德，如三十二相、八十种好、常乐我净，无不具足。例如，有这种般若就一定会回归到本来寂灭的状态，安心于理体。因为这种

----

① 《金刚般若经疏》，《大正藏》第 33 册，第 75 页。
② 同上。

"智门通理"，① 即通过般若观照，便能彻见万法毕竟空寂、无生无灭的本性。"若闻无生门，则解一切义"，"不生者法性也"，生即颠倒、无明，因此无生法是般若寂照的结果，有此结果即成佛。②有此体，必有一系列功用。因为离体无用，离用无体，用即寂，寂即用，不一不异。用的表现是，有此体，必然惑断、累尽、苦灭，因而有自我之解脱、永乐。其次，有智慧，必然有慈悲。

由于般若作为一种法同样具有互具的特点，因此它无处不在，无时不有，但这种在和有无相无不相。智者说："一色一香，无非般若，般若真智离有离无。虽离有无，有无寂然。虽复寂然，只自无相。"③

总之，般若既是智慧，又是解脱，既是因又是果，其特点是："照了一切诸法，皆不可得，而能通达一切无碍。"④ 可见，作为般若的智慧既是一种能观诸法毕竟空寂之本质的认知智慧，又是无滞无碍、通达自在的生活态度，更是一种卓越的、只有圣者才能进至的彻底解脱的生存状况。说般若是一种生存状态，不外是说，面对生活中发生的一切，均以般若处之，即"以不放逸心历一切法，谓三界六尘皆不放逸，得至涅槃"。⑤

二 智慧的种类

这是佛经和佛教各宗派一直十分关注的一个问题。先看天台宗以外的种种说法。

最常见的、通行的分类是把智慧分为世间智和出世间智两种。世间智有二：（1）博学宏辞，长技远略；（2）明善恶，行其所当行，止其所当止。君子就是德胜才者，小人即才胜德者。出世间智

---

① 《摩诃止观》卷第五下，《大正藏》第46册，第59页。
② 同上。
③ 《仁王护国般若经疏》卷第一，《大正藏》33册，第255页。
④ 《法界次第初门》第下之上，《大正藏》第46册，第687页。
⑤ 《法华玄义》卷第三下，《大正藏》第33册，第715页。

也有二：（1）能分别如来正法，依而奉行。（2）破无明惑，明心见性。与此相近的一种分类是把智慧分为根本智和后得智。前者指每个人天生本具的智慧，后者指通过后天努力而新生的智慧。它们可分别现于世间智和出世间智之中。

小乘一般将世间智和出世间智加以进一步划分，从而用十智概括一切智慧。如转信大乘之前的世亲的《阿毗达摩俱舍论》认为，"智慧"一词有三义，即忍、见（推度）、智（决断），类别有两大类、十小类。两大类分别是有漏智（这种智尽管也有断除烦恼的作用，但不彻底，有泄漏，故名）和无漏智。十小类分别是：世俗智、法智、类智、苦智、集智、灭智、道智、他心智、尽智、无生智。按对智慧的世间智和出世间智划分，后九类是出世间智。按有漏和无漏的划分，前八种是有漏的，后两种是无漏的。因为后两种者中的尽智就是灭尽一切漏的智。当行者修至有顶第九解脱道时，便能灭尽一切漏，得择灭无为，即得漏尽，与此漏尽最初俱生之法类及四谛智，就是尽智，即无学圣者断尽烦恼时，自知我已知苦集灭道，已得修道之智慧。无生智指认识到一切毕竟不生并进至非择灭无为状态的智慧。《婆沙论》将智分为八种：法智、比智、他心智、等智、苦智、集智、灭智、道智。

大乘的分类很多，主要有三般若、四智之说。三般若分别是：（1）文字般若，由于三藏十二部典籍是能开发般若的文字，故名。（2）观照般若，依文字般若所显示的义理，如实观照一切事物的体性，以便回归诸法之实相，因此是能照第一义空的般若。（3）实相般若，即般若的体性，其体性即实相或一切事物的毕竟空寂、平等不二的本性。前两种般若不过是实相般若的迹或用。般若还可分为实智与权智，实智是亲证宇宙人生真相的智慧，是般若之体，无智无碍，智境如一，没有差别。权智又称方便智，是了解现象差别、引导六度万行的智慧，是般若之用。它是证得实智后生起的智慧。

四智主要是唯识宗所倡导的分类。它们分别是：（1）大圆镜智，此智离诸分别，如大圆镜现众色相，境过即空。（2）平等性智，此智能观一切法自他有情悉皆平等。（3）妙观察智，此智善观诸法自相共相，无碍而转，摄观无量总持定门，于大众会，能现无边作用差别，皆得自在，断一切疑，令诸有情皆获利乐。（4）成所作智，此智为欲利乐有情故，普于十方，示现种种变化三业，成本愿力所应作事，亦能遍缘三世诸法，随意乐为，或缘一法，或二或多，随作意生，缘事相境起化业。

　　密宗在上述四智之上加了一智，即法界体性智，谓第九识庵摩罗识。它是从有漏转为无漏时所得之智。

　　智者对智慧之分类的探讨是建立在自己对圆教的圆解和互具论之上的，其特点一是从诸智的等级差别、横纵关系等方面对之作了全面的概括和梳理，二是通过将圆智与其他智慧的对比，凸显圆智的特点、本质、生成机断及特殊作用。

　　首先，智慧可根据其把握实相的程度来分类。智者认为，诸智慧构成一个由低到高的等级系统。它们之所以有等级差别，是因为它们在反映、照了实相谛理方面圆缺、大小、深浅程度各不相同，如实相在世智中是缺失的，在高级的智慧中被照了的程度又各不相同。对此等级系统又可用三种方式予以描述。

　　一是世智出世智系列：①

世智—分别智

出世智
- 权智
  - 藏教七智
  - 通教五智
  - 别教四智
- 实智—圆教四智

　　这里的权智即方便智，包括小乘的一切智、菩萨乘的道种智、或像上面所述的藏通别三教的各种智。实智即圆智，即佛之智慧，"至融、至即、至顿、至实，不可思议，不纵不横，圆妙无比，喻不可尽。"② 它"总相、别相，一切尽知"，③ 有此智慧，便不

----

① 《法华玄义》卷第三上，《大正藏》第33册，第709页。
② 《法华玄义》卷第九下，《大正藏》第33册，第797页。
③ 《法界次第初门》卷下之上，《大正藏》第46册，第687页。

会为魔所障，且能断一切烦恼，"成佛道"。

二是下、中、上三智系列：

下智——世俗智

中智——声闻、缘觉智——在一定程度上可知圣谛

上智——佛、菩萨智——彻见圣谛①

三是外道智和内圣智系列：

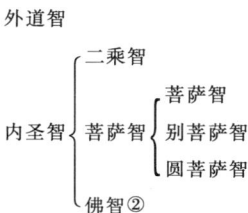

外道智

内圣智 {
　二乘智

　菩萨智 {
　　菩萨智
　　别菩萨智
　　圆菩萨智
　}

　佛智②
}

　　如果撇开世智，那么实智可开为三种。它们也是一个由低到高的系列。一者声闻智慧，二者群支佛智慧，三者佛智慧。声闻的智慧又有三种：一是学、无学、非学、非无学、非学非无学智慧；二是学智；三是无学智。辟支佛智，也有上述三种形式，其特点是：有此智慧的人，无漏善根纯熟，虽不生在有佛之世，但凭自己的根性获得了觉悟，同时得到了相应的功德，还能通过谛观四谛十二因缘，获得深利的智慧，从而能断除习气，因此高于声闻。

　　第二，大的分类方法是从历时态或从过程上描述智慧。其中，又有两种，即把智慧分为因智慧和果智慧。根据这种判释，般若既是因又是果，是从因到果的过程。修观即因，观成即果。智者说："菩萨所修智慧，皆名行般若波罗蜜，若至无上菩提佛果，方是般若波罗蜜，具足成就。"③智者还认为，从过程上说，慧有四种慧，即闻慧、思慧、修慧和证慧。它们代表从凡夫到极圣的转化过程中的四个不同阶段及智慧在每一阶段的运用中的不同特点。④

- -

① 《法华玄义》卷第三上，《大正藏》第 33 册，第 711 页。
② 《法华玄义》卷第九下，《大正藏》第 33 册，第 797 页。
③ 《法界次第初门》卷下之上，《大正藏》第 46 册，第 687 页。
④ 《法华玄义》卷第六下，《大正藏》第 33 册，第 755 页。

　　第三，从共时态结构上看，不同的智慧可以并存，并从特定的方面发挥自己的作用，如实相、观照、文字三般若，一切智、道种智和一切种智三智就是如此。智者对之所作的分析充分打上了自己圆解的特点。他认为，上述三般若也可看作三法或三轨。① 三轨即是入妙位、得佛果的三法或三条必经之轨道、轨范。第一法即"真性轨"，彻悟诸法之真性即是通达妙位的首要条件。第二法是"观照轨"，意思是说：只有通过智慧的观照，才能把握诸法真性。第三法是"资成轨"，要证得真性，切入妙位，必须靠诸善行的资成。② 在智者看来，三般若就是三轨，如实相般若即真性轨，观照般若即观照轨，文字般若即资成轨。三者各有自己的妙用。从非圆教的立场看，三般若是三种不同的般若，但从圆教来看，三般若实即一般若，即一实相般若。实相是体，观照、资成等是用。智者说："一往性空为般若，不断不常、不一不异、性空、毕竟空为般若。"此是一，但又可说为三，即实相般若、观照般若和文字般若。而此三又是一。"实相即理境第一义谛，观照即行为智慧，智慧鉴此实相，说智及智处皆名为般若。文字能为作诠，亦名般若。"③ 从究竟理地说，"般若体空无所有"，④ "佛说般若非般若，此是如空。即以性空为般若，般若即非般若"。⑤

　　对于通常所说的一切智、道种智、一切种智，智者的说明也体现了其圆融的特点。首先，智者强调，真正的智慧或般若是对实相谛理的"顺理而观"。谛理有三，即三谛，其实是一，而观察的深浅、圆缺不尽相同，因此可表现为不同的智慧类型，即能看到对象之空性的一切智，能看到其有的道种智，能看到其空有不二的一切种智。智者说："智有离合，而三谛不动。"⑥ 由于藏通别圆四教对

① 《法华玄义》卷第五下，《大正藏》第 33 册，第 744 页。
② 同上书，第 741 页。
③ 《金刚般若经疏》，《大正藏》第 33 册，第 75 页。
④ 同上书，第 77 页。
⑤ 同上书，第 79 页。
⑥ 《摩诃止观》卷第三下，《大正藏》第 46 册，第 28 页。

同一谛有不同的观照，因此每种教都有自己的三智，例如圆教三智是：依无漏发一切智，依有漏发道种智，深观无漏之空，知空亦空发一切种智。[1]

智者对于智的分类还有很多形式，如十一智之说。智者说："决定了知，故名为智"，"各齐位照了分明，故通名为智"。（1）法智，能断欲界法执的智慧。（2）比智，能在色界、无色界中，于四谛辨四种无漏智。（3）他心智。（4）世智，即世间有漏智慧。（5）苦智，于五阴、无常、苦、空、无我观时所发的无漏智。（6）集智，能观诸法因缘的无漏智。（7）灭智，行灭、止诸观时所发的无漏智。（8）道智，行正道、行远观时所发的无漏智。（9）尽智，见苦已断、集已证、灭已修时所得的智慧。（10）无生智，没有念和相生起的智慧。（11）如实智，如实了智一切法平等无二的智慧，此智是佛所独有的智慧。总之，有两类智慧，一是世间有漏智，二是无漏智，其中最高的是如实智。

智者有时还将一智开为二十智。它们分别是：世智、五停心四念处智、四善根智、四果智、支佛智、六度智、体法声闻智、体法支佛智、体法菩萨入真方便智、体法菩萨出假智、别教十信智、三十心智、十地智、三藏佛智、通教佛智、别教佛智、圆教五品弟子智、六根清净智、初住至等觉智、妙觉智。世智的特点是：无道，邪计妄执，心行理外，不信不入。其他都是出世智，其共同特点是：有开"圣道门"的作用，都带有一定量的无分别的特点，至最高的妙觉智就完全没有分别了。在它面前，宇宙万法，一如一体，无有差别，不生不灭，不来不去，不断不常，不一不异。

总之，智有两大类，一是世智，二是实智，而实智又有许多不同的形式，它们分别是对同一谛理的不同角度、深浅、圆缺的观照和把握。大致说来有三种情况，一是从事相上说的不够圆满的般若智慧，它有能观之见，所观之境，观成会得一定的涅槃之果；二是圆满无碍的大般若，它遍一切处，一色一香无非般若，它无不含摄，一般若具

---

[1]　《法华玄义》卷第三下，《大正藏》第33册，第713页。

一切般若，"三智一心中得，名大般若"，① 不仅如此，任一时刻现起的般若同时具足一切功德，即它同时是实相、法身、佛性、解脱，乃至圆具一切法，最后，从究竟理地说，真正的般若即非般若。

三　般若与其他诸法

智者对佛教般若学的圆解还体现在他对般若与其他诸法的关系的阐述之中。

首先，从智与境的关系看，两者在因位上彼此不同而在果位上无二无别。这里的境既可理解为所观之境，即实存本身，又可理解为境界。如果是前者，那么它指的是智要观照的对象，其范围无不周遍，如《摩诃止观》中所说的十境：阴界入、烦恼境、病患境、业相境、魔事境、禅定境、诸见境、不思议境等，甚至般若本身也可反身为般若所观照的对象。这些所谓的境或对象本来毕竟空无，一如一体，但众生由于无明而迷失了谛理，妄执这境那境，于是有了随之而来的种种烦恼。智者说："迷理而有生死惑。"② 要断除烦恼、摆脱迷惑，进入解脱之境，必须让般若之智从体性上生起，顺理而观，如此一来，智境条然分明。但一当观成，便会智境双亡，能所俱灭，回归本然寂灭的状态。这也就是说，在观成的果位上，是无所谓智境的。如果境指的是境界，那么智与境的关系是本迹关系。境是智的结果、迹象、妙用或标尺。智慧越深、越高，所进到的境界越高。例如与正智相伴随的必然是正境。反过来，可根据境界的高低，判断智慧的圆缺和深浅。

从智与行的关系上看，两者相辅相成。所谓行，即进趣。一方面，智是在行中获得的，无行便无智，当然这种行是胜解基础上的行，故可说："解是行本，行能成智"；另一方面，行要能向，进入最高境界，又离不开智，故说："行名进趣，非智不前"。

---

① 《法华玄义》卷第九上，《大正藏》第 33 册，第 789 页。
② 《摩诃止观》卷第三下，《大正藏》第 46 册，第 29 页。

从智与谛理的关系看，谛理是众生本来具有的乐园，而般若智慧则是失乐园之众生的回家的路。如果谛理是涅槃彼岸，那么般若便是由此达彼的桥。凡夫迷失谛理便沉沦苦海。要找回或彻见谛理，必赖大智慧。因为"智能显理"。智之所以能显理，之所以能由此达彼，是因为智的体就是理体，因而两者有相通的可能性。一当谛理现前，智慧便没有用了，此即"理穷则智息"，① 两者都回归自己的本原。

从般若与其他五度的关系看，一方面，从事相上看，它们各有自己的功能，分别是由此岸度达彼岸的不可缺少的必要条件；另一方面，从圆教的立场看，它们是互具互融的，随修一度，同时具修其他五度。就智慧与慈悲的关系来说，"慈悲即智慧，智慧即慈悲，无缘无念、普覆一切，任还拔若，自然与乐。"② 从般若与禅定的关系来说，有此般若便会发真正的禅，因此般若即禅定。智者说："非智不禅"，"非禅不智。""若从正见正思维入定，从定发无漏，是时正见智名大臣，正定为大王，从此得名三三昧。非智不禅。即此意也。若由正定生正见，从正见发无漏，是时正定为大臣，智慧为大王，从此得名三解脱。非禅不智。"③ 智与止、眼等也有这样的关系，例如三眼（慧眼、法眼、佛眼）、三止（体真止、方便随缘止、息二边分别止）、三谛、三智之间具有相辅相成、互为因果的关系。智者说："以三止证三眼，见三法，获三智，知三谛。"反过来，如果有三智，便能更好地修三止。从理体上说，它们是一实多名的关系。智者说："故知一心三止所成三眼，见不思议三谛，此见从止得，故受眼名。一心三观所成三智，知不思议三境，此智从观得，故受智名。""虽作三说，实是不可思议一法耳。"④ 从般若与持戒等的关系看，它们不一不异，正像戒同时是定、慧、忍、布施、精进、智慧、禅定一样，智慧也同时

① 《法华玄义》卷第三下，《大正藏》第33册，第715页。
② 《摩诃止观》卷第五上，《大正藏》第46册，第56页。
③ 《摩诃止观》卷第七上，《大正藏》第46册，第90页。
④ 《摩诃止观》卷第三上，《大正藏》第46册，第26页。

具足其他诸法。"守护于戒，犯心不起，即是精进，决志持戒，不为狐疑所诳，专心不动，名为禅，明识因果，知戒是正解脱之本，出生一切三乘圣人，……名为般若"。①

从般若与菩提的关系看，两者既有互具的一面，又有区别、相辅相成的一面。之所以如此，是因为"菩提"有不同的意义。第一，它有时指的是一种誓愿，此即愿菩提心，如发愿上求佛道，下化众生。第二，它还可指觉，即修行的一种结果，所达到境界的标志，如小乘之人可"成正觉"，菩萨可至"等正觉"，而佛的觉则是"无上正等正觉"或"阿耨多罗三藐三菩提"。第三，《大乘起信论》把觉看作是如来平等法身，即先天具有的佛性。第四，《大智度论》把菩提看作是佛道，这已为我国佛教界广泛认同。智者也赞成这一解释，他说："菩提者，……此方称道。"② 在佛道中，最根本的道是般若智慧，因此菩提亦即般若，是正觉无相之智慧，是无上的智慧。在《摩诃止观》中，智者经常在"心"、"道"的意义上使用"菩提"一词，如说"此方称道。……此方称心，即虑知之心"。③ 这种心当然是一种愿心。而愿心又有层次上的差别。最高的道心或真发的菩提心是"非缚非脱"的发心，如于"无脱法中求于脱"，若一念心起，即空即假即中，若根若尘并是法界，毕竟空寂，究竟横竖事理具足，上求下化备在其中。虽知法门永寂如空，誓愿修行永寂，虽知菩提无所有，于无所有中求之，虽知众生本如幻化，却于此中求度众生。这样的发心才是真发菩提心。如果是这样，菩提心既是成就般若智慧的前提条件，同时又是这种智慧本身，因为这样的发心本身就是般若智慧的表现。因此般若与菩提不一不异。如果菩提指的是觉悟，那么般若与菩提之间有因果关系，即后者是前者观究诸法实相的结果。当然，到了以般若彻见诸法实相的境地，两者又平等无二了，都是涅槃的德性，不可得、不

---

① 《法华玄义》卷第三下，《大正藏》第 33 册，第 717 页。
② 《摩诃止观》卷第一下，《大正藏》第 46 册，第 8 页。
③ 同上书，第 8 页。

可说。智者说："相互虚通谓之菩提，菩提无相，有何为得，寂灭无得，道之至也"，① 而相尽虚通恰恰是大般若的结果或标志。

般若与实相、解脱也是既有区别又有同一性的关系。首先，它们之间有因果关系。由于诸法有实相之理，般若才有用武之地。以般若观实相，便会纠正众生对谛理的迷惑，进而有解脱之德。般若之所以是解脱的根本条件，是因为般若是彻照、彻证实相的根本之智。而一当以般若智入于涅槃，即回归实相，即成佛。智者说："佛、般若与涅槃，是三则一相，其实无有异。若得此异，知种种名皆名实相，亦名般若，亦名解脱。"②

般若不仅是佛、是涅槃，还是法身。因为"诸法生，般若生，诸法不生，般若不生，诸法亦生亦不生，般若亦生亦不生，诸法非生非不生，般若非生非不生。"法身亦应作如是观。③

总之，一智一切智、一切法。"一法摄一切法者，一理摄一切理、一切惑、一切智、一切行、一切位、一切教也。又一惑摄一切理、智、行、位、教也。又一智摄一切理、惑、智、行、位、教也。"④ 余可类推。

四　般若是至道出要

尽管从理上说，佛说法四十九年，一字未说，但从事相上说，佛又乐说无穷，造大千经卷。而其中说得最多的是般若。智者说："从得道夜至泥洹夕，常说般若明理一等。"⑤ 即是说，佛从成道至涅槃说了无数的法，而其中心就是让"惑理"的凡夫通过明理、顺理而转凡为圣。要如此，就要借助般若。因此佛常说的法是般

----

① 《金刚般若经疏》，《大正藏》第 33 册，第 82 页。
② 《法华玄义》卷第八下，《大正藏》第 33 册，第 783 页。
③ 《摩诃止观》卷第八上，《大正藏》第 46 册，第 105 页。
④ 《摩诃止观》卷第三下，《大正藏》第 46 册，第 32 页。
⑤ 《金刚般若经疏》，《大正藏》第 33 册，第 76 页。

若。般若自然成了"诸经之王","微妙最第一"。①

佛之所以如此重视般若，是因为它是"万善之王"，② 是一切价值的价值。佛始自凡夫、终至极圣这一过程本身充分验证了这一点。因为佛是一切最高、最美好、最极致的价值的汇聚，而其总根源就是般若，故智者常说，智为佛母。同理，"夫行人欲度生死大海，登涅槃彼岸者，必须了达妄迷之本，善知至道出要"。要如此，离开了般若智慧，别无他途。为什么是这样呢？般若对出离苦海、荣登涅槃究竟有哪些作用？其作用的机理、过程如何？

首先，般若有断疑生信的大用。凡夫之所以不能进入出离苦海、度达涅槃彼岸之道，一个重要的原因是对此道没有信心和把握，疑惑、顾虑重重。而般若的一个重要作用就是能"断疑生信"。③

其次，在入道前和入道中，妨碍众生前进的另一大障碍是各种邪见、我见、边见、戒见、见取见，而缺乏正知正见。如果能让般若生起显前，那么种种妄见便会被驱除，种种正见得培植和发展。例如照空的智慧或空见是般若的一种形式，智者说："诸见之中，空能坏一切，一切不能坏空。"意即空慧空见不能为他物所坏，但却能摧折一切对诸法实有的执著。当然如果缺乏中道正观，于本来不一不异的空有中三谛执著于顽空一边，那么会出现一种新的、与有见同样有害的边见，即空边见。此见也是障道之法，也须破除。智者说：空边见也是障法，为什么？因为如果发此边见，"即有三行，如前说，由空造恶者，行无碍法，上不见经佛敬田可敬，下不见亲恩之德。"④ 这也就是说，空边见也会造恶，如让人失去恭敬心、善心、慈悲心。而没有这些心态，在某种意义上，连阐提都不如，因为阐提虽恶，尚存怜爱之善。要破这种边见，仍离不开般若，即要通过般若的中道之见来破除。同样，还有种种微细边见，

----

① 《法华玄义》卷第五下，《大正藏》第 33 册，第 745 页。

② 《金刚般若经疏》，《大正藏》第 33 册，第 82 页。

③ 《法华玄义》卷第九下，《大正藏》第 33 册，第 796 页。

④ 《摩诃止观》卷第十下，《大正藏》第 46 册，第 139 页。

如亦有亦无见，其危害是"不识正真"，"知此法假名，即起我见，我见既生，即有边见，若拨因果，即是邪见。"非有非无见也是如此。尽管非有非无是究竟理地，但若未断言语见思惑，执此为有，心有关于它的念想，也堕入了边见。要破这些见，同样离不开般若，当然是以般若正见为武器。

最后，要出离生死得解脱，必须弄清出离的理路，找到至道出要，而要如此，又须借佛之教化，弄清道理、谛理。要如此，人又必须有一定的灵性、见地、见识，亦即必须有一定的智慧。智者说："见是慧性，沉沦亦易，悟道甚疾，""如诸外道，先有见心，被佛化时，如快马见鞭影，即便得悟。"反之，"若无见者，万斧不断，如为牛马说法，""今生修道见，心发者，真理可期，见若未发，圣境难期。"① 智者还常把智慧比作指引牛车到达目的地的向导。拉车的牛，劲再大，如没有御牛的向导，是不能到达目的地的。般若对于有志于解脱的大士来说也是如此。"智御行牛，车则安稳，能有所至。"若得此意，行人便能"以正智，导众行，入正境中"。② 行人的正境不外是涅槃或解脱，而"三种解脱，不得相离，不纵不横，不可思议，圆满具足，空见中求"。③ 而空见正是智慧的表现。

智慧不仅是接受佛之教化从而找到至道出要的前提条件，同时也是妙悟经体的必需。如前所述，经体是佛的圣意，是佛的一切言说的旨归、宗旨，是诸法之本来面目或谛理，顺之则解悟、解脱，迷之则陷入愚痴，流转生死苦海。而有了智慧就会通过对经教的理解而妙悟经体。智者说："随智妙悟得见经体。"如佛十大弟子中号称智慧第一的舍利弗"安住实智中，我定当作佛，为天人所敬，尔时乃可谓永尽灭无余，是名真实见体。"④ 当然，不同的智有不同的作用。例如藏教所倡导的七智能照生灭四谛，通教五智能照无

---

① 同上书，第 137 页。
② 《法华玄义》卷第三下，《大正藏》第 33 册，第 715 页。
③ 《摩诃止观》卷第十下，《大正藏》第 46 册，第 139—140 页。
④ 《法华玄义》卷第八下，《大正藏》第 33 册，第 782 页。

生灭四谛，别教四智能照无量四谛，圆教四智能照无作四谛。在智者看来，无作四谛是万法圆极的理体，唯有圆教四智，才能照了。同理，十二因缘、二谛、三谛都有不同的层次，只有通过不同的智慧才能证得。

　　凡夫之所以是凡夫，是因为他们受困于一种似乎天经地义的本体论，即认为有形可见的事物如财色名食睡等都是真实的存在，有些存在是幸福的源泉，有些是不幸的渊薮。于是他们心中便有妄念的川流不息，如思念、挖空心思盘算如何得到那些能带来幸福的东西，对那些妨碍目的实现的东西耿耿于怀。在佛教看来，对法的念想执著，恰恰是迷理的表现，是沉迷苦海的根源。如不断除妄念，截断众流，息心归正，那么便了无出期。而要如此，必仰仗般若空慧。正如虚空之黑暗，如果没有日光来照耀，黑暗不可能除去，同样，心中的痴迷、烦恼，如果没有智慧的观照，也不能除去，"以智慧日照心性空，亦复如是"。"慧日亦如是，能破无明暗。"智者还说："夫行人欲度生死大海，登涅槃彼岸者，必须了达妄惑之本，善知至道出要。"① 此妄惑之本就是把本不存在、没有价值的东西看作是存在的、有价值的，没有看到它们的空无本性。智慧之所以是至道出要，就是因为它能帮人认识到诸妄惑之根、之本。智者认为，每种智正好是特定妄惑的克星，如一切智能破见思惑，道种智能破尘沙暗，一切种智能破无明惑。

　　总之，智有通理、显理、证理的作用。而只有证理，才能顺理，将凡夫对理的迷惑颠倒过来，从而获得真正的解脱。因为凡夫有挂累、系缚，没有解脱和自由，就是因为违背了万法本来空寂的谛理，把本来空寂的事物妄执为实有的东西，进而有妄念、迷惑、争夺、争斗以及随之而来的痛苦、不幸、烦恼发生。要逆转，重回本来平静的家园，别无他法，只有破除对谛理的迷惑和违背，顺理而解，顺理而行。而要如此，必须妙悟理体，证得和回归理体。除了智慧能起这种枢纽作用之外，再无别法能胜任。智者说：只有

----

① 《释摩诃波罗蜜觉意三昧》，《大正藏》第 46 册，第 621 页。

"依智门"，才能"通理"。①在《法华玄义》中，智者把出生死、登涅槃称作办大事，或比作大肥牛拖的"大车"。要将之拖动，牛必须识途、步行平正、其疾如风。般若、实相、解脱就像大肥牛的这些特点。故智者说："不思议三法共成大车。"②此大车正是普度众生的大乘。

当然，应该看到，般若之用是有限的、有条件的。首先，它不是在任何条件下都有用的，例如本来有一颗"质直的清净心"，一念不生，逍遥自在。在此条件下，再让般若显起，或有般若之念，对之执著，即堕邪道，背理而行。其次，般若的现起是不得已而为之，本身也是毒药或妄念，当然是一种细妄念，是为对治别的妄念的一种妄念，是攻毒之毒。有法生，才有必要让智生，反之，无法生则无智生，法灭则智亦应灭。如果法灭智不灭，正如头上安头一样荒唐，也没有真正彻底的解脱可言，因为有相、有念、有住都是解脱的反面。智者在论述生与不生的辩证法时指出："若闻无生门，则解一切义。"对于法的生起应该用中道正观看到：它不存在生、不生、非生非不生、亦生亦不生的问题。对于不生同样应如是谛观，如应看到不生也是不生的。不生不生是生相尽义，不仅没有生相，连不生的相也不生起。如果是这样，"智德已圆，般若不生"。可见，般若的生起是智圆的表现，在没有必要生起时不生起，更是智德圆满的表现。佛智德圆满，因此"无生法是佛"。③

五　获得智慧的条件与途径

如前所述，智慧是万善之王，是价值的价值。常识也不否认这一点，一般的人也都有对智慧的尊重和追寻，谁不想成为一个有智

---

① 《摩诃止观》卷第五下，《大正藏》卷第46册，第59页。
② 《法华玄义》卷第五下，《大正藏》第33册，第743页。
③ 《摩诃止观》卷第五下，《大正藏》第46册，第59页。

有慧的人呢？但智慧是如何来的？怎样让自己成为有智慧的人呢？智者从其生起的根据、条件和过程等方面对之作出了自己的回答。

　　智慧尽管有被后天培养、塑造发展的一面，甚至有些智慧主要是后天环境和经验的产物，如通常所说的后得智就是如此，但智慧的根基和秘密在众身自身。这首先表现在：众生内部有其出现的可能性根据，正是基于此，智慧才有现实出现的必然性。这根据不是别的，就是众生与别的一切法本具的如如不动、平等不二的体性、理性。故智者说："理即如如智母"、"根本智母"。如果说"真如"、"如如"是理体，那么也可以说，"如如能生佛智，故云智母也"。这也就是说，作为智慧之母的如如、理体只是一种潜在可能的智慧，是智慧的种子，在众生身上即是佛性，在佛身上就是一切种智。"未得道时名佛性，已得道时名一切种智。"① 既然作为理体的智慧只是一种可能性，因此要让它变成现实智慧当然离不开条件。

　　第一，要有对它的需要，例如已成佛的人没有任何迷惑和烦恼，因此就没有必要让般若现起。如果让其现起，那倒是背理的，必堕凡夫。因为他并没有进到彻底的无念、无相、无住、无着的境界。就像一个禅宗公案所说的那样，李翱问崇信禅师："何谓般若？"后者答道："我无般若"。前者也算非凡之人，言下便大悟，知道般若的本性也是空的，于是便说：幸遇和尚。后者马上指出：此犹是分外之言，即背理之言。因为尽管前者看到了般若的空性，但不圆满究竟，因为他的答谢表明：他又落入了新的执著，即执著"无般若"。可见对般若的究竟把握是超言语的，是言语思议无法接近的，只有靠实证。言语思议层面上的般若都是"假名"，是"强说"，而作为实相的般若既非有，又非无，非有非无。

　　第二，般若的现实出现有赖于教化和行者后天的努力，如行止观等。尽管"有佛无佛，理性常住"，但凡夫生活在理之中而不知理，因此便迷失了理，进而有种种惑与烦恼。要予清除，必诉诸般

----

① 《仁王护国般若经疏》卷第五，《大正藏》第33册，第279页。

若。怎样才能让般若出现呢？首先要能有机会接触到佛法，即有机会得到佛的"普遍施与"，得到四悉檀的教化、滋润。根据智者的独到解释，悉檀即遍施。四悉檀即佛根据不同根机所施的四种教法、四种契经，如世界悉檀、为人悉檀、对法悉檀、第一义悉檀。它们分别有不同的作用。

智慧在众生身上要由可能性变成现实性，不仅依赖于众生的真心理体的开发，还离不开护持众生身上能生智的根基，离不开让它生出、开花结果的行动。智者强调：任何事物的出现都有其根源，智慧也不例外。它的直接的根基就是众生身上的三无漏根，即未知欲知根、知根、已知根。第一根即九根（信、精进、念、定慧、喜、乐、舍、意）和合而生的一种根，第二根是有信有解的人所具有的无漏根，第三根是至无学道的人所具有的无漏根。未知欲知根能生法智、比智，知根能生苦智、集智、灭智、道智、他心智、世智，其余智由已知根所生。① 当然，这些根就像能生新树苗的树根一样，在没有变成智慧时，只是一种种子或可能性，要变成现实的智慧，必须借助一定的止观方法。

第三，智慧尤其是高级的般若实智要现实出现并发挥作用还离不开一定的心理学条件。首先，"质直清净心"，即首先要把纷乱的妄心清除掉，尽可能让自己本具的平直、质朴的清净之心现起，或将心态调整至这种状态。智者说："若菩萨以质直清净心，修此三种智慧"，即声闻智、辟支佛智、佛智，"故名为般若"。② 其次，要想有大智大慧，还要具备五种具体的心理条件。智者说："若菩萨随所修智慧中，能具五种心，"③ 便能如愿。其中最重要的是了知智慧实相之心。此心的特点是：非境非智，心无所得，而能遍学三乘智慧，及一切世间知见。后面几种心理条件分别是：起慈悲心、发大誓愿、回向、具足方便法门。

----

① 《法界次第初门》卷中之下，《大正藏》第46册，第683页。
② 《法界次第初门》卷下之上，《大正藏》第46册，第687页。
③ 《法界次第初门》卷下之上，《大正藏》第46册，第687页。

　　第四，要有般若实智，其前提条件是出现了这样的现实，如有攀缘心发生，进而有法生起，有妄念出现，再如有烦恼要断，有未成佛的凡夫和外圣要度。因为佛智德圆满，无法生起，当然也就无般若生起的必要，甚至连不生也不生。心清净何需般若，心质直哪用修禅？只有迷理的人才有必要让般若生起，临时一用。其道理已如前述。

　　第五，有了般若生起的必要和根据，不等于有现实的般若出现。要如此，还必须进行一系列必要的操作。首先，般若的出现离不开佛之法雨的滋润。因为凡夫长久以来，心灵之上覆盖着厚厚的无明烦恼尘垢，它们使人本具的般若深深隐覆，甚至让一般的人产生自己与般若无缘的错觉。正像穷人要革命，其指导性理论不能从内部产生一样，众生要知般若、得般若，也需好的理论点拨和开化。有这样的法雨滋润，辅之以必要的行持，众生就有让般若现起的现实性。当然众生由于根机不同，即使同听一音演法、同为一雨所润，其得般若的大小、圆缺是不一样的。智者说：正如"一地所生，一雨所润，根茎大小、差别自殊，如其种性各得生长，今说般若，亦复如是，虽说一法，得益自差"。①　其次，在接受法雨滋润时，只要巧生妙解，即顺理而解，进而依解而行才能得大智慧。智者说："解是行本，行能成智。"②　第三，正如人在获取知识时，想取得大的进步离不开教本、行本、义本一样，开发智慧也是如此。世界悉檀是教本，对治、为人悉檀是行本，第一义悉檀是义本，它们的作用分别是"开慧"、"思慧"和"修慧"。③　而总的作用是启迪开发人本具的般若智慧。得到了教本、行本、义本，接受并予以奉行便会依理而观，如用三观去观照三谛，接下来，智慧便会发生。因此智者说：依教门通观，依观门通智，依智门通理，"顺理"便"成智"，④　依智再行，深入下去，便会证位，最终得

----

① 《仁王护国般若经疏》卷第三，《大正藏》第33册，第269页。
② 《法华玄义》卷第三下，《大正藏》第33册，第715页。
③ 《法华玄义》卷第八上，《大正藏》第33册，第755页。
④ 《摩诃止观》卷第五下，《大正藏》第46册，第59页。

解脱成佛。第四，要得般若实智，必须止观双运。因为其一，止备万法。戒定慧基本三学中早就揭示了其中的道理：慧由定生、定由戒生。智者根据互具论作了更为独特的阐述："止是法界平正良田，何法不备。上舍攀缘即是檀，止体非恶即是戒，止体不动即是忍，止无间杂即是精进，止即决定即是禅，止法亦无止者，亦无即是慧因。"方便、愿、力、智、秘藏尽在其中。① 智者有时把止禅看作智慧生起的机缘，本具的智慧一遇此机缘便会像滚滚的泉水，势不可挡。智者说："如有泉水，土不所碍，决却壅滞，浚溪成川。"② 其二，"依观门"可通智。此观门多种多样，如空观、假观、中观，以及三观合一的一观。其中，般若与空观、中观的关系最为密切，因为般若是一种了了寂照诸法空相、帮心进入无碍无滞之境的智慧，就此而言，空见和空观是般若的前提。智者在梳理各种空观理论的基础上分析了多种关于空的分类理论，就十八空而言，智者说："十八空次成般若波罗蜜，智慧照了，无得无著之妙绝也。"十八空分别是：内空、外空、内外空、空空、大空、第一义空、有为空、无为空、毕竟空、无始空、散空、性空、自相空、诸法空、不可得空、无法空、有法空、无法有法空。智者强调：言有十八空，不是说空有不同的种类，如果这样说，便走向了佛说空的反面，即执有空、执空有相，十八空强调的是：凡夫所执的十八种有为法皆空，因此言十八空实即从十八个方面破斥人们对十八种有的执著。 "此十八通言空者，无也，无此十八种有，故名为空。"③

最后，智慧多种多样，依智而作的行为多种多样，现起智慧的方法无穷无尽，它们有好坏之分吗？面对这种状况，人皆何去何从呢？该从什么地方入手？只要明白了互具论的道理，上述问题不答自明。首先，法无高下，法法平等，只要应机即是好法。其次，入

① 《摩诃止观》卷第五上，《大正藏》第 46 册，第 58 页。
② 《摩诃止观》卷第十上，《大正藏》第 46 册，第 133 页。
③ 《法界次第初门》卷下之上，《大正藏》第 46 册，第 689 页。

口处就在脚下，就在当下的一尘或一念心之上。智者对有关经论作了这样的阐发："菩萨行般若时，以一法为行，摄一切行，或无量一法为行、摄一切行。"或以二法为行，摄一切行。这也就是说，只要契理，随挑一法去行，便都是智慧般若行，因为它同时具足一切智、一切法、一切行。"以不放逸心，历一切法，谓三界六尘皆不放逸，得至涅槃"。①

----

① 《法华玄义》卷第三下，《大正藏》第 33 册，第 715 页。

第九章

心身学说与生死关怀
——解脱的生命观基础

我们这里所说的生命观主要指关于有情识众生尤其是人类及其生命历程的实相或本质的最一般的观点。本部分探讨的主要是智者对于人之基本构成、结构、生与死的关系、生命的形态与演化以及生命的价值与意义等问题的基本看法。

从理上说，对世界或法界作出分类，如判为五位百法、三百科，将人分为心身、名色、五蕴等，纯属多余。因为"绝名离相，尚非是一，何曾有二?"① 这也就是说，实相是不可分别的，是不二的。但从事上说，将不二之法辨其为二或多，又有其必要。正如《法界次第初门》"序"所述，对法作出分类的必要性和意义在于：为学谛观的人提供所观之境。因为要谛观，"当以此诸法名相义理，一一历心而转作，则观解无碍，触境不迷。若于一念心中，通达一切佛法者，则三观自然了了分明。"② 质言之，对生命体作出进一步的划分或分类，是为了要更好地让行者通过对它们的谛观而把握、回归其谛理。

一　五阴、十二入和十八界及其本质

我们人类要得解脱，离苦得乐，除了对与我们息息相关的对象

----

① 《法界次第初门》卷上之上，《大正藏》第 46 册，第 665 页。
② 同上书，第 664 页。

或诸法及其实相要有清醒的认识、证悟以外，还必须对我们自身的静态结构、迁流变化的动态过程及其本质有足够的认识。没有这样的认识，离若得乐、彻底解脱将是空话。因为第一，人的本来面目被纷繁复杂的现象、尘劳掩盖起来了，在人身上我们所能见到的只是衣食住行、行住坐卧、生生死死等现象的"纷驰"、"奔进"。在这些表面现象的基础上，是无论如何也找不到解脱的可能性根源和途径的，因此，必须透过现象"回溯其始觉驰流"①，观其果，把握其原因和本质。第二，人们的心身是人们存在的基础，同时又是"观慧之初"②，是人们观察世界和人生智慧的凭借之地，是人们为证道得道，为求真理而进行智慧观照活动的入口处、始发点。因此对世界的如实把握没有理由撇开心身。第三，众生"倒想纷然"、"迷理生惑"、沉沦苦道的一个根本原因就是对自身丧失了正知正见，执无我之躯为有我、无乐之受为有乐、不清净之身为清净、无常之法为常，以为自己身上有同一不变之实体，有种种欲望要满足，满足了就是幸福，否则就是痛苦。这些都是颠倒妄想，必须清除。第四，心身及其活动本身就是通向解脱的法门，即由此开始努力，步步深入，可达涅槃彼岸。智者说："低头举手，积土弄砂，皆成佛道。"③ "一切阴入即是菩提，离是无菩提，一色一香，无非中道，离是无别中道。眼耳鼻舌皆是寂静门，离此无别寂静门。"④ 也就是说，人体的每一构成部分，人的一言一行、一举一动都是寂静门亦即解脱门，由此长驱直入，可至涅槃境界。智者说："智者应观身，不贪染世乐，无畏无所欲，是名真涅槃。"⑤ 心更是如此，因为"诸佛解脱与心中求"。⑥

　　人是一实，可从不同方面观察和描述。首先，智者对心身的慧

----

① 《摩诃止观》卷第五上，《大正藏》第 46 册，第 49 页。
② 同上书，第 51 页。
③ 《法华玄义》卷第三下，《大正藏》第 33 册，第 716 页。
④ 《法华玄义》卷第七上，《大正藏》第 33 册，第 763 页。
⑤ 同上书，第 688 页。
⑥ 《童蒙止观校释》，中华书局 1988 年，第 11 页。

观是从阴入界，即从人与其他众生共有的最基本构成元素入手的。为什么要这样呢？因为认识所能接触到的境或对象就是"阴入"，同时"阴入"也是人从始至终的、普遍共同具有的因素，是众生所背的沉重负担。因此智者说："受身之始，无不有身"，"行人受身谁不阴入，重担现前是故初观。"① 另外，众生的"阴入"染上了严重的病患，亟待救治，此病患就是各种各样、难以计数的、可名状和不可名状的烦恼痛苦，各种内忧外患。智者说："阴界入即病本，烦恼见慢等是烦恼病。"② 因此要治病救人，得从其本即阴入入手。

那么什么是阴入界呢？所谓阴就是构成众生心身的基本元素。从因上说，它们掩盖着善法，因而是遮盖物或"阴覆"，故名为阴。从果上说，它们又是一些因素的"积聚"，"生死重沓"，是"蕴"。可见阴有"阴覆"和"阴积"二义。因此按佛教的通常说法，智者也把这些东西称之为阴。③ 阴共有五种，即色、受、想、行、识。

第一阴是色。所谓色主要指众生的物质性躯体，像其他一切事物一样，有不可入性、可变坏性和可见可触的形象特征。色身包括己身、他身。从生成原因来说，诸色法都根源于前世不净业。智者认为，身从生至灭最基本的特征就是不净。有五种不净：处不净、种子不净（受身之初，种子不净，出自遗体，识随母气息）、相不净（从头至足纯是秽物，譬如死狗）、性不净（既然身体居于秽物中，本身也是秽物，居于其中的性当然也不净）、究竟不净（业尽报终、被遗弃于荒野坟间）。④

第二阴是"受"。受就是对内外的刺激、对自身状态的感受。智者说，"受"意即领纳，亦即领取、接纳有关刺激作用于相应躯体而产生的苦乐感。从形式上说，有内、外、内外三种受。缘内名

----

① 《摩诃止观》卷第五上，《大正藏》第46册，第49页。
② 同上书，第50页。
③ 同上书，第51页。
④ 《四念处》，《大正藏》第46册，第555—562页。

内受，其他的可依此类推。另外，也可以说，意根的领纳为内受，其余五根的受为外受，六根受为内外受。从人的感觉体验来说，受有顺、违、不违不顺三种。境与意合，使生乐，即顺受或乐受，反之为违受或苦受，没有苦乐的为不苦不乐受或不违不顺受。每一根都可得到这三种受，因此人的六根共有十八受。根尘、能所和合就有三十六受，三世加在一起有一百零八受。从终极本质上看，诸受皆苦，乐受是坏苦（交织着苦，最终会转化为苦），苦受是苦苦，不乐不苦受是行苦。总之，"诸受粗细无不是苦。"①

　　第三和第四种阴分别是想、行。所谓想即能取所领受的境界，就是指人对境或事物所生起的想象、联想以及对概念、观念、印象的思虑、寻思等思维活动。所谓行就是指不同于思想的一种选择自己行为方式的意志活动。一般众生不明想和行的本质，妄以为这两种活动依赖于不变的、有自性的、有同一性的主体，即"我"。在智者看来，想和行这些心理活动迁流变化、生灭无常、念念相续，其背后根本就没有什么自性不变的实体或我。

　　第五种阴是识。所谓识就是指众生的觉了、分别的认识活动，也指外物刺激人引起这些活动所形成的结果即各种认识。

　　智者认为，众生的本来面目实际上是空无所有，毕竟空寂，而众生由于无明愚痴不能认识到这一点，特别是不知道人心的本质，妄加联想、推导，以至于错误地认为人身上有不变的自性、有主宰这些心理现象的不变的我。为了清除人们对心的迷惑，智者根据佛教的一般观点、根据心的四种不同作用，将心区分为受想行识四方面，进而具体细致地揭示了它们虚幻不实、没有自性、由因缘和合而生的本来面目。在智者看来，受想行识并非永恒不变、如一如常的存在，而是一定的因缘和合即人的认识器官与外界事物相对应、关联而产生的现象。因缘条件不存在，受想行识也不存在，因此从终极本质来说，受即浮泡，想如野马，行如色蕉，识为幻法。② 既

----

① 《四念处》，《大正藏》第46册，第555—562页。
② 参看《增一可含经》卷第二十七。

然如此，就更谈不上在它们之后有不变的精神实体、自我的存在。

　　智者在《法界次第初门》中对身心两者的本质说得更透彻，认为，一般人承认有存在地位的受想行识及其集合而成的心根本就不存在，因此他把心称作"名"。他说："心但有名字，故曰名也。"① 基于此，他常把心身称作名色。有的人不仅"迷心"，而且"迷色"，即对色的本质迷惑不解，因而智者按照一般惯例对色心作了进一步的分析，把它们区分为十二个方面即"十二入"。

　　所谓"入"就是涉入、输门的意思。也就是说，六根和六尘这十二种因素中的一个与另一个可以相互关涉，可以涉入，如事物的颜色属性（尘）可以涉入眼睛（根），从而产生见识。六根主要指眼耳鼻舌身五种感官加意识的生理基础这六种产生认识的处所。它们也是构成人躯体的六个方面。众生与佛在这一点上是没有区别的。不仅如此，这六根的功能在众生与佛身上也是相同的。不同只是在于，佛的各根功能不为世俗的分别智所污染，而为无分别智所统摄，佛不为诸根所转，而能转诸根，因此它们能为佛提供关于诸法实相的认识。而众生由于无明愚痴，不能认识到自己也有同佛一样的六根，不能像佛那样使用自己的六根。

　　所谓六尘就是六根所对的六种对象、六种境，具体地说，就是色声香味触法。它们分别是眼耳鼻舌身意六种官能的"适宜刺激"或对象，二者相对即会产生相应的识。相对于个体的人来说，六尘尽管不是人内在的构成因素，但从人的存在及其条件来说，它们确实是人活着、存在着的一个不可缺少的因素。因为人如果不与对象交涉，就不会作出种种活动，而没有活动的人则只是形式上的人，只是僵尸，而不是现实生存着的人。在这个意义上，智者在分析人的构成与本质时，把它们作为人的存在的构成因素，是不无道理的。

　　如果人对色心的本质"具迷"，那么为了破解此迷，则可把众生的构成因素分为十八界。界即界别、类别。六根加六尘，以及两

------

① 《法界次第初门》卷上之上，《大正藏》第 46 册，第 665 页。

者——对应而产生的六识即眼识（视觉）、耳识（听觉）、鼻识（嗅觉）、舌识（味觉）、身识（肤觉）和意识（对前五识的总摄受、总觉了），一共是十八种因素，这就是所谓的十八界，即构成众生的十八种基本元素。

从上面的分析不难看出，对众生的十二入和十八界的分析实质上是对五阴的展开。因此在了解智者对构成众生因素的相互关系的看法时，我们重点考察一下智者对五阴关系及其本质的分析就够了。第一，从静态结构看，人的五阴同时，也就是说现实地存在着的个体是五阴同时并存，缺一不可。其中识是心王，其他四阴为辅，心王和其他四阴相辅同时而起。第二，从纵向生成看，即从发生学上看，五阴"次第相生"，即"识先了别，次受领纳，想取相貌，行起违从，色由行感"。也就是说，人一期生命的起点是识，然后有受有想有行，最后才有肉身即色。识与其他阴是能生与所生的关系，从识到色是由细到粗的过程。这一看法与常识的看法相反，具体的论证留待分析生命的流转过程时再交代。第三，从修行上看，从粗到细看，色在先，然后依次是行、想、受、识。因为修行离不开能观心对所观境的观照，而人本身就是最好的所观境。在把自己作为境观察时，我们遵循的就是从色到行、想、受、识即从粗到细的过程。我们对人自身的自我认识也是按此逻辑进行的。第四，若论四念处，则识或心王在中。也就是说，当我们按照教理在精神专注的状态中以智观察思考五阴时，则心王在中。即先观身不净，受是苦，中间观心无常，最后观法（想行）无我。从五阴的地位来说，识最重要，是心的主体或本体。它不仅有认识或了别事物的作用，而且可派生其他作用如受想行。因此心常被称为心王，受想行被称为心所法，即心所拥有、所派生出来的现象或作用。色身对心的依赖、依附就更明显了。第五，从五阴的具体表现形式看，有九种五阴，也就是五阴可按九种不同的形式和合，从而产生九种不同的五阴或众生；（1）一期色心，名果报五阴；（2）平平想受无记五阴；（3）起见污秽五阴；（4）起爱污秽五阴；（5）动身口业善五阴；（6）动身口业恶五阴；（7）变化示现工巧五阴；

（8）五善根人方便五阴；（9）证四果者无漏五阴。这是去凡入圣位的人以及它们之上的极圣的五阴，也就是得解脱入涅槃的众生。特定的五阴究竟表现为六道中的哪一类众生取决于心，即"源从心出"，就像画师画黑青赤黄白等六彩一样。画师就是心王，六色就是五种众生。黑色譬地狱阴，青色譬鬼，赤色譬畜生，黄譬阿修罗，白譬人，白白就是天。你要成为哪一种五阴或众生，完全由你自己的心意识所决定。你想成为人、天这样的众生，而且又打算做出相应的行动，那么你将会如愿以偿，反之就堕三恶途。出世间圣贤也是如此，都由心王所决定，只要有心愿、有行动就能去凡入圣。总之，人的形象、人格甚至地位、命运都是由自己的心塑造的。正如偈所云："心如工画师，画种种五阴，界内界外一切世间中，莫不从心造。"①

最后，从实相、本质上说，五阴非空非有，非前非后，非同时、非异色，"皆如炎幻响化，悉不可得"。如果这样看待五阴，就是没有为五阴的表面现象所迷惑而把握了其本质，从而也就为得解脱奠定了坚实的人身观基础。反之，如果把色、受、想、行、识当成真实的实在，进而执著其背后的"我"，一切从我及其五阴出发，一切为了它们，围着它们转，就永无出期。从认识论根源来说，人们之所以执五阴为真实，"心是惑本"。要"伐其根"，彻底断除偏见妄想，就得如实观察心的本质，看到心本身也是毕竟空寂。②

如前所述，在智者看来，宇宙中有生命的存在或众生不外十类（即十法界）：地狱、饿鬼、畜生、阿修罗、人、天、声闻、缘觉、菩萨、佛。前六类是六凡，后四类是四圣。尽管人有圣凡之别，但从构成上来说都离不开上面所说的阴界入，因此十种众生可称之为十种阴界入。智者说："揽五阴通称众生。"③ 不过，之所以称为

---

① 《摩诃止观》卷第五上，《大正藏》第 46 册，第 51—52 页。
② 同上。
③ 同上书，第 52 页。

十，而不称为一，是因为每一类又有不同于其他九类的特点。从大的方面来说，十种众生从苦乐、觉迷的程度来说有五类：（1）地狱、饿鬼、畜生三途是有漏恶阴界入——罪苦众生。（2）阿修罗、人、天是有漏善阴界入——受乐众生。（3）二乘是无漏阴界入——真圣众生。（4）菩萨是亦漏亦无漏阴界入——大士众生。（5）佛是非有漏非无漏阴界入——尊极众生。

另外，智者还根据他的本体论十范畴（实在的十种存在方式）说明了众生的存在相状及特点。在他看来，人之所以为人，第一，从相上看，即从外在的特征、相状、相互区别的标志上看，"人面外具一切相"、"心亦如是，具一切相"，但又有其独特的标志，这就是"表乐为相"①。第二，从内在不可改变的实性上看，人定善聚为性。第三，主质是体，都用心色为体，人是"升出色心为体"。第四，从力、力用、技能上看，人"乐受为力"。第五，从作、建立、运动、行做、造作上看，人的特点是能起五戒十善。第六，从因即从业、从能召果的方面看，人"白业为因"亦即善业为因。第七，从缘、缘由、助业上看，人以"善爱、取为缘"。第八，从果上看，人以"善习果为果"。第九，从报即酬因、从牵后世报上看，人的报应是"人天有"。第十，从本末究竟看，人初后、始终的本质是"假名初后相在"，即从始至终，人并无实体，但有假名。就心来说，相是其本，报是其末，本末本来皆空，故名。再说，相本但有名字，报末也是如此，故空。总之，人作为一种阴界入的终极本质就是：他的阴界入皆"不可得"，没有自性，"当知第一义中，一法不可得，况三千法"。②用三谛三观看人的阴界入，那么人的本质就是即空即假即中。

五阴、十二入、十八界实质上是从不同的角度对众生的透视。就人来说，这些范畴分别从特定的方面提示了人的构成。"五阴"是从众生产生四倒（即于无常、苦、无我、不净而生常、乐、我、

---

① 《摩诃止观》卷第五上，《大正藏》第46册，第53页。
② 同上书，第54—55页。

净）的认识根源对人的构成因素的描述，即众生由于不明人的本
质，常于色、受、想、行、识五方面生起四种颠倒。而十二入、十
八界则是从人的认识所依赖的器官、对象以及两者结合而产生的结
果的角度对人的构成的描述。这些不同的描述在本质上是一致的，
都揭示了人在现象上离不开心和身两种基本的构成因素。也就是
说，五阴也好，十二入也好，十八界也好，都从更深更细的层面上
说明了人心身这两个方面的构成与特点。

二　心身的多维透视

　　这里我们着重考察一下智者从身心角度对人这一存在的解剖。
就人的身体来说，智者又从不同的角度作了考察。从历时性、发生
学角度来说，人体是由一个生生死死、由微细之识发展到有五脏六
腑之完整统一体的过程（详后）。从现实人体的横向构成看，人的
构件极为复杂，仅毛孔就有九万九千之多。粗分的话，"身内有三
十六物"。如诸发毛爪齿、薄皮厚皮、筋肉骨髓、脾肾心肝肺、小
肠大肠、胃、屎尿垢污、泪涕唾脓血液、黄痰白痰、脂肪脑膜
等。[①] 其中，十种是外物，二十六种是内物。从构成上说，二十二
种是地，十四种是水物。而从染净上说，均为四大假合，不净可
恶。不净为五：自相、自性、种子、生处、究竟皆不净。因此应知
此身，从始至终，不净所成，无一可乐，甚可厌恶。

　　随着对身躯谛观的加深，还可发现：此身薄皮、厚皮、膜肉，
各有九十九重；大骨小骨三百六十，至于髓，则各有九十九重；于
此骨肉之间，有诸虫，四头四口，九十九尾，如是形相非一；乃至
出入来去，音声言语，亦悉觉知；唯脑有四分，分有十四重；身内
五脏，叶叶相覆，犹如莲华，孔窍空疏，内外相通，亦各有九十九
重；诸物之间亦各有八十户口，于内住止，互相役使。

　　再进一步深观还可见：身内诸脉，心脉为主，复从心脉内，生

---

① 　《释禅波罗蜜》（单行本），福建莆田广化寺佛经流处，第 195 页。

四大之脉，从头至尾，四百四脉内，悉有风气，血流相注，此脉血之内，亦有诸细微之虫，依脉而住。

从人与环境的关系看，人体与天地相关、相对应。如头圆像天，足方如同地，内有空种，如同虚空。腹温暖法春夏，背刚强法秋冬，四肢体法四时，大节十二，法十二月，小节三百六十，法三百六十日。鼻口出气息，法山泽中之风气，眼目像日月……心为朱雀，肾为玄武，肝为青龙，肺为白虎，脾为勾除，此五种众生，则摄一切世间，禽兽悉在其内。"当知此身虽小，义与天地相关，如是说身，非但是五阴世间，亦是国土世间。"① 甚至还可以说，人不过是一种"义世间"。因为人作为根本之法（根本世间），与外一切法义理相关，所谓相关，意即对应，或说人体与天地、国家"具仿"，且在义理上完全一致。②

从本质上说，众生是"事世间"，当法行人进入禅定，获得神通时，便能"深见九万九千毛孔息息出入，见身悉空，乃至四大亦复如是"。③ 进一步不仅能见现世依正二报世间，而且还可见"三世诸色"，甚至是"随意即见"。不仅"能见十方三世，九道圣凡众生，种类国土，所有一一相貌，差别不同"，而且在"大觉"的状态还能"觉世间所有，但假设，谛观四大，即不见有世间差别之异，了了分明"。"觉知八相之法，本来空寂，一相无相"。所谓八相即法的生、住、异、灭、生生、住住、异异、灭灭之相。具体就人而言，在四禅、四定的高深境界中，对之进行谛观，便能发现其非有非无的中道本质。如观身，既看到其有，亦即非无的本质，因为它覆蔽于心，另一方面又看到其无即非有的本质，是"影色"、"名字"，本质上"不可得"。④ 心意识也是如此。进入高深禅定之人既可看到其有，因而不堕顽空，"免空难"，另一方面又能深知"我会此识，亦非识非非识，若非识者，是名寂静"。总

----

① 《释禅波罗蜜》（单行本），福建莆田广化寺佛经流处，第195页。
② 同上书，第203—204页。
③ 同上书，第205页。
④ 同上书，第208页。

之，如果从理体上看身体，则会看到它的本质是：无常生灭，悉皆空寂，新新无常代谢，无常所迁，新新生灭，空无自性，色不可得。仅一念心生之时，即有六十刹那生灭。

在论述心的相状及实质时，智者首先反对常识、外道的心灵观。这些理论在看待心时，像对色一样，要么持常见、有见，即认为心是真实存在的，要么析极微尽，则成断见、无见，即彻底否定心有存在地位。在佛教中，各派尽管都承认心生一切法，心本身是因缘法，但又有不同看法，如人天乘观心是有，即有善有恶。二乘的看法是：观心是空，能观所观悉是缘生，菩萨乘坚持由空入假，入假化物，实无身假作假，实无空假说空。佛乘认为，观此法能度所度，皆是中道实相之法，毕竟清净。按智者对佛教的藏通别圆的四种判释，佛教有四种心论，一是藏教的，认为心为意识；二是通教的，认为心为阿赖耶识；三为别教的，认为心为如来藏；四为圆教的看法，强调心为三千诸法。

智者的特点是坚持中道原则，即既从事上承认心的妙有地位，又从理上指出其毕竟空寂之实相。这也就是说，对于人身之中的同一个心，可从两方面去看。在事的层面上，它表现为"因缘所生心"，其形式有：积聚精要之心、肉团之心、缘虑之心，在理体的层面上，此心则表现为真心，其本质是即空即假即中。[①] 先看第一方面。

因缘所生之心又可称作妄心、业心、苦心、烦恼心。从作用上看，这种心又可称作心、意、识。对境觉知，异乎木石，名为心。心筹量名为意，穷诸法源，皆由意造。了了别知名为识。

就心理现象的种类来说，智者论及的范围是很广的，既承认八识是心王，又承认各种善心、恶心是伴随心王的心所法；既承认认知和情感的作用，还承认意志或欲望的地位。这体现在他对爱、性欲的讨论之中。所谓性欲，不是常人所说的两性的性爱之欲，而指人的习性所成之欲。故可说"习欲成性"。性与欲是相互滋生的，

---

① 《法华玄义》卷第五上，《大正藏》第33册，第739页。

如"有本日根，性能起今日之欲乐"，就此而言，欲以性为根，但欲一经起作用，又能熏人的性根，促成新的习性形成。例如，烦恼可作为因促成五阴，而五阴又可促成新的烦恼。①

智者分析心理现象的宗旨在于：通过分析诸负面有害心理探讨铲除它们的原理及方法，因此他对负面心理的关注特别突出。其分类很多，如三毒、五盖、十烦恼、十恶、九十八使等。智者认为，所有一切烦恼的根本不出见爱二种。它们不仅派生出其他烦恼，因而涵盖一切烦恼，而且是流转生死的根源。"爱"指贪染之心，对爱着的东西染着缠绵，一心索取、得到，穷追不舍。这正好就是世间所说的欲望。"见"指对待事理的错误认识和态度，是"观理"之"邪心"。人若无正知正见，会在观不同的事物时形成不同的邪见。就对人的邪见来说，它多达十六种之多。这些见常被称作"十六知见"。智者说："神我本不可得，而未见道者，悉于名色等法中，妄计有我、我所。计我之心，历缘辨，即有十六知见之别。"② 它们分别是：我、众生、寿、命、生、养育、众数（起诸法分别之见，如有六根、六尘、六识等）、人（以为人是不同于非人的存在）、作者（妄计自己能有所作）、使作者（妄计我能役他）、起者、使起者、受者、使受者、知者、见者。

从心与身的不同看，心虽有能缘之用，但无质碍可寻，而色有质碍性，但无知觉之用，③ 因此两者判然有别。智者所描述的这种常识心身观，在16—17世纪的西方，也出现在了笛卡尔的哲学之中。后者认为，心的本质特点是无广延而能思维，身的特点是有广延而不能思维。当然，智者在这里趋同于西方的只是他的心学中的事论层面的思想，至于理体上的析心理论则无可比之处。

心识之法尽管无形质，但有存在的一面。尽管未生心未生，已灭心已去，现在心不住，但它们是实有。"当知三世之心虽无定

----

① 《法华文句》（合），第375页。
② 《法界次第初门》卷上之上，《大正藏》第46册，第666—667页。
③ 同上书，第665页。

实，亦可得知。"在此问题上，智者强调，应破断常二见，认为虚妄之心是非断非常的。"诸佛之所说虽空亦不断，相续亦不常，罪福亦不失。"①

心不仅存在，而且有十种存在方式，即以相、力、性、体、因、果、报、本末究竟等形式存在。正是因为心不是绝对的无，因此可生起妄想、诸法界，乃至有转染为净、转识成智、转凡为圣的作用。智者说："十法界业起自于心，""但起有心，诸业具足。"②

从共时态上看，妄心有心王、心所，知、情、意，心、意、识等区分，从历时性过程看，任何一个心念都是从未生到想生、再到进行和结束的过程，即有四相：一未念或未起，二欲起，三进行，四念已或结束。未念就是心念没有攀缘，欲起就是想攀缘，念的进行过程即"缘境心满住"，念已，即念已谢灭。"此四运心相摄一切心"，表现为恶法和善法的心念都不例外。③

就真心来说，它不生不灭，不一不异。在现象上，"心八相所迁，别异非一，"八相是指生、住、异、灭，生生、住住、异异、灭灭。但从体性上看，"心本来空寂，无八相之异，"它"本自不有，亦不依他有性，性如虚空"。④ 在此意义上，此真心又可称作实相、如来藏、法性、觉心、真如或真如之心等。智者说："观于心性，毕竟寂灭，心本非空亦复非假"，非世间法，非出世间法，非贤圣法，非凡夫法，"二边寂静，名为心性"。⑤ 真心之所以被称作觉心，是因为它可通过觉照而被谛观到。此觉心不外来，不内出，不中间，不常自有，无行无行者，毕竟空寂。

真心与妄心是不是两种不同的心呢？或者说，两者是何关系呢？首先，应该明确，此真心或本心并不是人的受想行识这些可感现象性的心理过程、状态、事件之外的又一种存在，而就在其内，

----

① 《释摩诃般若波罗蜜经觉意三昧》，《大正藏》第46册，第623页。
② 《摩诃止观》卷第五上，《大正藏》第46册，第53页。
③ 《释摩诃般若波罗蜜经觉意三昧》，《大正藏》第46册，第623页。
④ 《释禅波罗蜜》（单行本），第197页。
⑤ 《摩诃止观》卷第四上，《大正藏》第46册，第37页。

就是其本身。就像清水与污水的关系一样，清水、污水就是水，清水并不是污水之外的水。但清水又不能等同于污水。把污水的污染清除掉就是清水。同样，本心不在可感的妄心之外，而是其本质、实相。捅破无明烦恼，掀去现象性的心理，当下即是人的真心。它既无形色，又无处所，不系之于境，也没有上下，若宽若急，若沉若浮，但它不可思议，具一切因缘所生法甚至具足常乐我净等最高的价值。① 既不能说其有，又不能说其无，不能以有无思度。智者说："心如幻焰，但有名字，名字为心。适言其有，不见色质；适言其无，复起思想，不可以有无思度故，故名心为妙。妙心可轨，称之为法。心非因非果。"② 此本心听起来似乎神秘，其实不然，它与人的一念心无二无异，或就是一念心，不过不是一般人所理解的一念心，而是从中道第一义谛角度看的一念心。智者说："色心两名，其实只一念。"③ 当根尘相对，一念心起，即空即假即中，之所以说空，是因为它由因缘生，因而无主，无主即空。无主而生亦是假。之所以为中，是因为它不出法性并皆即中。总之，一念就是毕竟空、如来藏，就是实相。

　　换角度言之，妄心可称作业心、苦心、烦恼心，但是只要通过观心，彻见其本来面目，三妄心即是菩提，即是解脱。"苦心即法身，是心体，烦恼心即般若，是心宗，业心即解脱，是心用。"④ 再就心意识来说，心意识非一，故立三名，非三故说一性，若知名非名，则性亦非性，非名故不三，非性故不一，非三故不散，非一故不合，不合故不空，不散故不有，非有故不常，非空故不断，若不见常断，终不见一异，若观意者，则摄心识。总之，心意识之类的妄心痴心就是真心，因为只要它们寂照无想，便表现为真心。反过来，真心也可以是妄心，其前提条件是它起心动念。用今天的话来说，两者实即一体，在不同条件下可相互转化。智者说："心有

----

① 《释禅波罗蜜次第法门》，《大正藏》第 46 册，第 492 页。
② 《法华玄义》卷第一上，《大正藏》第 33 册，第 685 页。
③ 《四念处》，《大正藏》第 46 册，第 573—580 页。
④ 《法华玄义》卷第一下，《大正藏》第 33 册，第 686 页。

想为痴心，无想是泥洹"，即是真心或涅槃。①

由于心与身都有真妄之别，因此智者所面对的心身关系问题较之世俗哲学来说要复杂得多。从现象上说，心身都是妙有，都有存在地位，并有自己的十种存在形式，因此两者有发生相互作用的关系。智者根据人与国家的类比阐发了自己的看法，认为社会历史中的国家、政治，是人的内部世界的折射或放大，其构成要素、内在结构、主从关系、运行规则都是对人的模仿，因而有对应关系。故智者说："外立王道治化，皆身内之法。"② 这一点与古希腊柏拉图的看法基本一致，后者认为：人是缩小的国家，国家是放大的个人。真是君子所见略同。基于此，认识了一方，对把握另一方就有重要的作用。在人身之内，尽管构成成员林林总总，千姿百态，但人是以心为主的一元结构。"心为大王"，"于间治化"，其居所在中，为群臣从将所包，即"居在百重之内，出则有前后左右，官属侍卫"。在它之下，等级森严，各司其职。如"肺为司马，肝为司徒，脾为司空，肾为大海，中有神龟"，"四支为子民"，"脐中太君，亦人之主，柱天大将军，特进君王，主身内万二千大神。太一有八使者，八卦是也。"正像国家治理的好坏取决于君王及其所依的法正与不正一样，人作为整体是否调和、健康，是否显示出勃勃的生机，也取决于法之正与不正。"若心行正法，群下皆随，则治正清夷，故五脏调和，六腑通适，四大安乐，无诸疾恼，终保年寿！若心行非法，则群僚作乱，互相残害，故四大不调，诸根暗塞，因此抱患致终，皆由心行恶法故。"③ 这里所表达的观点与现代心身医学所倡导的理论有不谋而合之处。人是否能延年益寿，关键在于心态是否端正、健康。人有病，最深刻的原因在于心之不正。有健康体魄，并延年益寿，则主要根源于有一颗八风吹不动、行得健稳的心。

----

① 《摩诃止观》卷第五上，《大正藏》第 46 册，第 51 页。
② 《释禅波罗蜜》（单行本），第 202 页。
③ 同上。

从众生的内世间即内部器官及其构成与佛法的关系看，两者存在着对应关系。这是智者在"明内世间义相关"中所阐发的思想。例如五脏与五戒是对应的。其次，四大与五脏也有对应相关，如风对肝，火对心，水对肾，地对肺。再次，五阴与五脏也一一对应，如色对肝，识对脾，想对心，受对肾，行对肺。十二入、十八界也与五脏相对应。最后，佛所说的法，如四谛、十二因缘、六波罗蜜也是如此。智者说："佛说一心四谛义，当知集谛对肝，……苦谛对心，果是成就故，道谛对肺，金能断截故，灭谛对肾，冬藏之法，已有还无故。一心已对脾，开通四谛故。"其余大法可如此类推。总之，行者"若心明利，谛观身相，即便觉了一切佛法名义。故《华严经》言：明了此身者，即是达一切"。①

在从事上讨论心身两者的关系时，智者似乎要面临哲学二元论如何说明异质心身怎么可能相互联系和作用的难题。因为如前所述，智者承认心身二者根本不同。如果是这样，那么两者由于没有同质性因而就没有沟通和联系的任何可能性。在智者的理论中似没有常见的这一难题。因为智者对心与身的本质还有一套特别的看法。这体现在他把心规定为"名"。这样一来，身心关系问题就成了色名问题。色即物理现象，名即心理现象。前者好理解，后者为什么能等同于心，则似不好理解，智者解释说："心但有字，故曰名也。"因为心尽管有能缘、识别诸法的认识作用，但"无质碍可寻，既异于色而有心意识及诸数法"，即能识别别法，为之安立名字，故曰名。② 这也就是说，心不外是一种抽象的存在，指的是人身上表现出来的无质碍性的作用。这样一来，就不存在两者如何可能相互关联的难题。

如果从体上来看心身关系，那么两者都可看作同一实相或真如心性的表现。换言之，现象性的、以妙有形式存在的心身如其他一切有为法一样都是因缘和合，既不是因，又不是果，既无生，又无

----

① 《释禅波罗蜜》（单行本），第 204 页。
② 《法界次第初门》卷上之上，《大正藏》第 46 册，第 665 页。

灭，其体性毕竟空寂。因此不存在什么因果相互作用、主宰与被主宰之类的关系。智者指出：当我们"以慧观之"时，从"头支节"到内部的思想、心念"一一谛观"，我们是看不到有自性常一不变的精神和物质实体的，"了不见我"，一切都是"空聚"，从众因缘生，无有主宰，"如宿空亭，二鬼争尸。"① 从中道第一义谛的角度看，心身既非有，又非无，也不是既有又无，又非有非无，是即空即假即中。但是一般众生由于无明愚痴看不到这一点，不仅把心身当作实在，片面地加以执著，而且妄设有一不变的、主宰性的我，完全背离了自己的本来面目，迷失了自己的本质或本心。在智者看来，众生执著的、现象性的心身掩藏、覆盖的其实就是自己的本来面目即本心、心体或真如。众生之所以陷入无穷无尽的痛苦烦恼，生死流转，根本原因就在于丢失了或没有认识到自己的本来面目，离开自己的本来清净、寂灭、常乐我净的真心、极乐世界，向外驰求，去追求本来不存在的、虚幻的东西。如果说这里有关系要讨论，那也只有本心与现象性的心身之间的关系问题。

本心或真心与作为假有的心身的关系在前面讨论本心与妄心的关系时已有涉及，原理没有什么差别。从本体论上说，心身是用，真如妙心是其体，此体即空即假即中，换言之，心身都是第一义空。因为本心与心身都是色尘空性，是即不是，不是即是，不存在是什么、不是什么的问题，无上妙明的观见与那些种种空幻器物六尘境像，本来都是妙明无上智慧的本真心体，不存在是什么、不是什么的区别二相。就像文殊，不能问这是文殊呢，或不是文殊。见与见缘并所想象，如虚空体，本无所有。此见及缘，元是菩提妙净明体。

总之，一般世人所认识的、所说的身心，实际上是人真心的显现物。身实质上是"空晦暗中"，即对结暗所成的色加以妄想执著而成的，而心不过是"聚缘内摇"，即各种识所聚集而成的东西。人们不知道这一真实的过程及内在机制，误把这心当做人自己的本

---

① 《摩诃止观》卷第七下，《大正藏》第46册，第94页。

心、真心，于是便产生了上面所说的种种颠倒。

三　生与死

佛教中常说的一句话是"生死事大"。由此足见佛教对生死问题的重视和关注。智者对此也倾注了大量精力。在他的大量开示、讲演和论著中，他对生与死发表了许多极有价值的看法。从目的上看，智者的生死关怀和立论，不外是要揭示生死现象后的根本，指明超越生死、由生死苦海此岸度达涅槃彼岸的航向。具体地说，就是要说明现实人生的虚幻性，并透过此虚幻人生揭示其真正的本质与根源，揭示人生的意义、生命的价值，说明死亡的过程、形式及其本质，指明超越死亡的可能性和途径，消除人们对死亡莫名其妙的恐惧心理。

在一般人看来，人的生命只有一次，而且是极其短暂的，相对于无限发展的宇宙来说，简直是"弹指一挥间"。短暂而一次性的生命与渴望长寿乃至永生的心理之间形成了尖锐的矛盾。它经常萦绕在人们的心际，不时地产生剧烈的碰撞，搅得人不得安宁。正因为如此，历史上赞叹生命美好、哀叹生命短暂的名篇、佳句、绝唱不绝于耳。尽管如此，死亡绝不会对任何人发慈悲，绝不会开半点后门。如果说世上到处有不公平的话，那么死亡则有点例外。正如智者所说："死至无富贫"、"无贵亦无贱"、"无祈请可救"、"亦无欺诳处"。只要人们一天不放弃世俗的生命观、生死观、死亡观，死亡所产生的巨大威胁和揪心烈肺的恐惧就不会从人们心中消失。如果人们像智者那样看待生命和生死，那么就有可能跃入一个崭新、没有烦恼和忧思的宽广境界。

智者首先强调："事大"之生死问题尽管贵贱无欺，但不一定困惑每个人。例如对于顺理而解、没有迷理的极圣来说，生死一如，生死即涅槃，因此他们不会为其所困。换言之，生死有两个观察维度，只有从其中一个去看，才会面临生死问题。从理上说，法本不生，今则无灭，即是法身非灭，法身本不生，无可灭。法身常住，无灭、不灭。如是顺理对待包括生死在内的一切法，就不会碰到生死难题。但从事上看问题，则有生死问题。即使是佛也有三身，并有生灭，何况众生有自己的质碍之体，更会有生有灭。在特定的意义上也可说法身有生有灭，法身虽非生非灭，亦有生灭，由唱灭，故智生惑灭。

　　智者生死观的第二个要点是强调：人的生命并不是一次性的，而是由一期又一期的生命阶段所构成的连续过程。不错，人的肉身有产生、发展、衰老、坏死，贵贱无欺。即使是有权有势的国王也是如此。正如《楞严经》卷二中所出现的那位波斯匿王所说："我昔孩孺，肤腠润泽，年至长成，血气充满，而今颓龄近于衰老，形色枯悴，精神昏昧，发白面皱。"人的衰老过程"刹那刹那，念念之间，不得停住"，由此可推知"身终从变灭"。[1] 这一过程用几个专门术语说就是：一个从"生有"到"本有"、"死有"、"中有"或"中阴"的循环往复的过程。所谓"有"就是支撑生生死死的存在体，此存在体在生时会造各种业，业有当果之意，会在未来或来世招感一定的果报。所谓"生有"就是一期生命结束（死亡）与新一期生命开始的中间阶段，或死转为生的过程。人死后到一定时间，识会在六道中选择决定投向哪一道，如果想成为人，就进入了人道，投生到一母体中坐胎，这就是生有。"本有"是"生有"和"死有"之间的余位，即从受胎到本期生命结束的生命阶段。"死有"是一生命形态的最后一刹那，临死时的存在状态。"中有"是从死到转生的过渡阶段，其身体、诸感官与心识由微细四大构成，人肉眼看不到。对"中有"的时间跨度，说法不一，有的说七天，有的说四十九天，有的则说不定。综上所述，肉体与心识和合的生命有坏灭，但是应注意，这不是绝对的死亡或消灭、消失，而只是生命形态的改变。因为智者所理解的死不是一般人所说的死，它还有"有"的一面，本身也是一种存在状态，同时又是一个过渡阶段，即由人的"本有"过渡到"中有"的中间环节。进

----

[1] 《楞严经》卷第二。

到"中有"，生命没有消失，还是有。而且此有，还会或定当转化成新的生命形态，即在此之后有一个"当有"（未来或来世当有之心身）。当然"中有"的"有"肉眼是看不到的，经过一定的时间，它又会转化为与自己原先所造业相适应的生命形态，或者是人，或者是猪牛马鹿，或者是地狱饿鬼。可见生命不会彻底灭亡。如果人对自己的一期生命把握得好，如多行善乃至敬信三宝，下一期生命仍可能采取人的形式，甚至采取天神、菩萨的形式。因此人没有必要、没有理由为自己一期生命的短暂而唉声叹气、忧心忡忡，更不必为此惶惶不可终日、谈死色变。不仅如此，在智者看来，"病不与身合，年不与心合"。即是说，身体什么也没有，包括没有疾病，本来清净寂灭；人的心没有年限，生命有永恒性，一期又一期的生命形态川流不息，直至永远。基于此，智者表达了自己对待生死的乐观主义情怀：生不足欣，死何劳畏？生命是永恒的，但自己究竟在世间采取哪一种生命形态，完全取决于拥有生命的人。

在阐明了生命本质的基础上，智者还根据"十二因缘说"等理论说明了生死流转的具体过程及其本质。从种系来说，人的生命有一开端。在此开端之前，人类生命采取的是天的形态。根据《阿含经》、《世记经》等的说法，地球形成之后的最初人类，是从色界第六天的光音天而来的，由于他们天福享尽，于是便来地上随业受报，进而有了人类及地球上的生命。其具体发生过程是：世界初成，光音天人下来，有身光，能飞行，见地肥（由地自生的、养人的东西）极为香美，便吃，后失神足，体重无光。吃多了，地肥消失，现出了婆罗（一种食物）。后婆罗消失，出现了粳米，早割暮生。由于人懒惰，老是割，并存放，后来便不长了，于是便造田耕种。有的人不想耕种，但又想占有，于是便偷。有偷就有争斗。为解决争斗，便选出人看守、仲裁，于是出现了刹利种。有的人看不惯，便出家求道，于是产生了婆罗门种。依次有居士种、首陀罗种。从光音天演化出的人，一旦在地球上的业报受完，将会往生他方世界之中。也就是说，人类的业报受完之后，其生命将不再采取人类的形态，而会是他方世界中的生命形态。

从个体的生命来说，如前所述，个体的人的一期生命开始于选择脱人胎的那一刹那或说那一心念。在"中有"阶段的后期，如果一念心起，要成为人，那么此识就投入到母体中，进而在那母体中与精血合根，从而人的又一生命阶段就开始了。对于个体这一生命阶段开始的具体过程，智者作了具体生动的描述。他认为：初受胎身中阴之识，而自思维此识，不应无因缘，意想分别有法名，世性非五情所知。极细微故，于世性冥初生觉，觉即中阴识。从觉生我，从我生五尘，谓色声香味触。从声尘生空大，从声触生风大，从色触生火大，从色声触味生水大，从色声触味香生地大。进而，再从空生耳根，从风生身根，从火生眼根，从水生舌根，从地生鼻根。如是渐渐从细至粗，还从粗至细，最后在母体中就形成了由水土风火四大或色受想行识五阴构成的、有眼耳鼻舌身意六根的活灵活现的人身。[①]

由上可知，一期生命或者说人的生命中最关键的因素就是心识，它的生起不仅决定了又一生命阶段的开始，而且决定了生命采取什么形态。如果心识在生起时，决定投胎为人，诸阴即结合在一起，生命就采取人的形态。决定为畜生就是畜生。当然这种决定又是由过去的业力等因缘所决定的。因此"识起名生"，反之，"识灭名死"，也就是说，没有根尘相对或认识器官与对象相结合而产生的各种识的生起，藏识阿赖耶识中有识储藏但没有现起，这意味着一期肉体生命的结束。从此，色、受、想、行、识五阴不再作为一个整体发生作用，而逐渐分化瓦解，直至完全分离、退没。

从生命体自己的情感和感觉来说，所谓死亡或"死法名永离恩爱之处，一切有生之所恶，虽知可恶，甚无得免者"。在这一点上，六道众生的死都是一样的，当然也有不同，即牛羊见死虽然也跳腾哮吼，但不自觉。而死亡对于人来说，则可能是觉悟的最好时

---

① 《四念处》，《大正藏》第46册，第556—562页。

机。① 大概也就是人们常说的，只有在死亡的时候，人才能真正领悟到生的本质意义与价值。人的不同之处还在于，在生死时，常能思考死的形式，有时还能选择。一般的觉者、圣者更是如此。他们从因果论出发，认为死也是由一定的因缘决定的，因此为了得到没有痛苦、超越于六道轮回的死亡形式，便在一期生命、二期生命或多劫或无数劫的生存中，采取一定的修持方法，如积善积德、福慧双修或采用一定的念法（如念佛）、观想法（如无常想、苦想、无我想等）。根据《十二品经》，死共有十二种形式，它们分别是：（1）无余死，即阿罗汉之死。（2）度于死，阿那含度欲界之人天。（3）有余死，斯陀含往还于欲界之人天。（4）学度死，须陀含之见道谛。（5）无数死，八忍八智之人之死。（6）欢喜死，学禅一心之人、念佛一心之人的死亡形式。（7）数数死，恶戒之人的死。（8）悔死，凡夫的死，死时不情愿，总想到自己有很多大事未竟，悔恨交加。（9）横死，孤独穷苦之人的死。（10）缚苦死，即畜生之死。（11）烧烂死，地狱之死。（12）饥饿死，饿鬼之死。前六种是比较理想、有福德的人的死亡形式，有些还能自利利他；而后六种则是可怕、令人恐惧的死亡形式。

如果把生死连在一起考察，并且考虑到生死之主体的解脱层次、人格境界，那么生死又可分为不同的形式。智者谈论较多的是分段和变易两种生死。所谓分段生死是轮回在六道中的凡夫的生死相状。分即分限、期限，指寿命有期限，段即段别，指色形或形体的分别。受这种生死的人有寿命的长短、色形的区别，始起为生，终谢为死，然后从死中再生，循环往复，无有停歇，其形体有或为人身、或为畜生的变化。造成寿期长短、形体变化的原因是诸有漏业。这些业力经烦恼障之助缘就产生了上述果报。如果善业多，力量大，那么寿命就长一些，死的形式好一些，将来变出的形体好看一些，至少不会呈畜生相，更好一点的将有福德、威猛、富贵之相。因此在智者看来，人的寿命、人的形体相状是什么样子，其主

----

① 《释禅波罗蜜次第法门》，《大正藏》第 46 册，第 535—536 页。

动权就掌握在每个人自己手上。要想未来活得更长一点，长得更好看一点，成为大富大贵之人，今生就要诸恶莫作、众善奉行，有条件的多积点般若智慧，做到福智双修。所谓变易生死是断见思惑的阿罗汉之上的圣者所感得的生死。所谓变易是指迷想、觉悟的变化、迁移，即迷想渐灭、证悟渐增而没有色形之胜劣、寿期之长短。因为圣者的身、命已由其无漏善业及其力量，由其悲愿力改转了，无分段、无定期，而生在四土（同居土、方便土、实报土和寂光土）中的方便土中。此土是欲界、色界、无色界三界之上的净土，居住的是二乘以上圣贤。他们断尽了三界见思惑，但又有尘沙无明未尽，有不同于众生的特点，如：（1）不可思议，即妙用难测；（2）意成身即随意愿成就己身；（3）变化身即无漏定力决定其化为何种身形。总之，圣者的变易生死不是凡夫的寿命、色形的变迁，而是迷悟的迁移，即迷惑不断消失、觉悟不断增长的生命过程。它又有两种形式：（1）无漏业所得之法身，神化无碍，能变能易。（2）真证之法身，隐显自在，能变能易，变易非死，但此法身未出生死，仍是无常死法，所随变易身上有其生死，此只限于大乘。变易生死不是生死的最高形式。最高形式是对生死的完全超越。如居住在四土中寂光土中的佛，就完全断尽了无明，永离分段、变易两种生死，有常（法身）、寂（解脱）、光（般若）三德。这是生死的解脱，也是我们前面所述人生最理想、最美妙的境界。

从静态结构来看，生是"三事相依"。所谓"三事"即身、息、心。"三事相依，不得相离"，便成就了人的生。如果缺少其中一个因素，生命就会采取其他形态。因为身是遗体之色，"命是气息报风连持，识是一期心主。""托胎即有三事，三事增长，七日一变。三十八七日竟，三事出生名婴儿。三事停住名壮年，三事衰微名为老。三事灭坏名为死。"①

智者不仅说明了生和死的本质及具体形式，而且还根据十二因

---

① 《摩诃止观》卷第四下，《大正藏》第 46 册，第 47 页。

缘说论述了生死流转的宏观（跨越三世）过程。在智者看来，生死是无限生命过程采取的两种形式，它们相互交替、生生死死、死死生生，没有穷尽。智者从"有"这一作为在前原因之果报和后续果报之原因的生存形式开始，追溯了它的因果系列。智者说："有由于取，取又由于爱，爱由于受，受又由于触，触由于名色，名色由初识三事，三事由业而来受身，业由无明致生死，乃至老死。"① 这里的"三事"就是十二因缘链中的开始三支即无明、行和识。所谓无明就是指愚痴无知，不懂四谛和因缘学说。在此无明的支配下必然就有"行"，即选择自己行动的意志活动。行作为牵引力，就产生投胎的心识，并使其在相应的地方投生。接着"识缘名色"，即有了此心识后，相应的名色即心身就在母体中开始生成，这就是智者所说的"名色由初识三事，三事由业而来受身"的意思。人的当下一期生命阶段之所以开始，就是"由迷色心而入色心"，即贪着色心，一念心起就入胎为人。其实这不过是"入三界生死之门"。② 进而"名色缘六根"，即在胚胎的心身上逐渐发育出眼耳鼻舌身意六种器官。六根又缘起触，即婴儿出生后，六根与外界六尘相接触而产生触觉。触又缘受，或说"受又由于触"，即在六根与六尘接触时，人能够领受处界的作用，得到相应的苦、乐、不苦不乐的感觉。受又缘爱，或说"爱由于受"，有了受必然产生对能产生乐受的东西的贪爱，对相反的东西的厌弃。爱缘取，或说"取由于爱"，有了贪爱必定想取得，因而有追求执著，心向外驰骋，逐物拜金。取缘有，也就是说"有由于取"，有取就有各种行为、造作，这一方面作为先前业力的果报构成人的现实活动与存在方式，而另一方面，此存在方式作业时又将业力熏习在自己的藏识中，构成后来或来世感召相应果报的原因。正因为如此，有又缘生，即今生的有及其各种善恶业力必然导致来世以一定方式的再生。有生必然有老死。这就是生缘老死，或者说由于无明、业力等

---

① 《摩诃止观》，《大正藏》第 46 册，第 126 页。
② 《法华文句》（合），第 163 页。

"致生死，乃至老死"。

由上可知，十二因缘也就是生死流转过程中的十二个因素或阶段，每一个都是在前的因素的结果，而又作为原因引起后来的结果。其中无明是生死最根本、本源性的原因，五阴与欲暴流（五欲）、有暴流（色界、无色界之贪瞋痴）、见暴流（偏邪见解）、无明暴流（与痴相应之烦恼）四类烦恼相结合，使众生漂流在三界生死之中。而此无明愚痴中最大的愚痴就是对于本来没有实体性的、自性的我的人，错误地产生了有我的意识，因而去为这个本来不存在的我劳神费力，乃至铤而走险，牺牲性命。由此本源就有后面接续而来的十一支。它们的相互作用、迁流变化，就构成了人生的不断的三世轮回，如图所示：

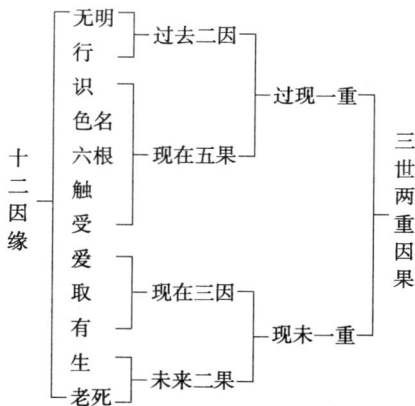

$$
\begin{array}{c}
\text{十二因缘}
\end{array}
\left\{
\begin{array}{l}
\text{无明} \\
\text{行}
\end{array}\right\} \text{过去二因} \\
\left.\begin{array}{l}
\text{识} \\
\text{色名} \\
\text{六根} \\
\text{触} \\
\text{受}
\end{array}\right\} \text{现在五果} \\
\left.\begin{array}{l}
\text{爱} \\
\text{取} \\
\text{有}
\end{array}\right\} \text{现在三因} \\
\left.\begin{array}{l}
\text{生} \\
\text{老死}
\end{array}\right\} \text{未来二果}
$$

智者在《释禅波罗蜜》中指出：借助甚深禅定的帮助可以照见生命从中阴到生有的微观演变过程。如前所述，人的生命是一个不断从本有到死有、中有，再到生有、本有的转化过程。中阴处在两有的中间阶段，所受的是阴形。在此阶段由于前世的业力作用，尽管没有质碍性的肉体之有，但仍以一种形式（如阴形）存在，因而也是有，过去的业力保存于其中，不断不灭。当父母交会时，业力就变成了识，此识一念心起，把精血二滴当作己有，托之于上，于是就有了新一轮的身体及生命。换言之，身内三十六物、四大五阴、身命来历，"皆由先世五戒业力"，它们"持于中阴，不断不灭，于父母交会之时，业力变识，即计父母身命，精血二滴，大如豆子，以为己有，识托其间，尔时即有身根、命根，识心具足！识在其间，具有五识之性，七日一变，如薄酪凝酥，于后渐大，如鸡子黄，业力因缘，变此一身"。[1] 识心和四大之身逐渐长大，各部分器官逐渐成熟完善。如先有五脏，其内有五识。如肝脏出现时就有魂依之，次有肾脏，志依之，接着有肺脏，魄依之，然后有脾脏，意依之，最后有心脏，神依之。在这里，智者把中国中医、气功的解剖理论与佛教的人体观糅合起来，既丰富了佛教的理论，又做了佛教中国化、本土化的工作。在智者看，中国传统的解剖概念即魂、魄、志、意、神五种神，实质上就是佛教的五识，或者说"是五识之异名"。[2]

五脏及其识形成后，便需处所和资养。正好靠业力的作用，长出六腑。身内的腑类似于外物所住的府，故"腑"与"府"可通用。胆为肝府，盛水为气，合润于肝。小肠为心府，心为血气，小肠亦通血气，主润于心。大肠为肺府，主杀物益肺，成化一身。胃为脾府，黄间通理脾脏，膀胱为肾府，通湿气润肾。

通过这种长演变过程，就出现了一有机的、类似于国家机器的整体，如肺为大夫，肝为尉仁，心在中央禀种类，脾在其间平五味，肾在下，冲口气，增长人体，进而成身。骨为柱，髓为膏，筋系缝，脉贯通，血滋润，肉仓裹，皮覆之，"以是因缘，则方头身手正，大分之躯。"身体上的其余附件如齿、舌、爪、发、耳等分别由多余的骨、肉、血、皮、筋所组成。最后，四大造色清净，变为五情，是以对尘则依情，以识知五色因缘，则生意识，尘谢则识归五脏，一期果报，四大五阴、十二入、十八界，具足成就。[3]

----

[1]　《释禅波罗蜜》（单行本），第200页。
[2]　同上。
[3]　同上，第201页。

　　我们作为人中的凡夫俗子研究生死，其根本目的是要通过研究生死之本质和根源，寻求摆脱生死特别是死亡带给我们的种种烦恼，进而彻底超越死亡的出路和方法。在智者看来，首先要战胜和超越死亡，最根本的是要有智慧，要有对宇宙、人生实相的如实把握，搞清生命、生死流转的过程及其本质。其次，超越死亡及其恐惧的方式不是回避现实生活，自行了断，而是积极入世，投入到现实生活中，在生死流变的过程中实现超越。智者常告诫人们要"动法性山，入生死海"，因为烦恼即菩提，生死即涅槃。也就是说，觉悟、解脱之道就在烦恼之中，离烦恼没有道，而"有道即尊贵"，人应"安贫养道"。同样，涅槃也不在生死之外，而就在川流不息的生死过程中。为了帮助不明生死真谛的人克服、消除对生死的畏怖和实现精神上的超越，智者还阐述了一些行之有效的观想法门，如"八念"，即一念佛、二念法、三念僧、四念戒、五念舍、六念天、七念入出息、八念死。所谓"念死"就是想两种死：自死、他因缘死，常随此身，若他不杀，也会自死。把此心念时时刻刻、事事处处一无例处地保持下去，永远都保持这种"念"的心态，念念不忘不失，那么"何足生怖？譬如勇士入阵以死往遮则心安无惧。如是一心念死，怖畏即除。"因为如此念下去，到一定程度就会"悟无常四谛"，就会有精神境界的升华和心态的平静、寂然。另外"十想"法门也有此作用。十想分别是：无常想、苦想、无我想、食不净想、一切世间不可乐想、死想、不净想、断想、离想、尽想。观想其中一种或多种，或连续不断地依次观想，到了一定的时候，也将出现心灵的净化、境界的升华，在一定程度上实现对死亡及其恐惧的超越。①

　　此外，要超越生死，必须修因。因为老死及其惨痛的死亡方式是苦果，取决于相应的因。只有灭除相应的因，才能达到超越的目的。例如只有灭除造成分段生死的业，才能灭这种死亡的苦果，只有灭无明住地烦恼，才能灭变易生死之果。

----

① 《释禅波罗蜜次第法门》，《大正藏》第 46 册，第 538 页。

四 人生的责任与价值

生命非一次性而具永恒性这一观点尽管在科学和哲学上颇有争议，但从价值论上说则有唤醒人的责任意识的作用。因为如果相信它，那么人们就会意识到：自己不仅对此时此刻的我、家人、有关的他人、祖国和环境等负有不可推卸的责任，而且对下一期生命形态及其所依存的环境肩负着光荣而神圣的责任。一方面，从佛教的因果学说来说，人的一言一行、一举一动、一心一念都是造作、作业，都是行为或行动，因为佛教所理解的行动包括身、口、意三种器官的作为，或者说有言语、身体动作和心理活动三种形式。这些行为、作业会熏习在我们心田中，进而作为业力种子储存起来，以后一有合适的条件和机会就会发生作用，产生出一定的结果。俗话说：种瓜得瓜、种豆得豆；要想人不知，除非己莫为。自己做了，不管是手脚头等肢体做的还是嘴说的，甚至没有言语、身体表现的心理活动，其痕迹、其影响力都抹不掉，都一定会留下来，一定会以这样或那样的形式产生正面或负面的效应。在有的情况下，自己做的，别人不一定能知道，如自己心里的某种计划、想法以及憎恨、嫉妒、诅咒别人的心念可为我们的机体和言语掩盖起来，但是只要做了、想了，它们就存在于这个世界上，就抹杀不掉。而且由于心念对身和口的行为有一定的制约作用，因此心念的作为更为重要，正是在此意义上，智者常说："成圣成凡皆系一念。"即使自己想抹掉，自己的八识心田也不干，因为只要行为发生了，它们就在八识心田中熏习成了种子。这大概正应了人们常说的这样一句口头禅："骗得了别人，骗不了自己。"第八识正是客观、公正而无意识的自己。既然行为有业力，业力必然产生相应的结果，它们的合力决定了我们下一期生命寿期之长短、色形之相状，并且从根本上决定了我们能否超越生死或了生脱死。因此我们没有理由不认真对待现在的一期生命，不珍惜此生稀有难得的人生，不为未来的生存形式、更美好的生活创造出前提条件。

不仅如此，根据佛教的一个基本原则，也是智者大师反复阐述过的一个命题，即"依正不二"，我们也应增强责任意识。所谓正指正报，即我们现在的生命体是过去业力的正报，依即依持，是我们生命得以存在的各种外在条件，如水、土、森林、空气和社会人际关系等环境因素。依正不二的意思是说依和正都是过去业力的果报，两者是统一、相互依存的，不一不异。因此我们的行为不仅对我们未来的生命有决定性影响，而且对环境也有不可推卸的责任。在智者看来，我们此生要肩负起并好好履行我们对于未来依正二报的责任，要想未来有好的生命形式、美好的生活、美好的环境，直至要了生脱死，获得解脱，我们就应"逆生死而行"，重新塑造自我。"逆生死"是相对于"顺生死"而言的，所谓顺生死就是没有对生命的自觉，随波逐流，跟着习气、欲望走，因此"以漏业为因，爱取等为缘"，这样表面上是在抗拒命运，不满命运的摆布，实际上是受着生死之流、六道轮回的牵制，从而在这股强大的暗流中漂泊。如此下去，无有生死的出期。而逆生死的众生则不同，他们根据因果法则，根据佛祖描绘的最美好的人生蓝图、最佳的理想人格结构，积极主动塑造自己的未来形象、选择自己未来生命的、超出生死流转的航程，以无漏正慧为因，即以没有缺憾的大智大慧为因，以六度万行为缘，诸恶莫作、众善奉行，福智双修。这样未来的生命必将超越生死流转、六道轮回，而进入美好的境地。

我们此生的人生不仅有重要的历史责任，而且也储存着取之不尽的价值宝藏。正是它们，使我们有可能去履行责任。在《摩诃止观》、《法华玄义》等著作中，智者常讲这样一个故事，说我们凡夫俗子就像某一大富之家的盲儿一样，他生在宝藏之中，但对此不仅一无所知，反而常为这些宝藏撞头碰脚，不仅没有从中获大益，反而为其所伤。也就是说，尽管我们的四大和合之身不净、污秽，充满烦恼，到处充斥着污物，四大就像四蛇一样。但此身并非一无是处，因为一方面它"相表清升，性是白（即善）法，体是安乐色心，力是堪任善器，作是造止行二善，因是白业，缘是善我我所所有具度，果是任运酬善心生，报是自然受乐。"① 其次，即使诸苦让我们有很不完美的人身，但此身也极为难得、珍贵。因为一失人身，万劫难复，堕于饿鬼、畜生、地狱，其苦况更百倍、千倍。既得人身，就应珍惜。再次，六道中人的价值最高，因为他是六道中成佛条件最好的根器。智者说："六情根完具，智监亦明利，而不求道法，唐受身智慧。"也就是说，如果看不到自身的优势、内在的价值，不利用和开发这些价值，去问道、求道、证道，那么就等于枉受此身，枉具与如来一样的智慧德性。最后，最高的终极价值——果佛性、般若、涅槃——就在我们己身之中，也就是说，实相、真如、善良、正义、常乐我净等价值就储藏在我们身上，与我们的生命同在，我们的人生就是其依托。而且只有像我们这样的生命形式才具备开发、证得这些价值的最好条件，才拥有占有、享受、消费这些价值的得天独厚的条件。一言以蔽之，我们此生人生拥有证得终极价值的价值，人没有理由怨天尤人、自暴自弃！

怎样用我们身上的工具性价值证得那些崇高的目的性、终极性价值呢？途径多种多样，其中一种极为辩证，那就是于世人所谓价值处，看到其虚妄不实的本质和毫无价值的价值本质。果能如此，便会得到涅槃之类的价值。智者说："观饮食，皆如虫如粪，衣服绢布，犹如烂皮烂肉之段，臭处可恶，钱财金宝，如毒蛇，斯须死变，臭烂不净，谷米如臭死虫，宅舍田园，国土城邑，大地山川林薮，皆愁烂坏，臭处不净，流溢滂沱，乃至见白骨狼藉，一切世间，不净如此，甚可厌恶！"② 一当证得这样的真理，便当下现得那些终极的价值。当然，还有数不胜数的方法，而贯穿其中的根本方法则是心态调适。一当将散乱之心调节为"质直清净心"，那么一念心中蕴藏的一切真正的价值就会现实地显现出来。

----

① 《法华玄义》卷第二上，《大正藏》第 33 册，第 694 页。
② 《释禅波罗蜜》（单行本），第 240 页。

第十章

诸佛解脱于心中求
——解脱的心理学机制及操作

以开放的视野大力开展生存哲学的研究既是哲学进一步发展的内在必然，又是人类生存和发展中面临的种种问题向关心人类命运和前途的每一个思索者所提出的紧迫课题。可喜的是，顺应这一要求，这一研究在我国已有了一个良好的开端。但是，在研究往前推进的过程中，一定不能忽视心灵哲学的视角或维度。所谓心灵哲学，是一个有着漫长历史的、专门以心灵的表现形式、内在结构、运动学、动力学以及以心与身、心与物的关系为研究对象的哲学分支。英美哲学主要侧重于对其体的研究，而欧洲大陆有人本主义倾向的哲学家则关心心灵状态与存在的关系问题。我国有悠久的心灵哲学传统，如源远流长的心学思想、博大精深的佛教心理学和心灵哲学，其特点是从道德哲学、人生哲学的角度探讨心体之妙用，揭示心态调适、心灵建构在去凡成圣，塑造完善人格、获得最高人生幸福中的作用。这是人生解脱论研究的不可或缺的环节，因为人类所面临的生存危机有心理的表现和构成，人类的烦恼、恐惧、绝望并未随着物质财富和科技文明的发展而减退和消失，反倒有愈演愈烈之势。可见，仅仅靠增加物质财富的方式而不从心灵层面着手进行探讨是行不通的。有道是：心病还须心药治。同理，人的彻底解脱与自由，除了离不开相应的社会条件和物质条件以外，还依赖于特定的心态结构与感受结构。而探明这类结构应是什么样子，有哪些要素，内在关系如何，应怎样进入等，除了需要有关科学的探讨之外，自然少不了人生哲学与心理学的结合。在这方面，智者大师作了具体、深入的探讨。在今天看来，他对心性问题的重要性、各种心态的相状、结构及优劣、心的本质以及如何调心、安心直至进入最佳心态等问题所阐发的思想，不仅与禅宗有相通之处，而且具有学理和方法论上的普遍意义，值得关注。

一　解铃还须系铃人

《红楼梦》第九十回中有这样两句话："心病终须心药治，解铃还须系铃人，"放在此处，十分恰当。面对世界错综复杂、色彩斑驳的相状和显现出的纷然杂陈的意义，我们每个人无不感到眼花缭乱、六神无主；世界的本来面目、真正意义好像从我们的视野中消失得无影无踪。社会、人生更是如此。面对物质文明的飞速发展、逐物拜金的狂澜、人欲横流和理性泯灭的现实以及精神世界中的失落和空虚，每个人无不感到茫然和困惑。一代又一代的人试图通过改天换地、增加物质财富而求解脱、过上自由幸福美好的生活的愿望似乎从来没有真正实现过，反倒是离得越来越遥远。忙碌的人类生灵的命运与采蜜蜂的遭遇毫无二致："人生好比采蜜蜂，采南采北采西东，采得百花成蜜后，一场辛苦一场空。"要解开这些谜，得从其源头——心性问题——入手，因为正如"解铃还须系铃人"一样，世界的意义是心赋予的，社会、人生中不令人满意的现象根源于人心的"策划"和身体的所为，人们的空虚、失落、烦恼、痛苦都是心的状态，欲求解脱而不达也是由于人心没有找到正确的解脱法门，从而未能让心进入相应的状态。因此一切思考、一切求索、探究最后都将聚焦于心灵之上。

智者大师早就清楚地意识到了这一点。正因为如此，他发表了大量以心为中心的讲演、论著，如《观心论》、《六妙法门》、《四念处》等，天台三大部中的《法华玄义》、《摩诃止观》两书谈心的篇幅也相当大。正如《观心论》中所说：要想"得实法"、闻思修"无上道"，要修三昧、得禅定、得真实乐、忏悔无罪、离烦恼、利益众生、弘扬佛法，就得问、听、思、研究、修习观心。简言之，"为是因缘故，须造观心论"。①

第一，在智者看来，心性既是体、宗，又是用。说心是体，意即心是一切现象的本体、基质。智者常说："一切万法由心而起，"②"三界无别法、唯是一心作，心如工画师，造种种色。"③也就是说，世界的相状、色彩等属性乃至向人显示出的各种各样的相互对立的意义都是心赋予的，心的本质就是万事万物的本质。质言之，"心是诸法之本"。④

其表现首先在于：世界上的一切现象、事物、存在都是心的显现。万事万物不出阴（色受想行识）和入（眼、耳、鼻、舌、身、意、色、声、香、味、触、法），而"界内外一切阴入皆由心起"，如九种五阴（果报五阴、无记五阴、两污秽五阴、善恶两五阴、工巧五阴、方便五阴、无漏五阴等），"如是种种，源从心出"。⑤换言之，心是一切的来由、源泉，即四圣等一切正面价值和六凡等一切负面价值都以心为源泉、来由。前述的一念三千说足以说明个中道理。在《法华玄义》中，他从不同的角度作了新的发挥，指出："心即是由"，即来由、源泉，此命题有三义，"一切语言由于觉观心，一切诸行由于思心，一切义理由于慧心。"⑥

第二，智者还认为，心既是语本，同时还是行本和理本。因为"无心无思觉，无思觉无言语"，"若无心，理与谁合，以初心研理，恍恍将悟，稍入相似，则证真实，是为理本。"若无心，当然无行为之发生。⑦ 由于心既是解脱的体、宗、源泉、来由，又是解脱大用的载者、享受者，因此智者把心称为"经"，像佛经一样，三千大世界的经卷无不尽摄其中。智者说：心是经纬，以觉为经，

① 《观心论》，《大正藏》第46册，第584—585页。
② 《六妙法门》，《大正藏》第46册，第553页。
③ 《摩诃止观》卷第一下，《大正藏》第46册，第8页。
④ 《法华玄义》卷第一上，《大正藏》第33册，第685页。
⑤ 《摩诃止观》卷第五上，《大正藏》第46册，第52页。
⑥ 《法华玄义》卷第八上，《大正藏》第33册，第778页。
⑦ 同上。

以观为纬；心是契教，能契缘、契行、契事、契理；心是善语教；心是常，心性常定，犹如虚空，因此是法身，是法性，是如来藏。总之，如此观察心便可得出结论说："心为一切语本、行本、理本。……于心，解释无滞，遍一切心，无不是经。"①

第三，心不仅是一切价值、乃至涅槃、般若、佛性等最高价值的载体，同时又是获得这些价值的价值主体。

第四，八万四千解脱法门，门门不离心，因为"已心具一切佛法"，或者说"一切恒沙佛法，皆从心生，不是从其他处来"，②即是说，佛说的一切法、大千经卷皆含藏于一念心中。因此，"若能问观心，破一微尘中，出大千经卷，受持读诵此，闻持无遗忘，心开得解脱。"佛针对八万四千种根器、烦恼所说的八万四千法门不仅源出于心，而且在本质上就是一种法门即观心法门。因为解脱只能从心中得。智者说："诸佛解脱，于心中求。"③ 不明此理的凡夫向外求解脱，其结果是到处碰壁。智者说："凡夫不知不觉，如大富盲儿，坐宝藏中都无所见，动转挂碍，为宝所伤。"④

解脱为什么要到心中求？换言之，心为什么能成为解脱之本？智者的回答十分明确：诸妄心覆盖的真心就是诸法的实相或谛理。迷此谛理，即走向解脱的反面；反之，悟此谛理，并能顺理而行即得胜解和解脱。智者说："此心如幻焰，但有名字，名之为心。……适言其有，不见色质，适言其无，复起虑想，不可以有无思度故。……心名不生，亦复不灭，心即实相。""初观为因，观成为果。"此果就是得解脱。⑤

就任何一念妄心而言，"根尘相对，一念心起，能生所生，无不即空。妄谓心起，起无自性，无他性，无共性，无无因性。起时不从自他共离来，去时不向东西南北去，此心不在内外两中间，亦

----

① 《法华玄义》卷第八上，《大正藏》第33册，第778页。
② 《摩诃止观》卷第一下，《大正藏》第46册，第8—9页。
③ 《法华玄义》卷第七上，《大正藏》第33册，第763页。
④ 《摩诃止观》卷第一下，《大正藏》第46册，第8页。
⑤ 《法华玄义》卷第一上，《大正藏》第33册，第685页。

不常自有，但有名字，名之为心。是字不住，亦不不住。不可得故，生即无生，亦无无生。有无俱寂。"① 既然作为诸法之本的心毕竟空寂，了不可得，那么世界上的一切也一定如此。如果是这样，心就会绝对没有任何挂碍和驰求，也不会因一时的失去而产生烦恼，因一时的得到而得意忘形、乐极生悲，因为世界上的一切本来就是得无所得、失无所失。进此心境就自然解脱了。是故说，诸佛解脱于心中得。

之所以说心是宗，是因为有心便能得无上正等正觉，如前所述，"宗"指的是与体相辅相成的支架。就像一房间所包含的空间一样，如果没有其框架就不会有其空间。此空间就像体，而框架就像宗。心作为宗，意味着它是支撑起解脱的基础或根本条件。有心就有得解脱的条件。②

智者还认为，心同时还是用。因为上天入地、成凡至圣皆系一念。也就是说，是入天道享福，在人道做人，还是下地狱受苦；是做凡夫受缚受苦，流转生死，还是成为佛菩萨、做极圣，都由心所存的状态所决定。这也就是智者常说的"心能凡夫、心能圣贤"的意思。如果从一念心入手，观察能观心和所观境，一往无前地观察下去，观心无心，罪福无主，法不住法，无明转化为明，就像融冰成水一样，不是远隔之物，而就是水本身，一念心普皆具足，或者说一念心就是一切，通体圆融无碍，无一无二，不一不异，那么就立马进入佛境界。智者说："今行者观一心，见一切心得一切法。观一法，见一切法及一切心。观菩提，见一切烦恼生死，观烦恼生死，见一切菩提涅槃。观一佛，见一切众生得诸佛。观一众生及一切佛及一切众生，一切皆于影现，非内非外，不一不异"，"能于一微尘中，通达一切十方世界诸佛凡圣色心数量法门。" 如果这样，行者"行佛行处，住佛住处，入如来室，著如来衣，坐

① 《摩诃止观》卷第一下，《大正藏》第46册，第8页。
② 《法华玄义》卷第一上，《大正藏》第33册，第685页。

如来座，即于此身，必定当得六根清净，开佛知见，普现色身。"①
有这样的圆摄一切于一心的心就是佛，就是至圣。如果心念念贪
著，永远无法满足，那么如饿鬼无异，即使此生不是饿鬼，来世也
必定如此。如果愚痴无明，把假当真，视无为有，对正知正见无动
于衷，或妄加诽谤，那么与畜生无异，即使此生不是畜生，来世做
猪做狗的结局也会向他招手。因此智者说："三界无别法，唯是一
心作，心能地狱，心能天堂，心能凡夫，心能圣贤。"② 总之，心
有无穷的妙用，只要我们收心敛性，"制心一处"，让心永远处于
一种平和、安详、如如不动的"直心"状态，我们就能"无事不
办"，哪怕是成佛至圣也在所不难。因此圣凡的差别就在于心的状
态不同，如果能时时刻刻、事事处处都保持"质直清净心"或
"常行直心是"，那么就超越于凡夫而迈进了圣贤的行业。怎样做
到这一点呢？说起来非常简单，就是从一开始即从发心至圣或生出
求解脱的动机时起，认真处理好当下一念以及接踵而至的每一心
念，直至穿衣吃饭、挑柴担水、坐禅诵经、语默动静，让这种平
静、质直、常一的心态不动不失，直到永远。

二　解脱之道与真发菩提心

所谓道，就是通或能通，通因至果，通果酬因，即通向某种目
的、结果的途径，或者说是所至所趣之处。不同的人对解脱的理解
不同，其所求、所走的道也就各异。通向最理想的涅槃境界的道路
就是菩提，或无漏道，或非有漏非无漏道。通向人天界的是人天
道，亦即有漏善道。此外还有通向饿鬼、畜生的道，亦即有漏恶
道。稍有觉悟的人当然想脱离三界火宅，得大解脱。但是抱什么样
的心态或动机去求解脱与我们实际上进入哪一条道有非常直接的关
系。动机、发心不同，入道各别，结果当然是大异其趣。可见，解

---

① 《六妙法门》，《大正藏》第 46 册，第 554 页。
② 《法华玄义》卷第一上，《大正藏》第 33 册，第 685 页。

脱不仅要到川流不息的心理过程和各种各样的心态中去求，而且要到初始一念，尤其是发心中去求。大致说来，常人的发心有十类，与此相应，也就有十种道。它们分别是：（1）为利养而求解脱，即带着较强的功利动机踏上修学佛法的征途。有这种动机的心必然念念于贪瞋痴，摄之不还，拔之不出，时间一长就起上品十恶。因此这种发心或带着功利动机求解脱，尽管比不求解脱的人要好，或有优胜之处，但其结果仍不能令人满意。由于这实际上是发地狱心，因此可能生火途道。（2）为眷属安乐利益而求解脱。这种人的心念念欲多眷属，如海吞流，如火焚薪，就起中品十恶，实质上是发畜生心，行血途道。（3）为名闻称欢而学修佛法，其心念念欲得名闻，贪求四远八方称扬称咏，内无实德，虚比贤圣。这样的发心会起下品十恶，实质上是发鬼神心，行刀途道。（4）动机是为嫉妒胜他，其心念念常欲胜彼，轻他珍己，表面上行、称颂仁义礼智信。这起的是下品善心，行的是阿修罗道。（5）动机是避恶道苦报，其心念念欣世间乐，安其息事，悦其痴心，这起的是中品善心，行的是人道。（6）为善心安乐而求道，其心念念知三恶多苦，人间苦乐相间，天上纯乐，认识到天上乐的根源在于六根不涉，六尘不入，此上品善心，将行于天道。（7）为得势力自在而求道，其心念念欲威势。为得威势，身口意才有所作，一切驵从，此发欲界心，行魔罗道。（8）为得利智捷疾而求道，其心念念欲得利智辩聪，高才勇哲，鉴达六合，十方颙颙，此发世智心，将行于外道，可得离三界系缚。（9）为生梵天外而求道，其心念念五尘六欲外乐，盖微三禅乐，如石泉其乐内重，此属发梵心，将行于色、无色道。（10）为度老病死苦疾，得涅槃而求道，其心念念知善恶轮环，凡夫耽湎，贤圣所呵，破恶由净慧、净慧由净禅，净禅由净戒，崇尚、尊重、执行这三法，如饥似渴。这发的是无漏心，将行于二乘解脱道。①

----

① 参阅《释禅波罗蜜次第法门》，《大正藏》第 46 册，第 476 页；《摩诃止观》，《大正藏》第 46 册，第 4—9、55—56 页。

　　这些发心或动机的共同特点是有对某种自以为好的东西的执著，无大悲正欢；都想尽快脱离痛苦烦恼，得自己欣欢的快乐。尽管有这些动机比没有好，有些愿望在一定程度上也能实现，特别是后面几种动机对于个人自身的解脱来说确有好处，但从根本上来说，带着有相动机、带着心愿和要求去求解脱，是不可能真正度达彻底解脱的彼岸的。因为仅仅是企盼"舍三途"、"欣五戒十善"、"相心修福"还不够，还不能从根本上超越、根除痛苦，弄不好只不过是"市易博换"，即丢了这份苦来了那种烦，"翻更益罪"，还将会在痛苦的泥潭中继续陷下去，正好像"鱼入笱口、蛾赴灯口"、"渴更饮咸"，"愈迷愈远"。这是由于"盲入棘林、溺堕洄澓的缘故"。而盲入棘林的根源又在于没有"真正地发菩提心"，而只是虚假地、错误地发菩提心。这类发心的问题在于：以片面、"边见"、执著于相的观点发菩提心。我们知道，发菩提心就是发心上求佛道，下化众生，具体地说就是四句偈所表达的：众生无边誓愿度，烦恼无尽誓愿断，法门无量誓愿知，佛道无上誓愿求。智者大师同一般的理解一样，不否认发菩提心具体表现于这四方面。他反对的是片面地以空观或假观这两种对立的态度去发菩提心，即要么以排除假观和中观两方面的顽空的立场发菩提心，这样就会不见众生、不见烦恼、不见法门、不见佛道，如果这样上求下化，那么横超苦海、从根本上摆脱烦恼、度达涅槃彼岸的愿望就将化为泡影。或者相反，从排除空观和中观的纯粹假观的立场去发心，即片面执著于有，而看不到有本身包含着空、中的方面，如偏见众生、烦恼、法门、佛道，以为它们都是实实在在的东西，如果这样，在求解脱的征程上就总是带着妄念。因为有法门、佛道的意识在心中，就是有念头，这念头也是妄念，只不过它们是轻妄念，而不是贪瞋、为非作歹之类的粗妄念。而只要有妄念，从根本上摆脱痛苦、彻底解脱就将遥遥无期。因为不管什么念，起心动念都是错，有念就是错，就是执著，就乖道。有执著、贪念就不会有解脱。

　　在智者大师看来，真正发菩提心就是以中道的观点、心态发菩提心。这里的"真正"就体现在以中道心发心，既不着空，否则就看不见有众生可度，又不着有，否则"堕爱见大悲，非解脱道"，"非毒非伪，故名为真，非空边非有边故名为正"。质言之，"真正"发菩提心是着相发心的对立面。具体而言之，虽知众生如虚空（没有执著于假有），要誓度如空之众生；虽知众生数甚多（没有执著于顽空），而去度甚多之众生；虽知烦恼无所有（与假有对立），誓断无所有之烦恼；虽知烦恼无边底（即与顽空对立），誓断无边底之烦恼。对法门、佛道也应抱这种不着边见、既承认其空无所有、又承认其妙有的中观立场、心态，或者说抱着无住、无念、无相、无着、无为的心态去知法门、去成佛道。智者说："虽知法门永寂如空，誓愿修行永寂。虽知菩提无所有，无所有中吾故求之。……虽知佛道非成所成，如虚空中中树，使得华得果。虽知法门及佛果非修非不修，而修非证非得。以无所证得而证而得。"只有这样，才能真正进入法门，真正成就佛道。换言之，真求解脱道，真正发菩提心，就是"无缘无念，普覆一切，任运拔苦，自然与乐，不用毒害，不同但爱，不同爱见"，即无发而发，无随而随，过一切破，过一切随，双照双破。推一法即洞法界达边到底，究竟横竖事理具足，上求下化备在其中。① 事实上，如果在发菩提心时，我们真的贯彻了智者大师的想法，不执著于空有，不带任何念头，不抱任何追求与执著，不存任何心相，以无为心、无念心、无相心、无住心去对待一切包括对待发菩提心本身，无发而发，任运自然，那么不仅当下保持了一种正确的心态，当下解脱，而且为后来的一切努力及其最高目的的实现奠定了坚实的心理基础。

三　最佳心态

在任何时间、地点、任何活动中，人的心总是处在一定的状态之中的，人总是带着一定的心态生活的。因此，心态是人的生活的核心的构成方面，也是决定生活质量好坏、高低的最本质的因素，

---

① 《摩诃止观》卷第五上，《大正藏》第46册，第55—56页。

因而是区分生活质量高低优劣的第一位的标准。因为第一，心理的生活是人的全部生活的重要内容。第二，精神生活永远同时伴随着其他一切样式的生活如家庭生活、团体生活、学校生活、旅行生活等，而其他生活方式绝不能永远伴随精神生活。第三，心理状态是决定其他一切活动、状态的最直接的原因，尽管它也受环境的影响，受其他状态的反作用，但它的内在因素、结构、品质无疑直接决定着其他活动的成败从而决定着其他生活的质量。即使是用世俗的眼光看待幸福，一般人所追求的幸福、快乐也无不和相应的心态有关，因为快乐、幸福总有精神的表现，即体现为一定的心理状态。正因为如此，有健康心态的人在同样的条件下比心理素质差的人更容易得到快乐和幸福，有时在不利、违情的境遇下他们也能保持乐观的心态。正是基于此，有的人才说：有健康的心态比拥有万贯家财更珍贵。智者强调处理好当下一念，叫人要"制心一处"（当然是最值得我们将心放于其上的"一处"），无疑也是基于这样的考虑。如前所述，他说他正是基于这类因缘，才造观心论。所谓"制心一处"，从某种意义上说，就是要将心调适到最佳的状态，并永远保持不放，永远带着这种心态去生活，去接人待物、挑柴担水、插秧种麦、操纵机器、吃饭穿衣。打一不恰当的比喻，例如我们在收看艺术方面的电视节目的时候，就有调谐的问题，即把音、亮度、色、对比度等调适到最佳状态，使之看起来舒服、听起来悦耳。同样心有调适的问题。当调节到最佳的心态时，人就能在各种好坏、顺违、适意不适意的环境、条件下得大安乐，没有烦恼忧愁。那么什么是最佳的心态呢？

　　智者说：应"明心有四种心"。[①] 这种对心的区分主要是根据人们在禅定过程中的心理表现作出的，因而是禅定修行中出现的心态。如果从广义的意义上理解禅定，把禅定理解为生活本身，因为行亦禅、坐亦禅，语默动静体安然，禅定可以融入一切生活方式中，那么智者所说的四种心态就具有了普遍的意义，可看作是普遍

----

① 《释禅波罗蜜次第法门》，《大正藏》第46册，第481页。

存在于人类身上的四种心态。

第一，有漏心。这是凡夫外道心，即未到圣贤果位的一般凡夫俗子的心态，具有三漏。所谓漏即有烦恼。生活在欲界、色界、无色界的众生最富有的东西就是烦恼。一是欲漏，即欲界中除无明以外的一切烦恼，如瞋恚、骄慢、疑惑、恶见、贪欲及其没有满足后的失望、恼怒，以及欲望满足后对失去的担忧和乐极生悲；二是有漏，有即苦果，是色界无色果受苦报的一切烦恼；三是无明漏，即三界中的无明愚痴烦恼。由于凡夫断不了烦恼，心灵中常伴随着烦恼，因此这里所说的有漏心可理解为一种不平静的、骚动的、烦躁不安的心态，是质量最低劣的心态。具体表现在修禅时为：（1）在欲修禅时，不能厌患世间，只是想得到禅定中的乐和果报。（2）在修禅时，不能返照观察，生见著心。（3）证禅时，即计为实，不知虚诳，于地地中见著心生。（4）从禅定起时，对众境还生结业。即在定中离苦得乐，一出定就对境造业，心生烦恼。① 这些问题在禅以外的生活中更为常见和严重。因此有漏心是一般人最普遍的存在方式。

第二，无漏心。这主要是二乘人修习禅定时的心态。（1）初发心时，厌患世间乐、禅乐及果报，只为调心，因而漏心微薄不起。（2）修行时，随所修禅，悉知虚假，能降伏见著，不生结业。（3）于定中发真空慧，断诸烦恼，三漏永尽。（4）从禅定起时，随所对境，不生见著，不造诸业。

第三，亦有漏亦无漏心。（1）发心时，�惶不定，或者厌离世间乐、禅乐，或者生见著。（2）修行时，也是摇摆不定。（3）证时，有漏无漏兼而有之，未得无生智故名有漏，得尽智故名无漏。（4）从禅定起时，对境有时不生见著，而断惑，有时又生见著。

第四，非有漏非无漏心。这是佛菩萨的心态，是最佳的心态，当然也绝非一般凡夫所不可企及的心态。其特点是不滞有无二边，因此无二边之漏失。进入这种心态，也可看作是"称理之行"。而

---

① 《释禅波罗蜜次第法门》，《大正藏》第46册，第481页。

理既是第一义空，无缚无脱，因此处在这种心态，亦即是处在无缚无脱、自由自在的状态。

　　这里有这样的问题：从究竟第一义谛来说，作为诸法实相的真心是离言绝相、不可言说的，或者说离四句、绝百非（无句义，句即言语，义即言语所指的对象，无句义即离言绝相），为什么这里又用上述四句式（有、无、亦有亦无、非有非无）将心态表述为四类？智者也意识到了这个问题，说："诸佛说一切法空，绝诸言句，……今云何作四句分别？"但智者又认为，两者不仅不存在矛盾，而且如能对"四句分别"作出恰到好处的理解，那么恰恰是通向谛理的方便之途，当然是通向解脱的道路。因为尽管无句义是佛菩萨的句义，但对于一般行人来说，如果不通过句义或符号的能指所指，是不能进到这种境界的。智者说：解脱"非是离句求"。① 因此为方便行人，佛便于"无句义中辨于句义"，如果能"了句非句，于句义无碍"，便能得解脱，进至最佳心态。② 如果不能正确处理名实关系，执于一边，如要么执著有句，要么执著无句，那么与证道、得道永无机缘。因为执有是缚，执无也是缚。智者说："若汝欲离四句求解脱者，即还被无句缚。"③ 而真正的解脱或最佳的心态即是一种无缚无脱的状态。智者说："理既无缚无脱，称理之行，岂不同名无缚无脱，无缚无脱者，即是非有漏非无漏之异名。"④

　　对于最佳心态，智者还有多种表述形式，如前面经常提及的"质直清净心"指的无疑是最美妙的心理状态；在《法华文句》中，他常说："中道自性清净心"，《摩诃止观》中则常说：这种心是一种无我、空、不可得的状态。"十方谛求，我不可得，我心自空，罪福无主"，"一切诸心皆是寂静灭。"⑤ 这种心也是"无生之

----

① 《释禅波罗蜜次第法门》，《大正藏》第 46 册，第 482 页。
② 同上。
③ 同上。
④ 同上书，第 481 页。
⑤ 《摩诃止观》卷第三下，《大正藏》第 46 册，第 30 页。

心"。"今求心不可得，即一切空。观心无心，观空无空"，四句求心，生灭不可得，亦不得心不生不灭，毕竟空，"当知无生之心不自、不他、不共、不离，无四性。无四性故名性空，性空即无言而言心者，但有名字，名字不在内外，是名相空"。① 在《金刚经疏》中，智者说："心空恒静，诤从何起，……相尽于外，心息于内，内外具寂，何时不静。""不住色香，其心无住。"②

最佳的心态在证得时的表现是离言绝相的，是不可言说与思议的。因为一当思说就不是极境，不是最佳。但又不能不说。因为不表现于言语就不能传道，不能使更多的人进入此境界。只要把言语当作证悟境界的媒介、当作到彼岸的"船筏"，一到即丢，言语道断、心行处灭，即拥有了那最佳的心态。为了进一步明确这一点，有必要从三方面再作分析。

从历时性结构看，（1）这种心态在发心时的表现是，不为生死，不为涅槃，不带求解脱的念头，从而不堕二边，因为有"为"、有"求"就是有心念，心念也就是妄念，有妄念就背离了这种心态。那么这是否意味着，心应生不求解脱之心呢？也不是，这走向了另一极端。若谓有解脱是邪见，若说无则是妄语。正确的态度是，中道解脱观。即不以心知，不以言辩，众生于此不思议，"不缚法中而思想作缚，于无脱法中，而求于脱"。③ 这就是说，正确的发心是保持非缚非脱的态度，即无为心。如果把心调整到这种状态，那么就是发心的最佳状态。（2）修习时，为福德故，不住无为，因为要有最佳的心态必须有一定的福德作基础。而要有福德，就不能无为，而必须有为，诸恶莫作，众善奉行。但为智慧故，又要不住有为，即要保持无为心，无念无作，使心如如不动。（3）于禅中发无生忍慧，心与法性相应，不著生死，不染涅槃，无相、无念。（4）从禅起时，随对众境心如一如常，不依有无二

----

① 《摩诃止观》卷第三下，《大正藏》第46册，卷第五下，第64—65页。
② 《金刚经疏》，《大正藏》第33册，第76页。
③ 《摩诃止观》卷第一下，《大正藏》第46册，第8—9页。

边。也就是说在禅定以外的一切时间、处所，一切活动中，把禅定的精神延续下去，无住、无念、无相。这倒不是说，不去接触任何东西，彻底把自己封闭在真空、虚空中，与世隔绝、孤往逃世。这是人所无法做到的，也没有必要如此，发了菩提心的人也不应如此，因为他们肩负有入世关怀、解救众生的重任。正确的态度是，"对众境心常"，亦即对任何境不分别，一视同仁，都视为"我"本身，自他不二，依正不二，同体大悲，永远把心灵保持在无为、中观、寂静、纯净、无散乱、无染着、慈悯的状态，如如不动，常一不变。如果是这样，就不会有对违情的东西的厌弃、憎恨，不会有对顺情的东西的执著，穷追不舍，当然也就不会有求不得的问题及其烦恼，更不会有失去时的痛苦和乐极生悲。有这种永远如一如常的心态，就会做到"八风吹不动，端坐紫金莲"，即在苦乐、利衰、毁誉、称讥等八风或各种违顺、适意不适意的环境下，永保其常乐我净、大智大慧之心。

从共时性结构看，这种心态并不是八识构成的心之外的什么特殊的心，而仍然有八识作为其体，只不过作为其体的是无漏八识，而不是凡夫的有漏八识。这里的识不是凡夫的低层次的识，而是升华为智的识。如有漏的第八识在这里已转化成了这样的心，即离我、离我执及一切能取、所取的分别，于一切境、一切相，不愚不妄、性相清净，为一切纯净圆满色心现行功德所依，任持一切种子功德，不会再熏习、执藏有漏的名言、业种子，也不会有这些种子的现起。第七识末那识（实即自我意识）转化成了这样的心，即无我痴、我见、我慢、我执，把一切诸法看作是平等不二的存在，因此原先的小我已升华为包容了自他、依正乃至全部宇宙的大我。有这等心境、胸怀，还会有不平静、烦恼吗？有漏第六识即意识转化成了妙观察智，眼耳鼻舌身五识转化成了示现种种无数不可思议的变化三业，成就本愿力所应做之事的智能。总之，最佳的心态就是大慈悲心、无为心、平等心、无染着心、无杂乱心、无见取心，或者说，三观、三谛、三智、三千圆摄于一体的圆融无碍之心。

从这种最佳的心态与对立的心态，如痴迷、染着、分别、见取、有漏、有为、我执、我慢、散乱等心态的关系看，它不在它们之外，而就在它们之中，与它们不一不异，因为前者是从后者转化而来的，即是转迷为悟、转识成智、转有漏为无漏、转散乱为不散乱、转无常为常的结果。简言之，它们是体用不二的关系。正是在这个意义上，智者反复强调：烦恼即菩提，生死即涅槃，贪瞋痴疑慢都是道。

怎样让心有这样的安顿，或怎样把心调谐到这样的状态中呢？智者指出：要善巧安心。

四　善巧安心①

心与身一样，总是要有所寄托的。身要么坐在椅子上，要么站在地上，要么睡在床上，不可能永远悬在空中。心亦如此，如不倚于一个对象或基质之上，人就会产生空虚、无聊之类的感觉。当然如果寄托在一个靠不住或有害的东西之上，那么心又会进入一种更加令人不安的状态。在此意义上，当然可以说，安身立命、安顿心灵是人生哲学理论和实践的头等大事。智者也认识到了这一点，因此强调要善巧安心。

善巧安心的基本前提就是要有信（即信仰三宝，相信有"非有漏非无漏"这样的最佳心态及其证得的可能性、现实性）、有誓愿，有行动。在此基础上，一是要搞清安心于何处。智者通过自己的丰富的人生实践和艰深的理论探讨得出的结论是：其他一切尽管可成为安心之所，但都不可靠甚至有害，唯独法性是唯一最好的选择。二是要知安心的种种善巧方法。所谓善巧安心就是安于法性。所谓法性就是真如，就是实相，就是万事万物本身，也就是我们的真心本身。当痴迷时，这颗心、这法性就表现为妄心、无明，当觉起时，它就表现为真如、真心。法性与无明、真心与妄心并不是两颗心，而就是同一的东西，不一不异，两者的出现取决于是觉还是

---

① 《摩诃止观》卷第五上，《大正藏》第 46 册，第 56—59 页。

迷，就像冰和水的关系一样，寒冷时，水表现为冰，寒冷消逝后就是水，两者不一不异。总之，心与法性同，或者说安心于法性就是解脱，是妙乐，反之就是苦。怎样才能安心于法性呢？

　　归元无二路，只有一心地法门，但一心地法门又有许多方便之门，佛针对八万四千烦恼所开示的八万四千法门，门门都是安心的善巧方法。智者在不同的论著中根据不同条件，针对不同对象，结合自己的修行实践，具体阐发了许多各具特色、方便易行的操作方法。如在《释禅波罗蜜次第法门》中，智者说明了五种安心方法，一是用数息等方法"随便宜"安心。第二种安心方法是"随对治成就安心"，如用不净观对治贪欲、不善法、障法，从而达到安心的目的。第三是"随乐欲安心"，即随行者的兴趣爱好，选择适当的"诸禅三昧"，以调适自己的心态，使之安于其上。① 《摩诃止观》把它称作"随乐欲自行安心"，并作了更深入、细致的发挥。所谓"乐欲"，就是不同的人的不同爱好、念想、需要。人们可根据不同的乐欲采取不同的安心方法，如"若欲息妄，令念想寂然，是乐法行。若乐听开彻无明底，是乐信行。乐寂者，如妄从心出，息心则众妄皆静。若欲照知，须知心原，心原不二则一切诸法皆同虚空。是为随乐欲自行安心。"② 第四是"随次第安心"，即按从浅至深的顺序安顿自己的心理，如先修数息，接着修随息，进而观息，再进到不净观，直至观心性，入九种大禅等。最后是"随第一义安心"，在善根发、对治除障等工作做完后，就可随便选一法门易悟之处，以之为安心之本，由此而入圣道。因为"泥洹真法宝，众生种种门入"。③

　　智者基于自己的修行实践和对佛教的会通，对止观法门情有独钟，因此在论述善巧安心的方法时自然格外重视止观。一般而言，所谓止就是以法性系法性，以法性念法性，常是法性，无不法性，

----

① 《释禅波罗蜜》（单），第116页。
② 《摩诃止观》卷第五上，《大正藏》第46册，第58页。
③ 《释禅波罗蜜》（单），第117页。

不得妄想，亦不得法性，还源反本，法界具寂，一切流转、心念、意识流皆止。所谓观就是观察无明之心，上等于法性，本来皆空，下等于一切妄想，善恶皆如虚空，无二无别，介尔念起，所念念者无不即空，空亦不可得，"法界洞朗，咸皆大明"。如果观心如是，安于心灵的灵明空寂，如如不动，以不动智照于心灵或法性，那么就是安、就是乐，也就是止安。而止安也就是不动于法性相应，亦即是观空。

止观有无穷的妙用，无限的功能作用。概而言之，这种作用就是"止心一处，无事不办"，"意若一者，何事不办"？如果止心一处，即安于法性，与整个世界的实相、法性融为一体，圆融无碍，那么苦集便得一，便不再生死轮回，当然也就不会堕入恶道。如果意若一得，无明也就得一，不至于行，乃至不至于老死，摧折大树，毕故不造新。六蔽得一则度达彼岸，唯此为快。

止心一处、安心于法性，为什么具有如此功能？根本原因就在于：止是法界平正良田，何法不备，止舍攀缘即是檀，止体非恶即是戒，止体不动即是忍，止无间杂即是精进，止则决定即是禅，止法亦无，无止者亦无即是慧，因此会非止非不止便是方便，一止一切止即是愿，止止爱、止止见即是力，此止如佛止，无二无别即是智，止具一切法即是秘藏，但安于止，何用别修诸法。也就是说，佛对不同众生所说的八万四千种法门，以及戒定慧三学、显密二种修法，三十七助道品等一切成佛的要件，达于解脱彼岸的法门等等，无不包摄于这一止法中。

那么怎样具体地正确地去修止观呢？智者大师在《摩诃止观》和《童蒙止观》等论著中从不同的方面对不同的人讲述了止观的不同修法。由于下一部分，我们要较全面地分析止观，因此这里只谈谈安心中所用的止观方法。

从对象上说，修止观的人大致有两类，一是信行人，即因闻而入的人，二是法行人，即因思而入的人。

首先对信行的人，智者大师说了四种以止安心的方法和四种以观安心的方法。如第一种是"随乐欲以止安心"，意即针对人们有乐欲这一事实，教人们怎样得到真正的快乐，这就是要息心达本、以一其意。只有这样才可"无事不办"，无上的快乐当然也存在于此"办理"之中。第二种是"随便宜以止安心"。这种方法就是告诫学人要针对人心常散逸的特点，闲林一意，内不出，外不入，静云兴也，发诸禅定，进而眼智、明觉、信忍、顺忍、无生、寂灭，乃至无上菩提悉皆克获。第三种"对治以止安心"，就是针对散心不止，教人应"睫近霄远，俱皆不见"，"空色朗然"，让一切"皆了"，让大定静狂逸，止破散，直至虚妄灭尽。第四种是"随第一义以止安心"，即当心处定时，进一步去认识世间生灭法相、出世间不生不灭法相，追本溯源，彻见宇宙实相，得一切种智，直至止安。

四种以观安心的方法分别是：第一，"随乐欲以观安心"。此法就是教人从求乐出发，进而以善攻恶乐，求取最乐、甘露乐，知道非道，直至安于法性。第二，"随便宜以观安心"。人们在生活中有许多事情要做，行往生卧，衣食住行等。在从事这些活动时，通过行无观智，观一切毕竟空寂，直至心安于法性。第三，"对治以观安心"。就是用智慧照破无明，对治一切妄心，观诸法皆空，直达心安。第四，"第一义以观安心"。就是用智慧眼观诸法实相，以达心安。

对法行人说的四种以止安心和四种以观安心的方法在名称上与前述对信行人说的方法是一样的，在内容上也没有太大差别，无非是告诫人们怎样用般若智慧将散乱的心停下来，制心一处，不内寻、不外求，在此基础上，观所观境和能观心无不毕竟空寂，以进入一种平和、安宁、清净的心灵状态。

最后，智者大师还进一步从止观、三谛与安心的关系说明了安心的实质。在大师看来，所谓安心，就是用止观将心安于圆融的三谛，让心不执著于顽空、假有，而定于空、假、中三者的完美统一，让心灵处于一种无挂无碍、圆融自在的境地。他说："若离三谛，无安心处；若离止观，无安心法；若心安于谛，一句具足。"也就是说，三谛是心的最佳的所观境，是心的最理想的寄生、依托之地。使心与三谛相契合，就是让心安于法性，也就是让心灵处在最佳的状态。而让心进入此状态，安心于三谛，唯一的方法就是止观。因此善巧安心也就是以止观安心于三谛。还应指出的是：安心的问题就是如何住心的问题，亦即《金刚经》所说的"云何降伏其心"这一关键问题。对此问题，智者的回答与禅宗的回答不谋而合。智者的一贯看法是：安心就是要入理、住理，故云入理般若名为住。而住理就是住实相或入实相，即以无住法住于妙理。

五　于一念心中求解脱

如前所述，心是体、宗、用，要得解脱，必须于心中求。根据一念三千说和互具论，一念具足一切念、一切法，因此求解脱的具体心理操作就是要从我做起，从现在做起，从当下任何一念心做起。具体而言之，随挑一念进行一心三观。通过谛观，知念非念，知法非法，法无有我，但有名字。再进一步，知名无名。果能如此，当下便至涅槃解脱之境。①

于一念心中求解脱的过程其实是一体两面的过程，即既发（让理显发）又破（破妄念）的过程。这就是说，任何"称理"的心理操作都是至涅槃的过程，此过程从否定方面说即是破执著、除烦恼、无明的过程，从肯定的方面说即是至安乐、得解脱的过程，故也可称作"安乐行"。智者说：安乐行"是如来之行"，②亦即是至涅槃之道。③ 而此安乐行不外有三种形式。一止行："三业柔和，违进具寂，即是体法身行"，二观行，"一实相慧、无分别光，即体般若行"，三慈悲行："四弘誓愿度一切，即体解脱行"。④

每一安乐行又可分为身安乐行和心安乐行两种形式。这样一

---

① 《法华玄义》卷第七上，《大正藏》第33册，第763页。
② 《法华文句》（合），第352页。
③ 同上书，第326页。
④ 同上。

来，身有三安乐行，即身有止行离过，即成断德，身有观行无著，即有智德，身有慈悲利他，即有恩德。心的三种安乐行可如此类推，即心有止行离过，即成断德，心有观行无著，即成智德，心有慈悲利他，即有恩德。

只要如理如法地进行安乐行的操作，那么就会同时收到既发又破的双重效用。"发"指众生每一心念本具的谛理通过心理操作得到逐渐显发的过程。如前所述，智者认为，心是理本、语本和行本。但由于无明烦恼的遮蔽，这些本被压抑在现象之后，以致只是作为潜在的形式存在。安乐行的过程就是让其显发的过程。一般来说，此过程即"微发"或逐渐显现的过程。"初刹那心微微而有，次心若存若亡，次渐增长，后则决定。畅心而发口，是语微发，初心习行，行犹微弱，次少树立，后成大行，即行微发。"要让谛理显发，必须借助四摄六度尤其是观心之类的法门，"初观心，不见心理"，再进一步修持，进至相似真实，然后才有"理微发"。此微发的过程同时又是破除无明烦恼的过程。因为修持的过程就如同搬去压在泉眼上的石块的过程一样，石块一经移去，泉水即会涌出。同理，"心具诸法，障故不流"，若观心明澈，"念念相续，翻六蔽成六度，摄一切行，是行涌泉"，再进一步修持，便会"理水澄清，滔滔无竭"，此即是理涌泉，或者说，众生本具的理体像移去了压在泉眼上的石头一样奔腾而出。①

在进行安乐行的心理操作时，首先要做到的是"深心信解"。什么是"深心"，怎样才能做到"深心"？智者依圆教原则作了回答："于本地圆门，仍具五法，方乃断惑，一者闻远生信，二者深心穷理不二，三者直心，直谓始终一揆，四者多闻，五者为他解说。"② 最重要的还是心理操作，例如要直心，即让心始终如一，不动不变，不退不出。这既是目的、境界，又是心理探作，即让心在面对任何逆顺之境时平等不二。果能如此，不仅得见诸佛，而且

---

① 《法华玄义》卷第八上，《大正藏》第 33 册，第 778 页。
② 《法华文句》（合），第 393 页。

本身就是佛。而要如此，又要听闻佛法，深信不疑，还要努力得佛知见，深心穷理不二。

要行安乐行，必须与贪瞋痴作斗争。因为它们是一切烦恼中的根本烦恼。而要如此，又要勇敢断除嫉谄。因为要出生死，二乘先得除贪欲，而菩萨则应先除瞋见。而要如此，应先除谄嫉，因为"嫉是瞋垢，谄是见垢。嫉忌违慈悲之心，非化他之法，谄诳乖智慧之道，非自行之法"。①

要断除烦恼，必须追根溯源，只有断其根源，才能彻断烦恼。佛教的目的是使一切众生获得彻底解脱。要如此，就要知众生的现状。众生生存的现状是苦，亦是没有自由，身心背负着难以承受的重担，牵挂累缚，烦恼不尽。要使众生获解脱，必须拔苦、去累缚烦恼，而要如此，必须知烦恼的表现及根源。为此智者依经附论，对烦恼作了专门的梳理和分析，如根据不同标准把各种烦恼概括在一起，并予以分类。然后追溯其根源。在智者看来，诸烦恼的总根源是见惑这一烦恼。其特点是迷理，即不知世界真实，以假为实，以不可靠的东西为可靠，以非基础为人生的基础，以根本无乐可言的境界为理想境界。结果陷入无穷无尽的烦恼，受诸苦之煎熬，流转六道。智者说："三漏、四流、四缚、八邪、八倒、九结、十缠、乃至五百烦恼、八万四千诸尘劳门及恒沙等数烦恼皆从见爱九十八使。"② 而见爱九十八烦恼又根源于"邪心观理"，即于假实之理，情迷而倒想邪求，随见偏理，妄执为实。有此知见上的烦恼便派生或润生出其他一切烦恼。③ 所谓爱烦恼，即"贪染之心"。由于迷惑，"对一切事境，染着缠绵"。④ 因此要断除烦恼，根本的方法一是证悟谛理，让迷失的理显现、"回家"，二是顺理而行或"称理而行"。而称理而行，最重要的是以般若空智予以谛观。因为烦恼众多，但体性无殊。从事上说，"此科目虽数有多少，而同

----

① 《法华文句》（合），第 340 页。
② 《法界次第初门》卷上之上，《大正藏》第 46 册，第 69 页。
③ 同上书，第 667 页。
④ 同上。

是烦恼润生之力，体无殊别"，都有逼乱众生心神的不利作用，但如果用般若智予以谛观，那么烦恼即菩提，即是入涅槃之门，甚至就是涅槃。可见，般若谛观是浪子回头、离家游子的回归之路。

要于心中求解脱，必须常持不轻慢心，如对有德之人，应起法师之想。智者说："有化训德，皆众生师，应起法师之想，忽言其短也。"① 即使是对一般的众生，也应像常不轻菩萨一样，相信众生该能成佛，故不轻视。智者说："此菩萨知众生有佛性，不敢轻之，"此佛性定当成果，故无理轻视。心不轻也有多种操作方法，如"内怀不轻之解，外敬不轻之境，身立不轻之行，口宣不轻之教，人作不轻之目"。②

再次，要常存忏悔之心，尤其是尽可能存理忏悔之心，智者认为，忏悔很多，共有十种，但种种皆不离心。智者说："是为十种忏悔，顺涅槃道，逆生死流，能灭四种五逆之过，若不解此心，全不识是非。"③ 第十种忏悔即最高的忏悔，就是以空心忏悔，或理忏悔。智者说："十观罪性空者。了达贪瞋痴之心皆是寂静门。何以故，贪瞋若起在何处住，知此贪瞋住于妄念，妄念住于颠倒，颠倒住于身见，身见位于我见，我见则无住处。十方谛求，我不可得。我心自空，罪福无主。""一切诸心皆是寂静灭。"④

消灾避难是每个人都有的愿望。而要如此，也要靠适当的心理操作。智者说："内无过，则外难不生，如无臭物，蝇则不来。"⑤ 这就是说，要想没有外难、灾祸，最重要的是要内无过，即心住于直心状态。

总之，安乐行法既是至涅槃的坦途，又是为人处世的态度，因此应贯穿于生活的自始至终。在生活中行安乐行，在安乐行中生活。如精进坐禅，诵经修道，舍生死向涅槃路，不称他短，不说己

① 《法华文句》（合），第341页。
② 同上书，第411页。
③ 《摩诃止观》卷第四上，《大正藏》第46册，第40页。
④ 《摩诃止观》卷第三下，《大正藏》第46册，第30页。
⑤ 《法华文句》（合），第339页。

长，谦下卑逊，不自憍高，衣食知足，头陀精进，不放逸行，心不
弛散，于一切众生起慈悲心，不生怨嫌之心，不认为有人有事妨害
了我，不把别人看得很卑劣。行安乐行的人贵在对一切持平等不二
之心，并将这颗心始终贯穿在一切言语和行为之中。①

---

① 《法华文句》（合），第338页。

第十一章

有道即富贵　无为是大乐

——智者的幸福观与财富观

从前面的叙述和分析中，人们大概会提出一些疑问，例如（1）智者强调"一切世间不可乐想"，人生从始至终无有乐处，这是否意味着智者是一个消极悲观、极度厌世的人？是否意味着智者倡导悲观主义、厌世主义？（2）智者认为，世间不可乐想，是否表明智者否认世间有乐可求，主张人永远都得不到快乐，因此没有什么值得追求、只能永远沉沦苦海、无有出期？是否意味着智者倡导苦行主义？（3）智者主张人生痛苦的重要根源是贪欲，因此是否可以得出结论说，欲望自始至终就是洪水猛兽，人要得到解脱，就只有绝情去欲，做一个禁欲主义者？（4）既然从物质财富中产生的乐受本身也是苦受，是否等于说智者主张贫穷、反对富足，倡导一种没有任何物质基础的、虚无缥缈的乌托邦式的幸福观、快乐观、解脱观？这些问题的出现是自然的、合乎逻辑的。就佛教的一般解脱理论而言，欲望、财富、苦乐等也是不可逾越和回避的课题。因此我们有必要考察一下智者对这些问题的看法。

一　厌世者"岂可论道"？

这里所说的道既指宇宙人生的实相、本来面目或理（真理），又指人的解脱之道。智者认为：悲观厌世的人是没有资格谈论人生的本质、价值、人的解脱之道的。他在《摩诃止观》中说："设厌世者玩下劣乘，攀附枝叶，狗狎作务，敬猕猴为帝释，宗瓦砾是明珠，此黑暗人岂可论道？"悲观厌世之人的特点是迷失了生存的根本、要害，攀枝附叶，该看重的不看重，不该看重的反刮目相看，对细枝末节的事情像狗一样表现出格外亲昵的态度，把瓦砾当作明珠，因此是颠倒黑白的黑暗人。① 通常把厌世者与出家人相提并论，其实是大错特错。因为厌世之人看不到人的解脱、人离苦得乐的可能性、可行性，更不知道出期和通向解脱的康庄大道，生活在愚昧无知、漆黑一团的世界，是名副其实的"黑暗之人"。这些人有时从一些论著中找一些只言片语，附庸风雅、"攀枝附叶"，宣扬人无有出期，无法救赎，实质上是"狗狎作务"，"玩下劣乘"，自以为高明，实际上是"敬猕猴为帝释，宗瓦砾是明珠"。而出家人包括智者在内则恰恰相反，他们是绝对的乐观主义者，不仅相信人类最终可以离苦得乐，"得真法免苦"，能由此岸无可乐想的世界进到绝对美满、自由自在的极乐世界，甚至可以"得真法富贵"，得"富乐"，② 而且坚信只要有正见、有般若智慧，依法修持，精进不懈，乐观向前，每个人都可得当下的觉悟和解脱，现证涅槃。因为一方面，一个人对前途失去信心、把世界看得一团漆黑，没有勇气、没有乐观豁达的心态，就不可能去寻求解脱，也没有这样的动力；只有充满大信心，发大誓愿，有百折不挠、乐观进取的精神，才有可能度达解脱的彼岸。另一方面，人的解脱就在于认识、把握、证悟宇宙人生的实相之境，一旦有了这样的认识及相应的智慧，人就拥有了世界上最珍贵的、无价的财富，从而成为最富贵的人。而有此财富，人就有了进入解脱境界的资本，此即"有道即富贵"的含义。因为西方极乐世界不离方寸，即就在己心之中，"实相之境非佛、天人所作，本自有之。"③ 因此解脱的现实性就存在于自己的举手投足、一言一行之中。正像自己此时此刻的

----

① 《摩诃止观》卷第五上，《大正藏》第 46 册，第 49 页。
② 《观心论》，《大正藏》第 46 册，第 585 页。
③ 《法华玄义》卷第二下，《大正藏》第 33 册，第 698 页。

苦难现实是由自己过去的行为、业力所决定的一样，自己未来的苦与乐、受缚与解脱，被宰制与自在完全操纵在自己现在的言行中。解脱的得到，不是救世主（压根就没有救世主）的恩赐，也不是从等靠要中而来，更不会由运气、机遇所决定，而要靠自己的努力。一言以蔽之，"命由己立"。因此学佛求道之人不是厌世者，智者强调世间不可乐想也不等于说他宣扬悲观主义。他的人生哲学里里外外洋溢着一个令人振奋的主旋律，那就是：命由己立、乐观进取。

二　寂灭为乐

智者强调世间不可乐想，是指愚痴无明的众生所生存的世间时时处处皆苦，而不是说世间绝对没有快乐可言，人注定只能受苦受难、了无出期，只能去做苦行主义者。恰恰相反，人类不仅有摆脱苦难、得到快乐的可能性，而且还有这样的现实性，即不需要到此世间以外、到烦恼和生死以外去求，在当下就能得到快乐。不仅如此，智者所理解的快乐种类和范围远远超出一般人的体验和追求。一般人所追求的快乐不外是由财、色、名、食、睡、权、利等引起的感性愉悦。在他们看来，快乐的源泉在外物中，因而就有了对金钱、权力等的崇拜、追逐和求取。而在智者看来，快乐的源泉不仅在外界物质事物中，快乐的形式也不只是常见的那些与感性满足相关的种类，而且人自己的心也是源泉之一，里面蕴涵着各种各样、不同层次乃至最高层次的喜乐，例如人们通过特定的程序在自己心中就可以得到无条件的、无代价的、不掺杂烦恼的、纯粹永恒绝对的快乐。智者大师的人生哲学正是要向人们展示这些快乐的新天地、"新大陆"，并告诉人们如何在灭除痛苦烦恼的同时，得到这些大乐大喜。因此智者人生哲学的基本精神与人的基本需要、与人性的内在本质是一致的，在此意义上可以说它是人道主义的、现实主义的。不同只是在于，智者对真正值得人追求的快乐以及如何得到它们的理解不同于常识的见解罢了。

什么是乐呢？智者对乐的理解是："乐即无苦，名为解脱，三德高广具足。"① 乐的标志是，一无苦，即无痛苦、不掺杂烦恼，二解脱，所谓解即无缚，脱即自在，三是法身、解脱、般若三德具足。智者认为：把世人所贪著、珍视的快乐也算在内，快乐的范围和种类大致说来不外是：外在的世间乐和内在的禅悦法乐。前者是外在的五尘即色声香味触与我们身上的五根即眼耳鼻舌身五种感官相对应、相连接而产生的，或者说是财、色、名、食、睡、权势等满足了人相应的感性欲望后所出现的心理感受，如美妙的颜色（图画、美女）等刺激眼睛，满足了人的视感官执著美色的欲求，因此人内心就得到了愉悦的体验。其他感性快乐可如此类推。这类快乐的主要基础或来源在外部事物，因为没有外物色声香味的刺激就没有相应的快乐，没有财色名食睡就没有占有这些东西之后的那些满足感、快乐感。正因为如此，一些人便顺理成章地形成了这样的苦乐观、解脱观，即苦就是金钱、名利、奴仆、权力等的匮乏，乐就是对这些东西的占有，财富越多、金钱（能换来所需的任何物质）越多就越幸福，快乐与否、幸福与否，其决定因素在于财色名食睡利势等。基于此，人们便拼命地纵欲，不择手段地去追寻占有，疯狂地消费物质，出入高级宾馆，浸泡在酒吧舞厅。简言之，耽于声色口腹之乐，以为这样，人就可离苦得乐，获得解脱自在。智者非但不否认从物质中取得的乐是乐，还强调：在劝世度人，帮助众生获得解脱、成就佛道的一定阶段要尊重人对这些快乐的追求，例如就像对于身在火宅中的那些人，你要引导他速出火宅，你就不能突然一下子叫他们放弃他们的"乐著嬉戏"，而应循循善诱，根据他们只有对可见可触之乐的追求的心理和实际，用羊车、鹿车、牛车等可产生及时快乐的度化工具引导他们。唯其如此，才能如愿以偿。不过，人要实现彻底的解脱，就不能执著沉湎于感性的享受。一方面，它们会妨碍人们得到真正的快乐与解脱，另一方面，这些快乐是"有漏的"，所谓"漏"就是烦恼，意即这

---

① 《法华文句》（合），第164页。

些快乐本身充满、夹杂着烦恼，因为你得到它们不容易，常常是建立在自己和他人的痛苦的基础之上的，在得到了它们并由之而产生喜乐时，你同时也就产生了担心别人掠夺、甚至谋害你的恐惧，以及其他种种人我是非，与他人、家人的矛盾纠葛。当你掌握了朝思暮想的权力时，你便同时有了担心它失去的忧虑。有道是，权力是过眼烟云，只能得势于一时，不能得势于永远。而一当它真的失去时，你将蒙受沉重的打击，长期处在一种失落、隐痛、伤心的心境中。因此，从终极本质上看，世俗的快乐实际上是苦。或者准确地说，"乐少苦多、虚诳不实，是失是轻。"①

　　除了外在的快乐之外，世界上还有广大的、无边无际的、层次和形式极多的喜乐领地，这就是人的心。这些快乐尽管离不开一定的客观物质环境，如要得到禅乐，需要修禅的必备的条件，如衣食具足，清静的居所等。但是，它们不是由物质的刺激所引起的，而是通过建构自己的心理结构，调整自己的心态，改造自己的人性而得到的，因此与外物没有直接的关系，是一种发源于自心的快乐。心本身是其直接源泉。这样的喜乐一般的人很少或几乎没有领略过，但它们的存在和多种多样的形式则是不容否认的。爱好思维创作的人可以间接地推知这种快乐。演奏家、指挥家等进入艺术表演过程所得到的心灵享受也有助于理解这种快乐形式。既然进行一般的创作、表演、思维时能伴有乐趣，那么作为"思维修"的禅定给人以乐趣应是不成问题的。属于禅悦法乐的快乐的种类极其多，如我们对一百思不得其解的疑团，某一天突然有了悟解，此时便能得到一种高级的、无法言说的喜悦。同样，对佛法的理解也能产生这类快乐。"以内解在心，名意喜也。喜动于形，名踊跃，即身喜也。从妙人，闻妙法，得妙解，三业具喜也。" "意泰然而得安隐。"② 总之，从听闻、谈论、悟解、思维佛法中我们能得到身口意三喜。从修持禅定中也能得到高低层次不同的喜乐，如从四禅四

① 《童蒙止观校释》，中华书局1988年，第26页。
② 《法华文句》（合），第129—130页。

定中就能分别得到不同层次的快乐。修实相禅能得净妙之乐。《法华经》云："悉与诸佛禅定解脱等娱乐之具，皆是一相一种，圣所称欢，能生净妙第一之乐。"智者在逐字逐句注疏该经的著作《法华文句》中说：一相即实相，一种是种智般若德，认识、把握、证悟此实相无相无不相之理，得认识一切种类的事物的智慧，就能生净妙之乐。① 最高的快乐当然是伴随着证得涅槃境界时所发生的快乐。在此意义上可以说"寂灭为乐"。这种乐也有不同的层次，第一，"生灭灭已，寂灭为乐。"也就是说，进入了一种寂灭无为的境界并最终灰身灭智，就进入了这种快乐境界。这是小乘所追求的最高快乐。第二，大乘圆教追求的比这高："即于生灭，仍是寂灭，不待灭已，方称为乐，是为圆教佛界相性。"可见，在智者大师看来，寂灭、真正的快乐并不在现实生活之外，并不是逃避现实生活、灰身灭智才有快乐。在人的现实生活中，即不是在"灭已"之后，也可得寂灭之乐。在一切环境、内外各种缘中，都使心如如不动，保持一种无为、无念、无住的心态，使心与一切圆融无碍，这就是最高的快乐。在此意义上，智者说："有道即真实，无为是富乐"，"常知心眼开，得入清凉地。"②

不仅修持佛法能使自己现得快乐，而且能使众生离苦得乐。例如修"慈心定"、"四无量心"就能如此。所谓"慈心定"就是发大慈心，"慈"即与乐，发大慈心就是抱这样的心态和愿望：无缘大慈，恩怨等同，不管是亲人还是非亲人，不管是恩人还是仇敌，都使其同得快乐。然后由慈熏定，定发转深，因此慈定即发根本，结果就使一切众生得乐，无怨无恼，欢心、称心、适意，或得人中乐，或得天中乐。所谓"四无量心"，就是四种特定的心态和愿望。"无量"的意思是：普缘无量众生，引无量之福。第一无量心就是慈无量心，即给众生以喜乐的心，第二是为众生拔除苦痛烦恼的悲无量心，第三是见众生离苦得乐后所生的庆悦之心，第四是舍

---

① 《法华文句》（合），第 164 页。
② 《观心论》，《大正藏》第 46 册，第 585 页。

怨亲分别、不贪着己乐、抱无为心态的舍无量心。如果每个人时刻都抱着这样的心态去接人待物，去从事各种工作，那么不仅自己时刻处在愉悦的心境中，每个人也都如此。如果是这样，我们的世界将会变得多么美好呀！

最后还应注意的是，智者倡导的快乐、大乐是以空慧为基础或建立在空悲双运基础上的大乐。世界诸法一如一体，无能乐之主体，亦无所乐之对象，乐而无乐，无乐而乐。此乐是安心于实相的一种状态，不可言说，不可思议，玄妙至极。而有此体，必有慈悲、智慧、解脱等妙用显发，必有智德、断德、恩德显现，亦即能令一切有情同得法乐。以地狱的救度为例。菩萨的大慈大悲体现在一切方面，只要是有情，都要予以救度。生在地狱的众生最苦，更应如此。菩萨既要拔他们的苦，又要为他们施乐。这种乐不是一般的乐，菩萨施乐的过程也不是常见的赐福过程，而完全是中道性的。其具体表现是："因缘观慈悲，即空观慈悲，即假观慈悲，即中观慈悲。以因缘观时，悲拔地狱黑业苦。以因缘观时，慈与白业乐。以即空观时，悲拔见思苦，以即空观时，慈与无漏乐，以即假观时，悲拔尘沙苦，以即假观时，慈与道种智乐，以即中观时，悲拔无明苦，以即中观时，慈与法性乐。"①

与苦乐密不可分的是罪福。罪福的形式和层次也很多，最根本和重要的是看生存状态与谛理的关系，如违背谛理即为大罪患，反之则为大福。智者说："罪福之理，非违非顺，违之成罪，顺之成福。如世谛名色及诸质碍，亦非违非顺，若盗之成罪，则有三途恶业，若舍之成福即有三善道业。""菩萨深达中道实相，非违非顺，于违起悲，于顺起慈。若深达到，只是一念心，非违非顺，无三差别。亦是一念慈悲，非前非后。故名真正菩提心也。"在智者看来，要顺理，关键是勿生法爱或法爱不起。因为果如此，"则运任无滞。自然流入清净之地"。"深达罪福究竟无染，故名清净"。②

---

① 《法华玄义》卷第六上，《大正藏》第33册，第749页。
② 《摩诃止观》卷第八下，《大正藏》第46册，第114页。

三　中道欲望观

如前所述，贪欲是人类陷入痛苦烦恼的根源之一，既然如此，从逻辑上说，要进入没有苦、没有烦恼的极乐境界，当然要根除欲望。但问题在于：这是否就可以把智者的人生哲学概括为禁欲主义呢？为了解决这一问题，我们有必要剖析一下智者对欲望的完整看法。

在智者看来：从作用上来说，欲望是人的一切行为的内在根源。而行为多种多样，有追求物质财富、创造器具、获取生活必需品的行为，也有创作文学艺术作品、撰写科学论著的行为，还有修禅入定的活动。这些行为、活动都与欲望有关。由行为的多样性所决定，欲望的种类也是极其多样的，如对财色名食睡的贪欲、对理想目标的向往、憧憬、对事业成功的期望、求知欲、对禅定境界的欲求、对佛法的好乐、普度众生的大誓愿等。它们无疑有层次、利害上的差别，但又必须承认，它们之间存在着共同之处，即在本质上都是对某种对象的心理需要，对某种目的的向往、欲求，对行为都有动力学的意义。既然如此，智者对欲望及其作用就不可能采取简单的否定或肯定的态度。

首先，欲望的形式多种多样，至少有两大类，如邪恶之欲或染欲和求善之欲或净欲。每类之中，又有很多形式。如求理解、知道的欲望，求知欲，自我实现的欲望，乐于助人的欲望，上求佛道下化众生的欲望。智者在论述学习《法华经》的条件时指出：只有具有如下七种净欲，才具备了修习此经的一个条件，如若七众犯戒，欲一弹指顿除百千万亿阿僧祇劫生死之者，欲发菩提心不断烦恼而入涅槃，不离五欲而净诸根，见障外事，欲见分身多空释迦佛者，欲得法华三昧一切语言陀罗尼、入如来室、著如来衣、生如来座、于天龙八部中说法者……可修习此法华经。①

----

① 《摩诃止观》卷第二上，《大正藏》第46册，第14页。

　　其次，基于上述道理，智者并不是不顾条件、对象，绝对地倡导绝情去欲，而是从佛法传播的方式、众生的实际情况出发，善巧灵活地对待欲望，主张在引导众生成就佛道的开始应尊重众生的欲望，不宜突然地教众生抛弃一切欲望。如果这样做将事与愿违，或欲速而不达。在这方面，佛陀为我们做出了榜样。例如佛在引诱众生出"火宅"的时候，一开始并没有叫他们无欲无念，而是充分尊重他们当前的欲求，即根据他们对可直接产生乐趣的、有形可见的东西的贪著和喜爱这一特点，采取相应的化度方法，即用羊车（声闻乘）、鹿车（缘觉乘）之类的方法引他们出火宅，进入解脱之道。智者对"四悉檀"的解释也说明了这一点。所谓"悉檀"意思是成就，即成就众生的成佛之道，帮众生完成解脱、进入涅槃的重任，故也可称为"遍施"。第一是"世界悉檀"，又名欲悉檀，这种成就众生佛道的方法就是从众生的实际出发，"随众生所乐欲"，用适当的方法循循善诱。当众生有了相应的觉悟后，再根据众生机宜用其他三悉檀，逐步使他们产生正信、增长善根。然后针对不同的业障、毛病，采取不同的对治方法，直至帮助众生悟入实相之妙理、得大解脱。① 这说明佛教导众生解脱是循序渐进的，起点、出发点是从现实的人开始，从人的基本需要开始，并不一开始就抛弃、否定人的欲望，而是从尊重人的欲望开始，逐步引导。

　　不仅在化度众生之初要尊重众生的欲求，而且，对欲望因势利导还可在修持成佛的过程中发挥积极的作用。从特定的意义上可以说，顺着欲求走不可能成佛，而完全没有欲望这一动力机制，成佛也是不可能的。因为"欲望"也是成佛的一个条件，是通向目的的一种工具或手段。例如菩萨有贪求佛法的贪欲盖。既然是盖，就会遮蔽、覆盖真如本性，就像乌云遮挡阳光一样，因此必须予以破除。"此盖不破，终不与实相相应"。只有破除欲望，让欲之空性现起，认识到未来欲因、欲果皆不可得，才能证得实相。智者说："横竖求之，毕竟寂静。欲即是空，欲空故。从欲所生一切法亦即

---

① 《摩诃止观》卷第三上，《大正藏》第46册，第54页。

是空，空亦不可得。"① 但另一方面，在初发心至成佛的漫长时间过程中，欲望的存在是客观的，"地地皆有"，即成佛之前的十地或十个阶段、境界均有欲望的存在及作用。甚至佛在特定意义上也有欲望。如《法华文句》说："佛本欲与一切解脱"，② 即有给予一切众生得解脱的欲望。当然这种欲是"无欲之欲"。不仅如此，这种净欲的存在在一定条件下还是必要的、有用的，因为它是去凡成圣的动力之一。③ 鉴于欲望在一定阶段的这种不可偏废的作用，佛陀提出了一个基本主张：一切善法，欲为其本。智者大师当然接受了这一点，并作了具体的阐述，认为：作为善法之本的欲主要指"离世间一切妄想颠倒，得一切诸禅智慧法门"的欲望、志愿、爱好、追求、乐于。智者为这种欲下的定义是"志愿好乐一切诸深法门"。没有这种欲望，善法不可能付诸实施，修行者不可能有克服一切艰难险阻的强大动力，因而不可能勇猛精进地去攀登涅槃之巅。鉴于此，智者把"欲"作为修止观、得解脱的"五方便行"（欲、精进、念、巧慧、一心分明）中的一种。④

贪欲的辩证法还在于：尽管贪欲是苦，但同时又是道。因为进入清净解脱地的入口、始发地不是清凉地，如果是清凉地，就用不着起修了，而是其反面，亦即是充满烦恼、贪欲的一切事处。因此智者常说"贪欲是道"。其次，欲望炽盛是苦，但因势利导又是福，因为"多薪火猛，粪坏生华"。⑤ 另外，解脱、涅槃不在贪欲之外，而就在其内，就是其体性，只要一念心净，贪欲当下即解脱。

欲望在一定阶段不可避免，驾驭利用得好对学佛、入涅槃大有益处，且是动力之一。因为大誓愿、努力精进、向往涅槃是欲望的表现形式。但是又应同时辩证地认识到：有欲必不能解脱，且多欲

----

① 《摩诃止观》卷第四下，《大正藏》第 46 册，第 46 页。
② 《法华文句》（合），第 181 页。
③ 同上书，第 46—47 页。
④ 《童蒙止观校释》，中华书局 1988 年，第 26—27 页。
⑤ 《摩诃止观》卷第四下，《大正藏》第 46 册，第 47 页。

必苦。人的最终目的、理想境界是无欲的涅槃。因此任何欲望在目的实现的一刹那必须从根本上予以铲除，因为：第一，欲及欲望的满足本身就是痛苦："诸欲求时苦，得时多畏怖；失时怀热恼，一切无乐处。" 欲望之满足，本来无乐，犹如"狗嘴啃骨"。"五欲如实，如梦所得"。第二，若心著欲，无由近道。欲望是妨碍人们进入涅槃境界、彻底解脱的障碍、拦路虎。① 第三，人的最理想的境界——涅槃是一种绝对纯净的境界，是无欲的，如偈所云："生死不断绝，贪欲嗜味故"，之所以没有了生脱死，进入涅槃，是因为心中有贪欲，一当觉起，贪欲为慧观所照破，看破醉生梦死的虚幻人生，明白功名利禄是过眼烟云，一切都予放下，不仅放下生死重累、放下金钱财宝以及对它们的欲求，而且放下对涅槃、解脱的欲求，放下普度众生的大誓愿；进而进入这样一种状态或不可思议的境界，即既不有欲求、有誓愿，也不无欲求、无誓愿，又不既有又无，更不非有欲求、誓愿、非无欲求、誓愿，如果这样，那么当下就是涅槃之境："无畏无所欲，是名真涅槃。"② 到这一步，一切分别都消失了；既无所谓纵欲，也不是人为有意地绝情去欲，有欲和无欲的意识都没有了；言语道断，心行处灭，任运自然；无念、无住、无相、无为，但又无不为。因此智者对于欲望的看法既不能与禁欲主义同日而语，更不能划入纵欲主义，而是一种中道欲望观。其特点是同时用俗谛、真谛和中谛的观点观察欲望的本质。智者说："趣即是有"，所谓"趣"即"趣向"，对某事的欲求，而趣"有能趣所趣，故即辩俗谛，欲事不可得即是明空，空中无能趣所趣，故即辩真谛，云何当有趣、非趣，即是辩中道。当知三谛只在一欲事耳。"③

四　"转物"与"被物转"

　　如前所述，感性欲望的满足、财色名食睡等的富有、堆积并不

----

① 《童蒙止观校释》，中华书局 1988 年，第 13 页。
② 同上书，第 11 页。
③ 《摩诃止观》卷第四下，第 46 页。

等于幸福与快乐，这是否意味着智者只赞成舍弃而反对得到、只讲牺牲不讲利益，主张贫穷、否弃富裕，与人类物质文明的发展潮流大异其趣呢？回答是否定的。在智者看来，真正的幸福与快乐，人类的真正解脱不是发源于物质财富，但又不能没有它。智者并不赞成贫穷，相反是重视物质利益的，并没有诋毁物质文明的发展，相反，在他理想的极乐世界中，富足仍是其必要的方面。不过智者强调：不管物质财富充裕到什么程度，人不能成为其奴隶，为其所转。如果为其所转，成为其奴隶，那么众生是绝不会有幸福和解脱的。要成为真正幸福、真得解脱的人，就应成为物的主人，超然物外，也就是要能转物。

　　早在智者之前，佛陀在诸多经典中已明确表达了对于财富、贫穷的完整看法。他告诫众生，教导国王，要积极发展经济，不断提高人民的生活水平，鼓励通过正当、合法的劳动去获取财富。佛教也鼓励大众从事工农业生产及经商贸易，从中获取正当的利益，绝对不提倡贫穷。例如《药师琉璃光如来本愿功德经》讲述了药师如来的十二大愿，其中第三、十一、十二大愿分别是："令诸有情，皆得无尽受用物，莫令众生有所缺少。""我当先以妙饭食，饱足其身。""如其所好，即得种种上妙衣服，亦得一切宝庄严具、华鬘、涂香，鼓乐众伎。"很多佛经里还把衣食丰溢作为福报看待。《杂阿含经》卷第四十八就有"始学工巧业，方便集财物，得彼财物已，当应作四分：一分自食用；二分营业生；余一分藏密，以拟于贫乏"之说。这说明佛教追求的解脱并不是虚无缥缈的精神儿戏，而是有现实物质基础和精神健康完美双重标志的。

　　佛在很多经中还根据人的财富多寡和道德境界高低把人分为三类：一是盲人，其特点是不知道如何获得财富和提升道德境界，二是独眼人，其特点是只关注其中一项，三是有双重能力的双眼人。此外，佛有时还根据人们对财富的态度把人分为：一黑暗人，有两种情况，即既贫穷又无信心，贫穷但有好心肠，二是光明人，其中，有的富有，但无信心，有的既富有又有信心。

　　智者所向往的理想世界——极乐世界中，一点儿也不贫穷，相反，倒是富足到了极点："国名离垢，其工平正，清净严饰，安隐（稳）丰乐，天人炽盛，瑠璃为地，有八交道，黄金为绳，以界其侧，其旁各有七宝行树，常有华果。"对此，智者深信不疑。正因为如此，智者在入灭之际，身口意称念西方三圣：阿弥陀佛、观世音菩萨、大势至菩萨，以求往生西方极乐世界。也正因为如此，智者对上述关于理想世界的描述作了全面的解释和独到的阐发。他认为，这里所说的离垢即净相，平是无高下，正是不偏，安隐等是国土的功用，即能使居住者平静、安详、稳定、快乐地生活，"琉璃"等是描述国土之胜相，说明那里衣食丰饶，世人所孜孜以求的金钱财富在那里应有尽有，并不稀奇，因为地上铺的是琉璃，连黄金也铺到路上去了，可见那里的富足程度。① 真是物质财富像泉水一样涌流，人们可以各取所需。这表明那里的物质文明发展到了极高的层次，连路边铺的、脚下踩的都是贵重得不得了的黄金、玛瑙之类，没有先进的技术、发达的生产力，能有这样的生存环境和条件吗？

智者独创性地提出的"四佛土"说也表明了这一点。佛土是指获得解脱的圣贤、佛菩萨所生活的空间。第一佛土是"同居土"，即凡圣同居之土，有净秽之别，秽土是指凡圣同居的现实娑婆世界。同居净土则是指西方安养土即西方极乐世界，那里安养清净，池流八德，树列七珍，次于涅槃。二是"方便土"，是阿罗汉、辟支佛及地前三贤位菩萨（处在十住、十回向和十行三贤位的菩萨）所居环境。生在此土，不仅衣丰食足，而且由于超越三界之外，已没有一般众生的分段生死，只有变易生死。三是"实报土"，是断无明、证一分中道理的菩萨所居住的地方，它是行真实法所感得的殊胜果报，在那里色心不相妨碍，一多相即。四是"常寂光土"，是全断无明、离分段生死、变易生死之妙觉、究竟果佛所居住的地方。具足下述三德：一常住，即法身或法性本在常住之体，二寂灭，即解脱，意为法性自在应物之用，三光明，即般

----

① 《法华文句》（合），第 137 页。

若，意即法性明了照物之用。这是最高、最美妙、最殊胜之地，是常乐我净、圆满穷极究竟之净土。

对于一般未证圣果的凡夫俗子来说，衣食的丰足也是无可非议的。因为肉体的生存是第一位的。早在佛陀时代，一次佛和弟子在路上碰到一个饿得要死的人，弟子请佛赶快为他说法，而佛则说："他现在最需要的不是佛法，而是一钵饭，快给他饭吃吧！"智者在谈到修行必具的五缘时也把"衣食具足"作为其中之一。强调要有衣"蔽形"，如果可能，还应有不同场合所需的衣服，如大众集会时穿的"僧伽梨"（众聚时衣），安陀会上着的衣服，衬体而穿着的中着衣。三衣之外，还可于诸多生活杂物中保留一物，以备使用。其次，应有必需的食物，这些都是正当的，因为"无此等缘，则心不安隐，于道有妨"。[1]智者还说："身安道隆，道隆则本立。形命及道赖此衣食。故云如来食已得阿耨三菩提。此虽小缘，能办大事。课馁不安，道法焉在？"[2]

就是对一般未皈依三宝的众生，佛教也讲拔苦与乐，因为大乘佛教的基本精神就是"利乐有情"、自利利他，先解放全人类乃至人以外的生物，然后再解放自己。因此要无缘大慈、同体大悲。不仅给一切人以精神上的化导，帮助他们改造人性，重建适宜于彻底解脱的心理结构，构造健康、平和、安详的心态，一点一点地克服无始以来形成的不良习惯和恶业罪障，而且尽可能给予必需的物质利益。智者所理解的利益有四种：一是"世界益"，内外和合，和平安定；二是人益即外物富足；三是对治益，有针对性地帮众生拔除烦恼忧悲；四是第一义益，即应得皆得安住实智、成佛。[3]就做人来说，只有自匠匠地、兼利具足才是真正的圣贤。[4]

如果说在承认衣食丰溢的合理性方面智者的观点与佛教以外的解脱理论对理想社会的描绘没有根本的差别的话，那么智者在物质

----

① 《童蒙止观校释》，中华书局1988年，第6页。
② 《摩诃止观》卷第四上，《大正藏》第46册，第40页。
③ 《法华文句》（合），第130页。
④ 《摩诃止观》卷第五上，《大正藏》第46册，第49页。

财富、利益的取得、占有、享用，财富与解脱的关系等方面的看法
则十分独到。首先，智者反对用暴力的、不正当的形式获取财富，
也不赞成用种种咒术、卜算吉凶的方式、用仰观星宿、日月风雨雷
电的方式获取财物，更否弃用曲媚豪势、通使四方的方式获得衣
食。其次，在财物的占有和使用问题上，智者反对独占，鄙弃不顾
他人利益的奢侈享用，因为财富在本质上不是某一个人的，而是全
体众生乃至整个宇宙的。今生富足的福报是由于前世的不吝啬，广
行布施，如果此生与财富无缘则是以前太小气，不行布施。因此此
生财源滚滚，为了来生依然如此或上升天道直至做佛，就应本着取
之于民、用之于民的原则，广行布施，让众生同得利益。另外，智
者通过对人体的智慧观照，在《摩诃止观》等许多论著中反复告
诫众生：在人体中并没有常一不变的我，人不过是由血、水等元素
组成的和合物，浓血粪尿充盈、污秽不净，无可乐想。因此许多人
不择手段甚至不惜性命劫取财物，以为搬到自己家里就是自己的，
那是极其愚蠢的，以为把山珍海味吃到自己肚里就营养了"我"，
也是傻到了极点，因为再好的东西吃到了嘴里，往下去一无例外地
是同一种东西，国王平民、富翁乞丐绝无分别！最后，尽管人通往
解脱的征程以及最终证得的极乐妙境离不开一定的物质保证，但是
人的最终解脱并不在于：占有财富的数量达到了最大的限度。人的
真正快乐的程度也不与财富成正比。只要有衣穿、有饭吃、有房
住，人就可以进入涅槃妙境，得当下解脱，因为解脱与否，最根本
的是自己的人性、心理结构、心态是否具足成佛的条件，自己的福
德智慧和觉悟是否满足成佛的要求！在终极解脱境界里，尽管科技
发展、物质文明，但它们不是目的而是手段，解脱者不是为物所
转，而是能自由自主地转物。更为重要的是，在将物质作为解脱的
条件之一时，在转物时，如违理地将其视为实有，那么就会着相生
惑。而这是与究竟幸福背道而驰的。因为如前所述，顺理则福，只
有顺理看破一切，包括必不可少的衣食住行，才能真正做到无住、
无念、无相，永保质直清净之心。而此心正是真正幸福的关键之所
在。因此智者强调：修行之人要端正价值观，认识到：世上的事物

无非好丑两类，这两类究其本质均属不净，应予舍弃。"善业端正为好，恶业鄙陋为丑，此二皆于我美者为好，于我恶者为丑，此二皆有智慧为好，皆有愚痴为丑，此二富贵为好，贫贱为丑，如此好丑俱不净。山河国土衣食屋宅，若好若丑俱不净。"①

在论述高层次的得失观时，智者融合释道，指出："庄子云：贵贱苦乐，是非得失，皆其自然。"② 智者认为，道家强调以自然无为的态度对待得与失，尽管有其合理性，但不圆融，远离了中道和因果原则，其结果是"破因"。在智者看来，一切得包括最高的涅槃之得都是一种结果，离不开其在前的原因，如必须努力践行。即便是涅槃之得，尽管住于此境界是自然无为的，是"虚心"的，无欲无念，但它也是一种结果，以六度万行为因。如果在讲得时只讲境界、状态、结果，不讲其所依的条件、原因是无得可言的。

在智者看来，利益不外世间利益和出世间利益，得也是如此。前者是必要的，有用的，应予扩展充实，但又必须认识到，此益此得是有漏的，并不能解决人的根本问题，在享用时，要看清其毕竟空无、了不可得的实质，顺理而行。出世间利益也以令人欢喜为相。智者说："欢喜即利益相。"由于修行境界不同，得利益的层次也不同，如十地是菩萨所进入的十种境界，相对于世间利益来说，尽管殊胜美妙无比，但从根本上说，都不究竟，只能算是"迹中益"。在此之上还有中间权实之益，它们相对于"本益"来说，仍是迹益。最上的是圆实之益，即"本益"。当然从微观的量上看，本益仍有圆满程度上的差别，故说"本亦应有偏圆利益"之差。③ 最究竟的利益就是绝对安心于法性或谛理，言语道断，心行处灭。

智者像一般世间哲学一样，也看到了利害、得失与欲望的关系，同时还承认世俗的利益、得与欲望的满足密切相关，即承认欲

---

① 《摩诃止观》卷第九下，《大正藏》第 46 册，第 124 页。
② 《摩诃止观》卷第十上，《大正藏》第 33 册，第 135 页。
③ 《法华玄义》卷第七下，《大正藏》第 33 册，第 769 页。

望满足了即是利是得，但在分析出世间利益和得时则相反，认为，这些利益的数量、质量和层次与欲望破除的数量和程度成正比关系。例如较低的出世间利益如迹中益、中间权实益都是超出了三界、摆脱了生死轮回的利益。智者说："弃欲界之欲，攀上胜出之妙，即以初禅等为妙。"其特点是：忽玉璧，弃公相，洗耳还牛，自守高志，"常无欲观其妙"。最高的得是得涅槃，而要如此则必须"离欲"。智者说："若言诸苦所因，贪欲为本。若离贪欲即得涅槃。此无三界之欲，此得灭止妙离之妙。"[1] 在智者看来，只要染欲，即使是染于净法、染于涅槃，也都是失，反之无染欲，才是真正的得。

彻底离欲之得之所以是最高的益、最高的得，是因为一当进入了这种境界，人将彻底自由自在、无生无死。而要进至这种境界，又必须以中道立场对待欲望。智者说："富贵不可企求，贫贱不可怨避。生不足欣，死何劳畏。将此虚心，令居贵莫憍，处穷不闷，贪恚心息，安一怀抱。以自然训物，作入理弄引。此其得也。"[2]

总之，真正的得、真正的益是融空假中于一体的中道之得，到达此得、此益的途径也是这种态度。具体而言之，无得之得，以是得无所得，真会空意，真入空境；无所得即是得，真解假意，真入假有或妙有；得无所得皆不可得，双照得和无得，即真解中意，真入中道。[3]

---

①　《摩诃止观》卷第十上，《大正藏》第33册，第135页。
②　《摩诃止观》卷第十上，《大正藏》第46册，第135页。
③　《摩诃止观》卷第六下，《大正藏》第46册，第82页。

第十二章

止观与疾患的自我调治
——解脱的圆顿法门

从上面各章的分析我们知道，人生的最普遍的、第一位的现实是苦、是烦恼，古今中外无有例外。这一点也得到了现当代西方哲学中诸人本主义哲学流派的承认和新的描述与说明。例如存在主义哲学家认为：人的现实或人在任何特定时空中的具体的存在就是人生活在孤独、苦闷、焦虑、烦恼甚至面临绝境、死亡等状态之下，并实实在在地有着对这些状态的感受和体验。换言之，畏惧、烦恼、焦虑、死亡就是人的现实存在的形式。所谓畏惧就是指孤独个人面对与他为敌的世界以及使之遭到遗弃、沉沦的社会而产生的一种茫然失措的情绪状态。所谓烦恼就是人在做决定、在行动中面对自己沉重的负担和责任而出现的情绪。由于自由选择是人的存在，人要存在就免不了选择、决定和行动，而有这些就有烦恼。所谓绝望就是人在行动时面对复杂可能性表现出的没有希望的状态。死亡是人的存在的最高的可能性，只有面临死亡才能懂得自己不同于他人，懂得自己的存在及其意义。总之，随着生产力的发展，"人已变成了三重（与自然界、与其他人、与自己）异化的人"，越来越严重地受到自己所创造的物质、社会和精神产品的奴役，成为它们的附庸，以至于"完全失去了人性……被他的社会和经济职能所吞没"。[①] 尽管现代科技高速发展，创造了原人、古人想都不敢想

---

① 巴雷特等著：《自我和本能》，纽约，1971 年英文本，第 464 页。

的物质文明，从而使我们的肉体的感性需要得到了以前所无可比拟的满足，自然的和人工的消费品使人得到了在量和质上都远远超过前人的声色口腹之乐，但无论是从质上还是从量上来说，人类的烦恼和苦难都没有减轻，相反是与日俱增，因为物质文明在让我们享受的同时也给我们带来了许许多多新的困惑和烦恼，如环境污染、水土流失、可耕地减少、生态失衡、臭氧层破坏，以及商品交换原则渗透到社会生活的各个领域尤其是人际关系中所产生的种种麻烦和新问题。人是有思维能力、不满足现状的智慧动物，有痛苦烦恼就一定会设法予以摆脱，以便过上真正幸福美好的生活。毫无疑问，这过去是现在是将来仍然是人们的追求与向往。

如前所述，人有离苦得乐、获得彻底解脱的可能性，而且有让此可能性变成现实的许多有利条件，如人有佛性，有转识成智、转迷成悟的可能性。一当此可能性变成现实，即真正获得了能洞彻、究尽宇宙人生实相的般若智慧，那么便会现证涅槃、立地成佛。现在的问题是：怎样才能让那种智慧现前呢？别无他法，唯有通过止观法门。

一　止观是"涅槃大果之要门"

强调止观的重要性、进而对之作深入的阐发，不是智者的首创。早在印度佛教的诸经论中，止观就受到了特殊的关注。《维摩诘经》和《解深密经》等中把"止"和"观"分别称作奢摩他（Śamatha）和毗钵舍那（Vipaśyanā），并定义说："系心于缘谓之止，分别深达谓之观"，强调两者"和合俱转"是息诸渲杂、戏论进而获得解脱的必由之路。《成唯识论·了义灯》还对各种表示禅定、止观的概念作了概括和梳理，既指出了七种表示方法的共同点，又分别揭示了它们各自的侧重点。

中国佛教的其他宗派也都非常重视止观，甚至连以修行法门繁多、完善、讲究次第著称的藏传佛教也不例外。当代修学、弘传藏密十分有功力且具有卓越成就的谈锡永大师说："修密只是修'止观'",而止观"只是修心的法门。行者能将万物与自己一心融会,即是'止';又能将自己的一心扩展为万象,即是'观'"。止观与其他密法的修持也是统一的,如"密宗修本尊,其实即是将本尊作为整个法界的表征,由此引导修行人能够'印心'。初步与本尊'相印',再扩展而为宇宙万物'相印',那便是修'止'。""当一心扩展为万法之时,不但要认识万法的自性为空,而且要认识万法的相状亦空。这即是修'观'的中心概念。"[①]

智者大师也推崇止观,但在一切方面都别开生面,例如对止观的作用、地位,止观作为入涅槃之要门的原理和机制,止观与其他禅法的关系,与涅槃、般若、法身等的关系,诸止观的分类及内部关系,止观之偏圆、深浅、顿渐等都有自己独树一帜的看法,形成了自己关于止观的圆融、无碍、博大精深的理论体系。正是有此体系,同时有对止观的丰富而深入的实践,他所创立的天台宗才具有了自己别具一格的个性,甚至能借止观而与别的宗派区别开来。由此说来,把它称之为圆顿止观宗是十分恰当的。我们先来看他对止观作用及机理的论述。

第一,智者强调:止观是入涅槃的最重要、最便捷的途径。智者说:"泥洹之法,入乃多途,论其急要不出止观二法。所以然者,止是伏结之初门,观乃断惑之正要;止则爱养心识之善资,观则策发神解之妙术;止是禅定之胜因,观是智慧之由藉。"[②] 也就是说,入泥洹即涅槃的途径多种多样,但从重要性、行持之方便、见效之快疾来说,止观为最。因为它是降伏烦恼(伏结)的初门、断除见思惑的正要,对爱养心识、策发神解、获得禅定功夫和智慧都是必不可少的。因此止观是"涅槃大果之要门,行人修行之胜路,众德圆满之指归,无上极果之正体"。[③]

止观之所以有如此重要的作用,原因首先在于:顺理、证理或

----

① 谈锡永:《密宗百问》,华夏出版社 2008 年,第 85—86 页。
② 《童蒙止观校释》,第 1 页。
③ 同上书,第 1—2 页。

入实相是入涅槃的关键，或者说，就是入涅槃、入实相，而迷理即累缚缠身，住生死，做凡夫（如前所述）。要顺理、证理，非止观莫属。因为入实相绝非易事，"实相幽微，其实渊奥，如登绝壑"。要登上去，必诉诸方便门径，如"必假飞梯"，质言之，要"以教行为门"。教行有两门，一是以教为门，即"借教发真"。此门又有四门，即四句所诠之理，所谓四句即是：一切实、一切不实，一切非实非不实，一切亦实亦不实。以此四句诠理，便有四门。二是以行为门，行门即"禀教修观，因思德入"。此行门，八万四千种，因为"实相法城，岂唯一辙"。① 而诸法门贯穿始终的不过是一止观法门。只有通过止观，行者才能入实相、见理谛。智者说：止观即是调心，而通过此调心，"豁然见理，见理之时，谁内谁外，岂有远近。"② 这也是说，止观是回归本寂理体的桥梁。因为诸凡夫众生，从无始以来，散乱颠倒，于所观的境界事务，刹那易缘，不如实解，由是起惑造业，于生死苦海，不能出离，唯有修习止观才能对治。由此对治，心散动者，令不散动；于所缘所观的境界，安住寂静；妄谬知解颠倒者，令不颠倒。质言之，止观是知法性、尽法性的最好方法。在这一点上，智者的止观学说与禅宗可谓殊途同归。对此，《仁王护国般若经疏》的"序"说得很中肯："智者若生齐梁之前，则达摩不复西来矣。尽法性为止观，而源流释迦之道，囊橐达摩之旨。"③ 意即：智者的止观学说囊括了达摩祖师自西土东来的旨趣。如果这一学说早一点问世，达摩就不会来东土。

　　第二，入涅槃离不开般若智慧，而后者之开发又有赖于止观之深入。智者指出：唯智门才能通理，而唯观门即止观才能通智。④现代佛学大师正果法师用现代语言对此作了更明确的表述："解脱

① 《法华玄义》卷第八下，《大正藏》第33册，第784页。
② 《摩诃止观》卷第五上，《大正藏》第46册，第48页。
③ 《仁王护国般若经疏》"序"，朝请郎飞骑尉赐绯鱼袋晁说之撰，《大正藏》第33册，第253页。
④ 《摩诃止观》卷第五下，《大正藏》第46册，第59页。

必须具正智慧，智慧必从禅定生起，无禅不智，非定不生，无漏慧根，非静不发。"①

第三，止观是行人安心的方法。智者说："若离三谛，无安心处，若离止观，无安心法。若心安于谛，一句即足。"②

第四，止观是亲近佛及佛法的最好处所。要成佛，无疑要亲近佛及佛法，而要如此，又必须有一个亲近处。所谓"亲近处"，即是接近、修持、获得佛法的处所。"于闲处修摄其心，安住不动，如须弥山，观一切法皆无所有，……不生不出，不动不退，常住一相。"③ 意即止和观是最好的行处，最好的亲近处，即使是于佛灭度后，只要如此，就是在亲近佛及佛法。

第五，诸佛由凡夫转化为极圣的事实本身说明：止观是实现这种转化的桥梁。智者说："当知止观诸佛之师。"④ 其道理与前面经常述及的"万法谛理即诸佛所师"一脉相承。

第六，止观"遍收诸法"。这里的诸法首先是指法界一切法，或世界上的一切存在物，如色声香味触法等，因为这些法的体性毕竟寂静，不生不灭，止观作为修持方法就是要让行人进入这种本性，与之冥合，使他（它）们不一不异、无二无别。智者说："止能寂诸法，如灸病得穴，众患皆除。观能照理，如得珠玉，众宝皆获，具足一切佛法。"另外，说止观"遍收诸法"还指：止观摄一切理、一切惑、一切行、一切智、一切位、一切教。所谓理是谛法，止观可以显体，因此摄一切理；一切惑的体不出寂灭，故止观摄一切惑；同理，它摄一切智，因为三观生三智；它还摄一切行。行即慧行和行行，前为正行，后为助行。"正助两行随智而转，如足随眼。"⑤ 这些行都不出止观，例如四念处、四空定、四无量心、八背舍、九想、九次第定、四正勤等莫不为止观所摄。止观摄一切

----

① 　正果：《止观讲义》，中国人民大学出版社 2007 年，第 1 页。
② 　《摩诃止观》卷第五上，《大正藏》第 46 册，第 58—59 页。
③ 　《法华文句》（合），第 337 页。
④ 　《摩诃止观》卷第一上，《大正藏》第 46 册，第 3 页。
⑤ 　《摩诃止观》卷第三下，《大正藏》第 46 册，第 29—30 页。

位是指："只用四句摄一切位，一切位不出四句，四句不出止观，故言摄位也。"因为"因缘所生法，我说即是空，可破烦恼业苦"，① 止观摄一切教的表现是："一者，一切众生心中具足一切法门，如来明审照其心法，按彼心说，无量教法从心而发。二者，如来往昔如来渐顿观心，偏圆具足，依此心观为众生说，教化弟子，今学如来破尘出卷，仰写空经，故有一切经卷，悉为三止三观所摄也。"② 佛说经卷，不出藏通别圆，而这些化教均不出止观二法。

不仅如此，止观还摄菩提和六即位等。智者说："若解此心，任运达于止观，无发无碍即是观，其性寂灭即是止。止观即菩提，菩提即止观。"③ 同理，六即也是六止观。一念心即如来藏理，亦是理即止观，理即菩提心。从经卷、从善知识听闻佛法，于名字中通达了解，知一切法皆是佛法，是为名字即菩提，亦是名字止观。既得闻已，攀觅心息，名止，但信法性，不信其诸，名为观行即。心行菩提，此心口相应，是观行菩提，亦名观行止观。恒作此想名观，余想息名止，所有思想筹量皆是先佛经中所说。圆伏无名是止，似中道慧名观。无明微薄，智慧转着，如初一至十四的月光，逐渐转圆，此为分真菩提，亦名分真止观。智光圆满，不复可增。等觉不通，唯佛能通。故名究竟菩提，亦名究竟止观。④

二　止观与禅

由上不难看出，智者对止观的确是情有独钟，就此而言，把天台宗称作圆顿止观宗一点都不过分。这是否意味着智者只要止观、否弃了别的禅法呢？在止观与禅定的关系问题上，智者究竟是什么态度？

众所周知，禅学博大精深，禅法不计其数。如不通过梳理，

----

① 《摩诃止观》卷第三下，《大正藏》第46册，第31页。
② 同上书，第32页。
③ 《摩诃止观》卷第一下，《大正藏》第46册，第10页。
④ 同上书，第10—11页。

查明诸禅法的根本和"牛鼻子"或"体宗"，那么入禅门的行者将有如坠五里云雾的感觉。为此，智者对诸禅法及其禅体、禅相、禅理、程序和操作方法作了长期深入的研究，完成了多本禅学著述，如《摩诃止观》、《童蒙止观》、《法界次第初门》、《六妙法门》、《观心论》、《释禅波罗蜜次第法门》等。通过这些梳理，琳琅满目但又令人眼花缭乱的禅法形成了井然有序的体系。对此，智者有多种不同的分类。最常见的是将它们分为三类。一是世间禅，又有两种：（1）根本味禅，其特点是隐没、有垢、无记（即境界不分明）；（2）根本净禅，其特点是不隐没、无垢、有记。二是出世间禅，又有四种：（1）观：九想、八背舍、八胜处、十一切处；（2）练禅，即九次第定；（3）熏禅，即狮子奋进三昧；（4）修禅，即超越三昧，亦即顶禅。三是上上禅，即九种大禅，如自性禅，就是观心实性，一心安住。果能如此，即为上定，二乘行人都不知道，唯佛菩萨能修。① 其他大禅分别是：一切禅、难禅、一切门禅、善人禅、一切行禅、除恼禅、此世他世乐禅、清净净禅。

　　不同的禅法尽管有不同的对治、功能作用和操作方法，但又有共同之处，例如它们都有五支，即有五种构成因素，如觉支、观支、喜支、乐支（如初禅有上胜之乐、高级的禅修有妙智之乐，心定不动，而乐法成就等）、一心支。其次，所有的禅由于是在灵魂深处闹革命，是向体性的回归，因此在不同的禅定层次，必然有对诸法体性的不同程度的回归，有体性的深浅、偏圆不同的显现。由此所决定，必有不同的功德、效用相伴随。一般都有对五盖（贪、瞋、掉举、疑、睡眠）的背离。② 最后，一切禅法最共同、最本质的操作和相状是有止有观。故智者常说：诸禅中，止观为通门。而止观又不外是让行者回归自己和万法的寂灭本性的途径。正是基于对诸禅法和止观的关系的这样的看法，智者才说："诸法一

---

① 《法华玄义》卷第三下—卷第四上，《大正藏》第 33 册，第 716—720 页。
② 《释禅波罗蜜》（单行本），第 140 页。

味，寂灭者归真。"①

　　智者用止观对一切诸禅法的统摄不仅全面准确揭示了一切禅法的本质特点，而且具有重要的修行指导意义。根据这一概括，佛说的法门是没有高下优劣之分的，不管哪一种法门都是通向解脱的法门。俗话说得好：药无贵贱，对症则灵。同样，法无高下，应机则宜。因此从本质上来说，八万四千法门就是一乘解脱法门，就是要让迷理的妄心重新悟理、入理的法门，就是心灵回家的法门。只要是为着显理、证理、入理这一目的，或有这样的作用，就是佛教的禅法，反之，就是外道。当然，外道的禅法被引进之后，如能服务于上述目的，那么也就成了佛法，即"共外道禅"。用这种眼光来看，根本就不存在常见的大小乘禅法的分别。有人说，三十七道品或觉支（如四念处、四正勤等）是小乘法，智者则认为：道品是道场，亦是摩诃衍即大乘，道品尽管有漏，但真法或理谛是无漏的，只要有一分显理的作用，有漏便能作无漏方便，"由是"同样能"成正觉"。②"三十七品于枕席间，皆得成就，解苦无苦，入清凉池。"③ 再如四禅四定原是外道禅，但为佛教借用之后，一当成了"见实相"的工具，便有成佛入圣境的作用。智者说："诸佛……入涅槃，皆在四禅四定中见实相。"④

　　当然，契理的诸禅法尽管平等不二，唯是一味，都是见实相、入谛理的方便，但由于使用者的根性不同，见地不同，对谛理的解悟不同，因此不同使用者所用的同一禅法对谛理的契入、冥合便有深浅、圆缺、顿渐、大小的差别。这不是法本身的问题，而是具体运用中的问题。每一禅法就其本身来说，不仅是理想的回归寂灭实相的工具，而且只要如理如法予以运用，它同时具足一切禅法及其性相功德。智者把止观恰当地比作滋润、浇灌诸物种的雨水，雨水对物种都是一样的，无二无别，但由于种子不同，诸因素结合就使

---

①　《四教义》，《大正藏》第 46 册，第 721 页。

②　《摩诃止观》卷第七上，《大正藏》第 46 册，第 87 页。

③　《摩诃止观》卷第八下，《大正藏》第 46 册，第 111 页。

④　《法华玄义》，《大正藏》第 720 页。

物种各不相同，甚至同一物种之内也有不同。智者说："雨缘虽同，成实有异"，同理，"宿习如种，止观如雨，禅发如果熟参差"。[1]

　　要明白这里的道理，还有必要重温一下智者关于权与实关系的思想。根据智者的看法，所谓"权"就是权宜之计，是为了达到彼岸这一目的临时选用的船筏，因此是"权谋"，是"暂用"，最终要废除。当然佛说种种法门或在特定的时候兴此法门而废彼法门，并不是任意的，而是"顺机而作"，每一种都能利益某一类或某些众生，因此"如来不说空法，为度人故应兴应废也"。佛说的种种法门之所以不是空法，之所以能利益众生，就在于每一种都不仅契机即切合众生根机，而且契理契实。所谓实就是宇宙人生的本质、实相。作为权宜之计的法皆体现了真如实理，是对"实"的显现。没有此"实"理，当然也就没有诸法门。而没有诸权宜暂用的法，实也就无法显现，因此"开权"是为"显实"。不仅如此，在终极果位上还要"废权显实"。[2] 就像船筏把我们送到了彼岸，我们将要把它丢弃一样。因为在极乐的彼岸世界，你不可能老把船绑在身上，你也没有必要这样做。因此归根结底，各种法门实质上就是一种法门，即实相法门，不二法门，亦即显宇宙人生之自他不二、依正不二、色心不二、内外不二的实相的一实法门，也就是智者所倡导、实践的"圆顿止观法门"，正是在这个意义上，人们从行位上把天台宗称之为圆顿宗。

　　一切禅法中贯穿的圆顿法门就是顿得解脱或顿疾极足佛果的圆满法门。所谓圆，即圆满、圆融。圆满也就是圆足，就是十界的任何一法条然具足其他一切法，无缺无损，圆满至极。所谓圆融就是说十界一切法一如一体，无挂无碍。因此圆是空间上的圆融无碍。所谓顿就是时间上的顿疾极足，意思是说当下用任何法门去修行，从理性上来说具足了究竟的佛果，这也就是所谓初发心便成正觉，

----

[1]　《摩诃止观》卷第九上，《大正藏》第46册，第118页。
[2]　《摩诃止观》卷第三下，《大正藏》第46卷，第34页。

发心究竟无二无别。如果于一法中修得圆满，如实证悟一法圆融具足一切法，或一微尘具十法界，[①] 那么一切法便皆圆满。以一念之开悟，即实悟一念圆融具足三千，那么顿疾极足佛果。因此，正如条条大路通罗马一样，每一法门皆可圆解脱之梦。一法一念都是入口处、切入点，在此圆成，一切圆成，当下就是解脱。因此智者说："一一止观，皆得入圆。"[②] 明白此理，也就不难理解智者的一句口头禅："一色一香，无非中道。"明白了中道、圆顿法门，也就会尝到各法门的滋味：并无别味，只一味，就是在如实证悟实相无相无不相之上的寂灭或无念、无往、无相的心态，此即"法唯一味，寂灭者归真"。

三　止观——智者心行之法

人找回自己失去的本心，返璞归真，让潜在的佛性变为现实的佛性，没有第二条路可走，只有靠唯一的智与理或己心与实相冥合的圆顿法门。但是体现此法门的方便途径则多种多样，因人因时因地而异。因此智者在说明了法门的圆顿实质的同时，又因材施教，根据《法华经》等经典阐述了许多善巧方便的具体门径及其操作程序。

在《摩诃止观》和《法华玄义》等论著中，智者不仅根据自己的实践和体验创造性地讲解了一些通行的法门如"四念处"（观身不净、观受是苦、观心无常、观法无我）、四摄六度、四谛十二因缘、八背舍、十想、十六特胜等以外，而且还独创性地阐发了止观、四种三昧、六妙法门等。如前所述，智者把止观看作贯穿于一切禅法中的共性之法，不论是所谓小乘的三十七助道品，还是大乘的四摄六度，乃至戒定慧基本三学，都贯穿着止观精神，加之，智者一贯倡导和践行"纲举目张"、"抓牛鼻子"的方法论，因此智

----

① 《摩诃止观》卷第五上，《大正藏》第 46 册，第 50—51 页。
② 《摩诃止观》卷第三下，《大正藏》第 46 册，第 34 页。

者着力阐释和弘扬的是止观大法。其弟子灌顶大师说：止观乃智者大师一生"己之心中所行法门"。① 这里我们重点考察智者的止观学说和实践。

（一）止观之意义、体相与考察的角度。

所谓止（Śamatha，奢摩地），就是制心于一处，使其不复流动、弛散，以心缘心，念念相续。智者从不同方面，下过不同的定义，如有时说："止即体真"，② 照而常寂，止即随缘，寂而常照，止即不止止，双遮双照，止即佛母，止即佛父，"止是大明咒"，"本末双寂，毕竟清净，是名为止。"③ "既知无明即明，不复流动，故名为止"，④ 等等。细分有三义：（1）息：诸恶、觉观、妄念、思想寂然休息，亦息攀缘。攀缘即缘三界。息攀缘谓心无所得。此就所破得名。（2）停：缘心谛理系念现前，停住不动。此就能止得名。（3）对不止止义：相对于无明、染污而言，无明亦非止非不止，而唤作不止，法性亦非止非不止，而唤法性为止。⑤

所谓观（Vipaśyanā，昆钵舍那），就是心缘确定而后明察心境，使之朗然大净。对观的界定也很多，如说："照而常寂"，⑥ "朗然大净"，⑦ 等等。其细微之处有三点：（1）贯穿：智慧利用，穿灭烦恼，就所破立。（2）观达：观智通达，契会真如，清净心常一，则能见般若，此是就能观心立名。（3）对不观观义：无明非观非不观，而唤作不观，法性亦非观非不观，而唤作观。⑧

止观可从不同的层面、角度来考察和分析。第一，可把它放在与其他法的关系中来考察，就此而言，它是"相待的"，即是相对

----
① 《摩诃止观》"序"，《大正藏》第46册，第1页。
② 《摩诃止观》卷第五上，《大正藏》第46册，第58页。
③ 同上书，卷第一上，第3页。
④ 同上书，卷第五下，第63页。
⑤ 同上书，卷第三上，第21页。
⑥ 同上书，卷第五上，第58页。
⑦ 同上书，卷第一上，第3页。
⑧ 同上书，卷第三上，第21页。

于非止非观而言的一种特殊法门。它有自己的体相、种类、操作方法等。第二，止观就其本身而言有绝对的意义，即是"绝待"的，离诸关系、条件（诸待），例如超越于圣与不圣、净与不净、心与不心、思议与不思议、种种妄想缘理分别等关系和对待，或说绝横竖诸待，绝诸思议，绝诸烦恼、诸业、诸果，绝诸教观、证等，悉皆不生故名止。止亦不可得。观冥如境，境既寂灭清净，尚无清净何得有观。止观尚无，何得待不止观说于止观。止、不止，皆不可得，非止、非不止，亦不可得。灭绝、绝灭故名绝待止，颠倒想断故名绝对观，此是不思议止观、无生止观、一大事止观。智者说："若真慧开发，绝此诸待""得意亡言，心行亦断，随智妙悟无复分别。亦不言悟不悟、圣不圣……"① 第三，从止与观的关系看，止与观是没有根本区别的，此即"会异止观"，止亦观，观亦止。第四，就止观与其他佛法（如涅槃、般若等）的关系看，它们是表示一实的多名的关系。正所谓"众经异名，皆是止观"。这就是说，止观与这些法是相通的，如首先通般若、法身、解脱三德。因为止即是断，断通解脱，观即是智，智通般若，止观等者名为舍相，舍相即是法身。此外，止观也通佛性，而佛性有五名，或名首楞严，或名般若，或名为止或名为观。止观与三菩提、三佛性、三宝等都是相通或同一的。② 之所以有这种关系，是因为一当进到究竟理地，全部世界只有一实，即实相或谛理，而止观、般若、涅槃、佛性等不过是描述、诠释这同一谛理的名称或手段。智者说："虽多名字，尽乃般若之一法。佛说种种名，众名皆圆，诸义亦圆。"③

　　明白了上述道理，便不难明白止观的体相或体性。诚然，智者针对不同人所说的止观方法以及在不同情况下所运用的操作方法是多种多样、判然有别的，意即每种具体的止观方法都有自己的性与

----

① 《摩诃止观》卷第五上，《大正藏》第46册，第22页。
② 同上书，第23页。
③ 同上。

相，但在智者看来，它们都有自己共同的体相，即以实相为体相。只要是佛教的止观，就都是显现实相、帮人契合谛理、回归本心的妙法。无此体相，就不是佛法。就此而言，佛教的止观即是圆顿止观。灌顶在概述智者己心所行止观法门时说："圆顿者，初缘实相，造境即中，无不真实，系缘法界，一念法界，一色一香无非中道。己界及佛界、众生界亦然。阴入皆如，无苦可舍。无明尘劳即是菩提，无集可断。边邪皆中正，无道可修。生死即涅槃，无灭可证。无苦无集，故无世间，无道无灭，故无出世间。纯一实相。实相无，更无别法。法性寂然名止，寂而常照名观。虽言初后，无二无别。是名圆顿止观。"[1] 当然，由于行者的根机不同，宿种、习气有别，对谛理的解悟有角度、深浅的区分，因此具体表现出来的止观便有深浅、圆偏、大小之别。这已如前所述。

（二）止观的种类。

从相对的角度看，以实相为基础的止观可以表现为不同的形式，质言之，止观有许许多多不同的操作方式。智者为方便行者形成对止观的完整而有条理的把握，便依据不同标准对之作了不同的分类。

第一，从接近实相的方式上看，止观可分为渐次、不定和圆顿三种。它们虽"具缘实相"，但由于方式不同，因此彼此有别。渐次止观的特点是初浅后深，如彼梯阶。不定止观的特点是浅深在前后交替使用，而圆顿止观则初后不二。

第二，从操作和度达的方式上看，止可分为体真止、随缘方便止和息二边止。体无明颠倒即是实相之真，名体真止，或说，知因缘假合，幻化性虚，故名为体，空即是真。如此实相遍一切处，随缘历境安心不动，名随缘方便止。生死涅槃，静散休息，名息二边止，或息二边分别止。智者说："息二边时，生死涅槃二相具息。是止息义，入理般若名为住缘心中道，是停止义。此实相理，非止

---

① 《摩诃止观》"序"，《大正藏》第46册，第1—2页。

非不止，是不止止义。"①

观可分为如下三观：体一切诸假悉皆是空，空即实相，名入空观；达此空时，观冥中道，能知世间生灭法相，如实而见，名入假观；如此空慧即是中道无二无别，名中道观。②

第三，从行持上看，止有三种：一是系缘止，如系心鼻柱、脐间等，不令驰荡。二是制心止，心若觉观，即制令不起，故名制心止。三是体真止，即体悟诸法空相、息诸妄虑而实现的心念止息。

第四，从义理上看，止又可分为三种：一是随缘止，即随心起时，而及时加以止息。二是入定止，即证定之时，定法持心，心息止住。三是真性止，即心性之理本自不动，体证此理而实现的止即真性止。

第五，从次序浅深上看，随缘止、制心止、体真止是一由浅入深的止息过程。当然在运用时，不必固守此次第，可根据行者的兴趣爱好、机宜、对治之症加以灵活运用。③

第六，从身体姿势看，止观有坐姿和行走两种。

（甲）坐中修止观。共有五种。

（1）对治初心粗乱修止观。所谓"初心粗乱"就是指初学止观的人的心粗放、散乱而难以专一。这种止观就是专门用来对治这种人的心态的。

首先是修止。有三种止：A. 系缘守境止，即制心于鼻端或脐部等处，尽量使心不散乱。B. 制心止，即随心所起，即便制之，不令散驰。C. 体真止，通过通达、把握和体悟诸法空无所有、无自性的实相，使心不取舍，而达至妄念心息。也就是通过体悟诸法的真相（实相）而达到心不驰散的目的。如果用上述方法还不能做到使妄念止息，那么就反观所起之心，想它过去已灭，现在不住，未来未到，三际穷之，了不可得。既然没有什么可得，那么也

---

① 《摩诃止观》卷第三上，《大正藏》第 46 册，第 24 页。
② 同上书，第 25 页。
③ 《释禅波罗蜜》（单行本），第 75—78 页。

就没有心了。没有心，就没有一切心。既然没有一切心，什么也没有，那么寻思、追逐、驰骋的心就自然会止息下来。另外还可通过观心念的生灭来进入止，如观想根尘相对，故有识生；根尘相离，识便不复存在，因此生灭都是假的，没有什么可执著、贪想、追求的。如是观已，心便自然止息。

其次是修观。对治初心粗乱修观有两种：A. 对治观。这是指针对所治烦恼障碍而进行的一种观察思维方法，如不净观对治贪欲，慈心观对治瞋恚，界分别观对治我著，数息观对治散乱。B. 正观。即观诸法实相，皆是因缘和合而生，因缘无性，了悟所观之境一切皆空，既然如此，能观之心自然不起。

（2）对治心沉浮病修止观。当心沉、昏睡或暗塞时，应修观照了。当心浮动，应修止止之。

（3）随便宜修止观。也就是根据不同情况修止观。当修观照对治心沉无效时，就应修止止之，直到身心安静。当修止对治浮动、而心不住时，就应试修观，直至觉心神明净、寂静安静。简言之，可试探性地用止或用观安心，哪种奏效，就用哪种。

（4）对治定中细心修止观。当止观对破粗乱、使乱心止息时，即得入定，觉身空寂、受于快乐。若不知定心息虚诳，必生贪著，这时就应知虚诳不实，如果知了，爱见二烦恼就不会生起，这就是定中修止。如果修止，仍犹著爱见，结业不息，此时就应修观，即观照定中的细心，直至不见定中细心，即不执著定见。如果没有这种对定见的执著，也就没有爱见和烦恼，即达到了修观的目的。

（5）为均齐定慧修止观。修止观的目的是得定慧均等。如果只是入定，而无慧观或没有真慧或少慧观，此时就应修观予以破析。如果是相反的情况，即得心豁然开悟，智慧分明，而定心微少，心则动散，此时就应修止。总之，应通过调节修止与修观，而达到定慧均等的目的。①

（乙）行走中历缘对境修止观。坐修是入道之胜要。但人不能

------

① 《童蒙止观校释》，第29—32页。

老坐着，还要从事其他活动。在进行这些活动时，如果不修止观，那么修心就有间隔，结业触处而起，不能与佛法相应。另一方面，在坐以外的活动中也可以修止观。因此在坐以外的威仪中仍应且可以修止观。这就是历缘对境修止观。什么是历缘对境修止观？这里所说的缘有六种：行、住、生、卧、作作、言语。在这些活动中，必然要碰到各种境，如六尘境（眼对色、耳对声、鼻对香、舌对味、身对触、意对法）。面对这些境，随意采取适合的身体姿势，用特定的方法调摄心身，使之不散乱，并以慧观照，这就是历缘对境修止观。怎样在这些活动中修止观呢？首先看在行中修止观：了知行心及一切法皆不可得，则妄念心息，这就是行中修止。在行中反观行心，不见相貌，当知行中一切法包括行本身毕竟空寂。这就是行中修观。其次，在住中修止观：了知住心及住中一切法皆不可得，则妄念心息。这就是住中修止。通常认为：心驻身中，就是住。住中修观就是应反观住心，不见相貌，觉知住者及住中一切法毕竟空寂。坐中、卧中、作中、语中修止观可依此类推。

人的六根或六种认识器官即眼耳鼻舌身意也可对境而表现为相应的认知活动。在这些活动中也可以修止观。如眼见色时修止观是：见色不起分别，当作水中月，顺情的不贪著，违情的不瞋怒，无记的不起诸乱想，这就是眼见色时修止。反观念色之心，追溯色识怎样生起，意识怎样生起，进而烦恼之类的情绪波动怎样生起，直至不见相貌、了知知见者及一切法毕竟空寂，这就是眼见色时修观。耳闻声时、鼻嗅香时、舌受味时、身受触时、意知法中修止观可如此类推。总之，在坐禅以外的一切认识、实践、生活（行住坐卧、见闻觉知）等活动、威仪中，对境不生分别心，把出现在感觉面前的一切东西当作是过眼烟云，水中之月，不起贪著，不起烦恼，不让心理波动，保持心如平镜，这就是历缘对境修止。在一切活动威仪中，反观那时生起的心，认识、体悟或彻了那颗心、那种行为或身体的方式以及所缘、所对的境甚至一切诸法都是性空假有，毕竟空寂。这就是历缘对境修观。

简言之，历缘对境修止观实质上是把止观的精神、原则和方法贯彻到生活的一切领域、方面，以把平静、寂灭、常乐我净的心态永远地、一无例外地、没有间隙地保持下去。果真如此，我们就可得到与境、行相应的妙果。

第七，从圆满的程度上看，止观有藏通别圆四种，换言之，藏教、通教、别教、圆教都有自己的止观法门。由于前三教与后一圆教在理、行、证、断、位等方面存在着大小、偏圆、渐顿、权实的差别，因此所弘所行止观也有这种差别。如藏教止观是小、可思议、偏、渐，而圆教止观则是大、不思议、圆、顿。智者说："渐名次第，借浅由深。顿名顿足顿极。""三教止观悉皆是渐，圆教止观名之为顿。""圆教正直舍方便但说无上道，唯此一事实，余二则非真。说最事实是名教实，行如来行，入如来室衣座等，复有一行是如来行。是名行实，所见中道即一究竟，同于如来所得法身无异无别，是名证实。""权是权谋，暂用还废。实是实录，究竟旨归。""立权略为三意。一为实施权，二开权显实，三废权显实。"① 例如为了广显圆顿一实止观，而施三权止观。

圆教止观的特点首先在于：通过此止观，行者顿超直入诸法谛理，与之完全冥合，不一不异。这与禅宗的禅在方式和结果上完全一致。正因为有这一特点，人们才说：如果智者先于达摩祖师而出世，那么就不会有达摩东来。智者的圆顿止观的目的和行持，就是保持质直清净心。此心既是目的又是手段。智者说：摄心系念，不动不变，以质直清净心，修如是等禅，名之为禅。② 这与六祖慧能倡导的"心平行直"何其相似！

智者对圆顿止观的"无生"实质的揭示与禅宗精神也是不谋而合的。智者说："今达心本源，无名寂静，名止息止。安心此理，名停止止。常住之理，非止非不止。对无常动故言为止，即是非止非不止，是名中止具三义。"③ "诸见轮息，一受不退，永寂然

---

① 《摩诃止观》卷第三下，《大正藏》第 33 册，第 33—34 页。
② 《法界次第初门》卷下之上，《大正藏》第 46 册，第 686—687 页。
③ 《摩诃止观》卷第六下，《大正藏》第 46 册，第 82 页。

名为止。达见无性、性空、相空，名为观，见真谛理，名为不生，理既不生，理亦不灭，是为不生不灭，名无生忍。又见惑不生，名因不生，不受三恶报生，名果不生，因果不生亦复不灭，不生不灭，名无生忍。是为无生门，通于止观，亦是止观成无生门。”这也就是说，只要心中绝对清净，一法不生，不生亦不生，那么当下就达到了圆教止观的最高之境。故可说，此止观即无生门。[①]

圆教止观的特点还在于：非权非实。只要进到质直清净心，一切万事大吉，无所谓权、无所谓实，也没有目的、手段之分。另外，此止观之境离言绝相，因此是不思议的。智者说：“观故称智，称般若，止故称眼，称首楞严。如是等名不二不别，不合不散，即不可思议之止观也。”[②]

圆顿止观的最大特点当然是圆。其表现是：它圆具一切禅、一切法，一行一切行，是至涅槃的安乐行。它从迹上说有三行（止行、观行、慈悲行）或万行，但万行只是一圆行，“法华圆行，一行无量行，不可思议。”[③]

（三）止观的操作。

从程序上看，修习止观必须循序渐进。在正修之前要做一些必要的准备，这就是：

（1）“具五缘”。第一缘是持戒清净。一般人要做到不杀生、不偷盗、不饮酒、不乱淫、不妄语，沙弥要持十戒，比丘则受具足戒等。犯戒后要忏悔。第二，衣食具足。所谓衣足，就是有衣服穿，衣能遮身、御寒。没有衣服不行，但过于贪求积聚，则心乱妨道。所谓食足就是有饭菜填饱肚子，但不能太饱。没有衣食等缘，则心不安稳，于道有妨。第三，闲居静处。深山绝人处、头陀兰若之处、远白衣住处、清静伽蓝中都是修止观的理想场所。第四，息诸缘务。息治生缘务，不作有为事业；息人间缘务，断绝人事交

① 《摩诃止观》卷第五下，《大正藏》第46册，第69页。
② 《摩诃止观》卷第三下，《大正藏》第46册，第34页。
③ 《法华文句》（合），第327页。

往；息工匠事务，息学问缘务，不读诵听学。第五，亲近善知识。所谓善知识就是指能利益自他、能知其心识、见其形的人。善知识有三种：外护善知识、同行善知识和教授善知识。有机会就要尽可能接近他们。①

（2）诃五欲。欲就是对可引起感性愉悦的对象的欲望、执著。共有五种，即色欲、声欲、香欲、味欲、触欲。它们能诳惑凡夫，令生爱著，对修止观极为有害，因此应苛责、驱逐。②

（3）弃五盖。盖即盖复、妨碍、压制，是盖复心性的东西，它们使善法不生，因此都应抛弃。第一，弃贪欲盖。因为对色声香味触外五尘的贪爱、对财色名食睡权利等的欲望、特别是意根中所生的欲觉是修道的障碍，是祸患，因此应首先抛弃。第二，弃嗔恚盖。即不应为任何事物动怒，保持情绪的平静。第三，弃睡眠盖。睡眠是生理所必需，过少不利于身体，而过多的没有节制的睡眠则会破今世后世实乐法心，是恶法，因此应减损睡眠，用禅镇杖去之。第四，弃掉悔盖。掉即掉散，如身好游走，坐不安稳，口好搬弄是非、发戏论、纵意攀缘，心情放逸。悔即悔前所作。掉悔就是后悔、散乱的心绪，会妨碍入定，故应除。第五，弃疑盖。疑是怀疑自己、怀疑师父和佛法。有疑无信。而信心是"能入"，若无信心，虽在佛法，终无所获。因此犹豫不决、狐疑逸散、摇摆不定的心态是必须抛弃的。③

（4）调五事。正如弹琴前要调弦、做陶器要调泥、调整器具一样，修行也要对饮食起居、姿势等作适当的调整，使其合适，这样"三昧易生"。有五事需调和。第一，调食。食是人所必需，适度则可资身进道。因此调食就是使饮食适度，不能过饱过少，不能食秽触之物，不食不宜之物。正如经云：身安则道隆，饮食知节量，常乐在空闲，心静乐精进，是名诸佛教。第二，调睡眠。第

----

① 《童蒙止观校释》，第4—6页。
② 同上书，第10—11页。
③ 同上书，第13—17页。

三、四、五分别是调身、调息、调心。在入禅、住禅、出禅时都有此三调的问题。因此分入、住、定三阶段讲。在入禅时，调身就是要调整好自己的身体姿势。采取站立或行走或半行半坐的姿势都可以。不管用哪种姿势，都应保持身体轻松。若采取坐势则要么是单盘（半跏坐），即左脚放在右脚之上，要么是双盘（全跏），即正右脚置左脚。然后解宽衣带，以左手掌放于右手上，重累手相对，顿置左脚上。手脚处理好后，就要正身，使鼻与脐相对，平面正住。身调好后就是调息。人的呼吸有四种相：风（息出入时有声）、喘（息出入无风但结滞不通）、气（虽无声不结滞，但出入不细绵）、息（不声不结不粗，出入绵绵，若存若亡）。第一、二、三种相不仅不利于止观，而且对人体有害。而第四种相是最佳之息。调息就是要把呼吸调适成这种相状。调心就是收摄其心，不使其乱想，专注于一处，既不昏沉，或昏昏欲睡，又不浮躁，即不杂念纷飞。最好是安心向下，系念脐中。入禅后，人就开始住于禅定中，仍须调三事。如果身体不符合要求，如或偏或曲，或低或昂，就应及时加以调整。如果气不调和，出现风、喘、气等相，就应调到息相，使之息道绵绵，似有似无。如果心沉浮宽急不定，就应调令中适，使之专注不散乱。经过一定时间的坐禅，欲出定时，不应突然起身，而应经过对身、息、心的适当调整，然后出定，如首先是调心，让心从定中出，接着开口放气，想气从百脉随意而出，然后微微动身，次动肩、手、头、颈，最后动脚，使各部位柔软，并以手遍擦毛孔，以暖手掩两眼，然后睁开。身热稍歇后，才能随意出入。①

　　（5）五方便行。在具备了上述条件以后，还应调整好自己的心态，即让心处在相应的、有利于进入止观的状态，这也就是方便五行。第一，欲。这里的欲尽管也是人的欲望的一种形式，但从对象上说，不是对色声香味味触、财色名食睡等对象的贪欲、执著，而是对佛法、对所行法门的志愿、爱好、追求，即志愿好乐一切诸

----

① 《童蒙止观校释》，第13—17页。

深法门。第二，精进。即要吃苦耐劳，勇猛不懈怠，专精不废。第三，念。即想到世间没有什么可留念的，专想禅定的好处，想解脱、涅槃的美妙、极乐。第四，巧慧。即用佛教的大智大慧对世间乐、禅定智慧乐加以权衡比较，看到世间乐的有漏性和苦的本质：得时苦，享受时会乐极生悲，失去时痛苦万分；而禅悦法乐则是无条件的、绝对的，涅槃的常乐我净更是如此。第五，一心分明。在明白了世间与定慧功德之间的差别后，就应一心决定，百折不挠，勇往直前，修行止观。①

　　有了上述"外方便"、"助缘"，就可以开始正修止观了。由于正修主要是心性的操作，没有一定的修行实践，说一千道一万都是没有用的。这里我们只拟从理性上作浅显的分析。如前所述，佛教的止观是以实相或谛理为基础、为因缘而建立起来的，因此在以心正行止观时，关键是要有关于谛理的意识，尤其是有契合、证入谛理的大愿和方法，有办法做到顺理而修。怎样顺理而修？不外两种方法，一是渐入。通过止禅、慧观，从任一事相出发，进行谛观，"想成相起，理具此相"。此时的相还是事相，但其中有理。进一步，"依理起想"。由于是初观，故有想名。然后由浅入深，一步步摆脱虚妄有形之相，向其后的体理进发，最终可来一个否定之否定，见到新的相。此相不是事相，而是理相。"顺理故，理相乃现。"此理相的本质是无相，是第一义空，但又无相无不相，空无不体现于有之中。第二是顿入。用圆教的观法去直接谛观事相中的谛理，"观一念三千，三谛具足，是则一心一切心，一身一切身，一土一切土，一念具观，若身心土，若空假中，更无前后"，观成时，一切无不具足，乃至一切三世诸佛都于身中现。②

　　（四）止观的果相。

　　从止观的果相上说，修任何一种"缘具实相"的止观法门，即会有共同的结果，即对实理的趋近，向家园的靠近。当然由于止

----

① 《童蒙止观校释》，第26—27页。
② 《法华文句》（合），第393—394页。

观修持是一项系统工程，其效果取决于各种因素的合力，因此不同行人会有不同的果相。如果按对止观的三分法（制心止、体真止、历缘对境止），那么，果相也有三种：

（1）初果，也就是声闻和辟支佛果（或地）。所谓声闻是指靠听闻佛法、并依法修持而得自身解脱的圣贤。所谓缘觉是指主要靠自身的自然智而觉悟佛法并得自身解脱的圣贤。这两者合称就是二乘。他们修持的主要是体真止和空观。通过修体止真，了知一切诸法皆由心生，因缘虚假不实故空，以知空故，不得一切诸法名字相，简言之，由于知诸法本性空寂、了不可得而不生分别。通过修空观，即用一切智观一切皆空，从而上不见有佛果可求，下不见有众生可度。若修好这种止观，就进到了声闻和佛支佛的果位，即知一切诸法皆悉空寂，无生无灭，无大无小，无漏无为。如是去思维，就没有烦恼，得自身解脱。得此果尽管去凡入圣，但相对于高级的果位来说，还很不够。

（2）中果。若想成就一切佛法，度一切众生，进到更高的果位，就不应取著无为而自灭，而应修从空入假观，即不只是修空观，而应在此基础上修假观。修此观就是谛观心性虽空，但缘境即与六尘相对之时，面前就会出现各种法相，心中亦有见闻觉知等差别心相。这样就从空中悟到了境有——妙有、假有，并明白空不碍有，有不碍空的道理。如是观察，虽知一切诸法毕竟空，但真空不碍妙有，还知道有众生诸根、性、欲，有众生需要度化，故说法无量，并广行四摄六度，自利利他，自觉觉他，以普度众生。这就是从空入假观，亦名平等观、法眼观、道种智。如是这般去行持，一定会利益六道众生，不仅自己得解脱，而且与众生一起得解脱。但这种观还不是正观，所得的果也只是中果，不完满，虽见佛法，但尚不明了。

（3）后果。这是修"息二边分别止"和中道正观所得的果。"息二边分别止"，就是既不着空，又不着假，而认识到空假统一不二。修中道正观就是体心性非真非假，非空非有，息缘真假之中，谛观心性非空非有、非真非假而不坏空假之法。如是观照，则于心性通达中道，圆照二谛。如果能于自心见中道二谛，那么也可见一切诸法中道二谛，认识到因缘所生的一切既是空，又是妙有、假有，是空假不二之中道。得如此慧观，也就是得佛眼一切种智。修此止观，就会有这样的结果：定慧双开，了了见佛性，安住大乘，行步平正，其疾如风，自然流入萨婆若海，即得一切智，行如来行，入如来室，穿如来衣，坐如来座，以如来庄严而自庄严，眼耳鼻舌身意六根清净，以前的罪垢荡然无存，清净洁白，由此清净功德，六根各发无碍之妙用，且得六根互用之自在。入佛境界，于一切法无所染着，一切佛法皆现眼前。进而入十方佛土，教化众生、严净一切佛刹，供养十方诸佛，受持一切诸佛法藏，广行一切诸行波罗蜜，如四摄六度，悟入大菩萨位。如普贤、文殊一样，常住法性身中，降魔怨，成等觉，转法轮，入涅槃，于十方国土究竟一切佛事，成为名副其实的初发心的菩萨。再往前进就是后心菩萨。后心菩萨所证的果相比上述初心菩萨所证的果相还要高级。进入此境界，仍离不开止观二法。因为后心菩萨的果相就是高级的大涅槃，就是究竟涅槃，常寂灭相，终归于空。要到这种境界，当然离不开止，因为止就是空。只有止，才能定，才能入寂灭定。同样只有殷勤称欢佛智慧，如此谛观，才能明最高的果相。①

四　疾病的自我调治

从理上来说，一切事物因缘和合而生，人也不例外。既然如此，人也就没有不变的自性、实体，因而也就没有疾病的载体。正是在这个意义上，智者说：病不与身合。身本来空寂，既无病，也无非病，也不会既有病又无病，更不会非有病非无病。抱这种心态，人就能乐观地看待包括疾病在内的一切。但是从事上来说，人是四大和合之躯，人过去的所作所为都作为种子储藏在八识心田中，一有机缘，就会作为果报现起，疾病就是它们现起的方式之

---

① 《童蒙止观校释》，中华书局1988年版，第57—60页。

一。因此凡夫俗子的血肉之躯染上疾病在所难免。正是鉴于这一点，以为众生拔苦与乐为己任的智者对疾病的表现形式、原因以及用止观等方法加以对治等问题作了有益的探讨，值得我们分析借鉴。

首先，在承认疾病发生之必然性的同时，要认识到治疗的必要性。因为病不治不除一是会让人失去所修得的福报，二是会妨碍修禅进道。智者说："若身染病，失所修福，起无量罪，"有碍禅定，起邪倒心，脓血臭身破清净法身，意失正念。"为是义故，应观病患境。"①

关于疾病的表现与种类，智者认为：主要有三类疾病，一是四大增损的病象，即由四大不调、四大增损所引起的疾病。相当于细胞组织、器质方面的疾病，如火这一构成因素之增加导致的不调，诸如煎寒壮热、关节疼痛等。二是五大生患之相，即肝肾等五脏生患而引起的心身疾患，如从肝而生的患，多喜忧愁、不乐，悲思瞋恚，头痛、眼痛等。三是眼耳鼻舌身五根上的疾病。这些疾病可分别由三种原因引起，一是水火风土四大等构成元素的不协调引起的，因为某一元素偏起，就会"冲击脉藏"，从而致患。二是过去业力所致，即前世或以前妄想诸烦恼、作恶多端必然在自己身体上产生病患这样的报应，因此智者说：业亦是病，病是业报。三是鬼神作祟。

要保持健康的体魄，要不生或少生病，要在有病时尽可能快捷摆脱疾病，最重要的是有正确的疾病观、积极向上的人生态度和安心实相不动不变的心态。因为心是身主，人心固则强身。"一心修三昧，众病销矣。"只要一心不乱，处于如如不动的直心状态，那么众病自然消散。更重要的是，"非内非外，毕竟清净，心如虚空，谁是于病?"② 有这样的心态，也能顿超死亡。智者说："生不

----

① 《摩诃止观》卷第八上，《大正藏》第 46 册，第 106 页。
② 同上书，第 110—111 页。

足欣，死何劳畏？"① "不得病心生，不得病心无生，亦生亦无生，非生非不生"，"能安心在疾，不动不退。……不生贪著，莫起爱染，十法成就，疾入法流，是名疾患境修大乘观，获无生忍，得一大车。"②

智者认为，对不同的病应采取不同的对治方法。通用的、对不同疾病都有效的方法就是止和观这两种"根本殊胜"的方法。用止法治病有四种方法，一是让心安止于病患处，即让意念转移到病患处，朝好的方向观想。因为智者认为，心是一期果报之主，让心意识到自己对此病负有的责任，有利于疾病的好转。"心如王，病如贼，心安此处，贼则散坏。"③ 二是安心于丹田，即止心守丹田，不驰不散。三是常止心于足下，意想从头顶而下的清凉气息由底下出去，把此心念持续或莫有间隙地保持下去，即"莫问行住坐卧"，一以贯之。智者说："常止心于足，能治一切病。""止心于足，最为良治。"④ 四是保持一种空无所有，即知诸法空无所有、与实相冥合不二的心态，不取病象，寂然止住。如果有这种心态，不说心到病除，至少会大大减轻病情。平常人有这种心态，当然会有一副健康的身体。因为疾病的一个最根本的原因就是心的攀缘，如在有病无病之间分别，老想着疾病的可恶可怕，有此心理，总是担忧自己生病，因此把本来没病、本来什么也没有的身体与疾病扯到一起了。这种人不得病才怪呢！这种看法与现代心身医学对疾病心理根源的看法应该说有不谋而合之处。那么怎样"断攀缘"、根除疾病的心理根源呢？回答非常简单，就是"心无所"，即心里完全没有疾病这样的对象（所）、观念，永保一种空寂、相信自己什么病也不会染的心态。《摩诃止观》中说："《净名》云：'今我病者非真非有，众生病亦非真非有'。以此自调亦度众生，方丈托病

----

① 《摩诃止观》卷第十上，《大正藏》第 46 册，第 135 页。
② 《摩诃止观》卷第八上，《大正藏》第 46 册，第 110—111 页。
③ 同上书，第 108 页。
④ 同上。

双林病行，即其义也。"① 除止法可治病之外，观法也是如此。其特点是用正智慧观病之空寂本质。

　　智者还开示了其他的治病方法，其中有些属气功疗法，有些是心理疗法。一是可用气息治病。就是用吹、呼、嘻、呵、嘘、呬六种气息治病，即将这些字发出声音，使其气息进到疾病部位，进而产生驱除疾病的作用。如寒时吹，热时呼，痛时嘻，烂时呵，散痰用嘘，疲劳时呬。此外，呼吹二气可治心病，嘘气可治肝病，呵气可以治肝肺病，嘻气可治脾病，呬气可治肾病。再次，假想也可治病，即用观想治病。"若有秘要，假想用之，无往不愈！"还可用咒术治病，即通过诵咒来治病。②

　　如果疾病系由鬼神、魔事所致，那么在用上述方法的同时，辅之以咒法，即强心加咒，念诵六字真言、陀罗尼等咒。别的方法还有：亲近善知识，并观诸法实相，广作佛事，广化众生，心不退没。如果是业力所致疾病，则应辅之以忏悔、修福德等助行，如诚忏自己过去的罪业，多做善事，增进福德。

　　要使上述方法见效，必须具备十个条件，一是信，二是用（随时常用），三是勤（用之专精不息），四是恒住缘中（细心念念，依法而不散乱），五别病因起，六方便，七见行，八知取舍（有益多用，有害舍之），九将护（善识异缘犯触），十识遮障（得益不向外说，未损不疑谤）。③

　　这里还有必要谈谈魔事。这是一个很特殊的概念，往往引起误会，使人想到鬼神之类的超自然现象。所谓魔即杀，意思是夺行人功德之财，杀智慧病，魔事就是魔以破坏众生善根、令流转生死为事。魔与道的关系是：道高则魔盛。不难看出，这里的魔事并不是迷信巫术所说的超自然力量，而是修习止观之人在求道过程中碰到的一些心身障碍。其种类有：烦恼魔，如三毒九十八使；阴界入

----

① 《摩诃止观》卷第五上，第49—50页。
② 《摩诃止观》卷第九上，《大正藏》第46册，第120页。
③ 详见：《童蒙止观校译》，第52—53页；《释禅波罗蜜次第法门》，《大正藏》第46册，第505—506页。

魔，即五阴、十二入、十八界，一切名色系缚众生，破坏善根；死魔，即生命结束、虑死等；天子魔，即佛的敌人让鬼神眷属所行的干扰。行者要遣魔事，一要亲近善知识，其次也是最重要的就是要观诸法实相，广作佛事，广化众生，心不退没，不受不著，不忧不戚，不分别，并反观能见闻觉知之心，不见生处，一心正念，不作惧想，正心不动。①

智者还论述了魔境及治法。魔境是在修行过程中所显现的各种妖魔鬼怪及其境像，有三：一惕惕鬼，二时媚鬼，三魔罗鬼。对治的方法就是保持心灵不动不变。智者说："一切他物不受，不受之术能治一切自他魔事。"其次，可用观法对治，"不出佛界即是魔界，不二不别。如此观者，降魔是道场。"如是观成，"魔界即佛界。"反之，"迷于佛界，横起魔界"，"随魔事起，即以四句破之"，"达魔界即佛界"。②

对待疾病的最高境界就是视疾病为法界，把与疾病打交道看作是修道进步的方便。有道是，一色一香，无非中道。疾患亦是中道。碰到疾病，只要正确处置，既能治病，又能成就大乘圣果。此即"因病生十法界"。也就是说，同是一病，所采取的态度不同（十种），将会有十种不同的结果，即有的因病而入三恶道，有的因病而得圣果，入圣位，总之，任一疾患，皆通十法界，皆有十种不同的结果。一是无所顾忌，造种种恶，"是为因病造三恶法界"，二是修善积德，"是为因病造三善法界"，三是求寂灭无相涅槃，"是为因病起声闻法界"，四是观此病，病我色心，因于此病而致老死，死由于生，生由昔有，有从取生，死从爱生，爱从受生，受从触生，触从六入生，六入从名色生。然后再观五阴：色受想行识。色由四大构成。因此要外求四大五脏，内求四心，一一谛观，"是名观病起缘觉法界"。五是勤加正意，觉悟无常，"是为因病起六度菩萨界"，即觉悟到病根源于未修四摄六度。六是观此病从前

- - - - - - - - - - - - - - - - - - - -

① 《释禅波罗蜜》（单行本），第123—125页。
② 《摩诃止观》卷第八下，《大正藏》第46册，第115—116页。

世妄想颠倒诸烦恼生，如是妄想无有真实，我及涅槃是二皆空，"是名因病起通教菩萨法界"。七是观此病虽毕竟空，空无所受，而受诸受，此是因病起别教菩萨法界。以上都是观思议境。最高的观法是因病观不思议境而修道治病患。可这样概述："一念病心非真非有，即是法性法界，一切法趣病是趣不过。唯法界之都无九界差别，如如意珠，不空不有，不前不后。病亦如是。绝言离相，寂灭清净，故名不思议达病实际，何喜何忧？作是观时，豁尔消差。"① 以这种观法观病不仅能治病，而且能通过修道而入佳境。对于智者来说，不仅一色一香是中道，而且任何疾患莫不如此。

五　小结——解脱始于当下一念

　　明白了人生的最理想境界，知道自己应该做一个什么样的人，而且又有实现此目的的内在可能性根据，各种解脱的法门就在脚下，在这种情况下就不应犹豫不决，不应迟迟不动，更不应讨论、争辩哪一种法门更好。如果妄加分别，不仅不会得解脱，而且恰恰是背道而驰，将在痛苦的深渊越陷越深，为"火宅"的大火烧得焦头烂额。为了说明这个道理，智者在《摩诃止观》中讲了一个故事。故事说：从前有些人想速见国王，受赐拜职。见入城有四门，四门都是通径。在此情况下本不应净计，就像对治病的良药莫去分别一样。如果是这样，随便入哪一门，就可达到目的。但是众生由于分别智的作用，对一切事情喜欢像剥葱头皮一样，一层一层地分别下去，然后执著一些方面，浮想联翩，推论各种不同结局。加上四门各不相同，一在东、一在西、一在南、一在北，做工有精细不同，用料也有泥木瓦等材料上的区别。于是见国王的人不是择门而入，而是在门前评头论足，或与人争论谁优谁劣、或与人争着挤某一门，或老是待在那里不肯前进。很显然，进不了城，得不到自己心仪已久的东西，就不是门的过错了。白白浪费时间、误了自

---

① 《摩诃止观》卷第八下，《大正藏》第 46 册，第 110 页。

己的前程不说，因分别、争论而生起的烦恼更加剧了自己的烦恼。学佛求道也是如此。"为学道，故修此四门，三十余年分别一门尚未明了，功夫才著，年已老矣，无三种味空生空死，唐弃一期。"要知道，目的明确、道路在前，剩下的就是从当下一念心入手，止观双运，定慧双修，解行并进，积智积福，一个脚印一个脚印往前进；无分别、不争执，"无争则无业，无业则无生死"；"心地坦然"。① 果如此，必然会冲出火宅，进入解脱大门，直至得到涅槃妙果。

---

① 《摩诃止观》卷第十下，《大正藏》第 46 册，第 136—137 页。

结　　语

　　智者一生乐说无穷，所造文字不计其数，以致形成了令人眼花缭乱的庞大的思想体系。在解释智者及其思想时，若停留于此，满足于多、大、繁、深，显然是不符合智者创宗立派的本意的。真正得文入旨的解释似应是，在深入其思想的细节的同时，用他所倡导并得心应手地加以运用的明宗辩体的解释学原则和方法反观和诠释他自己的体系。只有这样，才有可能厘清他"一家之佛法解释"的宗旨和真精神。

　　智者一家解释佛教的宗旨就是弄清佛教言说要传递的圣意或大旨或出世本怀。此意义不同于其他意义的特点是：它是世界的实相或谛理或本来面目。质言之，谛理为诸经之体。佛之所以为佛，是因为以谛理为师，并有对理的解悟，即有一种"理解"。这当然是一种极其特殊的理解，是一切理解中最高级的理解，即是对谛理之极解。故智者常说："相尽解极，即是为佛。"因为有此理解是体，而有此体必有相应的大用，即得另一种极解，那就是究竟彻底的解脱。故智者常说："顺理为解"，解则"累尽苦灭、寂然永乐"，反之，"邪心观理"必迷理，而迷理必"倒想纷然"，执幻虚我法为实际，远离自己本具的谛理，生起见爱等种种烦恼，直至轮回六道。基于上述分析可以说，智者创立一家解释的目的是要寻求对诸佛理解的理解。

　　在建立关于佛教文来"一家之解释"的过程中，智者不仅对这一特殊解释领域中的一系列具体的理解和解释问题发表了自己的细致入微以至有时显得有点琐碎和繁杂的看法，而且还涉及了解释学的一般问题，如文本的意义、"意义"的意义、客观理解的条件等问题，并对之作了自己的解答。由于佛教文本及意义具有非同一般的特殊性，加之解释关系极其复杂，因此他关于佛教的解释学思想不一定具有太多的、普遍的解释学和方法论意义，但对于佛教解释学的建立和发展，尤其是对于纠正佛教文本之具体解释中的"得文失旨"、"不达大意"之类的问题应该具有一定的积极意义，至少可看成是促成后来佛教解释"百花齐放、百家争鸣"局面之形成和发展的"一家之言"。

　　智者佛教解释的出发点是前此佛教解释中普遍存在的"齐文作解"、"不达大意"或"得文失旨"之类的问题。其危害不可小视，因为它们会令学人迷失宗途。其实，这类问题并未随着后来佛学研究的与日俱增的"繁荣"而减弱，反倒呈愈演愈烈之势，以致出现了这样的现象，文字越多，大旨离读者越远。因此，今日研究和反思智者对问题的诊断必定同时具有重要的现实意义。为了解决佛教解释中普遍存在的问题，拨乱反正，正本清源，智者对理解和解释的一般问题和佛教解释中的具体问题，作出了全面深入的探讨，进而形成了自己独具一格的解释学思想。其中最难得的是打上了元哲学印记的一般解释学思想，如强调佛教文本的意义是万事万物的客观实相或谛理（这是诸意义理论中的一种形式），并认为客观理解这意义是可能的，其条件有心理学条件（解释者要能与被解释者印心）、意义论条件（会通）、互具论条件（意义相互包含、含摄，因此既可从全体入手，又可从一经、一句甚至一字入手，只要通达一字之义，就可由此通达诸经之大旨）。在阐述关于佛教的具体的解释学思想时，智者针对常见的"重论轻经"、"论富经贪"等现象强调：解读佛教要以解经为本。而经本身又是一种复杂的解释对象，因为它同时是以法本为基础的教本、行本和义本。这是一组值得今日解释学思考和借鉴的解释学概念。所谓法本就是诸经所要诠释的谛理。一切佛教解释的最高目的正是要通达这法本，正是要"得见经体"或"闻名得体"。由于解释关系不同，这组概念便有不同的意义。就佛之言教这一解释对象来说，诸法谛理是佛所说言语或所说的法的"本"，即法本，用言教表达出来，便成了教本，以之修行即为行本，以之解释世界即为义本。后三本相对于法本即是能诠。能诠一经形成，载于言说或文字墨迹之中，又成了所诠，即反身为后来的佛经解释者的法本。由此又演化出了一种新的解释关系，即佛经解释者与佛经的新的解释关系，这就是智者和别的包括我们在内的解释者对于我们的文本亦即由佛经所形成的法本的解释关系。智者不仅提出了关于佛教解释的一般原则和方法的理论，而且形成了自己的比较具体和固定的解释模式，如以"文句"的形式消文释义，清除文句理解中的障碍，以释题、辨体、明宗、析教相、论用五步骤揭示文本的"玄义"。

怎样才能"契理"以准确理解佛教文本？智者对佛教文本解释的元解释学理论探讨和实践本身就对这些问题作了绝妙的解答。这些原则和方法对我们正确理解智者的思想也是适用的。在智者看来，要正确理解佛教文本，最关键的是要"本迹观心"。这一概括是印光大师对智者解释学理论和实践的一个总结，十分中肯。所谓"本"，即指体，"迹"即指体的表现、作用。要理解佛教文本，必须观心，即通过观心获得对心的本质的通彻的把握。唯其如此，才能见谛理或实相。而要明心，又必须从本和迹上观心。前者是顿悟之路，后者是渐悟之法，即通过反观任一现前的念头，谛观其本性。果能如此，便由迹达本，由妄心达于真心。用智者的话说，这是"开权显实"的一种形式。因为开权显实有两个维度，一是竖向的，指"即权而实"，即在为诸根机方便说诸乘教法时，将一乘实法贯穿于其中。二是横向的，"即于一心，广解一切心，即以一心，望于余心"，换言之，如能于一心，通达一切心、一切法，知一切法皆是佛法，无有障碍，即是开权显实。到此境界，圆解文本便易如反掌，可做到"无义不显、无机不被"，甚至达致"极解"。正确解释的第二个重要条件是要有"通见"。智者在揭示前此诸解释之问题的原因时指出：其原因在于"不晓"诸佛所说之"大旨"，而造成这种结果的原因又在于："无通见"。而无通见，必"令后学不明宗途"。所谓通见是指能作系统全面的理解，能贯通诸言教，直至晓其大旨。第三，正确的理解不仅离不开通见，还依赖于对体宗的把握。文本的体和宗是理解、解释的关键。不能传递体和宗的诠释不是真正的诠释。它们与文字及其具体的意义是体与用的关系，是渔网上的纲与目的关系，只有纲举才能目张。第四，要理解文本，还必须在对文本的理解和阐释中不仅展开其文本的活生生的思想、跳动的脉搏、内在的逻辑，而且还应触及作者创作的动机、情感、气质、性格以及他在心中想到要针对的听众或读者的需要、疑问和心态等。而要如此，就要发挥主动性、创造性以努力跨越时间和空间的间隔，"设身处地"，进而在精神的层面努力与文本的作者在思想、感情、气质等方面尽可能保持一致，重新体验作者的创作意图和过程，或如汤用彤先生所说的那样，努力做到"心性之伴验、同情之默应"。而要这样，完全站在佛教之外，对佛教信众、对智者的心理完全一无所知，甚至鄙视、憎恨这种心理，这既违反了解释学的有效解释的原则，而且在事实也不利于我们接近被解释的对象，更不用说重新去体验智者的思想生成过程。因此我们不采取也不赞成有些研究者在研究对象面前所表现出的优越感和骄慢心理，当然我们这样说也不是主张唯有信徒才有资格研究佛教，而只是说要尽可能清除妨碍客观理解与解释的心理障碍。

　　不管用哪种方式诠释佛教，都不能回避名实关系问题。智者在这方面的思想也具有重要的解释学和语言哲学意义，颇值得我们思考。从名与实的关系看，如来的圣意既有不离文字的一面，又有不关文字、不能与文字混同的一面。在智者的心目中，文字在解释中的地位、作用是至关重要的，因为理以教显，而教以言诠，没有言语文字，就没法开示佛之圣意或知见，但如果对之理解不当，如固守于、执著于它，那么又会"害圆、诬圆圣意"。① 在论述文字与圣意、名相与实相的关系时，智者首先强调：由两者各自的本质特点所决定，两者是互不相干的，即名相是不可能显现实相、直陈佛法大意的。因为实相幽隐，甚深微妙，其理体是不可能由名教述说殆尽的，就此而言，实相无名相，不可表现于名相。故智者说：

- -

① 《摩诃止观》卷第一下，《大正藏》第46册，第9页。

"一切法不可宣说。"① 就名相来说，它们是有为法，本身没有自性，其体性没有同一性，刹那生灭，其表现力、能指力十分有限，如对于只能诉诸证悟、心性之体验和默应才能见其蛛丝马迹的实相来说，是无能为力的。但是，圣意、实相要发挥其教化众生的作用，又必须由言语符号表达出来，而且也有这样的可能性，其可能性根据和条件在于：首先，佛是大智者，彻悟了宇宙人生之真理，且难言能言，难辨能辨，有能力、办法将亲证之实理、微妙之圣意传递出来。其次，众生作为理解者都有自己的特殊根性，如耳根利者，通过听闻世尊的声音能得法悟道，眼根利者可通过阅读文字得法悟道，意根利者，"自能研心，思维取决"。② 再次，根源于文字的"能诠"作用，如"一画诠一，二画诠二，三画诠三，竖一画则诠五……"同理，一字既可诠一法，还能诠无量法，"黑墨诠无量教、无量行，无量理。"事实上，也有一些人由文字得入佛道，甚至究竟涅槃。"我解一句乃至半句，得出佛性，入大涅槃。"③ 根据智者的理解，佛是"寄字诠理"，其目的是希望听者"如说而信，如理而行"。果真如此，即入"圣道门"，修行到了炉火纯青时，就会彻见理谛。到此自然会"绝诸文字"。就此而言，言语文字作为万法中的一法，也是解脱的法门，正像一色一香无非中道一样，一字一墨一声也是如此，通过一字通一切字，达一切法，"寄字诠理"，进入"自在无碍、平等大悲"的境地，通达于理，而"绝文字"。④

　　智者新颖的佛教解释学思想还表现在强调：阐释佛法不一定字字句句都要有经论中的文字根据，因为这样做既无必要又无可能。解释者不仅可以"约名作义"，揭示、阐发原有名相、概念中的未被人注意到的义理，而且还可以"随义立名"，⑤ 即在解释文本时，

----

① 《法华玄义》卷第十上，《大正藏》第 33 册，第 800 页。
② 《法华玄义》卷第八上，《大正藏》第 33 册，第 776 页。
③ 同上书，第 777 页。
④ 《法华玄义》卷第八上，《大正藏》第 33 册，第 778 页。
⑤ 《四教义》卷第一，《大正藏》第 46 册，第 723 页。

解释者是有一定的自由的，有创造性的空间的，如可以用文本没有的名词概念，甚至可以根据所面对对象的根机、阐释佛法时的新的境况和条件对文字、意义作一些必要的"增损"。这种创发性解释有文证更好，无文证亦无妨。智者说："一家解释佛法，处处约名作义，随义立名，或有文证或无文证，"都无妨，有文证更好，无文证"亦须得意"。① 他这样说的根据是："古来诸师讲法，何必尽有经论名文？"正像今日的医生在运用古代医圣华佗、扁鹊等人的经验时，随病授药，"约古方出意增损"，具有合理性、必要性一样，"若深解此喻通经说法，睹时事作义立名，亦有何失？"②

　　与"圣意"密切相关的一个大问题是如何理解诸乘、诸教的关系。在大小乘、声闻缘觉菩萨诸乘、藏通别圆四教的关系问题上，智者反对常见的对立论、冲突论，强调它们都是佛的平等一味的教化，都是同一圆教的不同表现。区别不在于：它们是不同的佛教，而在于：它们针对不同教化对象将一实教作了有深浅、大小、圆偏、实权差异的表述。本书依据有关文本，对似乎已达一致理解的"五时八教"说提出了这样的看法：一般似乎只注意到了智者对各种教、各种乘之间的差异乃至冲突的论述，而没有看到智者对五时教、四教法、四教仪之间的共同性的阐释；只看到了智者在判教时对各种教在教、理、智、断、行、位、因、果等方面之不同的揭示，而忘却了这样一个重要方面，即通过判教，融合诸教、会通大小乘、圆融显密；更重要的是，一般的解释似乎只注意到了智者深化、丰富了佛教解释的一面，而没有看到智者判教时所做的"由厚到薄"，由繁至简、透过表象直契实质、努力揭示佛之出世本怀、直显八万四千法中贯穿的唯一谛理这类有意义的工作。

　　在佛教诠释中，不达大旨，解释得再多都无用，甚至可能开口即错，而悟此大旨，怎么说都行。更重要的是，如果悟此大旨，在佛教中看到的就不是诸乘、诸教、诸家的纷争和对抗，不是大小乘

---

① 《四教义》卷第一，《大正藏》第46册，第723页。
② 同上。

的相互攻谮和诋毁，不是硝烟弥漫的战场，而是完整和谐的体系，是三乘归一乘的井然有序。根据智者的解读，"教本一实"，方便为三乘（声闻、缘觉和菩萨乘），或者说，佛只说了一乘佛法，即圆顿之教，但由于众生根机不同，于是方便说为三乘或藏道别圆四教或大小二乘。圆顿之教不在方便诸乘之外，就是贯穿于其中的红线或基本思想。智者的这一解读将世代佛学大师打通大小乘、圆融显密的理想真正变成了现实，也将看待大小乘的正确态度展现在了人们面前。常见的倚小贬大无疑不可取，同理，学大乘的人也不应轻慢小乘。所谓不轻慢，即"不倚圆蔑偏，重实轻权"，而"须顺佛旨，将护物机"。因为一切都离不开条件，"偏圆约教，权实约法，"在特定的条件下，如对只适用于小乘法的人，说权、说偏可能比直宣圆理更好。总之，佛在不同时间、地点尽管说了不同的乘和教，但它们不是不同的教，而是一乘一教，只有"一相一味"。就像一雨可以滋润出不同的树木、一地上可以长出不同的庄稼一样，它们尽管不同，但都出自一雨一地。同理，诸说教尽管形式内容有别，但却是一实法在不同条件下的具体展现。

　　既然大道至简，佛教的无穷无尽的言教只有一大意，即开示悟入万法之谛理，因此真理就不可能为一个人所独占。只要具备了必要的解释学条件，那么任何人都可获得此真理。事实也是如此。历史上那些创宗立派、明心见性的大德都借教悟到了诸言教中所隐藏的大旨和谛理，当然又分别用了不同的表述方式。中国佛教诸宗派的关系也像印度佛教的诸乘诸教的关系一样，是一种理一形殊的关系。义不两立，实无双存，但各家各派用自己特有的方式，对之作了圆偏、深浅不同的诠释。是故可以说，如果智者先于禅宗达摩祖师而出世，达摩就不会自西而来。因此要在佛教中寻找或发现根本的冲突和对立是愚不可及的。甚至在佛教和非佛教中寻找这种对立，在某种意义上也是不大可能的。因为有道是，佛不与世诤。原因在于：佛教与世间的学说乃至其他宗教是一种包容关系。例如各种宗教尽管有差异，但都包含有这样的基本精神和态度：坚信、慈悲、仁爱、希望、宽恕等。

　　基于自己的佛教解释学，智者根据自己的理解前结构、按照契理契机的原则、为满足中国文化和中国读者的需要，对佛教的博大精深的体系及其真精神作出了中国式的解读和表述。这解读也可看作是他所建构的中国化的佛教理论体系。

　　从理上说，释迦佛说法四十九年一法未说，但从事上说，他则针对众生的无尽烦恼说了八万四千种法。尽管各种法的内容和作用均不相同，但其中却贯穿着释迦佛始终不变的大旨。对于圣意的存在，古往今来教内教外的注释家都没人否认，但对于这圣意究竟是什么，则各执一词。智者"仰寻斯旨，弥有攸致"，不仅承认佛为传圣意而设教，而且强调：开示悟入已所证之圆理是一大事因缘，其教化的本质特点在于它的圆满和圆融，"理圆道极，言极尽美"，堪称"圆教"。如果是这样，佛教的解释就具有一般解释所不具有的独特之处，那就是诠释圣意时必须体现这一圆的特点，质言之，对圆教的最真实的解释必须是圆解。根据智者的圆解，佛的圆教是以拔苦与乐、救度众生为目的、以万事万物本来共有的圆融谛理或实相为基础、为法门的生命解脱的实践和理论体系。因为不管有佛无佛出世，实相或谛理本来常住，不生不灭，湛然清净，常乐我净，然而众生由于缺乏必要的觉悟，迷失了自己圆融本具的谛理，而迷理则惑，则有系缚不自由，则堕凡夫。佛顺理成智成解，解故立行，行故证得彻底解脱的圆位，累断苦尽，寂然永乐，位满然后教化众生，于是便形成了以所证为宗、位满而教他的作为佛教的宗教。

　　在笔者看来，智者心目中博大精深的佛教体系可从两个角度描述。从体上说，它要开显的是诸法的实相或谛理，从用上说，它讲的是生命的解脱的可能性根据、实现的原理、方法及途径。这也就是说，全部佛教的轴心是一，从体和用两方面描述则表现为二，即谛理和解脱。它们是同一本体的两种不同言说方式，或一体的两面。因为在智者看来，顺理而得极解，得彻底解脱，而一当获得了彻底解脱，其前提一定是顺理而有极解。智者的佛学思想就是围绕这一中心而展开的，由涅槃说、理想人格说（或圣人人格论）、佛性论、解脱的本体论基础、智慧资粮论、心理学和生命观机制加上圆顿止观法门等所组成的庞大而有机统一的理论体系。其特点不仅表现在理圆、教圆、行圆、法圆、断圆、因圆、果圆、位圆之上，而且还表现在该体系的每一要素都同时圆具一切要素之上。因为一当圆悟诸法谛理，那么必然通达一法圆具一切法或一即一切这一妙理。

　　智者人生解脱论的目的就是要用他所得到的智慧之光觉悟人生、理解人生、照亮人生，为人的生存提供有价值的、行之有效的指导，直至使一切众生获得彻底解脱。而要做到这一点，就要揭示人生的最普遍、最本质、最严峻的现实和境况，对其作出逼真的描述和透彻的分析，以彻底廓清人的生活和生活着的人的本来面目，揭示人生的来去、生死、衣食住行等表面现象后掩藏着的本质或实相。智者以《法华经》的有关原则为指导，结合自己独特的人生体验，向我们展示了这样一个令人震惊的、不可回避的现实：执迷不悟的众生所拥有的人生无一可乐、苦不堪言、惨不忍睹；更为悲惨的是：众生生在苦中不知苦。以此对人生的基本价值判断为出发点，智者接着要做的就是对人生的这一现实作出解释和说明，揭示其生成过程和直接的、内在的直至本原性的根源，以满足人们求理解之类的精神需要，并为寻找摆脱人生痛苦烦恼的方法提供依据。既然人生不令人满意，充满着痛苦烦恼，那么由于人是理性和能动性极高的动物，人就必然要寻求铲除痛苦、解除系缚、获得解放的出路与途径。因此智者的人生哲学最后要做的就是探讨人离苦得乐、了生脱死、获得彻底解脱的可能性、可行性以及出路与方法，宣扬生存的智慧与技巧，使人类甚至人以外的一切有情众生都有理想圆满的生活，同登极乐世界。

　　理想圆满的生活就是涅槃或解脱或无为，而它既是一种境界，同时又是世界万事万物的本来面目。其体性无生无灭。如果用般若实智观得、解得、证得，便成了人的一种境界，一种解脱的生存状态，故可说："涅槃是解会无为，结尽道成"。但由于佛的教化是针对不同根机的众生而作的，"无为虽一，解有明昧浅深差别"，因此不同经论对无为涅槃提出的会解和阐释便有明昧、深浅、圆偏上的不同，至少在描述的角度、方式上存在着区别。根据智者的佛教解释学，佛世尊尽管在不同的教法中对涅槃有不同的说法，但这并不意味着佛教主张有不同的涅槃。即使说法很多，或种类繁杂，但都是对同一涅槃的不同层次和角度的描述和解释。质言之，正像实相是一而描述有多一样，涅槃只有一个，即一实相涅槃或一大涅槃。此涅槃本身就是实相。智者说："一相无相、无相一相，即是实相，实相即一实谛，亦名虚空佛性，亦名大般涅槃。"之所以说生死即涅槃，因为一切众生的生死本身就是常寂灭相，即实相。之所以说是大涅槃，因为不生不灭就是实粗，就是常寂灭相，而常寂灭相即大涅槃。藏通别教所说的不同涅槃，二乘所说的有余和无余涅槃，大乘所说的无住涅槃都是对此一实涅槃的有"明昧""深浅"、"圆偏"差别的说明。例如小乘所说的无余涅槃与佛乘所说的实相涅槃并无质上的不同，只是圆满程度上的差别。如果将对"无余"的理解加以提升，"以累无不尽、德无不圆为无余，"那么无余涅槃就成了大乘的无余涅槃。

　　入涅槃也就是成佛，证得了究竟涅槃境界的人也就是潜在的佛性转变为现实的佛性，因佛性变成为果佛性，简言之，就是佛。而入涅槃、成佛的过程就是做好人做完人或完满人格的过程，就是按照既定的理想人格模式塑造自己的过程，因此涅槃、成佛、完满人格是一致的，是同一过程、同一极果的不同说法，三而一、一而三。

　　智者佛性论的独到的看法是："佛性者，名之为因"，"是因非果名之为佛性"，即入涅槃、成佛的内在根性、因性。在此意义上，智者常说"六度是佛性"，般若是佛性。如果此因性转变成了现实或结果，即是佛。佛性在变成现实前尽管只是一种可能性，但不是无，而是有本体论地位的"实"。既然如此，就可用不同的名相予以描述。首先，智者认为：佛性也可以说是实相，或说"佛性即中道"。如果从中道上理解"我"，也可以说"佛性即我"。它"空理湛然，非一非异"，因此是如如不动、永恒常一的真实。它本身寂灭，因此也就是潜在的涅槃。谁体悟证得了这一寂灭之理，谁就在事实上进入了涅槃。其次，作为成佛的菩提种子的佛性"多所含受"，因此也就是"如来藏"，即一切众生本来藏有如来法身。世间一切众生都为如来之本性所摄，即是说如来的本来觉悟遍在一切众生之中。它不是由什么原因产生的，本身就是成佛的因，因而是本具的。"通亘本当"，即本有、当有，"非适今也"。最后，从因果上说，佛性通因果、亦本亦始。这是智者对佛教思想史上佛性是本有还是始有这一聚讼纷纭的问题的一种回答。其基本观点是，佛性既是因，又是果。就它作为成佛的可能性、内在根据来说是因性，而非果，是本有，而非始有。当修行人经过修习，完全透彻地明了自己的清净本觉的佛性时，他就成佛作祖了，此时的佛性就是果佛性，就是从觉悟的那一刹那所始有的，由各种原因而生出的结果。这种果佛性也就是涅槃。因此智者说："佛性通于因果，另则因名佛性，果名涅槃。"智者的新解还有：潜在佛性的实现可以区分出六个阶次，此即"六即佛性"，而"六即佛性"也可理解为"六即涅槃"。不难看出：只要像智者那样达到了对佛教的圆悟圆解，怎么说都不为过，一切都圆融无碍。

如前所述，人生的第一现实是苦不堪言。其原因当然很多，但根据智者溯宗明体或抓关键的方法论，苦难的最根本的原因是迷失了谛理或实相。这一来，谛理自然成了智者所理解的全部佛教的枢纽的秘密。智者经常说：法性实际即是谛理，诸佛所师。让人明白和回归此谛理正是佛出世的一大事因缘，亦即是佛要开示悟入的佛知见，是诸佛自始至终贯穿的"圣意"或"大旨"。智者说："佛无他事，唯照理也。"唯此一法，是佛之所教。其目的不外是"依真如理"，去照真如理，说真如理，自行化他，使一切众生依真如理而得解脱。

智者对实相解释的特点仍是圆融。第一，智者认为，由于般若有二乘共与不共之别，因此实相有偏真与圆满之别。偏真是圆教之外的诸教所阐释的实相，其特点是抓住了诸法体空的一边，但未见不空一边，作用是能断见思二惑，但不能断无明烦恼。圆教证得的实相有共的一面，即也突出空性，但其不共在于强调实相是三谛圆融。第二，实相非人所发明，非一物所独有，而遍一切时空，圆满周遍，无不圆具。第三，实相不因为体现在一切个别之中而为多、此即"理不两存"，实相也不因为人们对之领悟、述说有大小、权实之别而有多义，有大小、权实之别，此即"义不双立。"第四，实相尽管只有一个，但有多名，如"妙有真善"、"妙色实际毕竟空"、"如如涅槃虚空佛性"、"如来藏中实理心"、"非有非无中道第一义谛"、"微妙寂灭"、"无虚伪"、"无颠倒"、"非魔所说"、"常乐我净"等。第五，根据智者的圆融说，佛教的实相不仅是世界的本来面目或客观真理或究竟之实，而且还是最高、最圆满价值的基础或最高价值本身。其表现之一就是：实相可看作是人生的最高、最圆妙、最殊胜的境界，实相还是解脱之因、之基，是解脱之道，甚至是解脱之果。智者实相学说的特点还在于：在继承前人思想的基础上对三谛的内在关系作了精辟的、创造性的阐发，建立了天台宗的独树一帜的"三谛圆融说"。它不仅对真谛、假谛和中谛的三即一、一即三的关系作了圆融无碍的论述，而且对三惑、三轨、三谛、三智、三观、三德、三趣之间的关系作了新的说明，建立了以"圆"为特征的本体论，圆满地昭示了宇宙万物的"圆理"。

　　智者解脱论接下来的逻辑环节是他重新阐释的般若说。在他看来，彻证实相，顺理而解，必赖般若。因为只有在挖掘、利用每个人都本具的智慧之根的基础上，培养和发展自己的智慧，才能达到能了了照空、体空，最终能顺于、安心空理的状态。"贤圣以慧为命，慧命非空不立。"智者解释的般若的最独特之处在于：根据他的互具说，将佛所宣说、倡导的般若解释成一种圆智。般若圆智不同于别的智慧的地方恰恰在于：这种智圆满具足一切价值、一切性相功德，甚至具足最高的佛性、法身、解脱和实相。正如一法具一切法一样，一智也具一切智，具一切性相功德。只要真正的般若现前，那么当下便会顿得顺理的解悟，甚至让可能的佛性转化为现实的佛性，即成佛作祖，佛的一切性相功德，如三十二相、八十种好、常乐我净，无不具足。因为这种"智门通理"，即通过般若观照，便能彻见万法毕竟空寂、无生无灭的本性。"若闻无生门，则解一切义"，"不生者法性也"，生即颠倒、无明，因此无生法是般若寂照的结果，有此结果即成佛。由于有此体，必有一系列功用。因为离体无用，离用无体，用即寂，寂即用，不一不异。用的表现是，有此体，必然惑断、累尽、苦灭，因而有自我之解脱、永乐。有智慧，必然有慈悲。总之，般若既是智慧，又是解脱，既是因又是果，其特点是："照了一切诸法，皆不可得，而能通达一切无碍。"可见作为般若的智慧既是一种能观诸法毕竟空寂之本质的认知智慧，又是无挂无碍、通达自在的生活态度，更是一种卓越的、只有圣者才能进至的彻底解脱的生存状况。说般若是一种生存状态，不外是说，面对生活中发生的一切，均以般若处之，即"以不放逸心历一切法，谓三界六尘皆不放逸，及至涅槃"。

　　要得解脱，当然离不开心，因为诸佛的解脱是在心中得到的。其机理用智者的话说即是：心性既是体、宗，又是用。说心是体，意即心是一切现象的本体、基质。智者常说："一切万法由心而起"，也就是说，世界的相状、色彩等属性乃至向人显示出的各种各样的相互对立的意义都是心赋予的，心的本质就是万事万物的本质。质言之，"心是诸法之本"。其表现首先在于：世界上的一切现象、事物、存在都是心的显现。万事万物不出阴（色受想行识）入（听、耳、鼻、舌、身、意、色、声、香、味、触、法），而"界内外一切阴入皆由心起"，"如是种种，源从心出"。换言之，心是一切的来由、源泉，即四圣等一切正面价值和六凡等一切负面价值都以心为源泉、来由。前述的一念三千说足以说明个中道理。智者还认为，心同时还是用。因为上天入地、成凡至圣皆系一念。也就是说，是入天道享福，在人道做人，还是下地狱受苦；是做凡夫受缚受苦，流转生死，还是成为佛菩萨、做极圣，都由心所存的状态所决定。这也就是智者常说的"心能凡夫、心能圣贤"的意思。如果从一念心入手，观察能观心和所观境，一往无前地观察下去，观心无心，罪福无主，法不住法，无明转化为明，就像融冰成水，不是远隔之物，而就是水本身，一念心普皆具足，或者说一念心就是一切，通体圆融无碍，无一无二，不一不异，那么就立马便进入佛境界。如果这样，行者行佛行处，住佛住处，入如来室，著如来衣，坐如来座，即于此身，必定当得六根清净，开佛知见，普现色身。有这样的圆摄一切于一心的心就是佛，就是至圣。如果心念念贪著，永远无法满足，那么如饿鬼无异，即使此生不是饿鬼，来世也必定如此。

心像身一样，总是要有所寄托的。例如身不可能永远悬在空中。心亦如此，如不倚于一个对象或基质之上，人就会产生空虚、无聊之类的感觉。当然如果寄托在一个靠不住或有害的东西之上，那么心又会进入一个更加令人不安的状态。在此意义上，当然可以说，安身立命、安顿心灵是人生哲学理论和实践要解决的头等大事。根据一念三千说和互具论，一念具一切念、一切法，因此求解脱的具体心理操作就是要从我做起，从现在做起，从当下任何一念心做起。具体而言之，随挑一念进行一心三观。通过谛观，知念非念，知法非法，法无有我，但有名字。再进一步，知名无名。果能如此，当下便至涅槃解脱之境。

于一念心中求解脱的过程其实是一体两面的过程，即既发（让理显发）又破（破妄念）的过程。这就是说，任何"称理"的心理操作都是至涅槃的过程，此过程从否定方面说即是破执著、除烦恼无明的过程，从肯定的方面说即是至安乐得解脱的过程，故也可称作"安乐行"。智者说：安乐行"是如来之行"，亦即是至涅槃之道。而此安乐行不外有三种形式。一止行："三业柔和，违进具寂，即是体法身行"，二观行，"一实相慧、无分别光，即体般若行"，三慈悲行："四弘誓愿度一切，即体解脱行"。

强调止观的重要性、进而对之作深入的阐发，不是智者的首创。早在印度佛教的诸经论中，止观就受到了特殊的关注。智者大师也推崇止观，但在一切方面都别开生面，例如对止观的作用、地位、止观作为入涅槃之要门的原理机制、止观与其他禅法的关系、与涅槃、般若、法身等的关系、诸止观的分类及内部关系、止观之偏圆、深浅、顿渐等都有自己独树一帜的看法，形成了自己关于止观的圆融、无碍、博大精深的理论体系。

止观之所以有重要的作用，原因首先在于：顺理、证理或入实相是入涅槃的关键，而要顺理、证理，非止观莫属。因为入实相绝非易事，实相幽微，隐秘渊奥，如登绝壑。要登上去，必诉诸方便门径，而诸法门贯穿始终的不过是一止观法门。只有通过止观，行者才能入实相、见理谛。智者说：止观即是调心，而通过此调心，豁然见理，见理之时，谁内谁外，岂有远近。这也就是说，止观是回归本寂理体的桥梁。因为诸凡夫众生，从无始以来，散乱颠倒，于所观的境界事务，不如实解，由是起惑造业，于生死苦海，不能出离，唯有修习止观才能对治。质言之，止观是知法性、尽法性的最好方法。在这一点上，智者的止观学说与禅宗可谓殊途同归。因为它尽法性为止观，而源流释迦之道，乃至囊括了达摩祖师西土东来的旨趣。由此可以说，如果这一学说早一点问世，达摩就不会来东土。

智者的创新还在于强调：止观"遍收诸法"。这里的诸法首先是指法界一切法，如色声香味能法等，因为这些法的体性毕竟寂静，不生不灭，止观作为修持方法就是要让行人进入这种本性，与之冥合，使他（它）们不一不异、无二无别。另外，说止观"遍收诸法"还指：止观摄一切理、一切惑、一切行、一切智、一切位、一切教。所谓理是谛法，止观可以显体，因此摄一切理；一切惑的体不出寂灭，故止观摄一切惑；同理，它摄一切智，因为三观生三智；它还摄一切行。行即慧行和行行，前为正行，后为助行。这些行都不出止观，例如四念处、四空定、四无量心、八背舍、九想、九次第定、四正勤等莫不为止观所摄。止观摄一切位是指：只用四句摄一切位，一切位不出四句，四句不出止观，故言摄位也。止观摄一切教的表现是：佛说经卷，不出藏通别圆，而这些化教均不出止观二法。不仅如此，止观还摄菩提和六即位等。因为若解此心，任运达于止观，无发无碍即是观，其性寂灭即是止。因此止观即菩提，菩提即止观。同理，六即也是六止观。一念心即如来藏理，亦是理即止观。从经卷、从善知识听闻佛法，于名字中通达了解，知一切法皆是佛法，是为名字止观。既得闻已，攀觅心息，名止，但信法性不信其诸，名为观行即。心行菩提，此心口相应，是观行止观。恒作此想名观，余想息名止，所有思想等皆是先佛经中所说。圆伏无名是止，似中道慧名观，此为分真止观。智光圆满，不复可增，等觉不通，唯佛能通，故名究竟止观。

总之，智者"一家解释"佛教的目的是会通"圣意"，而本书重新解释智者的目的则是试图客观地揭示智者在自己的论著、开示中所要传递的目的和意义。笔者对此的解读是：智者阐释佛法的目的一是求得对博大精深、幽微妙绝的佛法的客观理解，明大旨、通圣意，客观地揭示佛教文本中客观存在的意义，让隐藏的东西显现出来，让不明确的变明确，使信行者学有所依，行有所证，证有所归。二是通过对一家学道的弘扬，息诸争论，"入大和含海"，进至对佛教的圆融无碍、契理契机的把握与阐释。三是建立一个既契合佛教谛理、又符合中国文化特点、能解决中国信众具体问题的佛学理论体系，其特点是：以生命的究竟解脱为最高目的、以成佛或成圣为人格理想、以对谛理的理解为前提、以三谛圆融说为本体论基础、"以慧为命"、以圆教佛性说和性具染净论为解脱的内在根据、以"善巧安心"论为心理学基础、以圆顿止观为修持法门。其轴心可用两个关键词来表述，即理解与解脱。理解即对谛理之极解，是一切理解中最高的境界，而解脱是理解的大用或妙用，因为有对谛理的极解即为佛，而佛则是获得了究竟解脱的人。可见两者是体与用的关系，或者说是同一实理的两种言说方式。只要顺理而解，即按诸法之谛理或实相去解悟，进而证得了佛教本体论上的真谛，即证得了万事万物中真正的存在，体悟到了它们的本来面目，那么在解脱论上便必然达到最高的解脱境界，即"无挂碍"，"无有恐怖，远离颠倒梦想，究竟涅槃"。反过来，只要真的获得了究竟解脱，那么必然有顺理而解作为其前提。因为顺理而解必然累尽苦灭，寂然永乐，即成佛。与此相反，如若迷理而行，必然轮回六道，堕入凡夫。

参考文献

一　智者和天台宗的原典

1. 出自台湾湛然寺印行的"天台藏"中的著作：

[1]《天台九祖传·传佛心印记》，1975 年。

[2]《四教义辅宏记》（1—2），1986 年。

[3]《删定止观》，1974 年。

[4]《观音玄义记》，1977 年。

[5]《教观纲宗》，1986 年。

[6]《释禅波罗蜜次第法门》，1978 年。

[7]《十不二门指要钞详解》，1975 年。

[8]《摩诃止观辅行传弘诀》（1—4 册），1994 年。

[9]《佛祖统记》（1—2 册），1995 年。

[10]《维摩经要疏》，1978 年。

[11]《观经疏·妙宗钞》，1996 年。

[12]《观音义疏记》，1987 年。

[13]《大乘止观释要》，1990 年。

[14]《摩诃止观》，1988 年。

[15]《妙法莲华经玄义》，1988 年。

[16]《妙法莲华经文句》，1988 年。

[17]《金刚经疏·仁王经疏·神宝记》，1997 年。

[18]《四念处·小止观》，1987 年。

[19]《四教义》，1985 年。

2. 《大正藏》第 33 册中的有关著作:

［20］《金刚般若经疏》。

［21］《仁王护国般若经疏》。

［22］《妙法莲华经玄义》。

3. 《大正藏》第 34 册中的有关论著:

［23］《妙法莲华经文句》。

［24］《观音玄义》。

［25］《观音义疏》。

4. 《大正藏》第 39 册中的有关论著:

［26］《金光明经玄义》。

［27］《金光明经文句》。

［28］《请观音经疏》。

5. 《大正藏》第 46 册中的有关著作:

［29］《摩诃止观》。

［30］《止观辅行传弘诀》。

［31］《止观大意》。

［32］《修习止观坐禅法要》。

［33］《释禅波罗蜜次第法门》。

［34］《六妙法门》。

［35］《四念处》。

［36］《天台智者大师禅门口诀》。

［37］《观心论》。

［38］《大乘止观法门》。

［39］《法界次第初门》。

［40］《四教义》。

［41］《天台八教大意》。

［42］《国清百录》。

6. 林鸣宇:《天台文类·天台法数校释》,上海古籍出版社 2005 年版。

7. 《妙法莲华经》(经疏记合一本),上海古籍出版社 2002

年版。

二　关于智者及天台宗的研究性论著

1. 静权大师：《天台宗纲要》，福建莆田广化寺印。

2. 张风雷：《智顗评传》，华夏出版社 1995 年版。

3. 潘桂明：《智顗评传》，南京大学出版社 1996 版。

4. 朱封鳌、韦彦铎：《中华天台宗通史》，宗教文化出版社 2001 年版。

5. 朱封鳌：《中国佛学天台宗发展史》，汉语大词典出版社 1996 年版。

6. 朱封鳌：《天台宗修持与台密探索》，宗教文化出版社 2004 年版。

7. 曾其海：《天台佛学》，学林出版社 1999 年版。

8. 曾其海：《天台宗山家山外之争》，上海社会科学出版社 2008 年版。

9. 潘桂明、吴忠伟：《中国天台宗通史》，江苏古籍出版社 2001 年版。

10. 心皓法师：《天台教制史》，厦门大学出版社 2007 年版。

11. 池田大作：《我的天台观》，四川人民出版社 1999 年版。

12. 《天台宗历代祖师殿》，大韩佛教天台宗印。

13. 黎玉玺：《释禅波罗蜜次第法门白话》，台湾大千出版社 1996 年版。

14. 《显明大师法集——天台四教仪要释》，第一卷，天华出版事业股份有限公司 1983 年版。

15. 《显明大师法集——教观纲宗讲记、始终心要略释》，第二卷，天华出版事业股份有限公司 1983 年版。

16. 董平：《天台宗研究》，上海古籍出版社 2002 年版。

17. 丁天魁主编：《国清寺志》，华东师大出版社 1995 年版。

18. 《东南文化——天台山文化专号》，第 3 辑，1998 年增刊。

三 佛教一般书籍：

1. 正果法师：《佛教基本知识》，中国人民大学出版社 2007 年版。

2. 正果法师：《止观讲义》，中国人民大学出版社 2007 年版。

3. 明旸法师：《佛法概论》，上海市佛教协会 1990 年印。

4. 吕澂：《印度佛学源流略讲》，上海世纪出版集团 2005 年版。

5. 吕澂：《中国佛学源流略讲》，中华书局 1979 年版。

6. 谈锡永：《密宗百问》，华夏出版社 2008 年版。

7. 谈锡永：《密宗名相》，华夏出版社 2008 年版。

8. 姚卫群：《印度宗教哲学概论》，北京大学出版社 2006 年版。

9. 郭鹏：《太虚思想研究》，中国社会科学出版社 1997 年版。

10. 印顺：《中国禅宗史》，江西人民出版社 1999 年版。

11. 吴信如：《佛教缘起》，中国藏学出版社 2007 年版。

12. 吴信如：《佛教各宗大意》，中国藏学出版社 2004 年版。

13. 方立天：《中国佛教哲学要义》（上下册），中国人大出版社 2002 年版。

14. 法舫法师：《唯识史观及其哲学》，武昌宝通禅寺佛经流通处印。

15. 舍尔巴茨基：《小乘佛学》，中国社会科学出版社 1994 年版。

16. 舍尔巴茨基：《大乘佛学》，中国社会科学出版社 1994 版。

17. 舍尔巴茨基：《佛教逻辑》，商务印书馆 1997 年版。

18. 渥德尔：《印度佛教史》，商务印书馆 2000 年版。

19. 《大正藏》第 30 册中的大乘论藏：

龙树：《中论》、《十二门论》。

提婆：《百论》。

弥勒:《瑜伽师地论》。

20.《大正藏》第 25 册的大乘论藏:

龙树:《大智度论》。